Diemo Dietrich/Uwe Vollmer

Finanzverträge und Finanzintermediation

Diemo Dietrich/Uwe Vollmer

Finanzverträge und Finanzintermediation

Grundlagen – Modelle – Übungen

GABLER

Bibliografische Information Der Deutschen Bibliothek
Die Deutsche Bibliothek verzeichnet diese Publikation in der Deutschen Nationalbibliografie; detaillierte bibliografische Daten sind im Internet über <http://dnb.ddb.de> abrufbar.

Dr. Diemo Dietrich, Bereich Finanzmärkte und Finanzinstitutionen, Institut für Wirtschaftsforschung Halle.

Prof. Dr. Uwe Vollmer, Institut für Theoretische Volkswirtschaftslehre, insbesondere Geld und Währung, Universität Leipzig.

1. Auflage August 2005

Alle Rechte vorbehalten
© Betriebswirtschaftlicher Verlag Dr. Th. Gabler/GWV Fachverlage GmbH, Wiesbaden 2005

Lektorat: Susanne Kramer / Renate Schilling

Der Gabler Verlag ist ein Unternehmen von Springer Science+Business Media.
www.gabler.de

Das Werk einschließlich aller seiner Teile ist urheberrechtlich geschützt. Jede Verwertung außerhalb der engen Grenzen des Urheberrechtsgesetzes ist ohne Zustimmung des Verlags unzulässig und strafbar. Das gilt insbesondere für Vervielfältigungen, Übersetzungen, Mikroverfilmungen und die Einspeicherung und Verarbeitung in elektronischen Systemen.

Die Wiedergabe von Gebrauchsnamen, Handelsnamen, Warenbezeichnungen usw. in diesem Werk berechtigt auch ohne besondere Kennzeichnung nicht zu der Annahme, dass solche Namen im Sinne der Warenzeichen- und Markenschutz-Gesetzgebung als frei zu betrachten wären und daher von jedermann benutzt werden dürften.

Umschlaggestaltung: Ulrike Weigel, www.CorporateDesignGroup.de
Druck und buchbinderische Verarbeitung: Wilhelm & Adam, Heusenstamm
Gedruckt auf säurefreiem und chlorfrei gebleichtem Papier
Printed in Germany

ISBN 3-8349-0062-1

Vorwort

Das vorliegende Buch fasst verschiedene Seminare zusammen, die wir zwischen 1998 und 2005 an der Universität Leipzig durchgeführt haben. Sie befassten sich mit Ansätzen zur Erklärung von Existenz und Verhalten von Banken, die wir aus vertragstheoretischer Sicht angegangen sind. Der Band ist in drei Teile gegliedert: Teil I legt entscheidungs- und vertragstheoretische Grundlagen; Teil II bildet mit der Betrachtung direkter und intermediärer Finanzierungsformen den Schwerpunkt; Teil III fragt nach den Auswirkungen von Regulierungen auf das Verhalten von Banken.

Wir haben uns bemüht, beim Leser keine über die Propädeutik hinausgehenden Mathematik-Kenntnisse vorauszusetzen. Dort, wo spezielle mathematische Hilfsmittel vonnöten sind, haben wir diese als Anmerkungen eingeführt. Bis auf das erste endet jedes Kapitel mit Übungsaufgaben, die helfen sollen, das erarbeitete Wissen zu überprüfen. Die mit einem Sternchen gekennzeichneten Übungen dienen auch zur Beweisführung von Aussagen, deren Erklärung im Text den Leser auf eine harte Geduldsprobe gestellt hätte.

Das Buch ist natürlich nicht ohne Hilfe anderer entstanden. Die Seminarteilnehmer haben uns durch ihre Fragen dazu angeregt, den Stoff systematisch aufzuschreiben. *Peter Saß* hat viele Abbildungen angefertigt, und *Kerstin Fölting* sowie *Matthias Folk* haben das Manuskript gründlich gelesen. Des Weiteren haben uns *Ulrike Neyer* sowie *Harald Wiese* auf einige Unzulänglichkeiten hingewiesen und *Jürgen Wiemers* und *Niels Krap* technisch bei der Anfertigung des Manuskriptes unterstützt. Ihnen allen sei herzlich gedankt. Besonders aber danken wir *Achim Hauck*, der sich viele Übungsaufgaben ausgedacht und auch sonst wesentlich zum Entstehen des Manuskripts beigetragen hat.

Leipzig und Halle, *Uwe Vollmer*
Sommer 2005 *Diemo Dietrich*

Inhaltsverzeichnis

Vorwort V

Abbildungsverzeichnis XI

Symbolverzeichnis XIII

1   Womit befassen sich Theorien der Finanzintermediation? 1

Teil I Grundlagen

2   Entscheidungs- und spieltheoretische Konzepte 7
    2.1   Entscheidungssituationen bei Sicherheit und bei Risiko 7
    2.2   Risikopräferenzen 12
    2.3   Stochastische Dominanz 14
    2.4   *Arrow/Pratt*-Maße der Risikoneigung 19
    2.5   Mean-Variance-Kriterium 20
    2.6   Diversifikation 20
    2.7   *Bayes*'sche Regel 23
    2.8   *Nash*-Gleichgewicht 23
    2.9   Teilspielperfektheit 25
    2.10 Kommentierte Literaturhinweise 26
    2.11 Übungsaufgaben 26
    2.12 Lösungshinweise zu den Übungsaufgaben 30

3   Vertragstheoretische Grundlagen 39
    3.1   Informationsverteilungen und Vertragstypen 39
    3.2   Klassische Verträge 43
          3.2.1 Verträge bei vollkommener Information 43

3.2.2 Verträge bei unvollkommener Information und
symmetrischer Informationsverteilung 48
3.3 Anreizkompatible Verträge 53
3.3.1 Verträge bei moral hazard 53
3.3.2 Verträge bei adverser Selektion 57
3.4 Unvollständige Verträge 61
3.5 Kommentierte Literaturhinweise 63
3.6 Übungsaufgaben 63
3.7 Lösungshinweise zu den Übungsaufgaben 67

Teil II Direkte und indirekte Finanzierung

4 Vollständige Finanzverträge 83
4.1 Risikonutzen und Portfoliowahl 84
4.1.1 Portfoliowahl bei einwertigen Erwartungen 85
4.1.2 Portfoliowahl bei Risiko 87
4.2 Mean-Variance-Kriterium, Portfoliowahl und
Kapitalmarktgleichgewicht 90
4.2.1 Mittelwert und Varianz des Endvermögens 91
4.2.2 Individuelle Portfoliowahl 95
4.2.3 Kapitalmarktgleichgewicht 100
4.3 Kommentierte Literaturhinweise 104
4.4 Übungsaufgaben 105
4.5 Lösungshinweise zu den Übungsaufgaben 106

5 Anreizkompatible Finanzverträge I: Direkte Finanzierung ... 115
5.1 Der Standardkreditvertrag 116
5.1.1 Überblick 117
5.1.2 Das *Innes*-Modell 120
5.1.3 Interne Finanzierungsmittel 128
5.1.4 Zinsvariationen 132
5.1.5 Kontrolle 133
5.2 Kreditrationierung 135
5.2.1 Moral Hazard 137
5.2.2 Adverse Selektion 146
5.3 Kommentierte Literaturhinweise 152
5.4 Übungsaufgaben 152
5.5 Lösungshinweise zu den Übungsaufgaben 154

**6 Anreizkompatible Finanzverträge II: Intermediäre
Finanzierung** 163
6.1 Das *Diamond*-Modell 164
6.2 Das *Holmström/Tirole*-Modell 170

6.3	Das *Diamond/Dybvig*-Modell	175
6.4	Kommentierte Literaturhinweise	180
6.5	Übungsaufgaben	181
6.6	Lösungshinweise zu den Übungsaufgaben	184

7 Unvollständige Finanzverträge 195
- 7.1 Das Nachverhandlungsproblem bei direkter Finanzierung: Das *Hart*-Modell 196
- 7.2 Banken im Nachverhandlungsprozess: Das *Diamond/Rajan*-Modell 201
  - 7.2.1 Modellintuition 201
  - 7.2.2 Modellannahmen 203
  - 7.2.3 Direkte Finanzierung 207
  - 7.2.4 Finanzintermediation 211
- 7.3 Kommentierte Literaturhinweise 216
- 7.4 Übungsaufgaben 216
- 7.5 Lösungshinweise zu den Übungsaufgaben 217

Teil III Finanzmarktinstabilitäten und Bankenregulierung

8 Instabilitäten auf Finanzmärkten 223
- 8.1 Bank Run 223
- 8.2 Herdenverhalten auf Finanzmärkten 226
  - 8.2.1 Grundidee 227
  - 8.2.2 Das Grundmodell 229
  - 8.2.3 Anlageszenarien 236
  - 8.2.4 Modellvariationen 238
- 8.3 Kommentierte Literaturhinweise 240
- 8.4 Übungsaufgaben 240
- 8.5 Lösungshinweise zu den Übungsaufgaben 241

9 Einlagenversicherungen und Eigenkapitalanforderungen 245
- 9.1 Anreizwirkungen von Einlagensicherungssystemen 247
  - 9.1.1 Einlagensicherung und Bank Run 247
  - 9.1.2 Anreizkompatible Prämiensysteme 249
  - 9.1.3 Is Fairly Priced Deposit Insurance Possible? 251
- 9.2 Eigenkapitalanforderungen und Unternehmensfinanzierung 254
  - 9.2.1 Symmetrische Informationsverteilung 255
  - 9.2.2 Moralisches Risiko 258
  - 9.2.3 Unvollständige Finanzverträge 264
- 9.3 Kommentierte Literaturhinweise 268
- 9.4 Übungsaufgaben 268
- 9.5 Lösungshinweise zu den Übungsaufgaben 270

Literaturverzeichnis 277
Stichwortverzeichnis 285

Abbildungsverzeichnis

1.1 Aufbau des Finanzsektors 2

2.1 Diskrete Verteilungsfunktionen bei zwei Handlungsalternativen ... 12
2.2 Nutzenindizes bei alternativen Risikopräferenzen 14
2.3 Stochastische Dominanz erster Ordnung bei stetiger Verteilung... 15
2.4 Stochastische Dominanz zweiter Ordnung bei diskreter Verteilung 16
2.5 Stochastische Dominanz zweiter Ordnung bei stetiger Verteilung . 17
2.6 Mean Preserving Spread bei diskreter Verteilung 19
2.7 Nutzenindifferenzkurven bei alternativen Risikopräferenzen 21

3.1 Ökonomische Vertragstheorien im Überblick 41
3.2 Klassischer Vertrag bei vollkommener Information 47
3.3 Bedingte Dichtefunktionen für alternative Anstrengungsniveaus .. 49
3.4 Effiziente Risikoteilung im Edgeworth-Box-Diagramm 51
3.5 Zweitbeste Risikoallokation im Edgeworth-Box-Diagramm 56
3.6 Verträge im erstbesten Gleichgewicht bei zwei Agenten 59
3.7 Verträge im trennenden Gleichgewicht und Selbstselektion 60
3.8 Risiko und optimaler Arbeitseinsatz 70
3.9 Risikoneutralität beim klassischen Vertrag 75

4.1 Portfoliowahl zwischen Kasse und einem Wertpapier bei
     einwertigen Erwartungen 87
4.2 Portfoliowahl zwischen Kasse und einem Wertpapier bei Risiko ... 90
4.3 Budgetgerade und erwarteter Portfolioertrag 97
4.4 Budgetgerade und Portfoliorisiko 98
4.5 Möglichkeitenkurve und Portfoliowahl 99
4.6 Wertpapiermarktlinie 103
4.7 Iso-Risiko-Konturen bei alternativen Korrelationen der
     Aktivaerträge 108

5.1	Der Standardkreditvertrag	119
5.2	Kreditrationierung	136
5.3	Kostenfunktion des Schuldners	138
5.4	Realisierbarkeit von Projekten bei symmetrischer und asymmetrischer Informationsverteilung	143
5.5	Rückzahlungsversprechen und erwartete Rückzahlung bei Moral Hazard	145
5.6	Rückzahlungversprechen und erwartete Rückzahlung bei adverse selection	150
5.7	Alles-oder-Nichts–Vertrag	155
5.8	Mean Preserving Spread	162
6.1	von Neumann/Morgenstern-Nutzen und Sicherheitsäquivalent	190
6.2	Erfolgswahrscheinlichkeit und Rückzahlungsversprechen	192
8.1	Anlageszenarien	239
9.1	Portfoliowahl der Bank und Eigenkapitalnorm	256
9.2	Verteilung der Eigenkapitalausstattungen	260

Symbolverzeichnis

Mitunter lassen sich Doppelbelegungen von Symbolen nicht vermeiden, die allerdings in unterschiedlichen Kapiteln auftreten. Nachfolgend sind diese Mehrfachbenennungen durch Semikolon voneinander getrennt.

Deutscher Zeichensatz (klein)

a	Handlung; Aktion
b	Konstante
c	(Grenz-) Kosten des Gläubigers oder der Bank
d	Nennwert einer Sichteinlage
e	absolutes *Arrow/Pratt*-Maß
$\hat{e}$	relatives *Arrow/Pratt*-Maß
e	*Euler*'sche Zahl: e $\approx$ 2.72
f	Dichtefunktion
g	tatsächliche Auszahlung einer Bank an einen Einleger
h	Zahlungsversprechen
i	(Alternativ-) Zinssatz
i_B	Alternativvertragssatz einer Eigenkapitalanlage
i_D	Einlagenzinssatz
i_L	Kreditzinssatz
j	Index $j = 1,\ldots,J$
k	Index $k = 1,\ldots,K$
l	Liquidationsquote
m	Index $m = 1,\ldots,M$

n	Index $n = 1, \ldots, N$
p	Preis eines Vermögenswertes
q	Menge
r	Handlungskonsequenzen; Ertrag; risikoloser Alternativzinssatz
r_B	Eigenkapitalrendite
s	Umweltzustand
t	Wahrscheinlichkeit für $\theta = 1$
u	von *Neumann/Morgenstern*-Nutzenindex
v	von *Neumann/Morgenstern*-Nutzenindex; tatsächliche Kreditrückzahlung
w	Lohn
x	Konsum; Argument einer Funktion H
y	Argument einer Funktion H
z	prozentualer Liquidationserlös (pro Nennwert des zu liquidierenden Aktivums)

Deutscher Zeichensatz (groß)

A	Kostenfunktion für die Anstrengungen des Agenten; Index für Agent
B	Eigenkapital der Bank
CAR	(Mindest-) Eigenkapitalquote einer Bank (Capital-to-Asset-Ratio)
D	Nennwert des gesamten Bestandes an täglich fälligen Einlagen/Sichteinlagen (pro finanziertem Projekt)
E	Erwartungsoperator
E^0	maximaler Barwert nachverhandlungssicherer Zahlungen ($\theta = 0$)
E^1	maximaler Barwert nachverhandlungssicherer Zahlungen ($\theta = 1$)
F	Verteilungsfunktion
FI	Index für Finanzintermediär; Bank
G	tatsächliche Auszahlung einer Bank pro finanziertem Projekt; Optionswert
H	beliebige Funktion
I	Investitionsvolumen; Kapitalbedarf pro Projekt
L^s	externes Finanzierungsangebot

$\mathcal{L}$	*Lagrange*-Funktion
L	Kreditvolumen
LP	Liquiditätsprämie
$MLRP$	*Monotone Likelihood Ratio Property*
MC	Monotoniebeschränkung (*monotonicity constraint*)
N	Verteilungsfunktion der Normalverteilung
P	Dividende pro Unternehmensanteil; Index für Prinzipal
P	Wahrscheinlichkeitsfunktion
R	Ertragsfunktion
RL	Index für *relationship lender*
S	Ersparnis
$\mathcal{S}$	Ereignis
SE	Sicherheitsäquivalent
T	Zeitpunkt
U^A	Nutzen des Agenten
U^P	Nutzen des Prinzipals
UL	Index für *unskilled lender*
V	Nutzenfunktion
W	Vermögen; Eigenkapital des Schuldners
Z	normierte Zufallsvariable

Griechischer Zeichensatz (klein)

α (alpha)	Konstante
β (beta)	Beta-Faktor im Capital Asset Pricing Model
γ (gamma)	spezifische Eigenschaft des Agenten
ε (epsilon)	(beliebig kleine) positive Konstante
ζ (zeta)	Subvention
η (eta)	Faktor der Zeitpräferenz
θ (theta)	Dummy mit $\theta = \begin{cases} 0 \text{ falls kein vorzeitiger Liquiditätsbedarf} \\ 1 \text{ falls vorzeitiger Liquiditätsbedarf} \end{cases}$
κ (kappa)	Konstante
λ (lambda)	Lagrange-Multipilkator; Konstante
μ (my)	Erwartungswert
ξ (xi)	Versicherungsprämie

π (pi)   Opportunitätskosten des Fleißes gegenüber Faulheit
ρ (rho)   Korrelationskoeffizient
σ (sigma)   Standardabweichung einer Zufallsvariablen
τ (tau)   Gesamtanteil der Bankeinleger mit Auszahlungswunsch
ϕ (phi)   Strafkostenfunktion
χ (chi)   Signal
ψ (psi)   Anteil des Bankgewinns, der ausgeschüttet wird;
ω (omega)   Entlohnungsfunktion

Griechischer Zeichensatz (groß)

Γ (Gamma)   Funktion
Δ (Delta)   Differenz
Θ (Theta)   Zahlungsfähigkeit einer Bank, die versucht, mit ihren Einlegern nachzuverhandeln
Λ (Lambda)   Funktion
Π (Pi)   Opportunitätskosten des Fleißes gegenüber großer Faulheit
Φ (Phi)   Strafkosten
Ψ (Psi)   Variable zur Vereinfachung von Notationen
Ω (Omega)   Variable zur Vereinfachung von Notationen

Frakturset

$\mathfrak{A}$ Menge von Handlungen a
$\mathfrak{B}$ aggregiertes Bankkapital B in der Modellökonomie
$\mathfrak{J}$ Informationsmenge
$\mathfrak{R}$ Menge von Konsequenzen; Resultaten; Erträgen r
$\mathfrak{S}$ Menge von Umweltzuständen s

Mathematische Zeichen

$\forall$ für alle
$\in$ Element von
$x \in (\underline{x}, \bar{x})$ x ist Element des offenen Intervalls $(\underline{x}, \bar{x})$, dies bedeutet: $\underline{x} < x < \bar{x}$

Symbolverzeichnis

$x \in [\underline{x}, \bar{x}]$	x ist Element des abgeschlossenen Intervalls $[\underline{x}, \bar{x}]$ dies bedeutet: $\underline{x} \leq x \leq \bar{x}$
$x \in (\underline{x}, \bar{x}]$	x ist Element des links offenen Intervalls $(\underline{x}, \bar{x}]$ dies bedeutet: $\underline{x} < x \leq \bar{x}$
$x \in [\underline{x}, \bar{x})$	x ist Element des rechts offenen Intervalls $[\underline{x}, \bar{x})$ dies bedeutet: $\underline{x} \leq x < \bar{x}$
$x \in \{\underline{x}, \bar{x}\}$	x ist Element einer Menge, bestehend aus Elementen $\underline{x}$ und $\bar{x}$
$H'(x_0)$	erste totale Ableitung von H an der Stelle x_0
$H''(x_0)$	zweite totale Ableitung von H an der Stelle x_0
$H_x(x_0, y_0)$	erste partielle Ableitung von H nach x an der Stelle (x_0, y_0)
$H_{xx}(x_0, y_0)$	zweite partielle Ableitung von H nach x an der Stelle (x_0, y_0)
$H_{xy}(x_0, y_0)$	Kreuzableitung von H nach x und y an der Stelle (x_0, y_0)
∞	Unendlich
$:=$	definiert durch
$\rightarrow$	konvergiert gegen
$\lim_{x \rightarrow y} H(x)$	Grenzwert der Funktion H wenn x gegen y konvergiert
$f(x \mid y)$	bedingte Dichtefunktion über x bei gegebenem y
$\int_{\underline{x}}^{\bar{x}} H(x)\, dx$	bestimmtes Integral
$\max_{x} H(x)$	Maximiere den Wert der Funktion H über alle x
$\max\{x, y\}$	Maximum aus einer Menge mit den Elementen x und y
$\arg\max_{x} H(x)$	die Menge aller Argumente x, welche die Funktion H maximieren
$\min\{x, y\}$	Minimum aus einer Menge mit den Elementen x und y
s.t.	unter der (den) Nebenbedingung(en) (subject to)
$\cap$	Schnittmenge
$\cup$	Vereinigung

Kapitel 1

Womit befassen sich Theorien der Finanzintermediation?

Der Finanzsektor umfasst alle Akteure in einer Volkswirtschaft, die den übrigen Sektoren laufend spezialisierte Finanzdienstleistungen zur Verfügung stellen. Diese erleichtern es Anlegern (Überschusseinheiten) und Investoren (Defiziteinheiten) in einer Volkswirtschaft, eine Kreditbeziehung einzugehen. Je nach Art der angebotenen Finanzdienstleistung lassen sich die Dienstleister im Finanzsektor in vier Gruppen einteilen (*Breuer* 1993, S. 9 ff.; Abbildung 1.1):

- *Finanzgutachter*, wie Rating-Agenturen, Unternehmensberater, Wirtschaftsprüfer und Wirtschaftsinformationsdienste, beschaffen beispielsweise Informationen über Präferenzen von Anlegern und Bonitäten von Investoren und helfen, Informationsasymmetrien zwischen den Marktpartnern abzubauen.
- *Finanzauktionatoren*, wie Börsen, Broker und Emissionsbanken, helfen bei der Preisermittlung auf Finanzmärkten.
- *Financial Market Makers*, wie Wertpapier- und Devisenhändler sowie Clearing-Stellen, die selber als Tauschpartner auftreten, führen den Austausch von bestehenden Finanzkontrakten durch.
- *Finanzproduzenten*, wie Geschäftsbanken, Investmentfonds, Versicherungen oder Unternehmensbeteiligungsgesellschaften, schalten sich in den physischen Austausch ein und wandeln dabei das Finanzprodukt um.

Der Begriff Finanzintermediär umfasst entweder die Anbieter aller vier genannten Finanzdienstleistungen (*Allen* 1990, S. 22, Fn. 7; *Breuer* 1993, S. 15) oder nur die Anbieter, die sich mit dem Handel und der Transformation von Finanztiteln befassen (*Baltensperger* 1996, S. 270; *Freixas, Rochet* 1997, S. 15) oder schließlich nur die Finanzproduzenten (*Greenbaum, Thakor* 1995, S 49 ff.). Hier wird die dritte Begriffsabgrenzung verwendet, und als Finanzintermediation wird die Durchführung von Finanzdienstleistungen bezeichnet, bei denen Finanzkontrakte umgewandelt werden. Der Prototyp für eine solche Finanzdienstleistung ist das kombinierte Kredit- und Einlagengeschäft, das als das eigentliche Bankgeschäft bezeichnet wird. Es beinhaltet die gleichzeitige Vergabe von

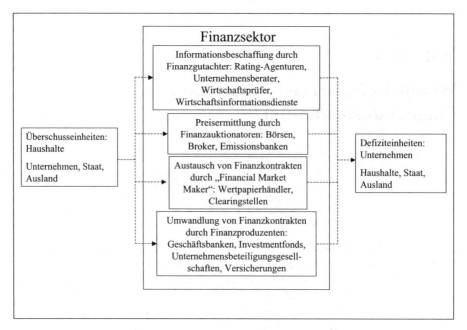

Abb. 1.1. Aufbau des Finanzsektors

nicht-fungiblen Krediten und die Aufnahme von Bankeinlagen. Anbieter von Dienstleistungen des Bankgeschäfts sind Geschäftsbanken, die als real existierende Institutionen allerdings noch andere Finanzdienstleistungen bereitstellen können.

Die Tätigkeit einer Bank wirft eine Reihe von Problemstellungen auf, die Gegenstand einer rasch wachsenden Literatur zu den Theorien der Finanzintermediation sind. Im Mittelpunkt stehen dabei drei Gruppen von Fragen:

- Die erste Gruppe untersucht, warum Wirtschaftssubjekte die von ihnen gewünschten Transformationen von Finanzkontrakten nicht selbst durchführen, sondern sich der (keinesfalls kostenlosen) Hilfe von Geschäftsbanken bedienen. Dies ist die Frage nach den Gründen für die Existenz von Geschäftsbanken und den von ihnen angebotenen Finanzverträgen. Sie entspricht der Frage nach der Existenz der Unternehmung in der herkömmlichen Theorie der Unternehmung.
- Die zweite Gruppe von Fragestellungen befasst sich mit dem Verhalten einer einzelnen Geschäftsbank und der Funktionsweise des Bankensektors. Hierunter fällt eine Vielzahl von Problemen: Was sind die Determinanten der Aktiva- und Passivastruktur von Geschäftsbanken? Wie erfolgt die Preisbildung auf Märkten für Bankdienstleistungen und wie effizient ist dabei die Produktion? Gibt es spezifische Risiken im Bankgeschäft, die das Auftreten

von Zusammenbrüchen einzelner Banken oder von branchenweiten Bankenpaniken erklären?
- Die letzte Gruppe von Fragestellungen beschäftigt sich mit einer staatlichen Einflussnahme auf den Bankensektor und fragt nach möglichen Begründungen von Bankenregulierung und den daraus folgenden Konsequenzen für das Bankenverhalten.

Nachfolgend werden diese Fragestellungen aus Sicht der Neuen Institutionenökonomik und eines ihrer zentralen Teilgebiete, der ökonomischen Vertragstheorie, bearbeitet. In deren Mittelpunkt steht die Analyse von Institutionen, worunter Regeln einschließlich der Vorkehrungen zu ihrer Durchsetzung verstanden werden (*Schmoller* 1900, S. 61; *Richter, Furubotn* 2003). Diese Regeln können entweder formgebunden (*formale Regeln*) oder formungebunden (*informelle Regeln*) sein und sind entweder bewusst geschaffen oder spontan entstanden (wie die Regel, sich beim Begrüßen die Hand zu geben). Institutionen in diesem Sinne sind lediglich die Spielregeln, nach denen die Akteure handeln, d. h. *Spielregeln ohne Spieler* (*Richter, Furubotn* 2003); berücksichtigt man diese Akteure, spricht man von Organisationen, als der *persönlichen Seite der Institution* (*Schmoller* 1900, S. 61). Ein Kredit- oder ein Depositenvertrag sind also jeweils Beispiele für eine Institution; eine Geschäftsbank mit ihren Angestellten, die solche Verträge anbietet, ist eine Organisation.

Ein wichtiges Teilgebiet der Neuen Institutionenökonomik bildet die ökonomische Vertragstheorie, die sich mit dem Zustandekommen und den Konsequenzen der zwischen Marktteilnehmern freiwillig getroffenen Vereinbarungen sowie mit den Wirkungen öffentlicher Eingriffe in die Vertragsfreiheit beschäftigt. Ein Vertrag bezeichnet eine bei Tauschtransaktionen angewendete Regel zum Erreichen eines Allokationsziels. Verträge sind also lediglich eine Teilmenge aller möglichen Institutionen und regeln das Verhältnis zwischen Transaktionspartnern. Sie legen das von ihnen gewünschte Transaktionsergebnis fest und beinhalten zugleich einen Mechanismus, der das Erreichen des Transaktionsergebnisses sicherstellt.

Es hat sich als fruchtbar erwiesen, Allokationen insbesondere auf Finanzmärkten und die Existenz und Funktionsweise von Finanzintermediären mit Hilfe des Instrumentariums der ökonomischen Vertragstheorie zu analysieren. Dies ist zweckmäßig, weil eine Geschäftsbank als eine Kombination von spezifischen Finanzierungsverträgen interpretiert werden kann, nämlich aus Standardkreditvertrag und Einlagevertrag, die das Aktiv- und Passivgeschäft einer Geschäftsbank im Wesentlichen charakterisieren. Deshalb wird hier der Weg begangen, mit Hilfe des vertragstheoretischen Instrumentariums die Existenz und die Funktionsweise von Finanzintermediären und die Wirkungen staatlicher Eingriffe in den Bankensektor zu betrachten.

Teil I

Grundlagen

Kapitel 2
Entscheidungs- und spieltheoretische Konzepte

Anliegen von Teil I ist es, begriffliche und konzeptionelle Grundlagen zu schaffen. Dazu werden in Kapitel 2 zunächst einige zentrale entscheidungs- und spieltheoretische Konzepte in der hier benötigten Intensität im Überblick vorgestellt, die als Bausteine in späteren Kapiteln an verschiedenen Stellen verwendet werden. Anstatt sie dort als Exkurse einzuflechten, werden sie vorab geklärt. Diese entscheidungstheoretischen Konzepte sind wichtig, weil auf Finanzmärkten Entscheidungen unter Unsicherheit getroffen werden, und sie werden daher als Werkzeug zur Untersuchung dieser Entscheidungssituationen benötigt. Darüber hinaus werden kurz das Konzept des *Nash*-Gleichgewichts und das der Teilspielperfektheit zur Analyse von interpersonellen Entscheidungszusammenhängen eingeführt. Für detailliertere Darstellungen verweisen wir auf die Quellen, die in den kommentierten Literaturhinweisen am Ende dieses Kapitels angegeben sind.

Kapitel 3 führt in die Grundlagen der ökonomischen Vertragstheorie ein, die einen zentralen Bestandteil der Neuen Institutionenökonomik bildet. Sie untersucht Interaktionen zwischen Wirtschaftssubjekten bei zumeist asymmetrisch verteilten Informationen und erklärt Vertragsinhalte als Ergebnis rationaler Entscheidungen der betroffenen Parteien. Diese Grundkenntnisse der Methoden der ökonomischen Vertragstheorie werden benötigt, um nachfolgend im Teil II die Charakteristika von Finanzverträgen zu behandeln.

2.1 Entscheidungssituationen bei Sicherheit und bei Risiko

Wirtschaftssubjekte entscheiden über Handlungen auf Grundlage der daraus resultierenden Konsequenzen. Oftmals hängen diese Konsequenzen aber nicht nur von den Handlungen des Entscheidungsträgers ab, sondern auch von Zufallseinflüssen, die außerhalb seiner Kontrolle liegen und Umweltzustände genannt werden. Im Folgenden wird die Menge der Handlungen a (*actions*) mit $\mathfrak{A}$ bezeichnet, die Menge der möglichen Umweltzustände s (*states of the world*) mit $\mathfrak{S}$ und schließlich die Menge der Handlungskonsequenzen r (*results*) mit $\mathfrak{R} \subseteq \mathbb{R}$. Eine spezifische Handlung $a \in \mathfrak{A}$ zusammen mit einem spezifischen Umweltzustand $s \in \mathfrak{S}$ führt dann zu einer spezifischen Konsequenz $r \in \mathfrak{R}$. Formal lässt sich dies durch folgende Funktion R darstellen:

$$R: \mathfrak{S} \times \mathfrak{A} \to \mathfrak{R},$$

d. h.

$$r = R(s, a).$$

Die Wahl einer bestimmten Aktion a (z. B. die Wahl eines Arbeitseinsatzes, einer Portfoliostruktur oder eines bestimmten Vertragstyps) entspricht damit der Entscheidung für einen Vektor umweltzustandsabhängiger (*state-contingent*) Konsequenzen. Entscheidet sich das Wirtschaftssubjekt aus einer endlichen Menge von Handlungen $\mathfrak{A} = \{a_1, \ldots, a_k, \ldots, a_K\}$ für die Handlung a_k, und ist die Menge der Umweltzustände ebenfalls endlich, $\mathfrak{S} = \{s_1, \ldots, s_n, \ldots, s_N\}$, dann ergibt sich der folgende Vektor zustandsabhängiger Konsequenzen: $(r_{1,k}, \ldots, r_{n,k}, \ldots, r_{N,k})$, wobei der erste Index den Umweltzustand und der zweite Index die Handlung bezeichnet, d. h. es gilt: $r_{n,k} = R(s_n, a_k)$. Die Wahl von a_1 an Stelle von a_2 bedeutet also, dass man $(r_{1,1}, \ldots, r_{n,1}, \ldots, r_{N,1})$ gegenüber $(r_{1,2}, \ldots, r_{n,2}, \ldots, r_{N,2})$ präferiert.

Ist nur ein Umweltzustand möglich oder beeinflusst der Zustand der Welt das Handlungsergebnis nicht, spricht man von einer Entscheidung unter Sicherheit. In diesem Fall führt jede Handlung zu einer eindeutigen Konsequenz. Wenn den Umweltzuständen keine Wahrscheinlichkeitsverteilung zuordenbar ist, dann liegt eine Entscheidungssituation unter Ungewissheit vor. Lässt sich schließlich Umweltzuständen eine Wahrscheinlichkeitsverteilung zuordnen und hat der Zustand der Umwelt Einfluss auf die Konsequenz, spricht man von einer Risikosituation.

Für das weitere Vorgehen ist es zunächst zweckmäßig, wesentliche Definitionen aus der Wahrscheinlichkeitsrechnung einzuführen.

Definition 2.1 (Wahrscheinlichkeit) *Betrachtet sei eine Menge $\mathfrak{S}$ von Umweltzuständen s. Dann ist ein Ereignis $\mathcal{S}$ definiert als eine messbare Teilmenge aus der Menge aller Umweltzustände, d. h. $\mathcal{S} \subset \mathfrak{S}$; ein Ereignis $\mathcal{S}$ heißt eingetreten, wenn ein Umweltzustand $s \in \mathcal{S}$ realisiert wird. Eine Funktion P, die jedem Ereignis $\mathcal{S}$ eine reelle Zahl zuordnet, heißt Wahrscheinlichkeit dieses Ereignisses, wenn sie die folgenden Axiome erfüllt:*

1. *$\mathrm{P}(\mathcal{S}) \in [0, 1]$, d. h. die Wahrscheinlichkeit für ein Ereignis liegt im geschlossenen Intervall zwischen null und eins;*
2. *$\mathrm{P}(\mathfrak{S}) = 1$, d. h. die Wahrscheinlichkeit für ein sicheres Ereignis (nämlich dass irgendein Ereignis eintritt) ist eins;*
3. *$\mathrm{P}(\mathcal{S}_1 \cup \mathcal{S}_2 \cup \ldots) = \mathrm{P}(\mathcal{S}_1) + \mathrm{P}(\mathcal{S}_2) + \ldots$, falls $\mathcal{S}_n \cap \mathcal{S}_m = \emptyset$ für $n \neq m$; d. h. schließen sich (zwei oder mehrere) Ereignisse aus, dann entspricht die Wahrscheinlichkeit, dass eines der Ereignisse eintritt, der Summe der Einzelwahrscheinlichkeiten.*

2.1 Entscheidungssituationen bei Sicherheit und bei Risiko

Bei Risiko, d. h. wenn den Umweltzuständen eine Wahrscheinlichkeitsverteilung zuordenbar ist und wenn der Zustand der Umwelt Einfluss auf die Konsequenz hat, bedeutet die Wahl einer spezifischen Handlung $a \in \mathfrak{A}$ zugleich die Entscheidung für eine spezifische Wahrscheinlichkeitsverteilung über die Menge der Konsequenzen, weil für eine gegebene Handlung aus der Verteilung der Umweltzustände auf die Verteilung der Konsequenzen geschlossen werden kann. Es gilt nämlich für jede Teilmenge von Konsequenzen $\mathcal{R} \subseteq \mathfrak{R}$:

$$\mathrm{P}\left(\mathcal{R}\right) = \mathrm{P}\left(\{s \in \mathfrak{S} | R(s,a) \in \mathcal{R}\}\right),$$

d. h. die Wahrscheinlichkeit für eine Teilmenge $\mathcal{R}$ von Konsequenzen ist identisch mit der Summe der Wahrscheinlichkeiten für Umweltzustände s, die bei einer Handlung a zu einer Konsequenz führen, die Element der Teilmenge $\mathcal{R}$ ist. Die Wahl zwischen verschiedenen Handlungen ist damit identisch mit der Wahl zwischen verschiedenen Wahrscheinlichkeitsverteilungen über die Konsequenzen $r \in \mathfrak{R}$. Das folgende Beispiel veranschaulicht dies für den Fall einer diskreten Zufallsvariable.

Beispiel 2.1 *Betrachtet sei ein Unternehmer, der über zwei Handlungsalternativen $\{a_1 = Fleiß; a_2 = Faulheit\}$ verfügt und dessen Auszahlungen von zwei möglichen Umweltzuständen $\{s_1 = schlechte\ Konjunktur; s_2 = gute\ Konjunktur\}$ abhängen, die gleichwahrscheinlich sind:*

$$\mathrm{P}\left(s_1\right) = \mathrm{P}\left(s_2\right) = 0.5.$$

Seine Auszahlungen (die Konsequenzen) betragen bei fleißigem Verhalten $(r_{1,1} = 5;\ r_{2,1} = 10)$ und bei faulem Verhalten $(r_{1,2} = 3;\ r_{2,2} = 7)$. Dann entscheidet er sich mit seinem Verhalten für eine Wahrscheinlichkeitsverteilung über seine Auszahlungen (die Konsequenzen); für diese gilt bei Fleiß

$$\mathrm{P}\left(r < r_{1,1}\right) = 0,$$
$$\mathrm{P}\left(r = r_{1,1}\right) = \mathrm{P}\left(s_1\right) = 0.5,$$
$$\mathrm{P}\left(r_{1,1} < r < r_{2,1}\right) = 0,$$
$$\mathrm{P}\left(r = r_{2,1}\right) = \mathrm{P}\left(s_2\right) = 0.5$$

und bei Faulheit

$$\mathrm{P}\left(r < r_{1,2}\right) = 0,$$
$$\mathrm{P}\left(r = r_{1,2}\right) = \mathrm{P}\left(s_1\right) = 0.5,$$
$$\mathrm{P}\left(r_{1,2} < r < r_{2,2}\right) = 0,$$
$$\mathrm{P}\left(r = r_{2,2}\right) = \mathrm{P}\left(s_2\right) = 0.5.$$

Zuweilen ändert sich die Wahrscheinlichkeit für ein Ereignis s_1, wenn zusätzliche Informationen darüber verfügbar werden, dass ein Ereignis s_2 eingetreten ist. Die Wahrscheinlichkeit für s_1, die sich unter Berücksichtigung dieser zusätzlichen Information ergibt, heißt bedingte Wahrscheinlichkeit.

Definition 2.2 (bedingte Wahrscheinlichkeit) *Die bedingte Wahrscheinlichkeit* $P(s_1|s_2)$ *ist definiert als*

$$P(s_1|s_2) = \frac{P(s_1 \cap s_2)}{P(s_2)}, \qquad P(s_2) > 0$$

wobei $P(s_1 \cap s_2)$ *die Wahrscheinlichkeit angibt, dass sowohl* s_1 *als auch* s_2 *auftreten.*

Sind die Wahrscheinlichkeiten für Ereignisse bekannt, können Dichte- und Verteilungsfunktionen definiert werden, deren Definitionsbereich die Menge aller Konsequenzen $\mathfrak{R}$ ist.

Definition 2.3 (Dichtefunktion) *Sei* $P(\mathcal{R})$ *die Wahrscheinlichkeit einer Teilmenge* $\mathcal{R}$ *von Konsequenzen.*

1. *Eine Funktion* f *wird als diskrete Dichtefunktion bezeichnet, wenn für sie gilt*

$$P(\mathcal{R}) = \sum_{r \in \mathcal{R}} f(r).$$

2. *Eine Funktion* f *wird als stetige (oder kontinuierliche) Dichtefunktion bezeichnet, wenn für sie gilt*

$$P(\mathcal{R}) = \int_{\mathcal{R}} f(r) dr.$$

Definition 2.4 (Verteilungsfunktion) *Sei* $P(r \leq \bar{r})$ *die Wahrscheinlichkeit dafür, dass eine Konsequenz* r *eintritt, deren Wert nicht höher ist als* $\bar{r}$.

1. *Die Funktion*

$$F(\bar{r}) := P(r \leq \bar{r}) = \sum_{r \leq \bar{r}} f(r).$$

wird als diskrete Verteilungsfunktion bezeichnet.

2. *Die Funktion*

$$F(\bar{r}) := P(r \leq \bar{r}) = \int_{-\infty}^{\bar{r}} f(r) dr.$$

wird als stetige (oder kontinuierliche) Verteilungsfunktion bezeichnet. Beachte, dass im Falle differenzierbarer Verteilungsfunktionen gilt: $f(r) = F'(r)$.

Weitere begriffliche Voraussetzungen beziehen sich auf Erwartungswert, Varianz und Standardabweichung von Verteilungen:

Definition 2.5 (Erwartungswert, Varianz, Standardabweichung)
Bezeichne E den Erwartungsoperator und sei f eine beliebige Dichtefunktion

1. *einer diskreten Zufallsvariablen:*

   a) *Der Erwartungswert μ ist definiert als*
   $$\mu := E(r) = \sum_{r \in \mathfrak{R}} r f(r).$$

   b) *Die Varianz σ^2 ist definiert als*
   $$\sigma^2 := E\left[(r - E(r))^2\right] = \sum_{r \in \mathfrak{R}} (r - E(r))^2 f(r) = \sum_{r \in \mathfrak{R}} (r - \mu)^2 f(r).$$

   c) *Die Standardabweichung σ ist definiert als*
   $$\sigma := \sqrt{\sigma^2}.$$

2. *einer stetigen Zufallsvariablen:*

   a) *Der Erwartungswert μ ist definiert als*
   $$\mu := E(r) = \int_{-\infty}^{+\infty} r f(r) dr.$$

   b) *Die Varianz ist definiert als*
   $$\sigma^2 := E\left[(r - E(r))^2\right] = \int_{-\infty}^{+\infty} (r - E(r))^2 f(r) dr = \int_{-\infty}^{+\infty} (r - \mu)^2 f(r) dr.$$

   c) *Die Standardabweichung ist definiert als*
   $$\sigma := \sqrt{\sigma^2}.$$

Das folgende Beispiel veranschaulicht diese Zusammenhänge für den Fall einer diskreten Zufallsvariable.

Beispiel 2.2 (Fortsetzung von Beispiel 2.1) *Betrachtet sei die Wahlentscheidung aus dem Beispiel 2.1. Dann lassen sich die zu den Handlungsalternativen gehörigen Verteilungsfunktionen wie in Abbildung 2.1 darstellen, wobei F_1 die Verteilungsfunktion bei Fleiß und F_2 die Verteilungsfunktion bei Faulheit bezeichnet. Weiterhin gilt:*

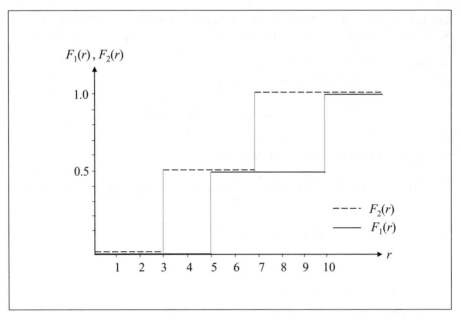

Abb. 2.1. Diskrete Verteilungsfunktionen bei zwei Handlungsalternativen

$$\mu_1 = \sum_{n=1}^{2} r_{n,1} f(r_{n,1}) = \sum_{n=1}^{2} r_{n,1} \mathrm{P}(r_n) = 7.5,$$

$$\sigma_1^2 = \sum_{n=1}^{2} (r_{n,1} - \mu)^2 f(r_{n,1}) = \sum_{n=1}^{2} (r_{n,1} - \mu)^2 \mathrm{P}(r_n) = 6.25,$$

$$\sigma_1 = \sqrt{\sigma^2} = 2.5$$

und

$$\mu_2 = \sum_{n=1}^{2} r_{n,2} f(r_{n,2}) = \sum_{n=1}^{2} r_{n,2} \mathrm{P}(r_n) = 5.0,$$

$$\sigma_2^2 = \sum_{n=1}^{2} (r_{n,1} - \mu)^2 f(r_{n,1}) = \sum_{n=1}^{2} (r_{n,1} - \mu)^2 \mathrm{P}(r_n) = 4.0,$$

$$\sigma_2 = \sqrt{\sigma^2} = 2.0.$$

2.2 Risikopräferenzen

Für eine Analyse von Entscheidungssituationen unter Risiko ist es insbesondere von Bedeutung, zuverlässige Prognosen über die Wahl eines rationalen Entschei-

2.2 Risikopräferenzen

dungsträgers zu treffen, wenn dieser sich zwischen (zwei) risikobehafteten Auszahlungsströmen (oder Vermögenswerten) entscheiden muss. Die Analyse von Entscheidungen unter Risiko kann meist nur mit Kenntnis der Risikopräferenz oder Risikoneigung des Entscheidungsträgers geleistet werden. Diese Risikopräferenz lässt sich formal mit Hilfe des Konzeptes des *von Neumann/Morgenstern-Nutzens* erfassen, der Auszahlungen r in einen Nutzenindex $u(r)$ transformiert (*von Neumann, Morgenstern* 1946). Dieser ist als stetig differenzierbar und streng monoton steigend ($u' > 0$) unterstellt. Sein Verlauf gibt Auskunft über die Risikopräferenz des Entscheiders.

Definition 2.6 (Risikopräferenz) *Sei $u(r)$ der von Neumann/Morgenstern-Nutzenindex, dann heißt ein Entscheider*

1. *risikoavers, wenn sein Nutzenindex konkav verläuft, d. h. wenn $u'' < 0$;*
2. *risikoneutral, wenn sein Nutzenindex linear verläuft, d. h. wenn $u'' = 0$;*
3. *risikofreudig, wenn sein Nutzenindex konvex verläuft, d. h. wenn $u'' > 0$.*

Wenn mit $E[u(r)] := \int_{-\infty}^{+\infty} u(r)f(r)dr$ (im Falle einer stetigen Verteilung) bzw. $E[u(r)] := \sum_{r \in \Re} P(r) \cdot u(r)$ (im Falle einer diskreten Verteilung) der erwartete Nutzen bezeichnet wird, dann präferiert der Entscheidungsträger im ersten Fall den Erwartungswert der Verteilung gegenüber der Verteilung selbst und es gilt: $u(\mu) > E[u(r)]$; im zweiten Fall ist der Entscheidungsträger indifferent zwischen dem Erwartungswert der Verteilung und der Verteilung selbst und es gilt: $u(\mu) = E[u(r)]$; im dritten Fall schließlich präferiert der Entscheidungsträger die Verteilung gegenüber dem Erwartungswert der Verteilung und es gilt: $u(\mu) < E[u(r)]$.

Beispiel 2.3 *Ein Entscheider steht vor der Wahl zwischen einer Lotterie, die mit gleicher Wahrscheinlichkeit $P(r_1) = P(r_2) = 0.5$ Auszahlungen in Höhe von $r_1 = 100$ EUR oder von $r_2 = 300$ EUR erbringt, und einer sicheren Zahlung in Höhe von 200 EUR (der erwarteten Auszahlung aus der Lotterie). Dann gilt:*

$$u(\mu) = u(0.5 \cdot 100 + 0.5 \cdot 300)$$
$$\gtreqless E[u(r)] = 0.5 \cdot u(100) + 0.5 \cdot u(300),$$

je nachdem ob der Entscheider risikoavers (>), risikoneutral (=) oder risikofreudig (<) ist. Im ersten Fall präferiert er die sichere Zahlung in Höhe der erwarteten Auszahlung der Lotterie gegenüber der Lotterie, im zweiten ist er indifferent und im dritten präferiert er die Lotterie gegenüber der sicheren Zahlung. Die Nutzenfunktionen verlaufen wie in Abbildung 2.2 dargestellt.

Die Risikopräferenz des Entscheidungsträgers lässt sich alternativ mit Hilfe des Sicherheitsäquivalents SE erfassen. Das ist jener sichere Betrag, dessen Nutzen mit dem erwarteten Nutzen aus der Lotterie übereinstimmt, für den also gilt: $u(SE) = E[u(r)]$. Abbildung 2.2 verdeutlicht, dass das Sicherheitsäquivalent für einen risikoaversen Entscheider kleiner als die erwartete Auszahlung der

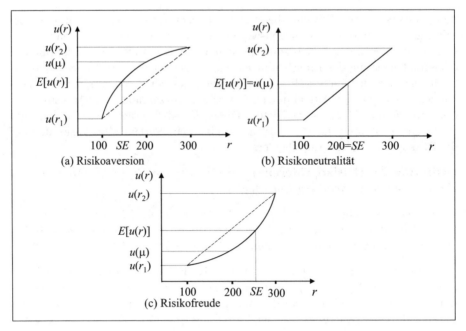

Abb. 2.2. Nutzenindizes bei alternativen Risikopräferenzen

Lotterie ist, während umgekehrt das Sicherheitsäquivalent für einen risikofreudigen Entscheider größer als die erwartete Auszahlung der Lotterie ist; für einen risikoneutralen Entscheider stimmen beide überein.

2.3 Stochastische Dominanz

Eine Möglichkeit, um die Präferenzordnung von Entscheidungsträgern zwischen (zwei) Verteilungen abzubilden, stellen die so genannten Dominanzrelationen beziehungsweise die Konzepte der stochastischen Dominanz dar.

Definition 2.7 (Stochastische Dominanz erster Ordnung) *Eine Wahrscheinlichkeitsverteilung F_1 dominiert eine Wahrscheinlichkeitsverteilung F_2 gemäß stochastischer Dominanz erster Ordnung (first-order stochastic dominance; FSD), sofern gilt:*

$$F_1(r) \leq F_2(r) \text{ für alle } r \in \mathfrak{R}.$$

Beispiel 2.4 *Das Beispiel 2.1, S. 9, (siehe Abbildung 2.1) gibt stochastische Dominanz erster Ordnung für den Fall einer diskreten Wahrscheinlichkeitsverteilung wieder. Die mit der Handlungsalternative Fleiß verbundene Verteilungs-*

2.3 Stochastische Dominanz

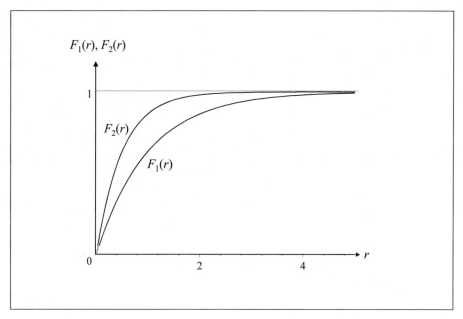

Abb. 2.3. Stochastische Dominanz erster Ordnung bei stetiger Verteilung

funktion F_1 dominiert die mit Handlungsalternative Faulheit verbundene Verteilungsfunktion F_2 gemäß dem Kriterium der stochastischen Dominanz erster Ordnung.

Beispiel 2.5 *In der Abbildung 2.3 dominiert die Verteilung F_1 die Verteilung F_2 gemäß stochastischer Dominanz erster Ordnung bei stetiger Verteilung (siehe Übung 2.5).*

Wenn zwei Verteilungsfunktionen nach dem Konzept der stochastischen Dominanz erster Ordnung geordnet werden können, dann ist eine Aussage darüber möglich, welche der beiden Verteilungen von einem Entscheidungsträger präferiert wird. Es gilt nämlich: Wenn eine Verteilung F_2 durch eine andere Verteilung F_1 gemäß dem Konzept der stochastischen Dominanz erster Ordnung dominiert wird, dann bevorzugt ein Entscheidungsträger mit strikt monoton steigendem Nutzenindex unabhängig von seinen Risikopräferenzen stochastische Auszahlungen, die durch eine Verteilungsfunktion F_1 beschrieben sind, gegenüber den stochastischen Auszahlungen, die einer Verteilungsfunktion F_2 folgen (siehe Übung 2.7*, Teil 1).

Allerdings ist FSD häufig nicht erfüllt und eine Hypothese über die Wahlhandlung eines Entscheidungsträgers ist dann nach diesem Konzept nicht ableitbar; allerdings ist es in diesem Fall mitunter möglich, zwischen zwei Vertei-

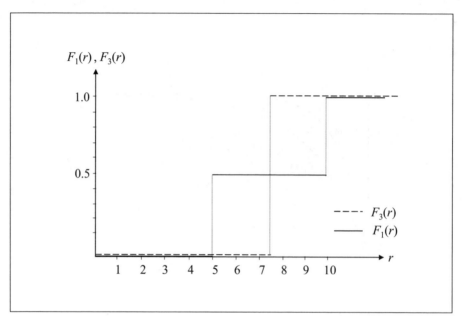

Abb. 2.4. Stochastische Dominanz zweiter Ordnung bei diskreter Verteilung

lungsfunktionen nach dem schwächeren Kriterium der stochastischen Dominanz zweiter Ordnung zu diskriminieren.

Definition 2.8 (Stochastische Dominanz zweiter Ordnung) *Eine Wahrscheinlichkeitsverteilung F_1 dominiert eine andere Wahrscheinlichkeitsverteilung F_2 gemäß stochastischer Dominanz zweiter Ordnung (second-order stochastic dominance; SSD), sofern für alle $\bar{r} \in \Re$ gilt:*

$$\int_{-\infty}^{\bar{r}} F_1(r)dr \leq \int_{-\infty}^{\bar{r}} F_2(r)dr.$$

Bei Vorliegen von SSD ist für jedes $\bar{r} \in \Re$ die Fläche unter der dominanten Verteilungsfunktion nicht größer als die Fläche unter der dominierten Verteilungsfunktion.

Beispiel 2.6 *Die Verteilungsfunktion F_1 aus Beispiel 2.1 sei verglichen mit folgender Verteilungsfunktion F_3:*

$$F_3(r) = \begin{cases} 0 \text{ für } r < 7.5, \\ 1 \text{ für } r \geq 7.5. \end{cases}$$

Offenbar gilt: $F_1(r) \geq F_3(r)$ für $r \in [0, 7.5)$ und $F_1(r) < F_3(r)$ für $r \in [7.5, 10)$. Da die Fläche unterhalb von F_3 nicht größer als die unterhalb von F_1 für alle

2.3 Stochastische Dominanz

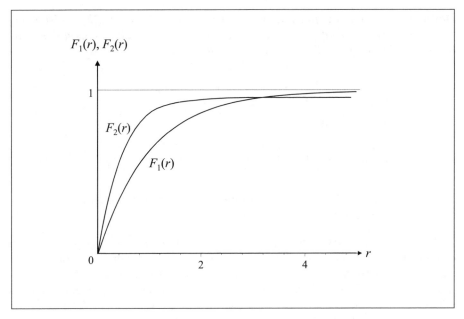

Abb. 2.5. Stochastische Dominanz zweiter Ordnung bei stetiger Verteilung

$r < 10$ *und gleich für alle* $r \geq 10$ *ist, dominiert* F_3 *stochastisch zweiter Ordnung gegenüber* F_1 *(Abbildung 2.4).*

Beispiel 2.7 *In der Abbildung 2.5 dominiert die Verteilung* F_1 *die Verteilung* F_2 *gemäß stochastischer Dominanz zweiter Ordnung bei stetiger Verteilung.*

Wenn zwei Verteilungsfunktionen nach dem Konzept der stochastischen Dominanz zweiter Ordnung geordnet werden können, dann lassen sich zwar keine für alle Risikopräferenzen in gleicherweise gültigen Hypothesen bezüglich der Entscheidung eines rationalen Entscheidungsträgers ableiten (wie das bei FSD der Fall ist). Es ist aber zumindest möglich, die Wahl eines risikoaversen Wirtschaftssubjektes zu prognostizieren. Es gilt nämlich: Wenn eine Verteilung F_2 durch eine andere Verteilung F_1 gemäß dem Konzept der stochastischen Dominanz zweiter Ordnung dominiert wird, dann bevorzugt ein risikoaverser Entscheidungsträger stochastische Auszahlungen, die durch eine Verteilungsfunktion F_1 beschrieben sind, gegenüber den stochastischen Auszahlungen, die einer Verteilungsfunktion F_2 folgen (siehe Übung 2.7*, Teil 2).

Damit erlaubt das SSD-Kriterium aber auch, Wahrscheinlichkeitsverteilungen mit demselben Erwartungswert, aber unterschiedlichen Risiken nach Maßgabe des so genannten *mean preserving spread*-Kriteriums (*Rothschild, Stiglitz* 1970) zu vergleichen:

Definition 2.9 (mean preserving spread) *Eine Verteilung F_2 weist einen mean preserving spread gegenüber einer Verteilung F_1 auf, wenn die Erwartungswerte beider Verteilungen identisch sind:*

$$\int_{-\infty}^{+\infty} r f_1(r) dr = \int_{-\infty}^{+\infty} r f_2(r) dr,$$

und wenn für alle $\bar{r} \in \mathfrak{R}$ gilt:

$$\int_{-\infty}^{\bar{r}} F_1(r) dr \leq \int_{-\infty}^{\bar{r}} F_2(r) dr,$$

d. h. wenn F_2 durch F_1 stochastisch zweiter Ordnung dominiert wird. Für diskrete Verteilungen gilt die Definition entsprechend.

Wenn F_2 einen *mean preserving spread* gegenüber F_1 aufweist, dann ist ein risikoneutraler Entscheidungsträger indifferent zwischen den Verteilungen, da diese jeweils denselben Erwartungswert haben; ein risikoaverser Entscheidungsträger jedoch präferiert F_1 gegenüber F_2, da bei gleichen Erwartungswerten das mit F_2 verbundene Risiko größer ist als das mit F_1 verbundene. Das folgende Beispiel verdeutlicht das Konzept des *mean preserving spreads* anhand einfacher Lotterien.

Beispiel 2.8 *Betrachtet werden die Verteilung F_1 mit*

$$F_1(r) = \begin{cases} 0 & \text{für } r < 10, \\ 0.5 & \text{für } 10 \leq r < 20, \\ 1 & \text{für } 20 \leq r \end{cases}$$

sowie die Verteilung F_2 mit

$$F_2(r) = \begin{cases} 0 & \text{für } r < 5, \\ 0.25 & \text{für } 5 \leq r < 15, \\ 0.75 & \text{für } 15 \leq r < 25, \\ 1 & \text{für } 25 \leq r. \end{cases}$$

Dann folgt

$$\mu_1 = \mu_2 = 15$$

und für alle $\bar{r}$ gilt

$$\int_{-\infty}^{\bar{r}} F_1(r) dr \leq \int_{-\infty}^{\bar{r}} F_2(r) dr,$$

d. h. F_2 weist einen mean preserving spread gegenüber F_1 auf (siehe Abbildung 2.6).

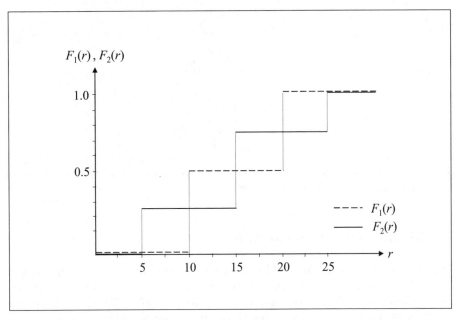

Abb. 2.6. Mean Preserving Spread bei diskreter Verteilung

2.4 *Arrow/Pratt*-Maße der Risikoneigung

Die Charakterisierung der Präferenzen eines Entscheidungsträgers als risikoavers, risikoneutral oder risikofreudig ist oftmals zu ungenau, um zu eindeutigen Ergebnissen hinsichtlich seiner Wahlhandlungen zu gelangen. Dann sind präzisere Maße für die Risikoneigung notwendig, die auf die Stärke der Krümmung des Nutzenindexes u abstellen. Diese wird erfasst durch die *Arrow/Pratt*-Maße absoluter und relativer Risikoaversion:

Definition 2.10 (*Arrow/Pratt*–Maße der Risikoneigung) *Sei $u(r)$ der stetig differenzierbare von Neumann/Morgenstern-Nutzenindex. Dann bezeichnen $e(r) := -\frac{u''(r)}{u'(r)}$ das Arrow/Pratt-Maß absoluter Risikoaversion und $\hat{e}(r) := -r \cdot \frac{u''(r)}{u'(r)}$ das Arrow/Pratt-Maß relativer Risikoaversion.*

Da $u' > 0$ gilt, sind für $r \in \mathbb{R}_+$ die beiden Maße e und $\hat{e}$ positiv bei Risikoaversion ($u'' < 0$), negativ bei Risikofreude ($u'' > 0$) und gleich null bei Risikoneutralität ($u'' = 0$). Beide Maße der Risikoneigung sind lokale Maße, d. h. sie geben den Grad der Risikoneigung an den Stellen der Ergebnisrealisationen an.

Das relative Maß $\hat{e}(r)$ kann umformuliert werden zu

$$\hat{e}(r) = -r \cdot \frac{u''(r)}{u'(r)}$$
$$= -r \cdot \frac{du'(r)/dr}{u'(r)}$$
$$= -\frac{r}{dr} \frac{du'(r)}{u'(r)}$$
$$= -\frac{du'(r)/u'(r)}{dr/r},$$

d. h. es gibt an, um wie viel Prozent sich der Grenznutzen u' verringert, wenn sich das Ergebnis r um ein Prozent erhöht.

2.5 Mean-Variance-Kriterium

Eine weitere alternative Möglichkeit, Entscheidungen unter Risiko abzubilden, ist das *mean-variance-* oder (μ, σ)-Kriterium. Es macht sich zunutze, dass unter bestimmten Bedingungen (*Eichberger, Harper* 1997, S. 29) die Präferenzen des Entscheidungsträgers durch eine Nutzenfunktion abgebildet werden können, deren Funktionswerte allein von den ersten beiden Momenten einer Verteilung F, dem Erwartungswert μ und der Standardabweichung σ, abhängen (siehe Übung 2.8*).

Abbildung 2.7 zeigt Nutzenindifferenzkurven des Entscheidungsträgers im (μ, σ)-Raum. Diese verlaufen

- mit positiver Steigung für einen risikoaversen Entscheider;
- horizontal für einen risikoneutralen Entscheider;
- mit negativer Steigung für einen risikofreudigen Entscheider.

Für jede Risikopräferenz bezeichnen weiter oben liegende Indifferenzkurven ein höheres Nutzenniveau.

2.6 Diversifikation

Eine Möglichkeit für einen risikoaversen Entscheider, das Risiko seines Vermögens zu vermindern, liegt in der Diversifikation. Diversifikationseffekte sind realisierbar, wenn die Auszahlungen einzelner Lotterien nicht perfekt miteinander korrelieren, sodass ein Entscheider durch Halten verschiedener Lotterien das Gesamtrisiko vermindern kann. Allerdings sind solche Diversifikationseffekte nur möglich in Bezug auf *idiosynkratische Risiken*, die eine einzelne Lotterie betreffen, nicht in Bezug auf *systematische Risiken*, die alle Lotterien gemeinsam erfassen.

2.6 Diversifikation

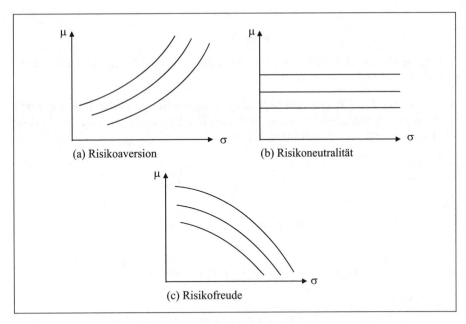

Abb. 2.7. Nutzenindifferenzkurven bei alternativen Risikopräferenzen

Dieser Diversifikationseffekt lässt sich gut mit Hilfe des schwachen Gesetzes der großen Zahlen verdeutlichen: Angenommen, die Zufallsvariablen $X_1, X_2, \ldots, X_N$ sind paarweise unabhängig und besitzen jeweils den gleichen Erwartungswert μ und die gleiche Varianz σ^2. Dann ist auch das arithmetische Mittel aller Zufallsvariablen $\frac{1}{N}\sum_{n=1}^{N} X_n$ selbst eine Zufallsvariable mit dem Erwartungswert (siehe Definition 2.5, S. 11)

$$E\left[\frac{1}{N}\sum_{n=1}^{N} X_n\right] = \frac{1}{N}\sum_{n=1}^{N} E[X_n] = \frac{1}{N} N\mu = \mu$$

und der Varianz

$$E\left[\left(\frac{1}{N}\sum_{n=1}^{N} X_n - E\left[\frac{1}{N}\sum_{n=1}^{N} X_n\right]\right)^2\right] = \sum_{n=1}^{N} \frac{1}{N^2}\sigma^2$$

$$= N\frac{1}{N^2}\sigma^2$$

$$= \frac{\sigma^2}{N}.$$

Offensichtlich hat das arithmetische Mittel der Zufallsvariablen eine mit zunehmender Anzahl von Einzelrisiken sinkende Varianz, und es gilt:

$$\lim_{N\to\infty} \frac{\sigma^2}{N} = 0.$$

Auf das arithmetische Mittel der Zufallsvariablen lässt sich nun die Ungleichung von *Tschebyscheff* anwenden:

Anmerkung 2.1 (*Tschebyscheff*'sche Ungleichung, siehe Übung 2.9*)
Sei Y eine beliebige Zufallsvariable mit dem Erwartungswert μ und der Varianz σ^2. Dann gilt für alle Konstanten $\lambda, \kappa > 0$:

$$P(|Y - \mu| \geq \lambda) \leq \frac{\sigma^2}{\lambda^2}$$

oder auch

$$P(|Y - \mu| \geq \kappa \cdot \sigma) \leq \frac{1}{\kappa^2}$$

bzw.

$$P(Y \geq \mu + \kappa \cdot \sigma) + P(Y \leq \mu - \kappa \cdot \sigma) \leq \frac{1}{\kappa^2}.$$

Umgekehrt gilt

$$P[Y \in (\mu - \kappa\sigma; \mu + \kappa\sigma)] > 1 - \frac{1}{\kappa^2},$$

d. h. im offenen Intervall $(\mu - \kappa\sigma; \mu + \kappa\sigma)$ liegen mehr als $100 \cdot \left(1 - \frac{1}{\kappa^2}\right)$ Prozent der Wahrscheinlichkeitsmasse.

Ist nun $Y := \frac{1}{N} \sum_{n=1}^{N} X_n$, dann gilt folglich für jedes beliebige $\varepsilon > 0$:

$$P\left(\left|\frac{1}{N} \sum_{n=1}^{N} X_n - \mu\right| \geq \varepsilon\right) \leq \frac{\frac{\sigma^2}{N}}{\varepsilon^2}$$

und damit folgt wegen $\lim_{N\to\infty} \frac{\sigma^2}{N} = 0$:

$$\lim_{N\to\infty} P\left(\left|\frac{1}{N} \sum_{n=1}^{N} X_n - \mu\right| \geq \varepsilon\right) = 0,$$

d. h. die Wahrscheinlichkeit, dass das arithmetische Mittel von seinem Erwartungswert abweicht, konvergiert gegen null, wenn die Anzahl der voneinander unabhängigen Einzelrisiken gegen unendlich strebt (schwaches Gesetz der Großen Zahlen). Oder anders formuliert: Ein Portfolio, bestehend aus Wertpapieren mit paarweise unabhängigen Erträgen aber mit identischen erwarteten Erträgen und Varianzen, wird asymptotisch risikolos, wenn die Anzahl der Wertpapiere erhöht wird.

2.7 *Bayes*'sche Regel

Mitunter erhält ein Entscheider neue Informationen (Signale) und revidiert seine Einschätzung über die Wahrscheinlichkeit des Eintretens eines Umweltzustandes. Für rationale Wirtschaftssubjekte lässt sich solch eine Revision von (subjektiven) Wahrscheinlichkeiten mit Hilfe der *Bayes*'schen Regel darstellen. Dazu seien wiederum mit $\{s_1, \ldots, s_n, \ldots, s_N\}$ die Realisationen einer Zufallsvariable s und mit $\mathrm{P}(s_n)$ die Wahrscheinlichkeit des Zustandes s_n bezeichnet. Zugleich seien $\{\chi_1, \ldots \chi_m \ldots, \chi_M\}$ die Realisationen einer anderen Zufallsvariablen. Kennt der Entscheidungsträger die Wahrscheinlichkeit dafür, dass ein Signal χ_m beobachtet wird, wenn sich der Zustand s_n realisieren wird, dann liefert das Signal eine zusätzliche Information über die Wahrscheinlichkeit des Eintretens von s_n. Die (bedingte) Wahrscheinlichkeit für das Auftreten von s_n, sofern man χ_m beobachtet, bestimmt sich damit aus:

$$\mathrm{P}(s_n|\chi_m) = \frac{\mathrm{P}(\chi_m|s_n) \cdot \mathrm{P}(s_n)}{\sum_{n=1}^{N} \mathrm{P}(\chi_m|s_n) \cdot \mathrm{P}(s_n)}.$$

Die Wahrscheinlichkeit $\mathrm{P}(s_n)$ ist die Priori-Wahrscheinlichkeit, also die vor Beobachtung von χ_m dem Zustand s_n zugeordnete Wahrscheinlichkeit; die Wahrscheinlichkeit $\mathrm{P}(s_n|\chi_m)$ ist die Posteriori-Wahrscheinlichkeit, also die nach Beobachtung von χ_m für das Eintreten von s_n zugeordnete Wahrscheinlichkeit.

Beispiel 2.9 *Sie stehen am Samstagnachmittag vor dem Münchener Olympiastadion und wissen, dass drinnen Bayern gegen Schalke spielt und das Spiel nicht torlos enden wird. Die Priori-Wahrscheinlichkeit, dass Bayern das erste Tor schießt, beträgt $\mathrm{P}(s_1) = 0.7$; die Priori-Wahrscheinlichkeit, dass die Schalker Stürmer als erste treffen, $\mathrm{P}(s_2) = 0.3$. Die Wahrscheinlichkeit, dass Sie vor dem Stadion Torjubel hören, beträgt bei einem Tor der Bayern $\mathrm{P}(\chi_1|s_1) = 0.6$ und bei einem Schalker Tor $\mathrm{P}(\chi_1|s_2) = 0.2$. Sie hören Torjubel! Dann beträgt die Posteriori-Wahrscheinlichkeit, dass die Bayern getroffen haben, gemäß der Bayes'schen Regel:*

$$\begin{aligned}\mathrm{P}(s_1|\chi_1) &= \frac{\mathrm{P}(\chi_1|s_1) \cdot \mathrm{P}(s_1)}{\mathrm{P}(\chi_1|s_1) \cdot \mathrm{P}(s_1) + \mathrm{P}(\chi_1|s_2) \cdot \mathrm{P}(s_2)} \\ &= \frac{0.6 \cdot 0.7}{0.6 \cdot 0.7 + 0.2 \cdot 0.3} = \frac{0.42}{0.48} = 0.875.\end{aligned}$$

2.8 *Nash*-Gleichgewicht

Ergebnisse individueller Entscheidungen hängen oftmals nicht nur vom Eintreten zufälliger Ereignisse, sondern auch von den Entscheidungen anderer Wirtschaftssubjekte ab, d. h. die Entscheidungsträger (Spieler) agieren strategisch interdependent. Gegenstand der Spieltheorie ist die formale Darstellung dieser

Interaktion, kurz: des Spiels. Ein Spiel wird hierbei beschrieben durch die an dem Spiel teilnehmenden Spieler, die das Spiel auszeichnenden Spielregeln, die möglichen Ergebnisse des Spiels und die mit diesen Ergebnissen für jeden Spieler verbundenen Auszahlungen.

Mit Hilfe der Spieltheorie sollen Voraussagen bezüglich der von Spielern gewählten Strategien abgeleitet werden, wobei eine Strategie eines Spielers ein vollständiger Plan ist, der festlegt, wie der Spieler jeweils in jedem der denkbaren Umstände handelt. Ein Konzept zur Voraussage von gewählten Strategien ist das *Nash*-Gleichgewicht (*Nash* 1951).

Definition 2.11 (*Nash*-Gleichgewicht) *Betrachtet seien $j = 1, \ldots, J$ Spieler, deren Strategien jeweils mit a_j bezeichnet sind. Dann bilden die Strategien $(a_1^*, \ldots, a_j^*, \ldots, a_J^*)$ ein Nash-Gleichgewicht, wenn a_j^* für jeden Spieler $j = 1, \ldots, J$ dessen Nutzen $U_j(a_1, \ldots, a_j, \ldots, a_J)$ maximiert unter der Bedingung, dass alle übrigen Spieler ebenfalls ihre Nash-gleichgewichtige Strategie spielen, d. h. wenn für alle $j = 1, \ldots, J$ und alle a_j gilt:*

$$U_j(a_1^*, \ldots, a_j^*, \ldots, a_J^*) \geq U_j(a_1^*, \ldots, a_j, \ldots, a_J^*).$$

Im *Nash*-Gleichgewicht geben alle Spieler wechselseitig die beste Antwort auf die Strategien aller anderen Spieler, sodass kein Spieler Anlass hat, von der Wahl seiner Strategie abzuweichen.

Beispiel 2.10 *Während eines Angriffs seiner Mannschaft will der Schalker Mittelfeldspieler M auf seinen Stürmer S passen. Der Angriff kann nur über die Flügel erfolgen. M kann nach links oder nach rechts passen, zugleich kann S nach links oder rechts laufen. Der linke Flügel ist durch einen gegnerischen Abwehrspieler gedeckt. Nachfolgende Tabelle zeigt beispielhaft Auszahlungen, die die Nutzen für die einzelnen Spieler nach erfolgtem Spielzug repräsentieren. Beide erhalten eine Auszahlung von null, wenn M nach rechts (links) passt und S nach links (rechts) läuft; die Auszahlungen seien jeweils 2, wenn M nach rechts passt und S auch dorthin läuft und 1, wenn M nach links passt (wo der Abwehrspieler steht) und S dorthin läuft. Das Spiel hat zwei Nash-Gleichgewichte; multiple Nash-Gleichgewichte sind häufig anzutreffen.*

		M	
		links	rechts
S	links	(1, 1)	(0, 0)
	rechts	(0, 0)	(2, 2)

2.9 Teilspielperfektheit

Häufig sind interpersonelle Entscheidungssituationen nicht durch simultanes und einmaliges Handeln der Spieler gekennzeichnet. Statt dessen ziehen die Spieler nacheinander ihre Spielzüge, wobei oftmals jeder Spieler auch mehrfach zum Zuge gelangen kann. In diesem Fall spricht man von dynamischen Spielen.

Zur Analyse von dynamischen Spielen ist es notwendig, unglaubwürdige Strategien (oder Drohungen) auszuschließen, also Strategien der Form: „Wenn Du jetzt nicht das tust, was mir zum größtmöglichen Vorteil gereicht, werde ich Dir beim nächsten Zug, den ich machen kann, den größtmöglichen Nachteil zukommen lassen." Diese Drohung ist dann unglaubwürdig, wenn mit dem größtmöglichen Nachteil für den Gegenspieler auch ein Nachteil für den drohenden Spieler selbst entsteht.

Das Konzept des *Nash*-Gleichgewichts ist bei dynamischen Spielen zur Voraussage von Handlungen der Spieler oft nicht geeignet, da nicht ausgeschlossen werden kann, dass so ermittelte Gleichgewichte auf unglaubwürdigen Drohungen basieren. Deshalb wird bei dynamischen Spielen auf das Konzept teilspielperfekter *Nash*-Gleichgewichte zurückgegriffen. Etwas vereinfacht gesprochen ist ein Teilspiel ein Teil des Spiels, das beginnend bei einem (beliebigen) Entscheidungsknoten des Spiels alle von diesem Knoten erreichbaren Knoten (und nur diese) enthält. Ein teilspielperfektes *Nash*-Gleichgewicht liegt dann vor, wenn *Nash*-Gleichgewichte in jedem der möglichen Teilspiele herbeigeführt werden, unabhängig davon, ob diese Teilspiele tatsächlich auf dem Gleichgewichtspfad liegen. Mit dem Konzept des teilspielperfekten *Nash*-Gleichgewichts soll erreicht werden, dass die so ermittelten gleichgewichtigen Strategien das optimale Verhalten von jedem beliebigen Punkt des Spiels ausgehend festlegen (was aber unter Umständen nicht immer möglich ist).

Beispiel 2.11 *Der Schalker Stürmer S läuft alleine auf den Münchner Torwart T zu. S muss sich entscheiden, ob er direkt schießt, oder ob er versucht, den Torwart zu umspielen, um den Ball ins leere Tor schieben zu können. Der Torwart muss sich entscheiden, ob er den umspielenden Stürmer foult oder ob er sich auf einen fairen Zweikampf einlässt. Wenn der Torwart foult, dann ist dies zum einen für den Stürmer schmerzhaft und zum anderen erhält der Torwart die gelbe Karte (beide haben demnach eine Nutzeneinbuße). Der dem Foul folgende Elfmeter bietet dem Stürmer dieselbe Torchance wie der direkte Schuss, bei der mit einer Wahrscheinlichkeit von 50 Prozent ein Tor erzielt wird. Wenn der Torwart nicht foult, dann versucht der Stürmer den Torwart zu umspielen und die Wahrscheinlichkeit, ein Tor zu schießen, beträgt 80 Prozent.*

Die Auszahlungsmatrix lautet wie folgt:

		T	
		Foul, falls S umspielt	fairer Zweikampf, falls S umspielt
S	schießen	$\left(\frac{1}{2}, -\frac{1}{2}\right)$	$\left(\frac{1}{2}, -\frac{1}{2}\right)$
	umspielen	$\left(-\frac{1}{2}, -2\right)$	$\left(\frac{4}{5}, -\frac{4}{5}\right)$

Das Spiel hat zwei Nash-Gleichgewichte:

- *S schießt direkt und der T wählt Foul, falls S umspielen will. Diese Strategie-Kombination ist ein Nash-Gleichgewicht, weil: 1) wenn T foult, falls S umspielt, dann ist der direkte Schuss für den S besser als Umspielen, 2) wenn S direkt schießt, dann ist es vorteilhaft für T, das Foul zu wählen.*
- *S umspielt und T lässt sich auf einen fairen Zweikampf ein. Diese Strategie-Kombination ist ebenfalls ein Nash-Gleichgewicht, weil: 1) wenn T einen fairen Zweikampf führt, falls S umspielt, dann ist Umspielen für den S besser als direkt schießen, 2) wenn S umspielt, dann ist der faire Zweikampf für den T vorteilhaft.*

Jedoch ist nur die zweite Strategie auch teilspielperfekt. Es ist nämlich für den S vorhersehbar, dass die Drohung des T, auf ein Umspielen mit einem Foul zu reagieren, unglaubwürdig ist, da dessen optimale Antwort auf Umspielen der faire Zweikampf ist.

2.10 Kommentierte Literaturhinweise

Überblicke über viele der hier dargestellten entscheidungs- und spieltheoretischen Konzepte bieten *Eichberger, Harper* (1997, S. 1-55), *Neuberger* (1998, S. 203 ff.), *Eckey, Kosfeld, Dreger* (2000, S. 251 ff.) sowie *Wiese* (2002).

2.11 Übungsaufgaben

Übung 2.1 *Die Auszahlungen einer Lotterie hängen von drei möglichen Umweltzuständen ab, die mit s_1, s_2 und s_3 bezeichnet sind und für deren Eintrittswahrscheinlichkeiten $P(s_1) = 0.4$, $P(s_2) = 0.5$ und $P(s_3) = 0.1$ gelte. Die Auszahlungen betragen $r_1 = 0$, $r_2 = 10$ und $r_3 = 0$.*

2.11 Übungsaufgaben

1. *Nennen Sie alle möglichen Ereignisse und geben Sie deren Wahrscheinlichkeiten an.*
2. *Wie groß ist die Wahrscheinlichkeit, dass die Auszahlung der Lotterie 0 bzw. 10 beträgt?*
3. *Wie lautet die Verteilungsfunktion bzw. die Dichtefunktion für r?*

Übung 2.2 *Es wird ein Entscheider betrachtet, dessen von Neumann/Morgenstern Nutzenindex $u(r) = r^\kappa$ lautet, mit $r \geq 0$ und $\kappa > 0$. Er steht vor der Wahl zwischen folgenden Alternativen:*

- *eine Lotterie, die mit gleicher Wahrscheinlichkeit $P(r_1) = P(r_2) = 0.5$ Auszahlungen entweder in Höhe von $r_1 = 0$ EUR oder von $r_2 = 10$ EUR erbringt, oder*
- *eine sichere Auszahlung in Höhe von 5 EUR; dies entspricht der erwarteten Auszahlung der Lotterie.*

Zeigen Sie in Abhängigkeit vom Parameter κ:

1. *Welche Wahlalternative präferiert der Entscheider?*
2. *Wie lautet die Risikopräferenz des Entscheiders?*
3. *Bestimmen Sie das Arrow/Pratt-Maß absoluter Risikoaversion des Entscheiders.*

Übung 2.3 *Es sei ein Entscheider betrachtet, dessen von Neumann/Morgenstern-Nutzenindex u strikt monoton steigend ist, d. h. $u' > 0$. Zeigen Sie, dass für jede beliebige risikobehaftete Lotterie mit Auszahlungen gemäß der Verteilungsfunktion F folgende drei Behauptungen gelten:*

1. *das Sicherheitsäquivalent SE der Lotterie ist kleiner als die erwartete Auszahlung μ der Lotterie, sofern der Entscheider risikoavers ist;*
2. *das Sicherheitsäquivalent SE der Lotterie ist gleich der erwarteten Auszahlung μ der Lotterie, sofern der Entscheider risikoneutral ist;*
3. *das Sicherheitsäquivalent SE der Lotterie ist größer als die erwartete Auszahlung μ der Lotterie, sofern der Entscheider risikofreudig ist.*

Übung 2.4 *Es wird wieder ein durch den aus Übung 2.2 bekannten Nutzenindex charakterisierter Entscheider betrachtet. Ihm steht die dort beschriebene Lotterie zur Wahl, die mit gleicher Wahrscheinlichkeit $P(r_1) = P(r_2) = 0.5$ Auszahlungen entweder in Höhe von $r_1 = 0$ EUR oder von $r_2 = 10$ EUR erbringt. Bestimmen Sie das Sicherheitsäquivalent dieser Lotterie:*

1. *Für den allgemeinen Fall in Abhängigkeit von κ.*
2. *Für den Fall, dass der Entscheider risikoneutral ist.*
3. *Für den Fall, dass der Entscheider risikoavers ist mit $\kappa = 0.5$.*
4. *Für den Fall, dass der Entscheider risikofreudig ist mit $\kappa = 2$.*

Übung 2.5 *Es gelten folgende (Exponential-) Verteilungsfunktionen, die in Abbildung 2.3 dargestellt sind:*

$$F_1(r) = \begin{cases} 1 - e^{-r} & \text{für } r \geq 0, \\ 0 & \text{für } r < 0, \end{cases}$$

$$F_2(r) = \begin{cases} 1 - e^{-2r} & \text{für } r \geq 0, \\ 0 & \text{für } r < 0. \end{cases}$$

1. *Zeigen Sie, dass die Verteilung F_1 die Verteilung F_2 gemäß stochastischer Dominanz erster Ordnung dominiert.*
2. *Zeigen Sie, dass die Verteilung F_1 die Verteilung F_2 auch gemäß stochastischer Dominanz zweiter Ordnung dominiert.*

Übung 2.6 *Es seien noch einmal die beiden Wahlalternativen aus Übung 2.2 betrachtet. Die Lotterie erbringt also mit gleicher Wahrscheinlichkeit $\mathrm{P}(r_1) = \mathrm{P}(r_2) = 0.5$ Auszahlungen entweder in Höhe von $r_1 = 0$ EUR oder von $r_2 = 10$ EUR. Die sichere Auszahlung hat eine Höhe von 5 EUR.*

1. *Prüfen Sie, ob eine Alternative die andere gemäß stochastischer Dominanz erster oder zweiter Ordnung dominiert. Liegt ein mean preserving spread vor? Überrascht Sie das Ergebnis?*
2. *Die sichere Auszahlung sei nun auf 3 EUR modifiziert. Präferiert ein risikoaverser Entscheider, dessen Nutzenindex jenem aus Übung 2.2 entspricht mit $0 < \kappa < 1$, auch die modifizierte sichere Auszahlung gegenüber der Lotterie, unabhängig vom Parameter κ?*
3. *Kann die modifizierte sichere Auszahlung die Lotterie gemäß stochastischer Dominanz zweiter Ordnung dominieren? Begründen Sie Ihre Antwort.*

Übung 2.7 (*) *Es seien zwei Lotterien gegeben, deren Auszahlungen $r \in [0, r_{\max}]$ der jeweiligen Verteilungsfunktion F_1 bzw. F_2 unterliegen. Ferner seien Entscheidungsträger betrachtet, deren Nutzenindex streng monoton steigend ($u' > 0$) ist. Beweisen Sie die beiden folgenden Behauptungen:*

1. *Wenn die Verteilung F_1 die Verteilung F_2 gemäß stochastischer Dominanz erster Ordnung dominiert, dann präferiert jeder betrachtete Entscheider unabhängig von seiner Risikopräferenz die erste Lotterie (schwach) gegenüber der zweiten.*
2. *Wenn die Verteilung F_1 die Verteilung F_2 gemäß stochastischer Dominanz zweiter Ordnung dominiert, dann präferiert jeder betrachtete risikoaverse Entscheider die erste Lotterie (schwach) gegenüber der zweiten.*

Übung 2.8 (*) *Es sei ein Entscheider betrachtet, dessen von Neumann/Morgenstern-Nutzenindex quadratisch ist mit*

$$u(r) = \alpha r^2 + r,$$

wobei r Auszahlungen einer Lotterie bezeichnet. Zeigen Sie für eine beliebige Lotterie, deren Auszahlungen der stetigen Verteilungsfunktion F unterliegen, dass der erwartete Nutzen des Entscheiders ausschließlich abhängt vom Erwartungswert μ der Auszahlungen und von deren Varianz σ^2.

Übung 2.9 (*) *Sei Y eine beliebige Zufallsvariable mit dem Erwartungswert μ und der Varianz σ^2. Zeigen Sie ausgehend von der Definition der Varianz, dass die Tschebyscheff'sche Ungleichung gilt.*

Übung 2.10 *In einem Fernseh-Quiz hat der Kandidat die Wahl zwischen zwei Antworten, von denen genau eine richtig ist. Er ist sich nicht sicher, hält aber Antwort 1 mit einer Wahrscheinlichkeit von 0.4 für korrekt. Um sich abzusichern, nutzt er seinen "Telefon-Joker" und ruft eine Bekannte an, die ihm eine Antwort gibt. Der Kandidat hält die Antwort der Bekannten mit einer Wahrscheinlichkeit von 0.8 für richtig.*

1. *Welche Posteriori-Wahrscheinlichkeit ordnet der Kandidat beiden Antworten zu, wenn er das Signal gemäß der Bayes'schen Regel verarbeitet?*
2. *Anstatt die Frage zu beantworten, kann der Kandidat auch nach Befragen der Bekannten mit seinem bisherigen Gewinn von 1000 EUR nach Hause gehen. Antwortet er jedoch falsch, erhält er nichts, antwortet er korrekt, erhält er 2000 EUR. Wie entscheidet er sich, wenn sein von Neumann/Morgenstern Nutzenindex $u(r) = \sqrt{r}$ beträgt und die Bekannte Antwort 1 als richtig vorschlägt.*
3. *Wie entscheidet sich der Kandidat, wenn er bislang 150000 EUR sicher hat und er 250000 EUR (oder nichts) gewinnen kann?*

Übung 2.11 (Kampf der Geschlechter) *Es seien zwei Spieler A und B betrachtet, die am Abend jeweils ins Fußballstadion gehen können oder in das einzige Restaurant der Stadt. Beide würden den Abend am liebsten gemeinsam verbringen, jedoch zieht A den Restaurantbesuch vor, während B lieber das Fußballspiel sehen würde. Die Auszahlungen der Spieler sind in folgender Tabelle wiedergegeben:*

		B	
		Restaurant	Fußball
A	Restaurant	(4, 2)	(1, 0)
	Fußball	(0, 1)	(2, 4)

1. *Es sei angenommen, die Spieler entscheiden gleichzeitig, wohin sie gehen. Bestimmen Sie das (die) Nash-Gleichgewicht(e).*
2. *Es sei nun angenommen, die Spieler entscheiden nacheinander. Zuerst wählt Spieler A, dies wird von Spieler B beobachtet, der dann wählt.*

a) *Wie lauten die Strategien von Spieler A und wie lauten die Strategien von Spieler B?*
b) *Wie lauten die Nash-Gleichgewichte? Welche dieser Gleichgewichte sind teilspielperfekt?*

Übung 2.12 *Es wird ein Entscheider betrachtet, dessen von Neumann/Morgenstern Nutzenindex $u(r) = \sqrt{r}$ lautet. Er kann an einer Lotterie teilnehmen, die im schlechten Umweltzustand s_1 die Auszahlung $r_1 = 1$ und im guten Umweltzustand s_2 die Auszahlung $r_2 = 4$ erbringt. Für die Wahrscheinlichkeiten der Umweltzustände gilt $P(s_1) = \frac{1}{3}$ und $P(s_2) = \frac{2}{3}$.*

1. *Welche Risikopräferenz hat der Entscheider? Bestimmen Sie sein Arrow/Pratt Maß absoluter Risikoaversion.*
2. *Bestimmen Sie Erwartungswert und Varianz der Auszahlung der Lotterie.*
3. *Wie lautet für den Entscheider das Sicherheitsäquivalent der Lotterie?*
4. *Nimmt der Entscheider an der Lotterie teil, wenn er alternativ eine sichere Auszahlung in Höhe von 2 erhalten kann?*

Der Entscheider erhält nun ein Signal, welches besagt, dass der Umweltzustand gut sei. Jedoch ist dieses Signal imperfekt. Mit der Wahrscheinlichkeit $\frac{4}{5}$ gibt es den Zustand der Umwelt richtig an.

5. *Wie hoch ist für den Entscheider nach Erhalt des Signals die (Posteriori-) Wahrscheinlichkeit, dass der gute Umweltzustand eintritt?*
6. *Nimmt der Entscheider nach Erhalt des Signals an der Lotterie teil, wenn er alternativ eine sichere Auszahlung in Höhe von 2 erhalten kann?*

2.12 Lösungshinweise zu den Übungsaufgaben

Lösung 2.1 *Die Lösungen lauten:*

1. *Es gibt insgesamt acht verschiedene Ereignisse mit*

$$P(\emptyset) = 0,$$

$$P(s_1) = 0.4, \ P(s_2) = 0.5, \ P(s_3) = 0.1,$$

$$P(s_1 \cup s_2) = 0.9, \ P(s_1 \cup s_3) = 0.5, \ P(s_2 \cup s_3) = 0.6,$$

$$P(s_1 \cup s_2 \cup s_3) = 1.$$

2. *Es gilt*

$$P(r = 0) = P(s_i \in \mathfrak{S}|r_i = 0) = 0.4 + 0.1 = 0.5,$$

$$P(r = 10) = P(s_i \in \mathfrak{S}|r_i = 10) = 0.5.$$

2.12 Lösungshinweise zu den Übungsaufgaben

3. Die diskrete Dichtefunktion lautet

$$f(r) = \begin{cases} 0.5 & \text{für } r = 0, \\ 0.5 & \text{für } r = 10, \\ 0 & \text{für } r \neq 0, 10. \end{cases}$$

Die diskrete Verteilungsfunktion lautet

$$F(r) = \begin{cases} 0.5 & \text{für } r < 10, \\ 1 & \text{für } r \geq 10. \end{cases}$$

Lösung 2.2 *Die Lösungen lauten:*

1. *Ein Entscheider präferiert die sichere Auszahlung gegenüber der Lotterie, sofern*

$$u(0.5 \cdot 0 + 0.5 \cdot 10) > 0.5 \cdot u(0) + 0.5 \cdot u(10)$$

gilt. Durch Einsetzen des Nutzenindexes erhält man nach einigen Umformungen die Bedingung

$$0.5^\kappa > 0.5.$$

Diese Ungleichung ist gültig für einen Entscheider mit $0 < \kappa < 1$, d. h. dieser präferiert die sichere Auszahlung gegenüber der Lotterie. Analog kann gezeigt werden, dass ein Entscheider mit $\kappa = 1$ indifferent ist und ein Entscheider mit $\kappa > 1$ die Lotterie gegenüber der sicheren Auszahlung präferiert.

2. *Die Risikopräferenz kann durch Betrachtung der zweiten Ableitung des Nutzenindexes bestimmt werden, die*

$$u''(r) = (\kappa - 1)\kappa r^{\kappa-2}$$

lautet. Somit ist der Entscheider risikoavers, sofern $0 < \kappa < 1$ gilt; er ist risikoneutral für $\kappa = 1$, und er ist risikofreudig für $\kappa > 1$. Dieses Ergebnis überrascht nicht, wenn man sich das Ergebnis aus Teil 1 in Erinnerung ruft.

3. *Für das Arrow/Pratt-Maß absoluter Risikoaversion des Entscheiders ergibt sich nach einiger Berechnung*

$$e(r) = -\frac{\kappa - 1}{r}.$$

Lösung 2.3 *Die Lösung sei für den 1. Fall der Risikoaversion skizziert, die Argumente bei 2. Risikoneutralität bzw. 3. Risikofreude sind analog.*

Das Sicherheitsäquivalent der Lotterie ist derjenige sichere Betrag SE, der dem Entscheider denselben (erwarteten) Nutzen stiftet wie die Lotterie selbst, d. h.

$$u(SE) = E[u(r)].$$

Wegen der unterstellten Risikoaversion ist der Nutzenindex des Entscheiders konkav und es folgt

$$E[u(r)] < u(\mu),$$

was direkt

$$u(SE) < u(\mu)$$

impliziert, d. h. der Nutzen des Sicherheitsäquivalents ist kleiner als der Nutzen der erwarteten Auszahlungen der Lotterie. Da der Nutzenindex des Entscheiders ferner streng monoton wachsend ist, folgt direkt

$$SE < \mu,$$

was zu zeigen war.

Lösung 2.4 *Die Lösungen lauten:*

1. *Das Sicherheitsäquivalent bestimmt sich durch*

$$u(SE) = E[u(r)],$$

sodass für die gegebene Lotterie folgt:

$$SE^\kappa = 0.5 \cdot 0^\kappa + 0.5 \cdot 10^\kappa.$$

Dies ist umzuformen zu

$$SE = 0.5^{\frac{1}{\kappa}} \cdot 10.$$

2. *Für den risikoneutralen Entscheider folgt $SE = 5$.*
3. *Für den risikoaversen Entscheider mit $\kappa = 0.5$ folgt $SE = 2.5$.*
4. *Für den risikofreudigen Entscheider mit $\kappa = 2$ folgt $SE \approx 7.1$.*

Lösung 2.5 *Die Lösungen lauten:*

1. *Für stochastische Dominanz erster Ordnung ist zu zeigen, dass*

$$F_1(r) \leq F_2(r) \text{ für alle } r \in \mathbb{R}$$

gilt. Für $r < 0$ ist dies offensichtlich erfüllt. Für $r \geq 0$ ist $F_1(r) \leq F_2(r)$ für alle r erfüllt, wenn

$$1 - e^{-r} \leq 1 - e^{-2r}$$

erfüllt ist, was wegen

$$e^r - 1 \geq 0$$

für alle $r \geq 0$ Gültigkeit hat. Somit ist der Beweis vollzogen.

2. *Für stochastische Dominanz zweiter Ordnung ist zu zeigen, dass*

$$\int_{-\infty}^{\overline{r}} F_1(r)\,dr \leq \int_{-\infty}^{\overline{r}} F_2(r)\,dr \text{ für alle } \overline{r} \in \mathbb{R}$$

erfüllt ist. Der Beweis ist trivial, da sowohl F_1 als auch F_2 nicht-negativ ist und, wie oben gezeigt wurde, $F_1(r) \leq F_2(r)$ für alle $r \in \mathbb{R}$ gilt.

2.12 Lösungshinweise zu den Übungsaufgaben

Lösung 2.6 *Die Lösungen lauten:*

1. *Um stochastische Dominanz erster Ordnung zu prüfen, ist die jeweilige Verteilungsfunktion der Wahlalternativen zu prüfen. Sei mit F_1 die Verteilungsfunktion der Lotterie und mit F_2 die Verteilungsfunktion der sicheren Auszahlung bezeichnet. Offensichtlich gilt:*

$$F_1(r) = \begin{cases} 0.5 \text{ für } r < 10, \\ 1 \text{ für } r \geq 10, \end{cases}$$

$$F_2(r) = \begin{cases} 0 \text{ für } r < 5, \\ 1 \text{ für } r \geq 5, \end{cases}$$

sodass $F_1(r) > F_2(r)$ zum Beispiel für $r = 2$ erfüllt ist und $F_2(r) > F_1(r)$ zum Beispiel für $r = 7$ erfüllt ist. Somit kann stochastische Dominanz erster Ordnung nicht entstehen. Jedoch dominiert F_2 gemäß stochastischer Dominanz zweiter Ordnung über F_1, denn $\int_{-\infty}^{\bar{r}} F_1(r)\, dr \leq \int_{-\infty}^{\bar{r}} F_2(r)\, dr$ ist für alle $\bar{r} \in \mathbb{R}$ erfüllt. Dies überrascht nicht, da in Übung 2.2 gezeigt wurde, dass gerade jeder risikoaverse Entscheider die sichere Auszahlung, also F_2, gegenüber F_1 präferiert. Wegen der Gleichheit der Erwartungswerte und dem Vorliegen stochastischer Dominanz zweiter Ordnung weist die Verteilung F_1 einen mean preserving spread gegenüber F_2 auf.

2. *Der Entscheider präferiert die sichere Auszahlung gegenüber der Lotterie, sofern*

$$u(3) > 0.5 \cdot u(0) + 0.5 \cdot u(10)$$

gilt. Durch Einsetzen des Nutzenindexes erhält man nach einigen Umformungen die Bedingung

$$0.3^\kappa > 0.5.$$

Dies aber ist nur erfüllt, wenn κ ausreichend klein ist ($\kappa < 0.58$), d. h. nicht jeder risikoaverse Entscheider präferiert die modifizierte sichere Auszahlung über die Lotterie, sondern nur jene, die hinreichend risikoavers sind.

3. *Die modifizierte sichere Auszahlung dominiert nicht die Lotterie gemäß stochastischer Dominanz zweiter Ordnung. Denn Gültigkeit der Dominanz würde implizieren, dass ein risikoaverser Entscheider, unabhängig vom Grad seiner Risikoaversion, die sichere Zahlung präferieren muss. Dies jedoch widerspricht dem in Teilaufgabe 2. gewonnenen Ergebnis. Merke also: Existiert auch nur ein risikoaverser Entscheider, der eine Alternative nicht gegenüber einer anderen präferiert, so kann die eine nicht die andere gemäß SSD dominieren.*

Lösung 2.7 (*) *Die Lösungen lauten:*

1. *Die Richtigkeit der Behauptung kann durch einen Widerspruchsbeweis bestätigt werden, d. h. es soll gezeigt werden: Wenn ein Entscheider mit streng*

monoton wachsendem Nutzenindex existiert, der die erste Lotterie nicht gegenüber der zweiten (schwach) präferiert, dann kann die Verteilung F_1 die Verteilung F_2 nicht gemäß stochastischer Dominanz erster Ordnung dominieren.
Sei also angenommen, es existiert ein Entscheider für den gilt:

$$E_2\left[u(r)\right] = \int_0^{r_{\max}} u(r)f_2(r)dr > E_1\left[u(r)\right] = \int_0^{r_{\max}} u(r)f_1(r)dr.$$

Durch partielle Integration (siehe Anmerkung 5.1, S. 125) erhalten wir:

$$\left[u(r)F_2(r)\right]_0^{r_{\max}} - \int_0^{r_{\max}} u'(r)F_2(r)dr$$
$$> \left[u(r)F_1(r)\right]_0^{r_{\max}} - \int_0^{r_{\max}} u'(r)F_1(r)dr,$$

oder

$$u(r_{\max})\left[F_2(r_{\max}) - F_1(r_{\max})\right] - u(0)\left[F_2(0) - F_1(0)\right]$$
$$> \int_0^{r_{\max}} u'(r)F_2(r)dr - \int_0^{r_{\max}} u'(r)F_1(r)dr;$$

wegen $F_1(0) - F_2(0) = 0$ und $F_1(r_{\max}) - F_2(r_{\max}) = 0$ folgt:

$$\int_0^{r_{\max}} u'(r)\left[F_1(r) - F_2(r)\right]dr > 0.$$

Dies aber steht wegen $u'(r) \geq 0$ in Widerspruch zu der Bedingung $F_1(r) \leq F_2(r)$ für alle r, die erfüllt sein muss, wenn die erste Lotterie die zweite gemäß dem Kriterium der Stochastischen Dominanz erster Ordnung dominieren soll.

2. *Die zweite Behauptung kann analog bewiesen werden. Es sei also angenommen, es existiert ein risikoaverser Entscheider, für den gilt:*

$$E_2\left[u(r)\right] = \int_0^{r_{\max}} u(r)f_2(r)dr > E_1\left[u(r)\right] = \int_0^{r_{\max}} u(r)f_1(r)dr.$$

Durch partielle Integration erhalten wir zunächst wieder:

$$\int_0^{r_{\max}} u'(r)F_1(r)dr > \int_0^{r_{\max}} u'(r)F_2(r)dr,$$

und dann:

$$\left[u'(r)F_1^*(r)\right]_0^{r_{\max}} - \left[u'(r)F_2^*(r)\right]_0^{r_{\max}}$$
$$> \int_0^{r_{\max}} u''(r)F_1^*(r)dr - \int_0^{r_{\max}} u''(r)F_2^*(r)dr,$$

wobei F^* eine Stammfunktion von F bezeichnet und u'' die zweite Ableitung von u nach r. Nun folgt wieder wegen $F_1^*(0) - F_2^*(0) = 0$ und $F_1^*(r_{\max}) - F_2^*(r_{\max}) < 0$, dass

$$\int_0^{r_{\max}} u''(r) \left[F_2^*(r) - F_1^*(r)\right] dr > 0$$

gelten muss, was wegen $u''(r) < 0$ in Widerspruch steht zu der Bedingung $F_1^*(r) \leq F_2^*(r)$ für alle r, die erfüllt sein muss, wenn die erste Lotterie die zweite gemäß dem Kriterium der stochastischen Dominanz zweiter Ordnung dominieren soll.

Lösung 2.8 (*) *Der erwartete Nutzen einer Lotterie mit Auszahlungen, die der Verteilung F bzw. der zugehörigen Dichtefunktion f folgen, bestimmt sich durch*

$$E[u(r)] = \int_{-\infty}^{+\infty} u(r) f(r) dr;$$

entsprechend ergibt sich für den erwarteten Nutzen des Entscheiders

$$E[u(r)] = \int_{-\infty}^{+\infty} \left[\alpha r^2 + r\right] f(r) dr$$

$$= \alpha \int_{-\infty}^{+\infty} r^2 f(r) dr + \int_{-\infty}^{+\infty} r f(r) dr.$$

Dieser Ausdruck ist nun umzuformen, sodass $E[u(r)]$ letztlich ausschließlich vom Erwartungswert μ und von der Varianz σ^2 der Verteilung abhängt. Hierzu erweitern wir die Formel zu

$$E[u(r)] = \alpha \int_{-\infty}^{+\infty} r^2 f(r) dr - \alpha \int_{-\infty}^{+\infty} 2\mu r f(r) dr + \alpha \int_{-\infty}^{+\infty} 2\mu r f(r) dr$$

$$+ \alpha \int_{-\infty}^{+\infty} \mu^2 f(r) dr - \alpha \int_{-\infty}^{+\infty} \mu^2 f(r) dr + \int_{-\infty}^{+\infty} r f(r) dr$$

$$= \alpha \int_{-\infty}^{+\infty} \left[r^2 - 2\mu r + \mu^2\right] f(r) dr + 2\alpha\mu \int_{-\infty}^{+\infty} r f(r) dr$$

$$- \alpha\mu^2 \int_{-\infty}^{+\infty} f(r) dr + \int_{-\infty}^{+\infty} r f(r) dr.$$

Nun folgt wegen $\int_{-\infty}^{+\infty} r f(r) dr = \mu$ und $\int_{-\infty}^{+\infty} f(r) dr = 1$:

$$E[u(r)] = \alpha \int_{-\infty}^{+\infty} \left[r - \mu\right]^2 f(r) dr + 2\alpha\mu^2 - \alpha\mu^2 + \mu$$

und somit

$$E[u(r)] = \alpha \left(\sigma^2 + \mu^2\right) + \mu.$$

Der erwartete Nutzen eines Entscheiders mit quadratischer Nutzenfunktion hängt also tatsächlich nur von der Varianz und dem Erwartungswert der Lotterie ab.

Lösung 2.9 (*) *Die Varianz ist definiert durch*

$$\sigma^2 = \int_{-\infty}^{+\infty} (y - \mu)^2 \, f(y) \, dy.$$

Es gilt nun für ein beliebiges $\kappa > 0$:

$$\begin{aligned}
\sigma^2 &\geq \int_{-\infty}^{\mu-\kappa} (y-\mu)^2 \, f(y) \, dy + \int_{\mu+\kappa}^{+\infty} (y-\mu)^2 \, f(y) \, dy \\
&\geq \int_{-\infty}^{\mu-\kappa} \kappa^2 f(y) \, dy + \int_{\mu+\kappa}^{+\infty} \kappa^2 f(y) \, dy \\
&= \kappa^2 \left(\int_{-\infty}^{\mu-\kappa} f(y) \, dy + \int_{\mu+\kappa}^{+\infty} f(y) \, dy \right) \\
&= \kappa^2 \left[\mathrm{P}\left(Y \leq \mu - \kappa\right) + \mathrm{P}\left(Y \geq \mu + \kappa\right) \right] \\
&= \kappa^2 \left[\mathrm{P}\left(-(Y-\mu) \geq \kappa\right) + \mathrm{P}\left(Y - \mu \geq \kappa\right) \right] \\
&= \kappa^2 \mathrm{P}\left(|Y - \mu| \geq \kappa\right).
\end{aligned}$$

Dies kann nun leicht umgestellt werden zu

$$\mathrm{P}\left(|Y-\mu| \geq \kappa\right) \leq \frac{\sigma^2}{\kappa^2}.$$

Lösung 2.10 *Die Lösungen lauten:*

1. *Wenn die Bekannte Antwort 1 als richtig vorschlägt, beträgt die Posteriori-Wahrscheinlichkeit für Antwort 1: $\mathrm{P}(s_1|\chi_1) = \frac{8}{11}$, die Posteriori-Wahrscheinlichkeit für Antwort 2 beträgt in diesem Fall $\mathrm{P}(s_2|\chi_1) = \frac{3}{11}$. Schlägt die Bekannte hingegen Antwort 2 als richtig vor, so beträgt die Posteriori-Wahrscheinlichkeit für Antwort 1: $\mathrm{P}(s_1|\chi_2) = \frac{1}{7}$, die Posteriori-Wahrscheinlichkeit für Antwort 2 beträgt in diesem Fall $\mathrm{P}(s_2|\chi_2) = \frac{6}{7}$.*
2. *Entscheidet er sich dafür, aufzuhören, so beträgt sein erwarteter Nutzen*

$$\sqrt{1000} = 31.623.$$

Beantwortet er hingegen die Frage und sagt, dass Antwort 1 richtig sei, so beträgt sein erwarteter Nutzen

$$\frac{8}{11} \cdot \sqrt{2000} + \frac{3}{11} \cdot \sqrt{0} = 32.525.$$

Der Kandidat wird die Frage also beantworten.

2.12 Lösungshinweise zu den Übungsaufgaben

3. *Entscheidet er sich dafür, aufzuhören, so beträgt sein erwarteter Nutzen*

$$\sqrt{150000} = 387.3.$$

Beantwortet er hingegen die Frage und sagt, dass Antwort 1 richtig sei, so beträgt sein erwarteter Nutzen

$$\frac{8}{11} \cdot \sqrt{250000} + \frac{3}{11} \cdot \sqrt{0} = 363.64.$$

Der Kandidat hört auf.

Lösung 2.11 *Die Lösungen lauten:*

1. *Es gibt zwei Nash-Gleichgewichte. Beim ersten gehen beide Spieler ins Restaurant, beim zweiten gehen beide Spieler zum Fußball. Bei beiden Gleichgewichten kann sich kein Spieler durch einseitiges Abweichen besser stellen.*
2. *Jetzt gilt:*
   a) *Spieler A hat zwei Strategien. Er kann ins Restaurant gehen oder er kann zum Fußball gehen. Spieler B hingegen hat folgende vier Strategien:*
      - *gehe ins Restaurant, egal wohin A zuvor gegangen ist,*
      - *gehe zum Fußball, egal wohin A zuvor gegangen ist,*
      - *gehe ins Restaurant, sofern A ins Restaurant gegangen ist und gehe zum Fußball, sofern A zum Fußball gegangen ist,*
      - *gehe zum Fußball, sofern A ins Restaurant gegangen ist und gehe ins Restaurant, sofern A zum Fußball gegangen ist.*
   b) *Es gibt drei Nash-Gleichgewichte, eines ist teilspielperfekt:*
      - *A geht ins Restaurant. B geht ins Restaurant, egal was A zuvor gewählt hat. Dieses Gleichgewicht ist nicht teilspielperfekt, da es für B nicht optimal wäre, ins Restaurant zu gehen, wenn A zum Fußball ginge.*
      - *A geht ins Restaurant. B geht ins Restaurant, sofern A ins Restaurant gegangen ist und er geht zum Fußball, sofern A zum Fußball gegangen ist. Dieses Gleichgewicht ist teilspielperfekt.*
      - *A geht zum Fußball und B geht zum Fußball, egal was A zuvor gewählt hat. Dieses Gleichgewicht ist nicht teilspielperfekt, da es eine unglaubwürdige Drohung von B enthält. Für diesen ist es nämlich nicht optimal, zum Fußball zu gehen, sofern A das Restaurant aufgesucht hat.*

Lösung 2.12 *Die Lösungen lauten:*

1. *Er ist risikoavers und es gilt für das Arrow/Pratt Maß absoluter Risikoaversion:*

$$e(r) = -\frac{u''(r)}{u'(r)} = -\frac{-\frac{1}{4}r^{-\frac{3}{2}}}{\frac{1}{2}r^{-\frac{1}{2}}} = \frac{1}{2r} > 0.$$

2. *Für den Erwartungswert gilt:*

$$E(r) = P(s_1) \cdot r_1 + P(s_2) \cdot r_2 = \frac{1}{3} \cdot 1 + \frac{2}{3} \cdot 4 = 3.$$

Für die Varianz gilt:

$$var(r) = P(s_1) \cdot [r_1 - E(r)]^2 + P(s_2) \cdot [r_2 - E(r)]^2$$
$$= \frac{1}{3} \cdot [1-3]^2 + \frac{2}{3}[4-3]^2 = 2.$$

3. *Für das Sicherheitsäquivalent SE gilt:*

$$u(SE) = E(u) = P(s_1) \cdot u(r_1) + P(s_2) \cdot u(r_2)$$
$$= \frac{1}{3} \cdot \sqrt{1} + \frac{2}{3} \cdot \sqrt{4} = \frac{5}{3}$$

und somit

$$SE = \left(\frac{5}{3}\right)^2 = \frac{25}{9}.$$

4. *Er nimmt an der Lotterie teil, da* $SE = \frac{25}{9}$ *größer ist als die alternative sichere Auszahlung 2.*
5. *Gemäß der Bayes'schen Regel gilt für die Posteriori-Wahrscheinlichkeit für den guten Umweltzustand* s_1:

$$P(s_2|\chi_2) = \frac{P(\chi_2|s_2) \cdot P(s_2)}{P(\chi_2|s_2) \cdot P(s_2) + P(\chi_2|s_1) \cdot P(s_1)}$$
$$= \frac{\frac{4}{5} \cdot \frac{2}{3}}{\frac{4}{5} \cdot \frac{2}{3} + \frac{1}{5} \cdot \frac{1}{3}} = \frac{\frac{8}{15}}{\frac{9}{15}} = \frac{8}{9}.$$

6. *Der erwartete Nutzen des Entscheiders lautet bei Annahme der Lotterie:*

$$E(u) = P(s_1|\chi_2) \cdot u(r_1) + P(s_2|\chi_2) \cdot u(r_2)$$
$$= \frac{1}{9} \cdot \sqrt{1} + \frac{8}{9} \cdot \sqrt{4} = \frac{17}{9}.$$

Der erwartete Nutzen der sicheren Auszahlung beträgt hingegen $\sqrt{2}$, *somit nimmt der Entscheider nach Erhalt des Signals an der Lotterie teil.*

Kapitel 3

Vertragstheoretische Grundlagen

Nachdem die entscheidungstheoretischen Grundlagen gelegt worden sind, werden in diesem Kapitel die für eine institutionenökonomische Theorie der Finanzintermediation erforderlichen vertragstheoretischen Grundlagen geschaffen.

3.1 Informationsverteilungen und Vertragstypen

Ein Vertrag ist eine freiwillige Willenserklärung, durch die sich die beteiligten Parteien in ihren zukünftigen Handlungsmöglichkeiten selbst einschränken und diese dadurch vorhersehbar machen (*Richter* 2000, S. 2 f.). Anders formuliert: Ein Vertrag ist eine Form der Selbstbindung, die Unsicherheiten abbaut, denn er legt das von den Vertragsparteien gewünschte Transaktionsergebnis fest und beinhaltet zugleich einen Mechanismus, der das Erreichen dieses Transaktionsergebnisses sicherstellt.

Das Anliegen der ökonomischen Vertragstheorie besteht darin, vorauszusagen, welche Verträge rationale Parteien in bestimmten standardisierten Situationen abschließen werden und welche Anreizwirkungen von diesen Verträgen ausgehen, d. h. welches Transaktionsergebnis mit ihnen erreicht wird. In vertragstheoretischen Modellen hängt die konkrete Vertragsausgestaltung von zwei Gruppen von Bedingungen ab, die als *allokationstechnische Merkmale* und als *vertragsspezifisches Umfeld* bezeichnet werden (*Schweizer* 1996, S. 230):

- Die *allokationstechnischen Merkmale* beinhalten die Präferenzen der Transakteure und deren Anfangsausstattungen, sowie die Eigenschaften ihrer Produktions- und Kostenfunktionen.
- Das *vertragsspezifische Umfeld* umfasst die Verteilung von Informationen über vertragsrelevante Größen zwischen den am Vertrag beteiligten Transakteuren und den im Disputfall anzurufenden Gerichten; diese Informationsverteilung betrifft vor allem das Wissen über die Charakteristika und über

die Handlungen der Vertragsparteien sowie über die zufallsbedingten Umweltzustände.

Da die Informationsverteilung zwischen den Akteuren das wesentliche Element ist, um die Existenz verschiedener Vertragsformen zu erklären, wird die ökonomische Vertragstheorie auch als *Informationsökonomik* (*Salanié* 2005; *Macho-Stadler, Pérez-Castrillo* 2001, S. VII) bezeichnet.

Je nach unterstellter Informationsstruktur zwischen den Akteuren, lassen sich drei grundlegende informationsökonomische Modellvarianten unterscheiden (Abbildung 3.1):

- *Theorien vollständiger Verträge* unterstellen eine symmetrische Informationsverteilung über alle vertragsrelevanten Größen sowohl zwischen den Transaktionspartnern als auch gegenüber Dritten (wie beispielsweise Gerichten). Sie sind Gegenstand der traditionellen, neoklassischen Mikroökonomik und analysieren den Abschluss vollständiger, zustandsabhängiger (kontingenter) Verträge. Diese Verträge werden als klassische Verträge bezeichnet.

  Je nach unterstelltem Informationsstand lassen sich zwei Spielarten derartiger Verträge unterscheiden: Vollständige Verträge bei vollkommener Information unterstellen eine Entscheidungssituation bei Sicherheit und abstrahieren daher von jedem Risiko, sodass der Vertrag nicht auf Umweltzustände konditionieren muss. Demgegenüber unterstellen vollständige Verträge bei unvollkommener Information eine Entscheidung bei Risiko und analysieren einen vollständigen, kontingenten Vertrag, der jedem denkbaren Umweltzustand eindeutig Leistung und Gegenleistung zuordnet.

- *Prinzipal-Agent-Theorien* unterstellen eine Informationsasymmetrie zwischen den Vertragspartnern, wobei der Agent einen Informationsvorsprung bezüglich transaktionsrelevanter Größen gegenüber dem Prinzipal hat; häufig wird der Agent als vollständig informiert und der Prinzipal als vollständig uninformiert unterstellt.

  Mehrere Varianten von Prinzipal-Agent-Beziehungen lassen sich unterscheiden: Sofern sich die Informationsasymmetrie auf die Leistung des Agenten erstreckt, spricht man von *versteckter Handlung* oder *hidden action* (weil die Aktion des Agenten nicht beobachtbar ist); der Agent hat dann die Möglichkeit, seine Anstrengungen unbeobachtet einzuschränken, was als *moralisches Risiko, moralisches Wagnis, Verhaltensrisiko* oder *moral hazard* bezeichnet wird.

  Eine Situation mit *moral hazard* kann aber auch resultieren, wenn der Agent vor der Wahl seiner Handlungen Informationsvorteile bezüglich des realisierten Umweltzustandes hat, die es ihm ermöglichen, Handlungen vorzunehmen, die für ihn am vorteilhaftesten sind, selbst wenn sie dem Prinzipal zusätzliche Nachteile bringen. In diesem Fall wird von Verhaltensrisiken als Folge *versteckten Wissens* gesprochen (*hidden knowledge*).

3.1 Informationsverteilungen und Vertragstypen

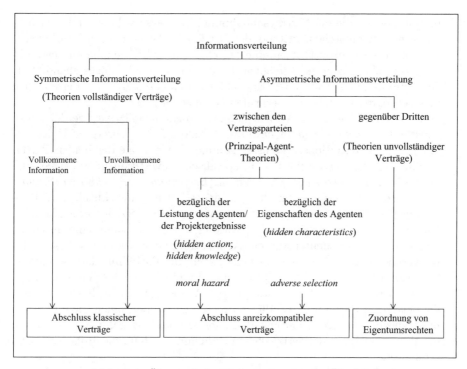

Abb. 3.1. Ökonomische Vertragstheorien im Überblick

Erstreckt sich die Informationsasymmetrie auf die Eigenschaften des Agenten oder der von ihm durchgeführten Projekte, spricht man von *versteckten Eigenschaften* oder *hidden characteristics*. Der Prinzipal kann dann unter Umständen keinen Vertrag formulieren, der auf die spezifischen Eigenschaften des Agenten Rücksicht nimmt. In diesem Fall führt der Abschluss eines für alle Agententypen einheitlich formulierten Vertrages dazu, dass nur die für den Prinzipal ungünstigsten Typen von Agenten diesen Vertrag annehmen: Es findet eine *negative Auslese* (*adverse selection*) statt.
Um Verzerrungen des Transaktionsergebnisses durch *moral hazard* oder *adverse selection* zu vermeiden, schließen die Partner so genannte *anreizkompatible Verträge* ab. Obwohl auch Prinzipal-Agent-Modelle vollständige Verträge in dem Sinne unterstellen, dass diese Verträge alle möglichen Kontingenzen enthalten, wird der Begriff der vollständigen Verträge hier, der Literatur folgend (*Richter* 2000, S. 6; *Richter, Furubotn* 2003), auf den Fall symmetrischer Informationsverteilung beschränkt.
- *Theorien unvollständiger Verträge* unterstellen, dass es für die Vertragsparteien nicht möglich ist, alle Kontingenzen in einem Vertrag festzuhalten. Ursache für dieses Unvermögen ist die Existenz von Transaktions- und Infor-

mationskosten, die bei Vertragsanbahnung, Vertragsabschluss und Vertragsdurchsetzung entstehen. Insbesondere ist bei Vorliegen einer Informationsasymmetrie gegenüber Dritten eine Durchsetzung aller denkbaren vertraglichen Vereinbarungen nicht möglich. In diesem Fall sind Außenstehende (wie Gerichte) nämlich nicht in der Lage, alle von den beteiligten Vertragsparteien beobachtbaren Größen zu überprüfen (verifizieren).

Wenn ein Einklagen von Vertragsinhalten nicht möglich ist, werden unter Umständen *Nachverhandlungen* nötig. In deren Folge kann es zu Umverteilungen des Transaktionsergebnisses kommen, sofern eine der beiden Parteien eine für die Vertragsbeziehung spezifische Investition getätigt hat und an die Vertragsumsetzung gebunden ist. *Beziehungsspezifische Investitionen* sind hierbei definiert als Handlungen, deren Erträge ausschließlich im Rahmen der gebildeten Vertragsbeziehung in voller Höhe erzielt werden können. Die Partei, die eine spezifische Investition getätigt hat, kann dann durch die andere Partei ausgebeutet werden (Ausbeutungsversuch), indem diese droht, die vertragliche Beziehung zu beenden, wenn die Partei mit der spezifischen Investition nicht bereit ist, weitere Zugeständnisse gegenüber der drohenden Partei zu machen. In Antizipation dieses Ausbeutungsversuches vermindert die betroffene Partei ihre Anfälligkeit diesen gegenüber, indem sie ihre beziehungsspezifische Investition *ex ante* in geringerer Höhe wählt, was wiederum die Vorteilhaftigkeit der vertraglichen Beziehung auch für die drohende Partei schmälert.

Durch die konkrete Vertragsformulierung kann Umverteilungen durch Ausbeutungsversuche jedoch vorgebeugt werden. Beide Parteien haben das gemeinsame Interesse, bereits bei Vertragsaufstellung die Entscheidungsgewalt bei Auftreten nicht-verifizierbarer Größen so zuzuordnen, dass das Unterinvestitionsproblem möglichst effizient gelöst wird. So begründen die Theorien unvollständiger Verträge die Verteilung von Eigentums- beziehungsweise Herrschaftsrechten.

Ökonomische Vertragstheorien erklären die bei Vorliegen alternativer Informationsstrukturen von rationalen Entscheidungsträgern gewählte Vertragsgestaltung. Sie haben neben der Zielfunktion des Entscheiders und seinen Produktions- und Kostenbedingungen (also neben den bereits genannten allokationstechnischen Merkmalen) noch eine Reihe zusätzlicher Nebenbedingungen zu berücksichtigen:

- Die als *Teilnahme-* oder *Reservationsbedingungen* (oder *individual rationality constraints*) bezeichneten Nebenbedingungen stellen die Teilnahme der beiden Vertragspartner sicher und fordern, dass der erwartete Nutzen aus der Annahme des Vertrages für beide Parteien jeweils nicht geringer sein darf als der Nutzen bei Ablehnung des Vertrags (Reservationsnutzen).
- Die als *Anreizbedingungen* (oder *incentive constraints*) bezeichneten Nebenbedingungen berücksichtigen, dass der Agent nach Vertragsannahme nur diejenige Handlung wählen wird, die in seinem eigenen Interesse liegt.

- Im Rahmen der Theorie unvollständiger Verträge werden darüber hinaus Vertragsinhalte auf nachverhandlungssichere Bestandteile eingeschränkt, weil eine Festlegung von Vereinbarungen, über deren Inhalte sowieso nachverhandelt würde, ökonomisch keinen Sinn ergäbe. In der Regel beinhalten derartige nachverhandlungssichere Vertragsbestandteile die Zuordnung der Herrschafts- oder Eigentumsrechte an eine der Parteien.

Nachfolgend werden die bei alternativen Informationsständen ableitbaren Vertragsinhalte vorgestellt. Es wird mit dem Fall symmetrischer Informationsverteilung begonnen.

3.2 Klassische Verträge

Wird der Informationsstand zwischen den Transaktionspartnern und gegenüber Dritten als symmetrisch unterstellt, lassen sich nur rudimentäre Aussagen über abgeschlossene Verträge machen. In dieser Welt vollständiger Verträge ist es für die Transakteure nicht notwendig, ihr Verhalten explizit zu regeln, weil niemand einen Informationsvorsprung hat und jedes Transaktionsergebnis verifizierbar ist; alle Allokationsergebnisse realisieren sich unabhängig von ihrem jeweiligen institutionellen Rahmen (*Schweizer* 1999, S. 25). Diese Aussage kann sowohl für Transaktionen unter Sicherheit (vollständige Information) als auch unter Risiko (unvollständige Information) abgeleitet werden. Die Vertragsausgestaltung bei symmetrischer Information bildet regelmäßig den als *first best* (*fb*) bezeichneten Referenzfall der nachfolgenden Analysen.

3.2.1 Verträge bei vollkommener Information

Der *first best* lässt sich bei vollkommener Information beispielhaft darstellen in einem Modell einer Tauschtransaktion, bei der ein Transakteur (z. B. ein Unternehmer) ausgestattet ist mit einer Produktionstechnologie, die mit Hilfe einer Handlung $a \geq 0$ einen sicheren Output $r = R(a)$ realisiert. Ein höheres a bedeutet hierbei eine höhere Anstrengung, die zu einem ebenfalls höheren Output r führt. Die Funktion R ist stetig differenzierbar und habe die Eigenschaften:

$$R'(a) > 0 \text{ mit } \lim_{a \to 0} R'(a) = \infty \text{ und } \lim_{a \to \infty} R'(a) = 0,$$
$$R''(a) < 0.$$

Der Unternehmer bietet dem Haushalt, der die Handlung a für den Unternehmer in Form von Arbeit erbringt, für diese Leistung eine Gegenleistung w an, die in Form eines Teils des Projektergebnisses erbracht werden soll. Der Unternehmer behält demnach einen Gewinn in Höhe von $R(a) - w$. Die Zielfunktion des Unternehmers kann dann als Nutzen des Gewinns $V[R(a) - w]$ beschrieben werden.

Der Haushalt trägt für seine Leistung individuelle Kosten $A(a)$ aufgrund der mit der Leistung verbundenen Arbeitsanstrengung. Die Kostenfunktion A ist stetig differenzierbar und hat folgende Eigenschaften:

$$A'(a) > 0 \text{ mit } \lim_{a \to 0} A'(a) = 0 \text{ und } \lim_{a \to \infty} A'(a) = \infty,$$
$$A''(a) > 0.$$

Der Haushalt verfolgt eine Zielfunktion der Form $U(w) - A(a)$, die den Nutzen der Gegenleistung $U(w)$ und die Kosten der Aktivität $A(a)$ berücksichtigt. Die Nutzenfunktionen V und U sind jeweils stetig differenzierbar und erfüllen folgende Bedingungen:

$$V'[R(a) - w] > 0,$$
$$V''[R(a) - w] < 0,$$
$$U'(w) > 0,$$
$$U''(w) < 0.$$

Beide Transakteure stimmen einer Transaktion nur dann zu, wenn sie sich hierdurch nicht schlechter stellen, als im Falle einer Ablehnung der Transaktion. Damit müssen die folgenden beiden individuellen *Teilnahmebedingungen* für den Unternehmer und den Haushalt erfüllt sein:

$$V[R(a) - w] \geq \bar{V}, \tag{3.1}$$
$$U(w) - A(a) \geq \bar{U}. \tag{3.2}$$

Hierbei beschreibt $\bar{V}$ das Nutzenniveau, welches der Unternehmer erreichen kann, wenn die Transaktion nicht zustande kommt (*Reservationsnutzen*), und $\bar{U}$ das entsprechende Nutzenniveau des Haushalts.

Um einen optimalen Vertrag zu bestimmen, genügt es gemäß dem *Pareto-Kriterium*, den Nutzen eines Akteurs unter der Nebenbedingung zu maximieren, dass der andere Akteur gerade seinen Reservationsnutzen realisiert. Für das hieraus abgeleitete Ergebnis ist anschließend zu prüfen, ob es auch denjenigen Akteur, dessen Nutzen maximiert wird, nicht schlechter stellt, als seine Außenoption (die ihm einen Nutzen in Höhe seines Reservationsnutzens erbringt).

Welcher von beiden Transaktionspartnern lediglich seinen Reservationsnutzen erreicht, hängt ab von der Wettbewerbssituation auf den jeweiligen Vertragsseiten und damit von der Verhandlungsmacht, die ein Partner gegenüber seinem Vertragspartner aufweist. Allerdings hat die Zuordnung von Verhandlungsstärke auf die Vertragspartner keinen Einfluss auf die qualitativen Eigenschaften der Effizienzbedingungen, da alle durch die relative Verhandlungsposition entstehenden Umverteilungseffekte durch eine konstante Zahlung im Vertrag berücksichtigt werden können (*Macho-Stadler*, *Pérez-Castrillo* 2001; *Erlei*, *Leschke*, *Sauerland* 1999, S. 125).

3.2 Klassische Verträge

Üblicherweise wird unterstellt, dass der Haushalt auf seinen Reservationsnutzen gedrückt wird und deshalb (3.2) mit Gleichheit erfüllt ist, d. h.:

$$U(w) - A(a) = \bar{U}. \tag{3.3}$$

Dann bestimmt sich das Transaktionsergebnis, d. h. die gewünschte Kombination aus Handlung a und Entlohnung w, aus der Maximierung der Nutzenfunktion des Unternehmers unter Berücksichtigung von (3.3):

$$\max_{a,w} \ V[R(a) - w] \tag{3.4}$$

$$s.t. \ (3.3).$$

Die Technik zur Lösung des Problems besteht in der Anwendung des *Lagrange*-Verfahrens. Hierzu wird die *Lagrange*-Funktion

$$\mathcal{L}(a, w, \lambda_1) = V[R(a) - w] - \lambda_1 [U(w) - A(a) - \bar{U}]$$

aufgestellt und nach ihren Argumenten a, w und λ_1 abgeleitet, wobei λ_1 den *Lagrange*-Multiplikator für die Teilnahmebedingung bezeichnet. Die resultierenden notwendigen Bedingungen für ein Maximum lauten:

$$\frac{\partial \mathcal{L}(a, w, \lambda_1)}{\partial a} = V'[R(a) - w] \cdot R'(a) + \lambda_1 A'(a) \stackrel{!}{=} 0 \tag{3.5}$$

und

$$\frac{\partial \mathcal{L}(a, w, \lambda_1)}{\partial w} = -V'[R(a) - w] - \lambda_1 U'(w) \stackrel{!}{=} 0 \tag{3.6}$$

sowie

$$\frac{\partial \mathcal{L}(a, w, \lambda_1)}{\partial \lambda_1} = U(w) - A(a) - \bar{U} \stackrel{!}{=} 0. \tag{3.7}$$

Auflösen von (3.6) und (3.5) nach λ_1 und anschließendes Gleichsetzen ergibt:

$$R'(a) = \frac{A'(a)}{U'(w)}, \tag{3.8}$$

was gleichbedeutend mit dem Ausgleich der Grenzraten der Substitution zwischen Lohn und Arbeitseinsatz für Unternehmer und Haushalt ist. Dies kann mithilfe des Theorems impliziter Funktionen gezeigt werden. Dessen Aussage lautet (*Sydsæter, Strøm, Berck* 1999, S. 27):

Anmerkung 3.1 (Theorem impliziter Funktionen) *Bezeichne H eine n-mal stetig differenzierbare Funktion ihrer beiden Argumente x und y. Für eine Konstante κ existiere ein Punkt (x_0, y_0), für den $H(x_0, y_0) = \kappa$ gilt. Falls $H_y(x_0, y_0) \neq 0$, dann wird durch die Gleichung $H(x, y) = \kappa$ in einer Umgebung von (x_0, y_0) eine implizite Funktion definiert, die ebenfalls n-mal stetig differenzierbar ist und für die gilt*

$$\frac{dy}{dx} = -\frac{H_x(x_0, y_0)}{H_y(x_0, y_0)}.$$

Damit bestimmt sich für den Unternehmer die Grenzrate der Substitution (MRS_1) zwischen w und a als:

$$\begin{aligned} MRS_1 &= \frac{dw}{da} \\ &= -\frac{\partial V\left[R(a)-w\right]/\partial a}{\partial V\left[R(a)-w\right]/\partial w} \\ &= \frac{V'\left[R(a)-w\right]\cdot R'(a)}{V'\left[R(a)-w\right]} \\ &= R'(a). \end{aligned}$$

Entsprechend lautet für den Haushalt die Grenzrate der Substitution (MRS_2) zwischen w und a:

$$\begin{aligned} MRS_2 &= \frac{dw}{da} \\ &= -\frac{\partial\left[U(w)-A(a)\right]/\partial a}{\partial\left[U(w)-A(a)\right]/\partial w} \\ &= \frac{A'(a)}{U'(w)}. \end{aligned}$$

Die Gleichheit der Grenzraten der Substitution führt dann unmittelbar zur Optimalitätsbedingung (3.8). In Abbildung 3.2 ist Punkt A diese erstbeste Lösung bei symmetrischer Informationsverteilung, die als *klassischer Vertrag* bezeichnet wird. Die Kurven V und $\bar{U}$ sind die Nutzenindifferenzkurven des Unternehmers und des Haushalts. Der konkave Verlauf von V folgt aus den Eigenschaften der Produktionsfunktion R (siehe Übung 3.4*); je weiter rechts/unten V liegt, desto höher ist der Nutzen für den Unternehmer. Die Indifferenzkurve $\bar{U}$ ist konvex aufgrund der Annahmen über die Nutzen- und Kostenfunktion des Haushalts (siehe ebenfalls Übung 3.4*); je weiter links/oben $\bar{U}$ liegt, desto höher ist das Nutzenniveau des Haushalts.

Schließlich ist zu prüfen, ob das mit dieser Allokation erzielbare Nutzenniveau des Unternehmers mindestens so hoch ist, dass es den Wert der Außenoption für den Unternehmer nicht unterbietet und er somit dem Vertrag zustimmt. Wenn also a^{fb} und w^{fb} die Allokation darstellt, welche den Nutzen des Unternehmers unter der Nebenbedingung (3.3) maximiert, dass der Haushalt dem Vertrag gerade noch zustimmt, dann wird der Unternehmer diesem Vertrag seinerseits nur zustimmen, sofern $V\left[R(a^{fb})-w^{fb}\right]\geq\bar{V}$, andernfalls kommt der Vertrag nicht zustande. Ob dies erfüllt ist, muss im Einzelfall geprüft werden. Hierzu werden die konkreten Verläufe der Funktionen V, U, A und R ebenso benötigt wie die Höhe der Reservationsnutzen $\bar{V}$ sowie $\bar{U}$.

Als erstes Ergebnis kann damit festgehalten werden, dass bei vollständiger Information der Unternehmer dem Haushalt einen Vertrag anbietet, der die Zahlung von w^{fb} im Austausch gegen eine Arbeitsleistung a^{fb} vorsieht, wobei w^{fb}

3.2 Klassische Verträge

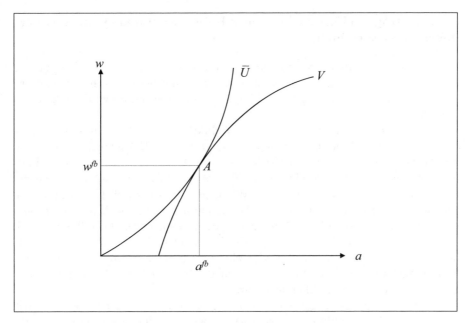

Abb. 3.2. Klassischer Vertrag bei vollkommener Information

und a^{fb} so festgelegt sind, dass die Grenzraten der Substitution zwischen Lohn und Arbeitseinsatz für beide Partner identisch sind. Dieser Vertrag ist unabhängig vom realisierten Umweltzustand, weil annahmegemäß der Projektertrag nicht vom Umweltzustand abhängt und somit diesbezüglich kein Risiko existiert.

Wie diese Allokation allerdings vertraglich durchgesetzt wird, kann nicht genauer bestimmt werden, denn das Bemerkenswerte an klassischen Verträgen ist, dass eine Vielzahl von grundverschiedenen Vertragstypen in der Lage ist, die beschriebene erstbeste Allokation herbeizuführen, wie beispielsweise:

- ein Kaufvertrag, bei dem der Unternehmer seine Produktionstechnologie dem Haushalt zum Preis von $R(a^{fb}) - w^{fb}$ verkauft, der damit zum Residualeinkommensbezieher wird und keinen Anreiz mehr hat, eine andere als die optimale Handlung zu realisieren;
- ein *Alles-oder-Nichts*-Vertrag, bei dem sich jede Partei verpflichtet, ihre vertragliche Leistung einzuhalten, wenn der Vertragspartner dies ebenfalls tut; sie behalten sich jedoch das Recht vor, die eigene Leistung zu verweigern, wenn der Vertragspartner von seiner vertraglichen Leistung abweicht; oder
- ein Lohnvertrag zwischen dem Unternehmer und dem Haushalt.

Genauere Aussagen über die Form der Vertragsdurchsetzung lassen sich erst machen, wenn man die bislang getroffenen Annahmen über die Informationsverteilung wie im Folgenden schrittweise fallen lässt.

3.2.2 Verträge bei unvollkommener Information und symmetrischer Informationsverteilung

Zusätzliche Erkenntnisse gewinnt man, wenn man die Annahme vollkommener Information aufgibt und Transaktionen unter Risiko bei (weiterhin) symmetrischer Informationsverteilung betrachtet. Auch diese Situation wird als *first best* bezeichnet.

Der Unternehmer ist jetzt mit einer Produktionstechnologie ausgestattet, die ein stochastisches Produktionsergebnis $r \in [0, \infty)$ in Abhängigkeit vom zufälligen Zustand der Produktionsumwelt und vom Arbeitseinsatz $a \geq 0$ des Haushalts erbringt. Es gibt verschiedene Möglichkeiten, diese Zufallsabhängigkeit des Produktionsergebnisses darzustellen. Wir folgen *Mirrlees* (1974) und unterstellen, dass der Haushalt mit seinem Arbeitseinsatz nicht die Höhe des Ergebnisses selbst, sondern die Verteilung der Projektergebnisse beeinflusst. Somit ist die Wahrscheinlichkeit, ein Ergebnis kleiner oder gleich r bei Wahl des Arbeitseinsatzes a zu erzielen, durch $F(r|a)$ beschrieben. Sowohl diese bedingte Verteilungsfunktion F als auch die hierzu gehörige bedingte Dichtefunktion f sind stetig nach a und r differenzierbar.

Die Handlung a ist damit ein Lageparameter sowohl von der Dichte- als auch von der Verteilungsfunktion. Hierbei ist plausibel anzunehmen, dass ein höheres Anstrengungsniveau des Haushalts höhere Projektergebnisse wahrscheinlicher macht. Die Verteilungsfunktion bei Handlung a_1 dominiert also jene bei Handlung a_0 gemäß dem Konzept stochastischer Dominanz erster Ordnung wenn $a_1 > a_0$, d. h. $F_a(r|a) \leq 0$. Zusätzlich sei unterstellt, dass F eine konvexe Funktion von a ist, d. h. $F_{aa}(r|a) \geq 0$. Sofern die Menge der möglichen Projektergebnisse auf das Intervall $[0, r_{\max}]$ beschränkt ist, lassen sich bedingte Dichtefunktionen für $a_1 > a_0$ wie in Abbildung 3.3 (*Schmidt, Theilen* 1995, S. 483) darstellen. Wiederum ist die Anstrengung a für den Haushalt mit persönlichen Kosten $A(a)$ verbunden.

Um die Risikopräferenz von Unternehmer und Haushalt zu erfassen, wird unterstellt, dass beide durch einen *von Neumann/Morgenstern*-Nutzenindex beschrieben werden können. Dann lautet die Zielfunktion des Unternehmers:

$$\int_0^{r_{\max}} v(r-w) \cdot f(r|a) dr, \tag{3.9}$$

und die entsprechende Zielfunktion des Haushalts ist:

$$\int_0^{r_{\max}} u(w) \cdot f(r|a) dr - A(a), \tag{3.10}$$

wobei v und u die *von Neumann/Morgenstern*-Nutzenindizes für den Unternehmer und den Haushalt benennen.

Die additiv-separable Nutzenfunktion (3.10) unterstellt, dass sich der Nutzen des Haushalts additiv aus dem erwarteten Nutzen seiner Entlohnung und dem

3.2 Klassische Verträge

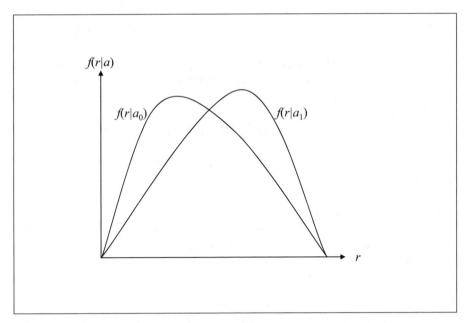

Abb. 3.3. Bedingte Dichtefunktionen für alternative Anstrengungsniveaus

Disnutzen seines Arbeitseinsatzes zusammensetzt; der Grad seiner Risikoneigung ändert sich damit nicht bei einer Veränderung des Anstrengungsniveaus. Dies schränkt die Allgemeingültigkeit der Ergebnisse ein wenig ein, vereinfacht aber die Analyse erheblich.

Es fehlen jetzt nur noch die Teilnahmebedingungen für Unternehmer und Haushalt, wobei jetzt aber (im Gegensatz zu (3.1) und (3.3), S. 44) auf den erwarteten Nutzen abgestellt wird; zur Vereinfachung werden für beide Akteure die Reservationsnutzen auf null normiert, d. h. es gilt $\bar{V} = \bar{U} = 0$.

Unternehmer und Haushalt schließen einen vollständigen zustandsabhängigen Vertrag ab, der für den erstbesten Arbeitseinsatz a^{fb} jedem Projektergebnis r genau eine Zahlung $w := \omega(r)$ zuordnet. Die gesuchte optimale Vertragsausgestaltung ergibt sich aus der Lösung folgenden Problems:

$$\max_{a,\omega} \int_0^{r_{\max}} v\left[r - \omega(r)\right] \cdot f(r|a) dr$$

$$\text{s.t.} \quad (3.11)$$

$$\int_0^{r_{\max}} u\left[\omega(r)\right] \cdot f(r|a) dr - A(a) \geq 0,$$

mit der zugehörigen *Lagrange*-Funktion

$$\mathcal{L}(a, w, \lambda_1) = \int_0^{r_{\max}} \{v[r - \omega(r)] - \lambda_1 u[\omega(r)]\} f(r|a) dr + \lambda_1 A(a). \quad (3.12)$$

Das Bilden der ersten partiellen Ableitung von (3.12) nach a und gleich null setzen liefert die folgende Bedingung erster Ordnung zur Bestimmung des optimalen Arbeitseinsatzes a^{fb}:

$$\int_0^{r_{\max}} \{v[r - \omega(r)] - \lambda_1 u[\omega(r)]\} f_a(r|a^{fb}) dr = -\lambda_1 A'(a^{fb}),$$

wobei mit f_a die erste partielle Ableitung der bedingten Dichtefunktion nach a bezeichnet ist.

Um jetzt das für diesen Arbeitseinsatz optimale Entlohnungsschema ω zu bestimmen, ist zu beachten, dass (3.11) keine Optimierung über die Wahl einer Variable, sondern eine Optimierung über die Wahl einer Funktion ω darstellt. Formal gesehen ist dies ein Problem der mathematischen Variationsrechnung, für dessen Lösung bezüglich ω die *Euler*'sche Gleichung eine notwendige Bedingung liefert (*Chiang* 1999, S. 27 ff.):

Anmerkung 3.2 (*Euler*'sche Gleichung) *Seien H eine zweimal stetig differenzierbare Funktion und x_1, x_2, y_1 und y_2 gegeben. Dann wird die Lösung $y(x)$ für das Optimierungsproblem*

$$\max_y \int_{x_1}^{x_2} H[x, y(x), y'(x)] dx$$

$$s.t.$$

$$y(x_1) = y_1$$

$$y(x_2) = y_2$$

über die Differentialgleichung

$$\frac{\partial H}{\partial y}(x) - \frac{d}{dx} \frac{\partial H}{\partial y'}(x) = 0$$

bestimmt. Diese notwendige Bedingung heißt Euler/Lagrange-Bedingung.

Im hier vorliegenden Fall gilt $x := r$, $y(x) := \omega(r)$, $y'(x) := \omega'(r)$, $x_1 := 0$, $x_2 := r_{\max}$ und $H[x, y(x), y_x(x)] := \{v[r - \omega(r)] - \lambda_1 u[\omega(r)]\} f(r|a)$. Aus der *Lagrange*-Funktion (3.12) ergibt sich die *Euler/Lagrange*-Bedingung für alle $r \in [0, r_{\max}]$ als (Beachte: $\frac{\partial H}{\partial y'}(x) = 0$, da der Ausdruck $\{v[r - \omega(r)] - \lambda_1 u[\omega(r)]\} f(r|a)$ nicht von $\omega'(r)$ abhängt):

$$-v'[r - \omega(r)] - \lambda_1 u'[\omega(r)] = 0$$

oder

$$\frac{v'[r - \omega(r)]}{u'[\omega(r)]} = -\lambda_1. \quad (3.13)$$

3.2 Klassische Verträge

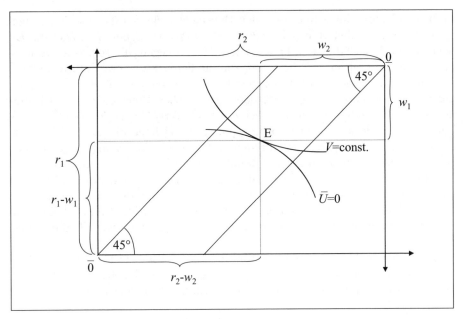

Abb. 3.4. Effiziente Risikoteilung im Edgeworth-Box-Diagramm

Gleichung (3.13) besagt, dass das Verhältnis der Grenznutzen von Unternehmer und Haushalt für alle Produktionsergebnisse r konstant ist. Damit gleichen sich wie im Falle des klassischen Vertrages die Grenzraten der Substitution beider Vertragsparteien aus (Tangentialpunkt der Nutzenindifferenzkurven). Allerdings bezieht sich dieser Ausgleich nunmehr auf die Teilung des Projektergebnisses zwischen den Parteien in Abhängigkeit vom realisierten Umweltzustand (d. h. vom Projektergebnis).

Der optimale Vertrag lässt sich grafisch für den Fall zweier Projektergebnisse $r_1 < r_2$ im *Edgeworth*-Box-Diagramm von Abbildung 3.4 zeigen (*Macho-Stadler, Pérez-Castrillo* 2001). Wegen (3.13) gilt für zwei Projektergebnisse r_1 und r_2

$$\frac{v'[r_2 - \omega(r_2)]}{u'[\omega(r_2)]} = \frac{v'[r_1 - \omega(r_1)]}{u'[\omega(r_1)]} = -\lambda_1$$

sodass

$$\frac{v'[r_2 - \omega(r_2)]}{v'[r_1 - \omega(r_1)]} = \frac{u'[\omega(r_2)]}{u'[\omega(r_1)]}. \tag{3.14}$$

als Optimalitätsbedingung geschrieben werden kann. Die *Edgeworth*-Box trägt jeweils ausgehend vom Ursprungspunkt $\underline{0}$ und vom Ursprungspunkt $\bar{0}$ die Projektergebnisse r_1 und r_2 ab. Beide Vertragspartner sind als risikoscheu unterstellt, sodass ihre Nutzenindifferenzkurven jeweils konvex zu ihren Ursprungspunkten

($\bar{0}$ für den Unternehmer und $\underline{0}$ für den Haushalt) verlaufen. Damit die Teilnahmebedingung für den Haushalt erfüllt ist, akzeptiert er nur Verträge, die auf oder oberhalb der Nutzenindifferenzkurve $\bar{U} = 0$ liegen, die sein Reservationsnutzenniveau bezeichnet; V bezeichne die Indifferenzkurve des Unternehmers.

Jeder Punkt innerhalb der Box repräsentiert einen Vertrag, der festlegt, wie der jeweils realisierte Ertrag r (r_1 oder r_2) zwischen Haushalt (w) und Unternehmer ($r - w$) aufgeteilt wird, wobei $w = \omega(r)$. Verträge auf den Winkelhalbierenden durch die jeweiligen Ursprungspunkte bezeichnen die *Sicherheitslinien*, da auf ihnen das Einkommen für den Unternehmer beziehungsweise für den Haushalt zustandsunabhängig und damit konstant ist. Im hier betrachteten Fall der Risikoaversion beider Akteure stellt der Tangentialpunkt E die Lösung zu Gleichung (3.14) dar, bei dem beide Akteure einen Teil des Risikos tragen. In der in Abbildung 3.4 dargestellten Situation erhalten beide Akteure bei hohem Transaktionsergebnis r_2 eine höhere Auszahlung als bei niedrigem Transaktionsergebnis r_1.

Die optimale Ausgestaltung der Entlohnungsfunktion ω ist leichter zu erkennen, wenn man Gleichung (3.13) unter Berücksichtigung des *Arrow/Pratt*-Maßes absoluter Risikoaversion (siehe Definition 2.10, S. 19) umformt zu:

$$\frac{d\omega(r)}{dr} = \frac{e^I(r - \omega(r))}{e^{II}(\omega(r)) + e^I(r - \omega(r))} \qquad (3.15)$$

oder

$$\omega^{fb}(r) = \frac{e^I(r - \omega(r))}{e^{II}(\omega(r)) + e^I(r - \omega(r))} r + \kappa \qquad (3.16)$$

mit $e^I(r - \omega(r))$ als *Arrow/Pratt*-Maß absoluter Risikoaversion des Unternehmers und entsprechend $e^{II}(\omega(r))$ des Haushalts und κ als (Integrations-) Konstante (siehe Übung 3.6*).

Gleichung (3.16) zeigt, wie der abgeschlossene Vertrag jetzt von der Risikopräferenz der Transaktionspartner abhängt: Ist der Unternehmer risikoneutral, dann gilt $e^I(r - \omega(r)) = 0$ und die Zahlung $\omega^{fb}(r)$ ist unabhängig vom Projektergebnis und konstant. Ist dagegen der Haushalt risikoneutral, dann gilt $e^{II}(\omega(r)) = 0$, und er übernimmt das Projektrisiko, indem er zum Residualeinkommensbezieher wird. Somit sichert der risikoneutrale Akteur den risikoaversen Akteur vollständig gegen das Projektrisiko ab und eine *Pareto*-optimale Risikoteilung wird erreicht (siehe Übung 3.5). Die Konstante κ ist die Umverteilungskomponente des Vertrages und wird im vorliegenden Fall so gewählt, dass der Haushalt gerade seinen Reservationsnutzen $\bar{U} = 0$ realisieren kann.

Für dieses Entscheidungsproblem unter Risiko können ebenfalls verschiedene institutionelle Arrangements die *Pareto*-optimale Allokation herbeiführen, wie beispielsweise *Alles-oder-Nichts*-Verträge oder zustandsabhängige Lohnverträge. Der einzige Unterschied zur Situation perfekter Information ist, dass der Vertrag zustandsabhängig ist und das Risiko effizient zwischen den Vertragspartnern aufteilt.

3.3 Anreizkompatible Verträge

Ein typisches Kennzeichen ökonomischer Aktivitäten unter Risiko ist, dass ein Akteur über Informationen verfügt, zu denen sein Transaktionspartner keinen Zugang hat. Die ökonomische Vertragstheorie spricht bei Vorliegen solch einer Informationsasymmetrie zwischen den Transaktionspartnern von einer *Prinzipal-Agent-*, *Vertretungs-* oder *Agency-Beziehung* und bezeichnet den Akteur mit dem Informationsvorsprung als Agenten und seinen Transaktionspartner als Prinzipal. Konsequenz ist, dass der Agent den Prinzipal täuschen kann, indem er unbeobachtet das Transaktionsergebnis zu seinen Gunsten versucht zu beeinflussen. Um zu erreichen, dass dem Agenten die Anreize zu Täuschen genommen werden, muss der Vertrag *anreizkompatibel* sein.

Im Wesentlichen lassen sich zwei Informationsstrukturen unterscheiden, die auch auf Finanzmärkten sehr bedeutsam sind:

- In einer Situation versteckter Handlungen (*hidden action*) verfügt der Agent über Informationsvorteile bezüglich seiner Handlungen, und der Prinzipal kann lediglich den gemeinsamen Effekt des Umweltzustandes und der Aktivität des Agenten beobachten. Beispielsweise weiß eine Geschäftsbank (Prinzipal) nicht, ob ein Kreditausfall auf mangelnden Einsatz des Kreditnehmers (Agent) oder auf Pech zurückzuführen ist. Dann ist es dem Agenten möglich, von seiner vertraglichen Leistung abzuweichen, da er ungerechtfertigterweise schlechte Transaktionsergebnisse mit der Realisation ungünstiger Umweltzustände begründen und gute Transaktionsergebnisse als Verdienst der eigenen Leistung darstellen kann (*moral hazard*).
- In einer Situation versteckter Eigenschaften (*hidden characteristics*) verfügt der Agent über Informationsvorsprünge bezüglich seiner transaktionsrelevanten Eigenschaften, beispielsweise über seine individuellen Kosten und Nutzen, die mit einer Vertragsumsetzung verbunden sind, und der Prinzipal ist nicht imstande, zwischen verschiedenen Typen von Agenten zu unterscheiden. Beispielsweise weiß eine Versicherung (Prinzipal) nicht, welche Risikoeigenschaften ein Versicherungsnehmer (Agent) hat. Dann kann für einen Agenten ein Anreiz bestehen, Transaktionen mit dem Prinzipal zu vereinbaren, die ihm ermöglichen, in den Genuss von vertraglichen Vereinbarungen zu kommen, die eigentlich für Typen von Agenten mit anderen Risikoeigenschaften bestimmt wären (*adverse selection*).

Wie anreizkompatible Verträge bei Vorliegen dieser Informationsstrukturen aussehen, ist Gegenstand dieses Abschnitts.

3.3.1 Verträge bei moral hazard

Im Weiteren sei der Unternehmer der uninformierte Transakteur (hier: Prinzipal; P), und der Haushalt (hier: Agent; A) verfüge über Informationsvorsprünge bezüglich seiner Aktivität. Dadurch erweitert sich das Entscheidungsproblem gegenüber den bisherigen Fällen um die versteckte Handlung des Agenten. Die Spielsequenz entspricht der auf dem folgenden Zeitstrahl:

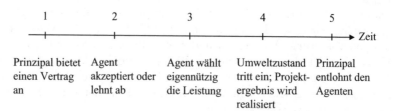

Wegen der bestehenden Informationsasymmetrie wird der Prinzipal beachten, dass der Agent nicht an einer Optimierung des Transaktionsergebnisses, sondern an der Maximierung des eigenen Nutzens interessiert ist. Deshalb muss der Vertrag auch die von seiner Ausgestaltung ausgehenden Anreize für den Agenten berücksichtigen und dies führt regelmäßig zu einer (gemessen am bisher betrachteten Referenzfall symmetrischer Informationsverteilung) lediglich zweitbesten (*second best*) Allokation.

Bei der Vertragsausgestaltung werden nun im Gegensatz zum Falle symmetrischer Informationsverteilung nicht nur die Teilnahmebedingungen für den Prinzipal und den Agenten berücksichtigt. Einbezogen werden muss auch eine als *incentive constraint* bezeichnete Anreizbedingung für den Agenten, denn dieser wird – wenn er aufgrund der bestehenden Informationsasymmetrie frei in der Wahl seiner Aktion ist – unabhängig von allen Vorgaben des Prinzipals nur eine für ihn selbst vorteilhafte Handlung wählen. Die von ihm gewählte Aktion leitet sich daher aus einem individuellen Nutzenmaximierungskalkül ab, bei dem unter Berücksichtigung des Entlohnungsschemas Kosten (in Form von Arbeitsleid) und erwartete Nutzen (in Form von Gegenleistungen durch den Prinzipal) berücksichtigt werden. Wenn dieser Kalkül (wie im Folgenden angenommen) ein konkaves Optimierungsproblem darstellt, für das nur eine innere Lösung existiert, dann kann für die Anreizbedingung vereinfachend unterstellt werden, dass der Agent gerade jene Handlung wählt, bei der für ein gegebenes Schema von Gegenleistungen die erwarteten Grenznutzen und Grenzkosten der Handlung ausgeglichen werden (so genannter *First Order Approach*, siehe *Bolton, Dewatripont* 2005, S. 142 ff.):

$$\int_0^{r_{\max}} u\left[\omega(r)\right] \cdot f_a(r|a) dr = A'(a). \tag{3.17}$$

Das Optimierungsproblem des Prinzipals besteht jetzt in der Maximierung der folgendem *Lagrange*-Funktion:

3.3 Anreizkompatible Verträge

$$\mathcal{L}(a, w, \lambda_1, \lambda_2) = \int_0^{r_{\max}} v\left[r - \omega(r)\right] \cdot f(r|a) dr \qquad (3.18)$$

$$- \lambda_1 \left[\int_0^{r_{\max}} u\left[\omega(r)\right] \cdot f(r|a) dr - A(a) \right]$$

$$- \lambda_2 \left[\int_0^{r_{\max}} u\left[\omega(r)\right] \cdot f_a(r|a) dr - A'(a) \right].$$

wobei λ_2 den zur Anreizbedingung (3.17) gehörigen *Lagrange*-Multiplikator bezeichnet. Gemäß (3.18) schlägt der Prinzipal dem Agenten einen Vertrag vor, der seinen erwarteten Nutzen über die Wahl von Leistung und Gegenleistung maximiert (erster Summand), wobei der Prinzipal berücksichtigen muss, dass der Agent zumindest seinen Reservationsnutzen (von weiterhin null) realisiert (zweiter Summand), und er dem Agenten darüber hinaus nur solche Handlungen vorgeben kann, die auch in dessen eigenem Interesse stehen (dritter Summand). Im Falle symmetrischer Information wäre die Anreizbedingung (3.17) nicht bindend ($\lambda_2 = 0$) und (3.18) stimmte mit (3.12) überein.

Wie schon im Fall unvollkommener, symmetrischer Informationsverteilung ergibt sich das zweitbeste Entlohnungsschema ω^{sb} für alle $r \in [0, r_{\max}]$ gemäß der *Euler-Lagrange*-Bedingung (siehe Anmerkung 3.2, S. 50). Aus der *Euler-Lagrange*-Bedingung für (3.18) erhält man nach einigen Umformungen:

$$\frac{v'\left[r - \omega(r)\right]}{u'\left[\omega(r)\right]} = -\lambda_1 - \lambda_2 \frac{f_a(r|a)}{f(r|a)}$$

oder unter Verwendung des *Arrow/Pratt*-Maßes absoluter Risikoaversion:

$$\frac{d\omega(r)}{dr} = \frac{e^P(r - \omega(r))}{e^A(\omega(r)) + e^P(r - \omega(r))} + \pi \frac{d}{dr}\left(\frac{f_a(r|a)}{f(r|a)}\right) \qquad (3.19)$$

mit:

$$\pi = \frac{-\lambda_2}{e^A(\omega(r)) + e^P(r - \omega(r))} \cdot \frac{u'\left[\omega(r)\right]}{v'\left[r - \omega(r)\right]} > 0.$$

Ein Vergleich von (3.19) mit (3.15) zeigt, dass der Prinzipal den Agenten bei asymmetrischer Informationsverteilung anders als bei symmetrischer Informationsverteilung am Projektergebnis beteiligt, weil für ihn eine Konfliktbeziehung zwischen Anreizen und Risikoteilung besteht. Dies wird besonders deutlich am Beispiel eines risikoneutralen Prinzipals ($e^P(r - \omega(r)) = 0$) und eines risikoaversen Agenten ($e^A(\omega(r)) > 0$) (*Laffont* 1989, S. 185): Bei symmetrischer Informationsverteilung erbringt der Prinzipal gemäß (3.15) eine vom Projektergebnis unabhängige Gegenleistung ($d\omega(r)/dr = 0$) und trägt das gesamte Risiko; dies ist die optimale Risikoteilung im *first best*. Bei asymmetrischer Informationsverteilung hingegen wählt der Agent bei diesem Vertrag gemäß (3.17) das geringstmögliche Anstrengungsniveau ($a = 0$), da seine Entlohnung unabhängig vom Anstrengungsniveau ist. Um diesen *moral hazard* des Agenten zu verhindern, muss der Prinzipal die Entlohnung erfolgsabhängig gestalten und vom

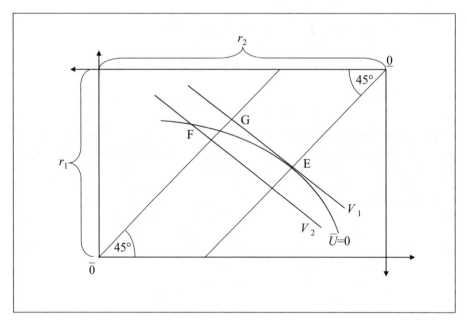

Abb. 3.5. Zweitbeste Risikoallokation im Edgeworth-Box-Diagramm

Projektergebnis abhängig machen ($d\omega(r)/dr \neq 0$). Damit ist die Entlohnung notwendigerweise stochastisch, und die erstbeste Risikoteilung wird wegen der Anreizeffekte verfehlt.

Dies lässt sich auch grafisch im *Edgeworth*-Box-Diagramm (Abbildung 3.5) zeigen, wo die Indifferenzkurven des Prinzipals wegen der unterstellten Risikoneutralität linear verlaufen. Dann läge bei symmetrischer Informationsverteilung das erstbeste Gleichgewicht im Tangentialpunkt E der Nutzenindifferenzkurve des Prinzipals V_1 mit der Indifferenzkurve $\bar{U} = 0$ des Agenten, die dessen Reservationsnutzenniveau repräsentiert. Bei asymmetrischer Informationsverteilung hingegen realisiert der Prinzipal nur ein niedrigeres Nutzenniveau, etwa V_2, und schließt beispielsweise den durch Punkt F repräsentierten Vertrag ab. Die Differenz aus V_1 und V_2 bezeichnet den Wohlfahrtsverlust aus der Informationsasymmetrie und wird als *Agency-Kosten* bezeichnet.

Eine hinreichende Bedingung dafür, dass das (zweitbeste) Entlohnungsschema eine mit steigenden Projektergebnissen zunehmende Zahlung an den Agenten vorsieht (und damit $d\omega(r)/dr > 0$ gilt), ist gemäß (3.19) die Bedingung

$$\frac{d}{dr}\left(\frac{f_a(r|a)}{f(r|a)}\right) > 0,$$

die in der Agency-Literatur als *Monotone Likelihood Ratio Property* (*MLRP*) bezeichnet wird (*Milgrom* 1981, S. 382 ff.). Sie impliziert, dass ein Anstieg des

3.3 Anreizkompatible Verträge

Arbeitseinsatzes des Agenten die Wahrscheinlichkeit, ein hohes Ergebnis zu erzielen, stärker erhöht, als die Wahrscheinlichkeit, ein niedriges Ergebnis zu realisieren. Die beiden bedingten Dichtefunktionen aus Abbildung 3.3, S. 49, erfüllen *MLRP*. Genügt eine Dichtefunktion dieser Eigenschaft, kann der Prinzipal von einem hohen Projektergebnis auf einen hohen Arbeitseinsatz des Agenten schließen, weil bei Beobachtung eines hohen Ergebnisses gemäß der *Bayes*'schen Regel die bedingte Wahrscheinlichkeit eines hohen Arbeitseinsatzes hoch ist, während bei Beobachtung eines niedrigen Ergebnisses die entsprechende Wahrscheinlichkeit für einen niedrigen Arbeitseinsatz hoch ist (siehe Übung 3.8*).

Zum Abschluss noch ein Vergleich der Arbeitseinsätze bei symmetrischer Informationsverteilung und bei asymmetrischer Informationsverteilung: Grundsätzlich lohnt es sich bei asymmetrischer Informationsverteilung für den Prinzipal nicht, die Anreize so zu setzen, dass a^{fb} erreicht wird, weil die hierfür erforderliche anreizkompatible Entlohnungsstruktur eine suboptimale Risikoteilung bedeutet. Allerdings gibt es hiervon einen Ausnahmefall, den der Risikoneutralität des Agenten (*Shavell* 1979, S. 59): In diesem Fall wird sogar die erstbeste Risikoteilung erreicht, wenn der Agent das gesamte Risiko übernimmt und eine zustandsabhängige Entlohnung erhält (ein hinreichend großes persönliches Vermögen des Agenten vorausgesetzt, damit dieser auch extrem schlechte Ergebnisrealisationen verkraftet); dann wählt der Agent aber auch a^{fb} aus eigenem Interesse, weil jede Erhöhung des erwarteten Projektergebnisses (ausgelöst durch erhöhten Arbeitseinsatz) ausschließlich ihm selbst zugute kommt.

3.3.2 Verträge bei adverser Selektion

Bei Vorliegen versteckter Eigenschaften hat der Agent Informationsvorteile bezüglich seiner transaktionsrelevanten Eigenschaften. Die Spielsequenz lautet beispielsweise:

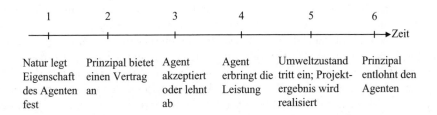

Um die optimale Vertragsstruktur abzuleiten, soll unterstellt werden, dass der Prinzipal ein Unternehmer ist, der ein Produkt r mit Hilfe eines Inputgutes herstellt. Dieser Input kann von einem Zulieferunternehmer in unterschiedlichen Qualitäten a bereitgestellt werden. Über diese Qualität herrscht symmetrisch verteilte Information, jedoch existieren zwei Typen von Zulieferern (Agenten)

$m = 1, 2$, die sich nur in ihren individuellen Kostenfunktionen zur Bereitstellung einer gegebenen Qualität unterscheiden: Um eine bestimmte Qualität a_m bereitzustellen, muss ein Zulieferer Kosten tragen, die durch $A_m(a_m, \gamma_m)$ beschrieben sind; $\gamma_m > 0$ steht dabei für eine bestimmte Eigenschaft der Kostenfunktion des Agenten m, die nur der Agent, nicht aber der Prinzipal kennt.

Im Folgenden sei unterstellt, es gelte $A_m(a_m, \gamma_m) = \gamma_m \cdot A(a_m)$, sodass ein größeres γ_m höhere Gesamt- und Grenzkosten für jedes Qualitätsniveau bedeutet. Darüber hinaus gelte $\gamma_2 > \gamma_1$, sodass Zulieferer 2 höhere Gesamt- und Grenzkosten bei der Herstellung einer bestimmten Qualität aufweist als Zulieferer 1. Obwohl der Prinzipal die konkreten Eigenschaften des Transaktionspartners nicht kennt, verfügt er über eine subjektive Wahrscheinlichkeitsverteilung für das Auftreten eines Agenten jeden Typs: Er weiß, dass der Anteil der Typ 1-Zulieferer an der Gesamtheit aller Zulieferer gerade $P(m = 1)$ beträgt, und entsprechend der Anteil der Typ 2-Zulieferer $P(m = 2) = 1 - P(m = 1)$. Dann ist $P(m = 1)$ zugleich die Wahrscheinlichkeit dafür, eine Transaktion mit Zulieferer 1 zu vereinbaren, und $P(m = 2)$ die Wahrscheinlichkeit einer Übereinkunft mit dem Zulieferer 2. Ferner sei angenommen, dass der Zulieferer unabhängig von seiner Typenzugehörigkeit einen konstanten Grenznutzen des Einkommens habe.

Weiter unterstellen wir, dass der Prinzipal mit beiden Typen von Zulieferern einen Vertrag abschließen will. Würde der Prinzipal die Eigenschaften jedes Zulieferers kennen, wäre es ihm möglich, jedem Agenten vom Typ m einen separaten Vertrag anzubieten, der den Ausgleich der Grenzraten der Substitution analog zu (3.8) sicherstellt. Diese erstbeste Lösung veranschaulicht Abbildung 3.6, die die Nutzenindifferenzkurven des Prinzipals (V_1 und V_2) und die des Agenten vom Typ 1 (U_1) sowie des Agenten vom Typ 2 (U_2) darstellt. Wegen $\gamma_1 < \gamma_2$ verlaufen die Indifferenzkurven des Agenten vom Typ 1 stets flacher als die des Agenten vom Typ 2, weil Typ 1 eine gegebene Qualität zu niedrigeren (Grenz-) Kosten als Typ 2 anbietet, und somit für eine bestimmte Steigerung der Qualität mit einem schwächeren Anstieg der Entlohnung kompensiert werden muss.

Der Prinzipal bietet jedem Zulieferer einen Vertrag an, der durch den Tangentialpunkt seiner Nutzenindifferenzkurve mit der den jeweiligen Reservationsnutzen beschreibenden Indifferenzkurve des Zulieferers (also $\bar{U}_1$ und $\bar{U}_2$) gekennzeichnet ist. Damit ist der Vertrag mit Zulieferer 1 durch Punkt A dargestellt, und der Prinzipal zahlt w_1^{fb} gegen Lieferung von a_1^{fb}; der Vertrag mit dem Zulieferer vom Typ 2 wird durch Punkt B dargestellt, und der Unternehmer zahlt w_2^{fb} gegen Lieferung der Qualität a_2^{fb}. Typ 1-Zulieferer muss (und kann) damit in dem in Abbildung 3.6 dargestellten Fall eine höhere Qualität zu einem niedrigeren Preis erbringen als Typ 2-Zulieferer (dies muss indes nicht zwingend der Fall sein, sondern hängt von den konkreten Eigenschaften der Funktionen u, v, R und A ab). Der Prinzipal realisiert ein Nutzenniveau V_1 bzw. V_2 je nachdem, ob er mit Zulieferer 1 oder 2 kontrahiert.

Diese Lösung kommt aber nicht zustande, wenn asymmetrische Informationen vorliegen und ein Zulieferer über private Information hinsichtlich seiner Ko-

3.3 Anreizkompatible Verträge

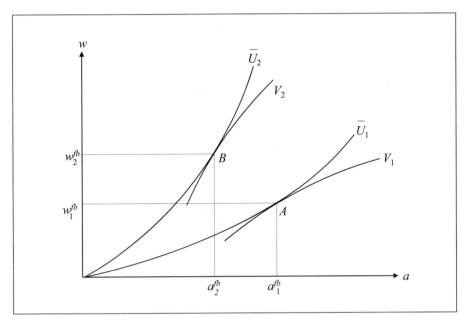

Abb. 3.6. Verträge im erstbesten Gleichgewicht bei zwei Agenten

stenfunktion verfügt. Typ 1-Zulieferer wird behaupten, über die Kostenfunktion mit höheren (Grenz-) Kosten zu verfügen, um ebenfalls einen Vertrag gemäß Punkt B zu erhalten. In Abbildung 3.6 erreicht er damit ein höheres Nutzenniveau zu Lasten des Prinzipals. Hierin besteht das Problem der adversen Selektion, denn Typ 1-Zulieferer bietet den Input zu einem höheren Preis und in schlechterer Qualität an, als er aufgrund seiner Teilnahmebedingung zu akzeptieren bereit wäre.

Um dies zu verhindern, muss der Prinzipal dem Zulieferer vom Typ 1 einen Anreiz geben, seine wahre Identität zu offenbaren (*Selbstselektion*). Dies geschieht, wie in Abbildung 3.7 dargestellt, indem er zwei Verträge C und D anbietet, die jeweils auf derselben Nutzenindifferenzkurve $\tilde{U}_1$ des Agenten vom Typ 1 liegen. Dann hat der Typ 1-Agent keinen Anreiz mehr, seine wahre Kostenstruktur zu verleugnen, weil er indifferent zwischen den Verträgen in Punkt C und D ist. Gleichzeitig verwirklicht der Agent vom Typ 2 gerade seinen Reservationsnutzen, d. h. der Punkt D muss auch auf der Reservationsnutzenkurve des Typ 2-Agenten liegen.

Der Prinzipal verändert somit bei asymmetrischer Informationsverteilung seine Vertragsofferten im Vergleich zur Situation mit symmetrischer Information auf zweierlei Weise:

- Er gestaltet den Vertrag, der für den Agenten vom Typ 2 gedacht ist, unattraktiver für den Agenten vom Typ 1, d. h. Punkt D liegt auf einer niedrigeren

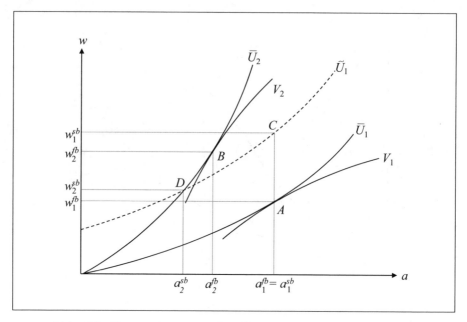

Abb. 3.7. Verträge im trennenden Gleichgewicht und Selbstselektion

Nutzenindifferenzkurve für den Typ 1-Zulieferer als Punkt B. Hierdurch erreicht der Prinzipal ein geringeres Nutzenniveau als bei einer Offerte von A und B, wenn es zum Abschluss mit einem Agenten vom Typ 2 kommt.

- Er gestaltet den Vertrag, der für Typ 1 gedacht ist, attraktiver für diesen, d. h. in Abbildung 3.7 erhält der Zulieferer vom Typ 1 für dieselbe Qualität $a_1^{sb} = a_1^{fb}$ eine höhere Entlohnung $w_1^{sb} > w_1^{fb}$ (Punkt C). Dieser Vertrag bedeutet einen Nutzenzuwachs für den Prinzipal gegenüber der Offerte von A und B, wenn es zum Vertragsabschluss mit dem Agenten vom Typ 1 kommt.

Der Prinzipal legt die kombinierte Offerte so genannter *trennender Verträge* C und D, bei der es zu einer Selbstselektion kommt, so fest, dass sein erwarteter Nutzen maximal wird, d. h.

$$\max_{w_1,w_2,a_1,a_2} \{\mathrm{P}\,(m=1)\,[v\,(R(a_1)-w_1)] + [1-\mathrm{P}\,(m=1)]\,[v\,(R(a_2)-w_2)]\} \tag{3.20}$$

s.t.

$$u(w_1) - \gamma_1 \cdot A(a_1) \geq \bar{U}, \tag{3.21}$$

$$u(w_2) - \gamma_2 \cdot A(a_2) \geq \bar{U}, \tag{3.22}$$

$$u(w_1) - \gamma_1 \cdot A(a_1) \geq u(w_2) - \gamma_1 \cdot A(a_2), \tag{3.23}$$

$$u(w_2) - \gamma_2 \cdot A(a_2) \geq u(w_1) - \gamma_2 \cdot A(a_1). \tag{3.24}$$

Es wird der erwartete Nutzen des Prinzipals unter Berücksichtigung von vier Nebenbedingungen maximiert: Dies sind jeweils die Teilnahmebedingungen (3.21) und (3.22) sowie die Anreizbedingungen (3.23) und (3.24) der Agenten unterschiedlichen Typs.

Die Teilnahmebedingung des Typ 1-Agenten und die Anreizbedingung des Typ 2-Agenten können vernachlässigt werden, wenn wie im Folgenden angenommen wird, dass der Grenznutzens des Einkommens u' konstant ist und die Reservationsnutzenniveaus $\bar{U}_1$ und $\bar{U}_2$ identisch sind ($\bar{U}_1 = \bar{U}_2 = \bar{U}$). Die Nebenbedingungen reduzieren sich folglich auf (zur Herleitung der folgenden Ausdrücke siehe Übung 3.9*)

$$w_1 = \frac{1}{u'(w_1)} \left[(\bar{U} - \kappa) + \gamma_1 \cdot A(a_1) + (\gamma_2 - \gamma_1) A(a_2) \right] \qquad (3.25)$$

$$w_2 = \frac{1}{u'(w_2)} \left[(\bar{U} - \kappa) + \gamma_2 \cdot A(a_2) \right]. \qquad (3.26)$$

wobei κ eine Konstante ist, welche sicherstellt, dass die Reservationsbedingung für den Agenten vom Typ 2 mit Gleichheit erfüllt ist. Substituiert man nun (3.25) und (3.26) in die Zielfunktion (3.20), dann folgt für die Bedingung erster Ordnung bezüglich des Qualitätsniveaus a_1

$$R'(a_1^{sb}) = \gamma_1 \frac{A'(a_1^{sb})}{u'(w_1^{sb})},$$

sodass der Agent vom Typ 1 dieselbe Qualität erbringen muss wie bei symmetrischer Informationsverteilung ($a_1^{sb} = a_1^{fb}$). Dann folgt aber aus (3.25), dass der Prinzipal diesem Agenten eine Zahlung anbieten muss, die größer als bei symmetrischer Information ist ($w_1^{sb} > w_1^{fb}$). Der Nutzenzuwachs des Agenten aufgrund der Steigerung der Gegenleistung um $w_1^{sb} - w_1^{fb}$ wird als *Informationsrente* bezeichnet, da diese nicht leistungsbedingt, sondern einzig auf den Informationsvorsprung des Agenten zurückzuführen ist.

Für die vom Typ 2-Agenten zu erbringende Qualität hingegen folgt

$$R'(a_2^{sb}) = \gamma_2 \frac{A'(a_2^{sb})}{u'(w_2^{sb})} + (\gamma_2 - \gamma_1) \frac{\mathrm{P}(m=1)}{1 - \mathrm{P}(m=1)} \frac{A'(a_2^{sb})}{u'(w_2^{sb})}$$

und somit gilt $a_2^{sb} < a_2^{fb}$, woraus sich unmittelbar aus der Teilnahmebedingung (3.26) ergibt $w_2^{sb} < w_1^{fb}$, da der Typ 2-Agent weiterhin auf seinen Reservationsnutzen gedrückt wird.

3.4 Unvollständige Verträge

Bislang war unterstellt, dass der zwischen den Parteien geschlossene Vertrag vollständig ist, d. h. für jeden denkbaren Umweltzustand eine Entlohnung festlegt. In der Realität existieren solche vollständigen Verträge natürlich nicht, weil die Anbahnung, der Abschluss und die Überwachung oder Durchsetzung von Vertragsklauseln mit *Transaktionskosten* verbunden sind (*Williamson* 1985, S. 164 ff.; *Hart* 1995, S. 23; *Richter, Furubotn* 2003; *Salanié* 2005). Sie bedingen, dass

- die Vertragspartner nicht alle möglichen Umweltzustände kennen oder ihnen keine Wahrscheinlichkeiten zuordnen können;
- die Vertragspartner nicht alle bekannten Umweltzustände im Vertrag aufnehmen, weil dies ökonomisch ineffizient wäre; oder dass
- es unmöglich wird, alle von den Vertragspartnern beobachtbaren Ereignisse durch Dritte (etwa Gerichte) überprüfen zu lassen.

Transaktionskosten erklären, warum Wirtschaftssubjekte nur unvollständige Verträge abschließen, die lediglich auf wichtige, durch Außenstehende verifizierbare Ereignisse konditionieren.

Wenn Verträge unvollständig sind und ein Umweltzustand eintritt, der im Vertrag nicht geregelt ist oder der sich durch Außenstehende nicht überprüfen lässt, entsteht zwischen den Vertragspartnern unter Umständen die Notwendigkeit zu Nachverhandlungen. Dadurch wird die ursprünglich zwischen den Vertragspartnern eingegangene Vereinbarung außer Kraft gesetzt und durch eine neue freiwillige Vereinbarung ersetzt. Zugleich ergibt sich als Ergebnis des Nachverhandlungsprozesses eine Neuaufteilung des Transaktionsergebnisses, die von der ursprünglich im Vertrag vorgesehenen Aufteilung abweichen kann und von der relativen Verhandlungsposition beider Vertragsparteien im Nachverhandlungsprozess abhängt. Typischerweise wird dieser Nachverhandlungsprozess als einstufig modelliert, d. h. eine Partei macht ein Angebot, das die andere akzeptieren kann oder nicht, ohne ein Gegenangebot machen zu können (*take-it-or-leave-it-offer*). Dabei kann die Verhandlungsmacht annahmegemäß allein bei einer Partei liegen, die dann stets das Angebot unterbreiten kann, oder beispielsweise gleichverteilt sein, sodass beide Parteien mit einer Wahrscheinlichkeit von jeweils 50 % ein Angebot unterbreiten können.

Nachverhandlungen werden zu einem ökonomischen Problem, wenn während der Vertragsformulierungsphase mindestens eine der beiden Vertragsparteien eine beziehungsspezifische Investition getätigt hat, die sie im Nachverhandlungsprozess an die andere bindet (*Williamson* 1985, S. 30; *Williamson* 1996, S. 59). Beziehungsspezifische Investitionen begründen Produktivitätsgewinne aus der Vertragsbeziehung und erhöhen das Transaktionsergebnis für beide Vertragsparteien; als Beispiel sei eine Kunden-Lieferanten-Beziehung erwähnt, bei der ein Lieferant Spezialmaschinen aufstellt, die auf den Kunden abgestellte Produkte erzeugt. Beziehungsspezifische Investitionen erbringen diesen Ertrag jedoch nur, wenn das Vertragsverhältnis bis zum Ende durchgeführt und im Nachverhandlungsprozess nicht durch eine der beiden Parteien aufgekündigt wird. Demgegenüber sind Nachverhandlungen aus ökonomischer Sicht problemlos, wenn nicht-beziehungsspezifische (generische) Investitionen vorliegen, da jede Vertragspartei sich im Nachverhandlungsprozess kostenlos einen neuen Vertragspartner suchen kann.

Die Theorien unvollständiger Verträge zeigen, wie die Transaktionspartner bei Vorliegen beziehungsspezifischer Investitionen bereits im Zeitpunkt der Vertragsformulierung auf die Möglichkeit einer Neuaufteilung des Transaktionsergebnisses im Nachverhandlungsprozess reagieren. Dazu legen sie bei Vertragsabschluss fest, wer bei Eintritt vertraglich nicht geregelter oder für Außenstehende nicht überprüfbarer Ereignisse die Entscheidungsgewalt hat und über die Eigentumsrechte an der beziehungsspezifischen Investition verfügt. Eigentumsrechte sind deshalb aus Sicht der Theorien unvollständiger Verträge weniger Residualeinkommensrechte als vor allem Residualkontroll- oder Herrschaftsrechte (*Grossman, Hart* 1986, S. 692), durch die ein Dritter (der Gesetzgeber) unkonditionierte Verfügungsrechte zuordnet und die Frage beantwortet, wer entscheidet, wenn ein vertraglich nicht geregeltes oder durch Gerichte nicht überprüfbares Ereignis eintritt. Damit wird die Verteilung von Eigentumsrechten zwischen den beiden Parteien, die in den Theorien vollständiger Verträge eine exogene und allokationsneutrale (allerdings nicht verteilungsneutrale) Komponente war, zu einer modellendogenen Größe.

3.5 Kommentierte Literaturhinweise

Überblicke über die verschiedenen Spielarten ökonomischer Vertragstheorien bieten die Monographien von *Erlei, Leschke, Sauerland* (1999); *Schweizer* (1999); *Richter, Furubotn* (2003), *Blum, Dudley, Leibbrand, Weiske* (2005); *Salanié* (2005) und *Bolton, Dewatripont* (2005) sowie– in knapper Form – die Überblicksartikel von *Schweizer* (1996); *Richter* (2000) und *Vollmer, Dietrich* (2000).

Speziell mit den Prinzipal-Agent-Modellen befassen sich *Grossman, Hart* (1983); *Hart, Holmström* (1987); *Rees* (1987); *Schmidt, Theilen* (1995) und ausführlich *Macho-Stadler, Pérez-Castillo* (2001). Die grundlegenden Arbeiten zum moral hazard sind *Ross* (1973); *Mirrlees* (1974); *Harris, Raviv* (1979); *Holmström* (1979) und *Shavell* (1979). In *Jewitt* (1988) werden Bedingungen für die Anwendbarkeit des *First Order Approaches* abgeleitet. Pionierarbeiten zur adversen Selektion stammen von *Akerlof* (1970); *Rothschild, Stiglitz* (1976) und *Stiglitz, Weiss* (1981). *Jensen, Meckling* (1976) entwickeln den Prinzipal-Agent-Ansatz zu einer Theorie der Unternehmung.

Die Grundlagen der Theorien unvollständiger Verträge wurden gelegt von *Williamson* (1985); *Grossman, Hart* (1986) und *Hart, Moore* (1990, 1999). Sie werden erläutert bei *Hart* (1995).

3.6 Übungsaufgaben

Übung 3.1 *Ein Unternehmer verfügt über eine Produktionstechnologie, die einen sicheren Ertrag r erbringt, für den gilt: $R(a) = a$. Dabei bezeichnet a* den beobachtbaren Arbeitseinsatz eines Haushalts, mit dem der Unternehmer einen Lohnvertrag abschließt, in dem der Arbeitseinsatz a des Haushalts und die pekuniäre Gegenleistung w des Unternehmers für den Haushalt festgelegt ist. Es sei angenommen, dass der Unternehmer eine Zielfunktion der Form $V\left[R\left(a\right)-w\right]=\left(R\left(a\right)-w\right)^{\frac{1}{2}}$ verfolgt; der Haushalt verfolgt eine Zielfunktion der Form $U\left(w\right)-A\left(a\right)=w^{\alpha}-A\left(a\right)$ mit $\alpha>0$, wobei $A\left(a\right)$ das Arbeitsleid des Haushalts bezeichnet, für das gilt: $A\left(a\right)=\frac{1}{4}a^{2}$. Wie hoch ist der im Lohnvertrag vereinbarte Arbeitseinsatz a^{fb} und der Lohn w^{fb} und unter welcher Voraussetzung kommt ein Lohnvertrag zustande:

1. wenn $\alpha=1$ gilt und der Haushalt auf seinen Reservationsnutzen $\bar{U}\geq 0$ gedrückt wird;
2. wenn $\alpha=1$ gilt und der Unternehmer auf seinen Reservationsnutzen $\bar{V}\geq 0$ gedrückt wird;
3. wenn $\alpha=\frac{1}{2}$ gilt und der Haushalt auf seinen Reservationsnutzen $\bar{U}=0$ gedrückt wird;
4. wenn $\alpha=\frac{1}{2}$ gilt und der Unternehmer auf seinen Reservationsnutzen $\bar{V}=0$ gedrückt wird?

Übung 3.2 *Betrachtet sei ein Akteur, der über eine Produktionstechnologie verfügt, die in Abhängigkeit von seinem Arbeitseinsatz $a\geq 0$ einen Ertrag r erbringt, für den gilt: $R(a)=a+15$. Der Nutzen, den der Akteur aus dem Projektertrag erhält, wird durch den von Neumann/Morgenstern-Nutzenindex $v\left(r\right)=4\sqrt{R\left(a\right)}$ beschrieben. Ferner entsteht dem Akteur Arbeitsleid der Form $A\left(a\right)=\frac{1}{4}a^{2}$. Die Nutzenfunktion des Akteurs setzt sich additiv aus dem (erwarteten) Nutzen des Projektertrages und dem Arbeitsleid zusammen.*

1. *Wie hoch ist der optimale Arbeitseinsatz a^{fb} des Akteurs, wenn der Projektertrag sicher ist?*
2. *Es sei nun angenommen, dass der Projektertrag nicht mehr sicher ist, sondern stochastisch, wobei die zugehörige bivariate Verteilung einen mean preserving spread der Form*

$$\mathrm{P}\left(R(a)+x\right)=\frac{1}{2},$$
$$\mathrm{P}\left(R(a)-x\right)=\frac{1}{2}$$

aufweist mit $x\in(0,15)$. Bestimmen Sie die Optimalitätsbedingung für den Arbeitseinsatz des Akteurs und zeigen Sie mithilfe des Theorems impliziter Funktionen, dass der optimale Arbeitseinsatz a^{fb} mit steigendem Risiko steigt.

Übung 3.3 *Ein Unternehmer ist mit einer Produktionstechnologie ausgestattet, die ein stochastisches Produktionsergebnis $r\in\{0,r_{\max}\}$ in Abhängigkeit vom zufälligen Zustand der Umwelt und vom beobachtbaren Arbeitseinsatz $a\in[0,1)$*

eines Haushalts erbringt. Dabei gelte, dass die Produktion mit der Wahrscheinlichkeit a erfolgreich mit einem Ergebnis $r = r_{\max}$ ist; mit der Gegenwahrscheinlichkeit $(1-a)$ misslingt sie und erbringt $r = 0$. Für den Arbeitseinsatz des Haushalts leistet der Unternehmer eine pekuniäre Lohnzahlung $\omega(r)$ in Abhängigkeit vom Projektergebnis, ferner entsteht dem Haushalt nicht-pekuniäres Arbeitsleid $A(a)$ der Form $A(a) = -a - \ln(1-a)$. Die Zielfunktion V des Unternehmers sei beschrieben durch

$$V\left[r - \omega(r)\right] = E\left[r - \omega(r)\right] - \frac{1}{2}\kappa_1 E\left[(r - \omega(r) - E\left[r - \omega(r)\right])^2\right],$$

mit $\kappa_1 \geq 0$. Er orientiert sich also am Erwartungswert seines für das Periodenende erwarteten pekuniären Endvermögens, sowie an dessen Varianz. Der Haushalt berücksichtigt neben dem Erwartungswert und der Varianz seines Endvermögens auch sein nicht-pekuniäres Arbeitsleid, sodass seine Nutzenfunktion $U(w) - A(a)$ lautet:

$$U(w) - A(a) = \mu\left[\omega(r)\right] - \frac{1}{2}\kappa_2 var\left[\omega(r)\right] + a + \ln(1-a)$$

mit $\kappa_2 \geq 0$.

1. *Für welche Werte der Parameter κ_1 bzw. κ_2 sind die beiden Akteure risikoavers? Für welche Parameter sind sie risikoneutral?*
2. *Bestimmen Sie Erwartungswert und Varianz des pekuniären Endvermögens der beiden Akteure.*
3. *Es sei angenommen, dass die mit dem Haushalt vereinbarte Lohnzahlung gerade dessen Reservationsnutzen deckt, der zur Vereinfachung auf null normiert ist. Zeigen Sie, dass ein risikoneutraler Unternehmer einen risikoaversen Haushalt vollständig gegen das Risiko absichert.*
4. *Was geschieht mit dem Lohnschema, wenn der Haushalt risikoneutral, der Unternehmer aber risikoavers ist?*
5. *Der Arbeitseinsatz des risikoaversen Haushalts sei nun nicht mehr beobachtbar. Ist es für den Fall eines risikoneutralen Unternehmers noch immer ratsam, den Haushalt vollständig gegen das Risiko abzusichern?*

Übung 3.4 (*) *Abbildung 3.2 im Text zeigt die Nutzenindifferenzkurven von Unternehmer und Haushalt. Zeigen Sie, weshalb der jeweilige Verlauf dieser Kurven (konkav, konvex) aus den unterstellten Eigenschaften von Produktionsfunktion und Nutzenfunktion des Unternehmers sowie aus den unterstellten Eigenschaften von Kostenfunktion und Nutzenfunktion des Haushalts folgt.*

Übung 3.5 (*Schmidt, Theilen* 1995, S. 485) *Zeigen Sie im Rahmen der Edgeworth-Box, welcher Vertrag sich bei symmetrischer Informationsverteilung ergibt, wenn sich*

1. *der Prinzipal risikoneutral und der Agent risikoavers,*

2. der Agent risikoneutral und der Prinzipal risikoavers,
3. beide Parteien risikoneutral

verhalten.

Übung 3.6 (*) *Leiten Sie den Zusammenhang (3.15), S. 52, aus der Bedingung erster Ordnung (3.13), S. 50, ab.*

Übung 3.7 (Schmidt, Theilen 1995, S. 486) *Welcher Punkt wird bei asymmetrischer Informationsverteilung zwischen Prinzipal und Agent im Edgeworth-Box-Diagramm von Abbildung 3.5 realisiert, wenn der Agent sich risikoneutral verhält? Wie hoch sind in diesem Fall die entstehenden Agency-Kosten?*

Übung 3.8 (*) *Gegeben sei eine Situation mit einer endlichen Anzahl von Ergebnissen und lediglich zwei möglichen Aktivitäten a_0 und a_1 mit $a_0 < a_1$. Zeigen Sie unter Verwendung der Bayes'schen Regel: Aus der Realisation eines geringen Ergebnisses kann auf eine hohe Posteriori-Wahrscheinlichkeit dafür geschlossen werden, dass der Agent lediglich a_0 geleistet hat, wenn die Monotone Likelihood Ratio Property (MLRP) erfüllt ist!*

Übung 3.9 (*) *Betrachten Sie das Szenario bei adverser Selektion aus dem Text (S. 60). Unterstellen Sie Folgendes:*

$$A(a) = \frac{a^2}{2}$$
$$\gamma_1 = \frac{1}{2}$$
$$\gamma_2 = 1$$
$$\mathrm{P}(m=1) = 0.8$$
$$\mathrm{P}(m=2) = 0.2$$
$$\bar{U}_1 = \bar{U}_2 = 0$$
$$u(w) = w$$
$$R(a) = a$$
$$v(x) = x$$

1. *Wie lautet der erstbeste Vertrag, wenn der Prinzipal mit dem Agenten vom Typ 1 kontrahiert, und wie lautet er, wenn er mit dem Agenten vom Typ 2 kontrahiert?*
2. *Erläutern Sie, warum die Teilnahmebedingung des Agenten vom Typ 1 und die Anreizbedingung des Agenten vom Typ 2 bei asymmetrischer Information vernachlässigt werden können.*
3. *Bestimmen Sie die Vertragsangebote im second best. Welchen Einfluss hat die Verteilung der Agententypen auf die Höhe der Informationsrente?*

3.7 Lösungshinweise zu den Übungsaufgaben

Lösung 3.1 *Die Lösungen lauten:*

1. *Die zu dem Optimierungsproblem des Unternehmers gehörende Lagrange-Funktion lautet:*

$$\mathcal{L}(a, w, \lambda_1) = (a - w)^{\frac{1}{2}} - \lambda_1 \left[w - \frac{1}{4}a^2 - \bar{U} \right].$$

Somit folgen als notwendige Bedingungen für ein Maximum:

$$\frac{\partial \mathcal{L}(a, w, \lambda_1)}{\partial a} = \frac{1}{2}(a - w)^{-\frac{1}{2}} + \frac{1}{2}\lambda_1 a \overset{!}{=} 0$$

und

$$\frac{\partial \mathcal{L}(a, w, \lambda_1)}{\partial w} = -\frac{1}{2}(a - w)^{-\frac{1}{2}} - \lambda_1 \overset{!}{=} 0$$

sowie

$$\frac{\partial \mathcal{L}(a, w, \lambda_1)}{\partial \lambda_1} = w - \frac{1}{4}a^2 - \bar{U} \overset{!}{=} 0.$$

Entsprechend gilt:

$$\lambda_1 = -\frac{1}{2}(a - w)^{-\frac{1}{2}}$$

und nach Einsetzen ergibt sich als erstbester Arbeitseinsatz $a^{fb} = 2$; der erstbeste Lohn lautet $w^{fb} = 1 + \bar{U}$. Der Lohnvertrag kann zustande kommen, sofern auch die Teilnahmebedingung des Unternehmers erfüllt ist. Diese lautet:

$$V\left[R(a) - w\right] \geq \bar{V};$$

sie ist erfüllt, sofern:

$$\left[2 - \left(1 + \bar{U}\right)\right]^{\frac{1}{2}} \geq \bar{V}$$

gilt, bzw. $\bar{V}^2 + \bar{U} \leq 1$.

2. *Die zu dem Optimierungsproblem des Haushalts gehörende Lagrange-Funktion lautet:*

$$\mathcal{L}(a, w, \lambda_1) = w - \frac{1}{4}a^2 - \lambda_1 \left[(a - w)^{\frac{1}{2}} - \bar{V} \right],$$

sodass für die notwendigen Bedingungen für ein Maximum folgt:

$$\frac{\partial \mathcal{L}(a, w, \lambda_1)}{\partial a} = -\frac{1}{2}a - \frac{1}{2}\lambda_1 (a - w)^{-\frac{1}{2}} \overset{!}{=} 0$$

und

$$\frac{\partial \mathcal{L}(a, w, \lambda_1)}{\partial w} = 1 + \frac{1}{2}\lambda_1 (a - w)^{-\frac{1}{2}} \overset{!}{=} 0$$

sowie

$$\frac{\partial \mathcal{L}(a,w,\lambda_1)}{\partial \lambda_1} = (a-w)^{\frac{1}{2}} - \bar{V} \stackrel{!}{=} 0.$$

Hieraus ergibt sich:

$$\lambda_1 = -\frac{2}{(a-w)^{-\frac{1}{2}}};$$

nach Einsetzen folgt als erstbester Arbeitseinsatz $a^{fb} = 2$; der erstbeste Lohn lautet $w^{fb} = 2 - \bar{V}^2$. Der Lohnvertrag kann zustande kommen, sofern auch die Teilnahmebedingung des Haushalts erfüllt ist. Diese lautet:

$$U(w) - A(a) \geq \bar{U};$$

sie ist erfüllt, sofern

$$2 - \bar{V}^2 - 1 \geq \bar{U}$$

gilt, bzw. $\bar{V}^2 + \bar{U} \leq 1$.

3. *Die zu dem Optimierungsproblem des Unternehmers gehörende Lagrange-Funktion lautet:*

$$\mathcal{L}(a,w,\lambda_1) = (a-w)^{\frac{1}{2}} - \lambda_1 \left[w^{\frac{1}{2}} - \frac{1}{4}a^2 \right].$$

Somit folgen als notwendige Bedingungen für ein Maximum:

$$\frac{\partial \mathcal{L}(a,w,\lambda_1)}{\partial a} = \frac{1}{2}(a-w)^{-\frac{1}{2}} + \frac{1}{2}\lambda_1 a \stackrel{!}{=} 0$$

und

$$\frac{\partial \mathcal{L}(a,w,\lambda_1)}{\partial w} = -\frac{1}{2}(a-w)^{-\frac{1}{2}} - \frac{1}{2}\lambda_1 w^{-\frac{1}{2}} \stackrel{!}{=} 0$$

sowie

$$\frac{\partial \mathcal{L}(a,w,\lambda_1)}{\partial \lambda_1} = w^{\frac{1}{2}} - \frac{1}{4}a^2 \stackrel{!}{=} 0.$$

Entsprechend gilt

$$\lambda_1 \stackrel{!}{=} -\frac{(a-w)^{-\frac{1}{2}}}{w^{-\frac{1}{2}}}$$

und nach Einsetzen ergibt sich als erstbester Arbeitseinsatz $a^{fb} = 4^{\frac{1}{3}}$; der erstbeste Lohn lautet $w^{fb} = 4^{-\frac{2}{3}}$. Der Lohnvertrag kann zustande kommen, sofern auch die Teilnahmebedingung des Unternehmers erfüllt ist. Diese lautet:

$$V[R(a) - w] \geq \bar{V};$$

sie ist erfüllt, sofern $\bar{V} \leq \left(4^{\frac{1}{3}} - 4^{-\frac{2}{3}} \right)^{\frac{1}{2}}$ gilt.

3.7 Lösungshinweise zu den Übungsaufgaben

4. *Die zu dem Optimierungsproblem des Haushalts gehörende Lagrange-Funktion lautet:*

$$\mathcal{L}(a, w, \lambda_1) = w^{\frac{1}{2}} - \frac{1}{4}a^2 - \lambda_1 \left[(a-w)^{\frac{1}{2}}\right],$$

sodass für die notwendigen Bedingungen für ein Maximum folgt:

$$\frac{\partial \mathcal{L}(a, w, \lambda_1)}{\partial a} = -\frac{1}{2}a - \frac{1}{2}\lambda_1 (a-w)^{-\frac{1}{2}} \stackrel{!}{=} 0$$

und

$$\frac{\partial \mathcal{L}(a, w, \lambda_1)}{\partial w} = \frac{1}{2}w^{-\frac{1}{2}} + \frac{1}{2}\lambda_1 (a-w)^{-\frac{1}{2}} \stackrel{!}{=} 0$$

sowie

$$\frac{\partial \mathcal{L}(a, w, \lambda_1)}{\partial \lambda_1} = (a-w)^{\frac{1}{2}} \stackrel{!}{=} 0.$$

Hieraus ergibt sich:

$$\lambda_1 = -\frac{w^{-\frac{1}{2}}}{(a-w)^{-\frac{1}{2}}};$$

nach Einsetzen folgt als erstbester Arbeitseinsatz $a^{fb} = 1$; der erstbeste Lohn lautet $w^{fb} = 1$. Der Lohnvertrag kann zustande kommen, sofern auch die Teilnahmebedingung des Haushalts erfüllt ist. Diese lautet:

$$U(w) - A(a) \geq \bar{U};$$

sie ist erfüllt, sofern

$$1^{\frac{1}{2}} - \frac{1}{4} \geq \bar{U}$$

gilt, bzw. $\bar{U} \leq \frac{3}{4}$.

Lösung 3.2 *Die Lösungen lauten:*

1. *Die Bedingung erster Ordnung für den optimalen Arbeitseinsatz lautet*

$$\frac{d\left(4\sqrt{(a+15)} - \frac{1}{4}a^2\right)}{da} \stackrel{!}{=} 0.$$

Dies ergibt:

$$\frac{4}{2\sqrt{(a+15)}} - \frac{1}{2}a = \frac{2}{\sqrt{(a+15)}} - \frac{1}{2}a = 0.$$

Hieraus folgt direkt für den optimalen Arbeitseinsatz $a^{fb} = 1$.

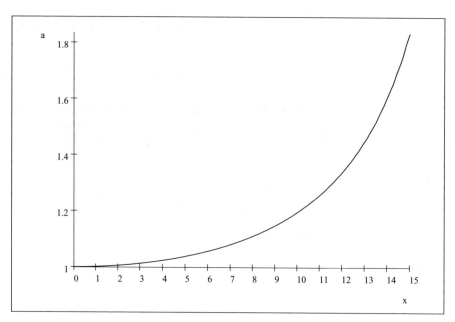

Abb. 3.8. Risiko und optimaler Arbeitseinsatz

2. *Die erste Ableitung der Zielfunktion des Akteurs nach a lautet nun*

$$\frac{d}{da}\left(\frac{1}{2}\left[4\sqrt{a+15+x}\right] + \frac{1}{2}\left[4\sqrt{a+15-x}\right] - \frac{1}{4}a^2\right)$$
$$= \frac{1}{2}\left[\frac{4}{2\sqrt{a+15+x}}\right] + \frac{1}{2}\left[\frac{4}{2\sqrt{a+15-x}}\right] - \frac{1}{2}a$$
$$= \frac{1}{\sqrt{a+15+x}} + \frac{1}{\sqrt{a+15-x}} - \frac{1}{2}a$$
$$= (a+15+x)^{-\frac{1}{2}} + (a+15-x)^{-\frac{1}{2}} - \frac{1}{2}a \stackrel{!}{=} 0.$$

Entsprechend ist der optimalen Arbeitseinsatz a^{fb} derjenige, der die Gleichung

$$\left(a^{fb}+15+x\right)^{-\frac{1}{2}} + \left(a^{fb}+15-x\right)^{-\frac{1}{2}} - \frac{1}{2}a^{fb} \stackrel{!}{=} 0$$

erfüllt. Auf diese Gleichung kann nun das Theorem impliziter Funktionen angewandt werden. Definiere dazu

$$H\left(a^{fb}, x\right) := \left(a^{fb}+15+x\right)^{-\frac{1}{2}} + \left(a^{fb}+15-x\right)^{-\frac{1}{2}} - \frac{1}{2}a^{fb} = 0.$$

Dann gilt

3.7 Lösungshinweise zu den Übungsaufgaben

$$\frac{da}{dx} = -\frac{\frac{dH}{dx}}{\frac{dH}{da}}$$

und es folgt:

$$\begin{aligned}\frac{da^{fb}}{dx} &= -\frac{-\frac{1}{2}\left(a^{fb}+15+x\right)^{-\frac{3}{2}} + \frac{1}{2}\left(a^{fb}+15-x\right)^{-\frac{3}{2}}}{-\frac{1}{2}\left(a^{fb}+15+x\right)^{-\frac{3}{2}} - \frac{1}{2}\left(a^{fb}+15-x\right)^{-\frac{3}{2}} - \frac{1}{2}} \\ &= \frac{-\frac{1}{2(a^{fb}+15+x)^{\frac{3}{2}}} + \frac{1}{2(a^{fb}+15-x)^{\frac{3}{2}}}}{\frac{1}{2}\left(a^{fb}+15+x\right)^{-\frac{3}{2}} + \frac{1}{2}\left(a^{fb}+15-x\right)^{-\frac{3}{2}} + \frac{1}{2}} \\ &= \frac{\frac{-\left(a^{fb}+15-x\right)^{\frac{3}{2}}+\left(a^{fb}+15+x\right)^{\frac{3}{2}}}{2(a^{fb}+15+x)^{\frac{3}{2}}(a^{fb}+15-x)^{\frac{3}{2}}}}{\frac{1}{2}\left(a^{fb}+15+x\right)^{-\frac{3}{2}} + \frac{1}{2}\left(a^{fb}+15-x\right)^{-\frac{3}{2}} + \frac{1}{2}} \\ &= \frac{\frac{\left(a^{fb}+15+x\right)^{\frac{3}{2}}-\left(a^{fb}+15-x\right)^{\frac{3}{2}}}{2(a^{fb}+15+x)^{\frac{3}{2}}2(a^{fb}+15-x)^{\frac{3}{2}}}}{\frac{1}{2}\left(a^{fb}+15+x\right)^{-\frac{3}{2}} + \frac{1}{2}\left(a^{fb}+15-x\right)^{-\frac{3}{2}} + \frac{1}{2}} > 0.\end{aligned}$$

Der optimale Arbeitseinsatz steigt also mit steigendem x. Die Abbildung 3.8 verdeutlicht diesen Zusammenhang graphisch.

Lösung 3.3 *Die Lösungen lauten:*

1. *Der Unternehmer (der Haushalt) ist risikoavers, sofern $\kappa_1 > 0$ ($\kappa_2 > 0$) gilt, für $\kappa_1 = 0$ ($\kappa_2 = 0$) liegt dagegen Risikoneutralität vor.*
2. *Für die erwartete Zahlung an den Unternehmer gilt*

$$E\left[r - \omega(r)\right] = a\left(r_{\max} - w_h\right) - (1-a)\,w_l,$$

und entsprechend für den Haushalt

$$E\left[\omega(r)\right] = aw_h + (1-a)\,w_l,$$

wobei als vereinfachte Notation $w_h := \omega(r_{\max})$ und $w_l := \omega(0)$ gesetzt wurde.
Die Varianz des Endvermögens des Unternehmers berechnet sich mit

$$a\left\{r_{\max} - w_h - E\left[r - \omega(r)\right]\right\}^2 + (1-a)\left\{-w_l - E\left[r - \omega(r)\right]\right\}^2.$$

Durch Einsetzen und einige Umformungen resultiert

$$a\left(1-a\right)\left[r_{\max} - (w_h - w_l)\right]^2.$$

Die Berechnungen für den Haushalt sind analog und liefern:

$$a\left(1-a\right)\left[w_h - w_l\right]^2.$$

3. *Es ist nun das optimale Lohnschema zu bestimmen. Das mittels des Lagrange-Verfahrens zu lösende Optimierungsproblem lautet:*

$$\mathcal{L}(a, w_h, w_l, \lambda_1) = a\left(r_{\max} - w_h\right) - (1-a)\,w_l - \frac{1}{2}\kappa_1 a\left(1-a\right)\left[r_{\max} - (w_h - w_l)\right]^2$$

$$- \lambda_1\left[aw_h + (1-a)\,w_l - \frac{1}{2}\kappa_2 a\left(1-a\right)(w_h - w_l)^2 + a + \ln(1-a)\right].$$

Ableitung nach w_h bzw. w_l ergibt nach einer kleinen Umformung:

$$-1 + \kappa_1\left(1-a\right)\left[r_{\max} - (w_h - w_l)\right] - \lambda_1\left[1 - \kappa_2\left(1-a\right)(w_h - w_l)\right] \stackrel{!}{=} 0,$$

$$-1 - \kappa_1 a\left[r_{\max} - (w_h - w_l)\right] - \lambda_1\left[1 + \kappa_2 a\left(w_h - w_l\right)\right] \stackrel{!}{=} 0.$$

Beide Gleichungen können nach λ_1 aufgelöst und dann gleichgesetzt werden, sodass man

$$\frac{1 - \kappa_1\left(1-a\right)\left[r_{\max} - (w_h - w_l)\right]}{1 - \kappa_2\left(1-a\right)(w_h - w_l)} = \frac{1 + \kappa_1 a\left[r_{\max} - (w_h - w_l)\right]}{1 + \kappa_2 a\left(w_h - w_l\right)}$$

erhält, was weiter umgeformt ergibt:

$$\begin{aligned}
0 &= \frac{1 - \kappa_1\left(1-a\right)\left[r_{\max} - (w_h - w_l)\right]}{1 - \kappa_2\left(1-a\right)(w_h - w_l)} - \frac{1 + \kappa_1 a\left[r_{\max} - (w_h - w_l)\right]}{1 + \kappa_2 a\left(w_h - w_l\right)} \\
&= \{1 - \kappa_1\left(1-a\right)\left[r_{\max} - (w_h - w_l)\right]\}\{1 + \kappa_2 a\left(w_h - w_l\right)\} \\
&\quad - \{1 - \kappa_2\left(1-a\right)(w_h - w_l)\}\{1 + \kappa_1 a\left[r_{\max} - (w_h - w_l)\right]\} \\
&= 1 + \kappa_2 a\left(w_h - w_l\right) - \kappa_1\left(1-a\right)\left[r_{\max} - (w_h - w_l)\right] \\
&\quad - \kappa_1\left(1-a\right)\left[r_{\max} - (w_h - w_l)\right]\kappa_2 a\left(w_h - w_l\right) \\
&\quad - 1 - \kappa_1 a\left[r_{\max} - (w_h - w_l)\right] + \kappa_2\left(1-a\right)(w_h - w_l) \\
&\quad + \kappa_2\left(1-a\right)(w_h - w_l)\kappa_1 a\left[r_{\max} - (w_h - w_l)\right] \\
&= \kappa_2 a\left(w_h - w_l\right) - \kappa_1\left(1-a\right)\left[r_{\max} - (w_h - w_l)\right] \\
&\quad - \kappa_1 a\left[r_{\max} - (w_h - w_l)\right] + \kappa_2\left(1-a\right)(w_h - w_l) \\
&= -\kappa_1\left[r_{\max} - (w_h - w_l)\right] + \kappa_2\left(w_h - w_l\right)
\end{aligned}$$

und somit

$$w_h = w_l + \frac{\kappa_1}{\kappa_1 + \kappa_2} r_{\max}.$$

Ist nun $\kappa_1 = 0$ (risikoneutraler Unternehmer) und $\kappa_2 > 0$ (risikoaverser Haushalt), so folgt $w_h = w_l$, d.h. der Haushalt trägt keinerlei Risiko.

4. *Aus obiger Gleichung ergibt sich direkt für $\kappa_1 > 0$ und $\kappa_2 = 0$*

$$w_h = w_l + r_{\max},$$

sodass das Endvermögen des Unternehmers in jedem Fall $-w_l$ beträgt. Beachten Sie, dass wir den Wertebereich von w nicht eingeschränkt haben, d.h. w_l kann (und wird in diesem Fall) negativ sein.

5. *Falls auch bei nicht beobachtbarem Arbeitseinsatz $w_h = w_l =: w$ gewählt wird, so wird der Haushalt sein $a \in [0, 1)$ so wählen, dass er die Funktion*

$$U(w) - A(a) = w + a + \ln(1 - a)$$

maximiert, d. h. er wird seinen Einsatz kleinstmöglich wählen. Somit nimmt die Absicherung gegen Risiko dem Haushalt hier jeden Anreiz, sich fleißig um das Projekt zu bemühen.

Lösung 3.4 (*) *Betrachten wir als erstes den Haushalt. Um den in Abbildung 3.4 dargestellten Verlauf seiner Nutzenindifferenzkurve abzuleiten, ist zunächst zu zeigen, dass seine Zielfunktion strikt konkav ist. Grundsätzlich gilt, dass eine Funktion $H(x, y)$ strikt konkav ist, sofern gilt:*

$$\frac{d^2}{dx^2} H(x, y) < 0,$$

$$\frac{d^2}{dy^2} H(x, y) < 0,$$

$$\left[\frac{d^2}{dx^2} H(x, y)\right] \left[\frac{d^2}{dy^2} H(x, y)\right] - \left[\frac{d^2}{dxdy} H(x, y)\right]^2 > 0.$$

Die Zielfunktion $U(w) - A(a)$ des Haushaltes ist daher strikt konkav, weil:

- *ihre zweiten Ableitungen strikt negativ sind, d. h.*

$$\frac{d^2}{dw^2} [U(w) - A(a)] = U''(w) < 0,$$

$$\frac{d^2}{da^2} [U(w) - A(a)] = -A''(a) < 0,$$

- *und wegen $\frac{d^2}{dadw}[U(w) - A(a)] = 0$ gilt:*

$$\left(\frac{d^2}{dw^2}[U(w) - A(a)]\right) \cdot \left(\frac{d^2}{da^2}[U(w) - A(a)]\right) - \left(\frac{d^2}{dadw}[U(w) - A(a)]\right)^2 > 0.$$

Für diese strikt konkave Funktion gilt nun für zwei beliebige Paare (w_0, a_0) und (w_1, a_1) folgender Zusammenhang:

$$U(\lambda w_0 + (1-\lambda)w_1) - A(\lambda a_0 + (1-\lambda)a_1) > \lambda(U(w_0) - A(a_0))$$
$$+ (1-\lambda)(U(w_1) - A(a_1)).$$

Greifen wir uns nun zwei spezielle Paare (w_0, a_0) und (w_1, a_1) heraus, für die gelten soll $U(w_0) - A(a_0) = U(w_1) - A(a_1) = \bar{U}$. Dann folgt aus der strikten Konkavität von $U(w) - A(a)$:

$$U\left(\lambda w_0 + (1-\lambda)w_1\right) - A\left(\lambda a_0 + (1-\lambda)a_1\right) > U(w_0) - A(a_0)$$
$$= \bar{U},$$

d. h. das Nutzenniveau steigt an, wenn der Haushalt eine Mischung aus den Paaren $(w_0, a_0), (w_1, a_1)$ realisieren könnte. Weil das erreichte Nutzenniveau des Haushalts im (w, a) Raum nur ansteigt, je weiter die zugehörige Indifferenzkurve nach links oben verschoben wird (geringerer Arbeitseinsatz und/oder höhere Entlohnung), hat die Nutzenindifferenzkurve den in Abbildung 3.4 dargestellten Verlauf.

Betrachten wir nun den Unternehmer. Seine Zielfunktion $V[R(a) - w]$ ist ebenfalls strikt konkav, weil

- *ihre zweiten Ableitungen negativ sind:*

$$\frac{d^2}{dw^2} V[R(a) - w] = V''[R(a) - w] < 0,$$
$$\frac{d^2}{da^2} V[R(a) - w] = V''[R(a) - w] [R'(a)]^2$$
$$+ V'[R(a) - w] R''(a)$$
$$< 0,$$

- *und weil schließlich wegen $\frac{d^2}{dadw} V[R(a) - w] = -V''[R(a) - w] R'(a) > 0$ auch gilt*

$$\left(\frac{d^2}{dw^2} V[R(a) - w]\right) \cdot \left(\frac{d^2}{da^2} V[R(a) - w]\right) - \left(\frac{d^2}{dadw} V[R(a) - w]\right)^2$$
$$= V''[R(a) - w] \left\{V''[R(a) - w] [R'(a)]^2 + V'[R(a) - w] R''(a)\right\}$$
$$- \left\{-V''[R(a) - w] R'(a)\right\}^2$$
$$= V''[R(a) - w] V'[R(a) - w] R''(a)$$
$$> 0.$$

Nehmen wir abermals zwei Paare (w_0, a_0) und (w_1, a_1) heraus, für die gelten soll: $V[R(a_1) - w_1] = V[R(a_0) - w_0] = \bar{V}$. Dann folgt aus der strikten Konkavität von $V[R(a) - w]$ aber auch

$$V\left[R\left(\lambda a_1 + (1-\lambda)a_0\right) - (\lambda w_1 + (1-\lambda)w_0)\right] > V[R(a_0) - w_0]$$
$$= \bar{V},$$

d. h. das Nutzenniveau steigt an, wenn der Unternehmer eine Mischung aus den Paaren $(w_0, a_0), (w_1, a_1)$ realisieren könnte. Weil das erreichte Nutzenniveau des Unternehmers im (w, a) Raum jedoch nur ansteigt, je weiter die zugehörige Indifferenzkurve nach rechts unten verschoben wird (höherer Arbeitseinsatz und/oder geringere Entlohnung), hat die Nutzenindifferenzkurve den in Abbildung 3.4 dargestellten Verlauf.

3.7 Lösungshinweise zu den Übungsaufgaben

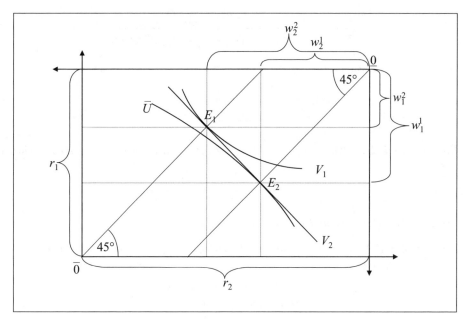

Abb. 3.9. Risikoneutralität beim klassischen Vertrag

Lösung 3.5 *Die Lösungen lauten (siehe Abbildung 3.9):*

1. *Ist der Prinzipal risikoneutral und der Agent risikoavers, erhält letzterer eine feste Zahlung, sodass der gesuchte Vertrag im Punkt E_2 auf der Sicherheitslinie des Agenten liegt, der damit $w_1^1 = w_2^1$ erhält.*
2. *Bei Risikoneutralität des Agenten und Risikoaversion des Prinzipals erhält letzterer die feste Zahlung, und der optimale Vertrag liegt im Punkt E_1 auf der Sicherheitslinie des Prinzipals, der $(r_1 - w_1^2) = (r_2 - w_2^2)$ erhält.*
3. *Sind beide Akteure risikoneutral, liegt effiziente Risikoteilung in jedem Punkt auf der V_2-Geraden vor.*

Lösung 3.6 (*) *Zunächst muss (3.13) umgeformt werden zu*

$$H(r, \omega(r)) = -v'[r - \omega(r)] - \lambda_1 u'[\omega(r)] = 0.$$

Hierauf kann das Theorem impliziter Funktionen (siehe 3.1, S. 45) angewendet werden:

$$\frac{\partial \omega(r)}{\partial r} = -\frac{-v''[r - \omega(r)]}{v''[r - \omega(r)] - \lambda_1 u''[\omega(r)]}.$$

Einsetzen von $\lambda_1 = \frac{v'[r - \omega(r)]}{u'[\omega(r)]}$ aus (3.13) ergibt

$$\frac{\partial \omega(r)}{\partial r} = -\frac{v''[r-\omega(r)]}{-v''[r-\omega(r)] - \frac{v'[r-\omega(r)]}{u'[\omega(r)]} u''[\omega(r)]},$$

was erweitert werden kann zu

$$\frac{\partial \omega(r)}{\partial r} = \frac{-\frac{v''[r-\omega(r)]}{v'[r-\omega(r)]}}{-\frac{v''[r-\omega(r)]}{v'[r-\omega(r)]} - \frac{u''[\omega(r)]}{u'[\omega(r)]}}.$$

Entsprechend der Definition des Arrow/Pratt-Maßes absoluter Risikoaversion folgt

$$\frac{\partial \omega(r)}{\partial r} = \frac{e^I[r-\omega(r)]}{e^{II}[\omega(r)] + e^I[r-\omega(r)]}.$$

Lösung 3.7 *Punkt G und die Agency-Kosten sind null.*

Lösung 3.8 (*) *Gemäß der Bayes'schen Regel gilt für die gesuchte Posteriori-Wahrscheinlichkeit:*

$$\begin{aligned} P(a_0|r) &= \frac{P(a_0) \cdot P(r|a_0)}{P(a_0) \cdot P(r|a_0) + P(a_1) \cdot P(r|a_1)} \\ &= \frac{1}{1 + \frac{P(a_1)}{P(a_0)} \frac{P(r|a_1)}{P(r|a_0)}}. \end{aligned}$$

Die Wahrscheinlichkeit einer geringen Anstrengung a_0 bei Realisation eines Ergebnisses r ist niedrig, wenn der Quotient $\frac{P(r|a_1)}{P(r|a_0)}$ hoch ist. Sofern MLRP erfüllt ist, wächst $\frac{P(r|a_1)-P(r|a_0)}{P(r|a_0)}$ mit steigendem r (siehe auch Abbildung 3.3). Damit nehmen auch $\frac{P(r|a_1)}{P(r|a_0)} - 1$ und $\frac{P(r|a_1)}{P(r|a_0)}$ mit steigendem r zu. Entsprechend sinkt $\frac{P(r|a_1)}{P(r|a_0)}$ mit sinkendem r, sodass $P(a_0|r)$ mit sinkendem r steigt. Somit wird bei Realisation eines geringen Ergebnisses auf eine hohe Posteriori-Wahrscheinlichkeit für a_0 geschlossen.

Lösung 3.9 (*) *Die Lösungen lauten:*

1. *Die Verträge im first best bestimmen sich wie folgt:*
   - *Typ 1 Agent:*

$$\max_{a_1, w_1} a_1 - w_1$$

$$s.t.$$

$$w_1 - 0.5 \frac{a_1^2}{2} \geq 0.$$

Die Bedingung erster Ordnung lautet:

$$1 - \frac{a_1}{2} = 0,$$

woraus folgt:
$$a_1^{fb} = 2,$$
$$w_1^{fb} = 1.$$

- Typ 2 Agent:

$$\max_{a_2, w_2} \quad a_2 - w_2$$
$$s.t.$$
$$w_2 - \frac{a_2^2}{2} \geq 0.$$

Die Bedingung erster Ordnung lautet:
$$1 - a_2 = 0$$

woraus folgt:
$$a_2^{fb} = 1,$$
$$w_2^{fb} = \frac{1}{2}.$$

2. *Die Nebenbedingungen bei asymmetrischer Information lauten:*
$$w_1 - \frac{1}{2}\frac{a_1^2}{2} \geq 0,$$
$$w_2 - \frac{a_2^2}{2} \geq 0,$$
$$w_1 - \frac{1}{2}\frac{a_1^2}{2} \geq w_2 - \frac{1}{2}\frac{a_2^2}{2},$$
$$w_2 - \frac{a_2^2}{2} \geq w_1 - \frac{a_1^2}{2}.$$

Diese vier Bedingungen lassen sich umformulieren zu

$$w_1 \geq \frac{1}{2}\frac{a_1^2}{2}, \tag{3.27}$$

$$w_2 \geq \frac{a_2^2}{2}, \tag{3.28}$$

$$w_1 \geq \frac{1}{2}\frac{a_1^2}{2} + \left(w_2 - \frac{1}{2}\frac{a_2^2}{2}\right), \tag{3.29}$$

$$w_2 \geq \frac{a_2^2}{2} + \left(w_1 - \frac{a_1^2}{2}\right). \tag{3.30}$$

Von diesen vier Bedingungen können nur zwei bindend (d. h. mit Gleichheit erfüllt) sein, während die zwei anderen Bedingungen nicht bindend sind (d. h. mit strikter Ungleichheit erfüllt). Betrachten wir zunächst die Anreizbedingung des Agenten vom Typ 1 (3.29), dann gilt unter Berücksichtigung der Teilnahmebedingung des Agenten vom Typ 2 (3.28):

$$w_2 - \frac{1}{2}\frac{a_2^2}{2} > w_2 - \frac{a_2^2}{2} \geq 0,$$

und es folgt:

$$w_1 > \frac{1}{2}\frac{a_1^2}{2},$$

d. h. die Teilnahmebedingung des Agenten vom Typ 1 (3.27) ist mit strikter Ungleichheit erfüllt; somit ist sie nicht bindend bei der Bestimmung von w_1 und kann daher im Optimierungskalkül unberücksichtigt bleiben. Die Entlohnung für den Typ 1 Agenten orientiert sich also nicht an dessen Reservationsnutzen, sondern nur an seiner Anreizbedingung:

$$w_1 = \frac{1}{2}\frac{a_1^2}{2} + \left(w_2 - \frac{1}{2}\frac{a_2^2}{2}\right). \tag{3.31}$$

Wenn dieser Ausdruck nunmehr in die Anreizbedingung des Agenten vom Typ 2 (3.30) eingesetzt wird, dann folgt:

$$w_2 \geq \frac{a_2^2}{2} + \left(w_1 - \frac{a_1^2}{2}\right)$$
$$= w_2 + \frac{a_2^2}{4} - \frac{a_1^2}{4}. \tag{3.32}$$

Wenn also $a_1^{sb} > a_2^{sb}$, dann ist (3.32) und daher auch (3.30) mit strikter Ungleichheit erfüllt; somit ist die Anreizbedingung des Agenten vom Typ 2 nicht bindend bei der Bestimmung von w_2 und kann daher im Optimierungskalkül unberücksichtigt bleiben. Lediglich (3.28) ist zu berücksichtigen. Da der Agent vom Typ 1 derjenige mit den günstigeren Kosten ist, wird der Prinzipal tatsächlich $a_1^{sb} > a_2^{sb}$ vorschlagen.
Die bindenden Beschränkungen lauten letztlich:

$$w_1 = \frac{1}{2}\frac{a_1^2}{2} + \left(1 - \frac{1}{2}\right)\frac{a_2^2}{2},$$
$$w_2 = \frac{a_2^2}{2}.$$

3. Die Vertragsangebote im second best bestimmen sich aus dem Optimierungskalkül:

3.7 Lösungshinweise zu den Übungsaufgaben

$$\max_{a_1, w_1} \{P(m=1)(a_1 - w_1) + [1 - P(m=1)](a_2 - w_2)\}$$

$$s.t.$$

$$w_1 = \frac{1}{2}\frac{a_1^2}{2} + \left(w_2 - \frac{1}{2}\frac{a_2^2}{2}\right),$$

$$w_2 = \frac{a_2^2}{2}.$$

Einsetzen der Nebenbedingungen in die Zielfunktion ergibt:

$$P(m=1)\left[a_1 - \left(\frac{1}{2}\frac{a_1^2}{2} + \left(1 - \frac{1}{2}\right)\frac{a_2^2}{2}\right)\right] + [1 - P(m=1)]\left(a_2 - \frac{a_2^2}{2}\right)$$

und die Bedingungen erster Ordnung lauten:

$$P(m=1)\left(1 - \frac{a_1}{2}\right) = 0,$$

$$-P(m=1)\frac{a_2}{2} + [1 - P(m=1)](1 - a_2) = 0,$$

sodass folgt:

$$a_1^{sb} = 2,$$

$$a_2^{sb} = \frac{1 - P(m=1)}{1 - \frac{P(m=1)}{2}} = \frac{1}{3}$$

und

$$w_2^{sb} = \frac{\left(a_2^{sb}\right)^2}{2} = \frac{\left(\frac{1-P(m=1)}{1-\frac{P(m=1)}{2}}\right)^2}{2} = \frac{1}{18}$$

sowie

$$w_1^{sb} = \frac{1}{2}\frac{\left(a_1^{sb}\right)^2}{2} + \left(1 - \frac{1}{2}\right)\frac{\left(a_2^{sb}\right)^2}{2}$$

$$= \frac{1}{2}\frac{\left(a_1^{sb}\right)^2}{2} + \frac{1}{4}\left(\frac{1 - P(m=1)}{1 - \frac{P(m=1)}{2}}\right)^2$$

$$= \frac{37}{36}.$$

Ein Ansteigen der Wahrscheinlichkeit $P(m=1)$, *dass der Prinzipal mit dem kostengünstigeren Agenten zusammentrifft, führt*
- *zu einem unveränderten* a_1^{sb},

- *zu einem Rückgang von a_2^{sb} wegen*

$$\frac{da_2^{sb}}{d\mathrm{P}(\mathrm{m}=1)} = -\frac{1/2}{\left(1-\frac{\mathrm{P}(m=1)}{2}\right)^2} < 0,$$

- *und damit schließlich zu einem Rückgang der Informationsrente* $\frac{1}{4}\left(\frac{1-\mathrm{P}(m=1)}{1-\frac{\mathrm{P}(m=1)}{2}}\right)^2$.

Teil II

Direkte und indirekte Finanzierung

Kapitel 4
Vollständige Finanzverträge

Teil II wendet die zuvor erarbeiteten vertragstheoretischen Grundlagen auf den Fall einer Finanzierungsbeziehung zwischen Anlegern und Investoren an. Dazu werden im Kapitel 4 zunächst vollständige Finanzierungsbeziehungen betrachtet, die eine symmetrische Informationsverteilung zwischen den Vertragspartnern unterstellen. Diese Annahme wird anschließend in den Kapiteln 5 und 6 aufgegeben, wo Informationsasymmetrien zwischen den Vertragsparteien unterstellt und der Abschluss anreizkompatibler Verträge im Rahmen von Prinzipal-Agent-Modellen betrachtet werden. Dabei beschäftigt sich Kapitel 5 mit direkten Finanzierungsbeziehungen und Kapitel 6 mit der Finanzintermediation durch Banken. Das den Teil II abschließende Kapitel 7 analysiert Finanzierungsverträge, die aufgrund von bestehenden Informationsasymmetrien gegenüber Dritten Gegenstand von Nachverhandlungen sind und betrachtet deren Auswirkungen auf die Ausgestaltung von Finanzierungsbeziehungen.

Wir beginnen mit der Anwendung der informationsökonomischen Grundlagen auf Finanzverträge für den Fall einer symmetrischen Informationsverteilung zwischen den Akteuren. Dies hat den Vorteil, dass wir zunächst noch von Anreizproblemen absehen können. Der Nachteil ist, dass wir nur wenig über die vertragliche Ausgestaltung der gehaltenen und gehandelten Anlagealternativen aussagen können. Wir wissen nur, dass sie einen stochastischen Ertrag erbringen, aber nicht, ob es sich beispielsweise um eine Aktie oder ein anderes Wertpapier handelt. Ein weiterer Nachteil ist, dass wir das Verhalten von Institutionen analysieren, wie von Geschäftsbanken, deren Existenz wir voraussetzen müssen und nicht endogen begründen können.

Den Ausgangspunkt der Analyse von Finanzverträgen bei symmetrischer Informationsverteilung bilden die Theorien der Portfoliowahl. Sie behandeln das Anlageproblem eines Anlegers, der über die Aufteilung seines Vermögens auf verschiedene Anlageformen entscheidet. Dabei nimmt der Anleger die Preise der Anlagealternativen als gegeben hin und verhält sich als Mengenanpasser. Zunächst betrachten wir die Portfoliowahl unter Rückgriff auf das *von*

Neumann/Morgenstern-Konzept. Die sich hieran anschließende Darstellung des *Capital Asset Pricing Model* (CAPM) greift dagegen auf das mean-variance-Kriterium als Entscheidungsregel zurück und betrachtet die Preisbildung auf Finanzmärkten für den Fall, dass sich alle Anleger gemäß diesem Kriterium verhalten. Das CAPM fragt, welche Eigenschaften die Preisrelationen haben, die sich im allgemeinen Finanzmarktgleichgewicht für eine endliche Zahl von risikoaversen Anlegern und Anlagealternativen bilden.

4.1 Risikonutzen und Portfoliowahl

Wir beginnen mit der Analyse der individuellen Portfoliowahl eines Anlegers und gehen dazu in zwei Schritten vor: In einem ersten Schritt betrachten wir die Anlageentscheidung bei der Wahl zwischen der Kassenhaltung und einer ertragbringenden Wertpapierhaltung für den Fall, dass der Anleger *einem* der möglichen Wertpapiererträge die Wahrscheinlichkeit eins zuordnet, was als *einwertige Erwartungen* bezeichnet wird; dies ist nämlich der Einstieg in die Portfolioanalyse, wie er von *Keynes* (1936) geleistet wurde. In einem zweiten Schritt gehen wir über zur Portfoliowahl zwischen Kasse und einem risikobehafteten Wertpapier unter der Annahme, dass der Anleger *mehreren* möglichen Erträgen strikt positive Wahrscheinlichkeiten zuordnet.

In allen Fällen werden zwei Zeitpunkte $T = 0, 1$ betrachtet, mit $T = 0$ als Anlagezeitpunkt und $T = 1$ als Ertragszeitpunkt, in dem alle Anlagen aufgelöst und ausbezahlt werden. Auf dem Markt handelt eine endliche Zahl von Anlegern $m = 1, \ldots, M$. Jeder Anleger hat die Wahl zwischen K Aktiva, die mit $k = 1, .., \hat{k}, \ldots, K$ bezeichnet sind; hiervon ist das $\hat{k}$-te Aktivum das von uns jeweils explizit betrachtete. Alle Aktiva sind risikobehaftet mit Ausnahme des K-ten Aktivums, das risikolos ist. Die Menge $\mathfrak{S}$ der in $T = 1$ möglichen Umweltzustände s_n ist endlich mit $n = 1, \ldots, N$.

Jeder Anleger m steht in $T = 0$ vor dem Problem, über die Aufteilung seines Vermögens auf die verschiedenen Anlagealternativen entscheiden zu müssen. Der Vektor $\bar{q}^m = (\bar{q}_1^m, \ldots, \bar{q}_K^m)$ sei das von Anleger m im Zeitpunkt $T = 0$ gehaltene Portfolio, d.h. $\bar{q}^m$ bezeichnet die mengenmäßige Anfangsausstattung, wobei $\bar{q}_k^m$ die Menge des k-ten Aktivums ist, welches der Anleger m im Zeitpunkt $T = 0$ in seinem Portfolio $\bar{q}^m$ hält. Entsprechend repräsentiert der Vektor $q^m = (q_1^m, \ldots, q_K^m)$ das von Anleger m in $T = 0$ gewünschte Portfolio, und q_k^m ist die von Aktivum k gewünschte Menge. Dabei gilt $q_k^m > 0$, falls Anleger m Nettozahlungen aus dem Aktivum k erhält, und $q_k^m < 0$, falls Anleger m Nettozahlungen aus dem Aktivum zu leisten hat. Es sei p_k der Preis des Aktivums k in $T = 0$; dieser ist in $T = 0$ mit Sicherheit bekannt und wird als gegeben angenommen. Risikobehaftet ist hingegen der Rückzahlungsbetrag jedes Aktivums $k \neq K$ im Zeitpunkt $T = 1$, der vom eintretenden Umweltzustand s_n abhängt und mit $r_{n,k}$ bezeichnet ist ($r_{n,k} \geq 0$ für alle $n = 1, \ldots, N$ und für alle $k = 1, \ldots, K$; $r_{n,k}$ enthält den Bruttoertrag des Aktivums). Mit $\mathrm{P}(s_n)$ ist die

4.1 Risikonutzen und Portfoliowahl

Wahrscheinlichkeit für den Umweltzustand s_n in $T = 1$ benannt, wobei natürlich gilt: $\sum_{n=1}^{N} P(s_n) = 1$.

Der Vermögenswert des Portfolios $\bar{q}^m$ eines Individuums m in $T = 0$ (seine wertmäßige Anfangsausstattung) beträgt damit $W_0(\bar{q}^m) := \sum_{k=1}^{K}(p_k \cdot \bar{q}_k^m)$. Der Vermögenswert des Portfolios eines Individuums m im Zeitpunkt $T = 1$ dagegen hängt ab vom eintretenden Umweltzustand s_n sowie von der gewünschten Portfoliostruktur q^m und ist gleich $W_n(q^m) := \sum_{k=1}^{K}(r_{n,k} \cdot q_k^m)$.

Das Problem eines jeden Anlegers besteht darin, die für ihn optimale Aufteilung seines Gesamtvermögens $W_0(\bar{q}^m)$ auf die einzelnen Aktiva zu bestimmen. Sofern er seinen erwarteten Nutzen unter der Nebenbedingung maximiert, dass der Wert seiner Anfangsausstattung mit dem Wert seines gewünschten Portfolios übereinstimmt, lässt sich das Entscheidungsproblem des Anlegers ganz allgemein wie folgt darstellen:

$$\max_{q^m} \left\{ \sum_{n=1}^{N} P(s_n) \cdot u^m [W_n(q^m)] \right\}$$

$$s.t.$$

$$\sum_{k=1}^{K} p_k \cdot q_k^m = W_0(\bar{q}^m).$$

Nachfolgend wird die Lösung dieses Entscheidungsproblemes für unterschiedliche Erwartungsbildungen dargestellt. Dabei wird unterstellt, dass das risikolose Aktivum K als Zählgut oder *numéraire* fungiert und damit ex definitione einen Preis $p_K = 1$ hat. Da es als Recheneinheit wirkt und zudem als risikolose Anlageform auch als spezielles Wertaufbewahrungsmittel fungiert, soll es als *Geld* oder *Kasse* bezeichnet werden, obwohl eine Tausch- und Zahlungsmittelfunktion, die Geld zusätzlich erfüllt, im vorliegenden Modellrahmen nicht begründet werden kann.

4.1.1 Portfoliowahl bei einwertigen Erwartungen

Zunächst wird für einen individuellen Anleger m die Portfoliowahl zwischen Kasse (Geld) K und einem Wertpapier WP unter der Annahme betrachtet, dass der Anleger einwertige Erwartungen bezüglich der Wertpapiererträge hat, d. h. er ordnet der Realisation eines bestimmten Wertpapierertrags die Wahrscheinlichkeit eins zu. Zusätzlich unterstellen wir, dass $q_k^m \geq 0$ für alle $k = WP, K$. In diesem Spezialfall lautet das Entscheidungsproblem des Anlegers m:

$$\max_{q_K^m, q_{WP}^m} \{u^m [r_{WP} \cdot q_{WP}^m + r_K \cdot q_K^m]\} \tag{4.1}$$

$$s.t.$$

$$p_{WP} \cdot q_{WP}^m + 1 \cdot q_K^m = W_0(\bar{q}^m), \tag{4.2}$$

$$q_{WP}^m \geq 0, \tag{4.3}$$

$$q_K^m \geq 0 \tag{4.4}$$

wobei r_{WP} die erwartete Auszahlung bei Haltung des Wertpapiers und r_K die Auszahlung bei Kassenhaltung bezeichnen; Kasse ist das *numéraire*, dessen Preis auf eins normiert ist.

Grafisch lässt sich die Lösung wie in Abbildung 4.1 darstellen: Auf den Achsen sind die vom Anleger m gehaltenen Mengen an Kasse q_K^m und des Wertpapiers q_{WP}^m abgetragen; die Gerade durch die Punkte A und B ist die Budgetgerade (4.2) des Individuums und hat eine Steigung von $-\frac{p_{WP}}{p_K} = -p_{WP}$; sie ergibt sich, wenn (4.2) nach q_K^m aufgelöst wird. Für Punkt A gilt: $q_{WP}^m = 0$, sodass die Gerade die Ordinate an der Stelle $q_K^m = W_0(\bar{q}^m)$ schneidet. Für Punkt B gilt: $q_K^m = 0$, sodass die Gerade die Abszisse an der Stelle $q_{WP}^m = W_0(\bar{q}^m)/p_{WP}$ schneidet.

Bei einwertigen Erwartungen verlaufen die Nutzenindifferenzkurven des Individuums ebenfalls linear, weil die Grenzrate der Substitution zwischen q_K^m und q_{WP}^m in allen Punkten gleich $-\frac{r_{WP}}{r_K}$ ist.
Es folgt:

- Wenn $\frac{r_{WP}}{r_K} = p_{WP}$, dann verlaufen die Indifferenzkurven parallel zur Budgetgerade und der Anleger ist indifferent zwischen der Kassen- und Wertpapierhaltung (jeder Punkt auf der Budgetgerade ist daher aus Sicht des Anlegers gleich gut).
- Wenn $\frac{r_{WP}}{r_K} < p_{WP}$, dann verlaufen die Indifferenzkurven flacher als die Budgetgerade (beispielsweise $\bar{u}_1$) und der Anleger hält nur Kasse (Punkt A).
- Wenn $\frac{r_{WP}}{r_K} > p_{WP}$, dann verlaufen die Indifferenzkurven steiler als die Budgetgerade (beispielsweise $\bar{u}_2$) und der Anleger hält nur das Wertpapier (Punkt B).

Sieht man vom ersten Fall der Indifferenz ab, resultiert also aus der Portfoliowahl bei einwertigen Erwartungen eine *Entweder-Oder-Entscheidung*, d.h. der Anleger m hält sein Vermögen entweder als Kasse oder in Form des Wertpapiers.

Haben alle Anleger dieselben Erwartungen bezüglich des Wertpapierertrages, kann außer im ersten der oben genannten Fälle (Indifferenz) noch kein Finanzmarktgleichgewicht vorliegen: Hielten alle Anleger nur Wertpapiere, bedeutete dies eine Überschussnachfrage nach dem Wertpapier und sein Preis müsste steigen. Hielten dagegen alle Anleger nur Kasse, läge ein Überschussangebot auf dem Wertpapiermarkt vor und der Wertpapierpreis müsste sinken. Ein Gleichgewicht am Finanzmarkt kann sich bei identischen Ertragserwartungen nur bei

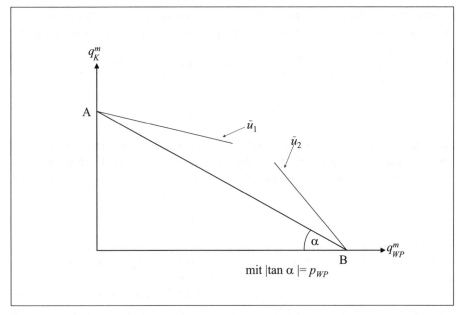

Abb. 4.1. Portfoliowahl zwischen Kasse und einem Wertpapier bei einwertigen Erwartungen

Renditegleichheit beider Vermögensformen einstellen. Dann aber sind individuelle Portfolioentscheidungen indeterminiert.

Sofern sich die Erwartungen der Anleger bezüglich des Wertpapierertrages jedoch unterscheiden, sind auch individuelle Entweder-oder-Entscheidungen mit einem Finanzmarktgleichgewicht vereinbar. Der gleichgewichtige Wertpapierpreis stellt sich in diesem Fall gerade so ein, dass die aggregierte Nachfrage dem Wertpapierangebot entspricht. Ein steigender Preis signalisiert, dass die Marktteilnehmer im Durchschnitt mit einem steigenden Wertpapierertrag rechnen; ein sinkender Preis signalisiert hingegen, dass die Anleger im Durchschnitt einen sinkenden Wertpapierertrag erwarten.

4.1.2 Portfoliowahl bei Risiko

Individuell gemischte Portfolios lassen sich möglicherweise erklären, wenn man die Annahme einwertiger Erwartungen aufgibt, d. h. ein Anleger ordnet nun der Realisation von unterschiedlichen Erträgen strikt positive Wahrscheinlichkeiten zu. Im Folgenden vereinfachen wir die Untersuchung und betrachten die Portfoliowahl zwischen einem Wertpapier und Kasse für den einfachsten Fall zweier möglicher Umweltzustände, d. h. $P(s_2) = 1 - P(s_1)$ mit $P(s_1) \in (0,1)$. Dann mischt der Entscheidungsträger sein Portfolio derart, sodass sein erwarteter Nutzen über das Endvermögen $E\left[u^m(W_n)\right]$ unter Beachtung seiner Anfangsausstattung maximiert wird. Das Entscheidungsproblem des Anlegers m lautet folglich:

$$\max_{q_K^m, q_{WP}^m} \left\{ \begin{array}{l} \mathrm{P}\left(s_1\right) \cdot u^m(r_{1,WP} \cdot q_{WP}^m + r_K \cdot q_K^m) \\ + (1 - \mathrm{P}\left(s_1\right)) \cdot u^m(r_{2,WP} \cdot q_{WP}^m + r_K \cdot q_K^m) \end{array} \right\}$$

$$s.\,t.$$

$$p_{WP} \cdot q_{WP}^m + 1 \cdot q_K^m = W_0(\bar{q}^m).$$

Dabei bezeichnet $r_{1,WP}$ den Rückzahlungsbetrag für das Wertpapier im ersten Umweltstand und $r_{2,WP}$ den Rückzahlungsbetrag im zweiten Umweltzustand.

Die Lösung zu diesem Optimierungsproblem ist nicht trivial. Angenommen, es gilt:

$$\min \left\{ \frac{r_{1,WP}}{p_{WP}}, \frac{r_{2,WP}}{p_{WP}} \right\} > r_K,$$

d. h. die Wertpapierrendite ist unabhängig vom Umweltzustand stets größer als die Rendite der Kassenhaltung, dann dominiert die Wertpapierhaltung die Kassenhaltung gemäß dem Konzept stochastischer Dominanz erster Ordnung (siehe S. 14). Wir wissen dann aber auch, dass jeder Entscheidungsträger – unabhängig von seiner Risikoneigung – die Wertpapierhaltung gegenüber der Kassenhaltung präferiert. Da das Optimierungsproblem auch keine weiteren Restriktionen bezüglich der gehaltenen Mengen eines Aktivums enthält, ist es in diesem Fall für einen Entscheidungsträger optimal, unbeschränkt viel Kasse „leer" zu verkaufen (also eine unendlich hohe Verbindlichkeit in Form von Kasse einzugehen) und für den Erlös unbeschränkt viele Wertpapiere zu erwerben: Der Entscheidungsträger könnte einen unendlich hohen Vermögensendbestand erreichen, egal welcher Umweltzustand eintritt, und es existierte damit keine innere Lösung zu diesem Optimierungsansatz.

Wenn umgekehrt gilt

$$\max \left\{ \frac{r_{1,WP}}{p_{WP}}, \frac{r_{2,WP}}{p_{WP}} \right\} < r_K,$$

dann ist die Wertpapierrendite stets kleiner als die Rendite der Kassenhaltung. Es ist dann für den Anleger optimal, sich unendlich hoch zu verschulden (also Wertpapiere zu emittieren) und dafür Kasse zu halten. Abermals wäre ein unendlich hoher Vermögensendbestand unabhängig vom Umweltzustand möglich.

Notwendig für die Existenz einer inneren Lösung ist die Bedingung, dass keines der Aktiva eine in jedem Umweltzustand höhere Rendite aufweist als andere Aktiva, da sonst die skizzierte Arbitrage immer einen unendlich hohen Vermögensendbestand ermöglicht. Diese Bedingung muss in der partialanalytischen Betrachtung der Portfoliowahl eines Entscheidungsträgers ad hoc eingeführt werden. In einem allgemeinen Gleichgewichtsmodell hingegen stellen sich die relativen Preise der Aktiva stets so ein, dass diese Bedingung erfüllt ist: Wenn diese Bedingung im allgemeinen Gleichgewicht nicht erfüllt wäre, dann hieße das,

4.1 Risikonutzen und Portfoliowahl

dass nach dem dominanten Aktivum eine unendlich hohe Nachfrage aller Akteure bestünde, während das dominierte Aktivum in unendlicher Höhe angeboten würde; dies ist aber in einem allgemeinen Gleichgewicht definitionsgemäß nicht möglich.

Im Folgenden wird daher angenommen, dass diese notwendige Bedingung erfüllt ist, d. h. es gelte

$$\frac{r_K - \frac{r_{2,WP}}{p_{WP}}}{r_K - \frac{r_{1,WP}}{p_{WP}}} < 0. \qquad (4.5)$$

Für einen als risikoavers unterstellten Entscheidungsträger kann das obige Entscheidungsproblem wie in Abbildung 4.2 dargestellt werden: Die Indifferenzkurven $\bar{u}$ verlaufen konvex zum Ursprung und die Budgetlinie verläuft fallend. Die optimale Portfoliomischung ergibt sich dann aus dem Tangentialpunkt von Nutzenindifferenzkurve und Budgetlinie:

$$\frac{dq_K^m}{dq_{WP}^m} = -p_{WP}, \qquad (4.6)$$

wobei sich die Steigung der Indifferenzkurve wieder unter Verwendung des Theorems impliziter Funktionen (siehe Anmerkung 3.1, S. 45) ermitteln lässt:

$$\frac{dq_K^m}{dq_{WP}^m} = -\frac{\partial E\left[u^m(W_n)\right]/\partial q_{WP}^m}{\partial E\left[u^m(W_n)\right]/\partial q_K^m}. \qquad (4.7)$$

Für die Ausdrücke auf der rechten Seite gilt:

$$\begin{aligned}\frac{\partial E\left[u^m(W_n)\right]}{\partial q_{WP}^m} &= P(s_1) \cdot u'^m(r_{1,WP} \cdot q_{WP}^m + r_K \cdot q_K^m) r_{1,WP} \\ &\quad + (1 - P(s_1)) \cdot u'^m(r_{2,WP} \cdot q_{WP}^m + r_K \cdot q_K^m) r_{2,WP} \\ &> 0\end{aligned}$$

sowie

$$\begin{aligned}\frac{\partial E\left[u^m(W_n)\right]}{\partial q_K^m} &= P(s_1) \cdot u'^m(r_{1,WP} \cdot q_{WP}^m + r_K \cdot q_K^m) r_K \\ &\quad + (1 - P(s_1)) \cdot u'^m(r_{1,WP} \cdot q_{WP}^m + r_K \cdot q_K^m) r_K \\ &> 0,\end{aligned}$$

sodass die Grenzrate der Substitution negativ ist. Der Punkt E in Abbildung 4.2 kennzeichnet die optimale Portfoliostruktur für den betrachteten Anleger, der ein gemischtes Portfolio aus Kasse und dem Wertpapier mit jeweils positiven Beständen hält. Dies ist aber selbst unter der oben getroffenen Annahme bezüglich der zustandsabhängigen Wertpapierrenditen (4.5) nicht zwingend der Fall. So ist es nach wie vor möglich, dass ein Anleger Wertpapiere emittiert, um mehr Kasse halten zu können als es seinem Anfangsvermögen entspricht. Andererseits ist auch möglich, dass der Anleger Verbindlichkeiten in Form von Kasse

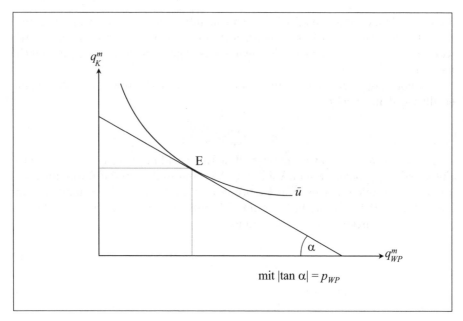

Abb. 4.2. Portfoliowahl zwischen Kasse und einem Wertpapier bei Risiko, Quelle: *Eichberger, Harper* (1997), S. 61

eingeht, um mehr Wertpapiere als sein Anfangsvermögen halten zu können. Im ersten Fall sind die vom Anleger zu zahlenden zustandsabhängigen Renditen bei der Kreditaufnahme günstig und/oder der Anleger ist sehr risikoscheu, sodass ein hoher Bestand der sicheren Kassenhaltung für ihn optimal ist. Im zweiten Fall sind die vom Anleger erzielbaren zustandsabhängigen Renditen der Wertpapierhaltung günstig und/oder der Anleger ist weniger risikoscheu, und ein hoher Wertpapierbestand ist optimal. Wie auch immer, in keinem Fall ist ein unabhängig vom Umweltzustand unendlicher Vermögensendbestand möglich, und es existiert stets eine innere Lösung zum Optimierungsproblem.

4.2 Mean-Variance-Kriterium, Portfoliowahl und Kapitalmarktgleichgewicht

Bei den bislang behandelten Modellen der Portfoliowahl sind die ableitbaren gleichgewichtigen Preisrelationen stets abhängig von den unterstellten Verläufen der Risikonutzenfunktionen der Anleger. Dies hat den Vorteil, dass Finanzmarktgleichgewichte für verschiedenste Risikopräferenzen bestimmt werden könnten. Der Nachteil jedoch ist, dass aus beobachtbaren Eigenschaften der gehandelten

4.2 Mean-Variance-Kriterium, Portfoliowahl und Kapitalmarktgleichgewicht

Aktiva allein keinerlei Aussage über gleichgewichtige Preisverhältnisse möglich sind.

Ein populäres Verfahren, das die Preisrelationen im Finanzmarktgleichgewicht ausschließlich auf leicht messbare (objektive) Eigenschaften der Aktiva – nämlich Mittelwert und Varianz ihrer Erträge – zurückführt, ist das Capital Asset Pricing. Das Capital Asset Pricing Model (CAPM) fragt nach diesen Preisdeterminanten im allgemeinen Gleichgewicht – allerdings auf Kosten sehr spezieller Annahmen bezüglich der zugrunde liegenden Präferenzen. Hierbei wird häufig das mean-variance-Kriterium verwendet, wonach unterstellt wird, dass der Nutzen eines Anlegers ausschließlich durch die ersten beiden Momente der Verteilung über sein Endvermögen – also Mittelwert und Varianz – bestimmt ist.

Im Folgenden wollen wir uns dieses Verfahren genauer ansehen. Hierzu leiten wir zunächst Mittelwert und Varianz des Endvermögens ab, betrachten anschließend die individuelle Portfoliowahl auf der Grundlage des mean-variance-Kriteriums, und leiten letztlich die Schlussfolgerungen für das sich ergebende Finanzmarktgleichgewicht ab.

4.2.1 Mittelwert und Varianz des Endvermögens

Bevor wir uns die Bestimmung des Vektors markträumender Preise ansehen – also uns mit der Frage befassen, welcher Zusammenhang zwischen dem Gleichgewichtspreis eines Aktivums und seinem erwarteten Ertrag und seinem Risiko besteht – müssen wir noch einige Vorüberlegungen anstellen.

Zunächst übernehmen wird die Notation aus dem vorangegangenen Abschnitt übernommen. Der Vektor der aggregierten Anfangsausstattung aller Anleger wird mit $Q = \sum_{m=1}^{M} \bar{q}^m$ bezeichnet. Im Zeitpunkt $T = 0$ treten alle Anleger am Markt auf und handeln die von ihnen gehaltenen Vermögenstitel. Hält ein einzelner Anleger von einem Aktivum k mehr als gewünscht ($\bar{q}_k^m > q_k^m$), bietet er die Überschussmenge am Markt an; hält er weniger als gewünscht ($\bar{q}_k^m < q_k^m$), fragt er die Fehlmenge nach.

Betrachten wir des Weiteren die Eigenschaften der Verteilungsfunktion, die den Erträgen eines Portfolios zugrunde liegt: Erwartungs- oder Mittelwert sowie Varianz. Für den in $T = 0$ gebildeten Erwartungswert eines von Individuum m in $T = 1$ gehaltenen Portfolios gilt (vergleiche S. 11):

$$\mu(q^m) = \sum_{n=1}^{N} \mathrm{P}(s_n) \cdot W_n(q^m) \qquad (4.8)$$

$$= \sum_{n=1}^{N} \left[\mathrm{P}(s_n) \cdot \sum_{k=1}^{K} r_{n,k} \cdot q_k^m \right]$$

$$= \sum_{n=1}^{N} \sum_{k=1}^{K} [\mathrm{P}(s_n) \cdot r_{n,k} \cdot q_k^m]$$

$$= \sum_{k=1}^{K} \left[q_k^m \cdot \sum_{n=1}^{N} [\mathrm{P}(s_n) \cdot r_{n,k}] \right]$$

$$= \sum_{k=1}^{K} [q_k^m \cdot \mu_k],$$

wobei $\mu_k := \sum_{n=1}^{N} \mathrm{P}(s_n) \cdot r_{n,k}$ den erwarteten Ertrag des k-ten Aktivums bezeichnet. Damit ist der erwartete Ertrag des Portfolios gleich der gewichteten Summe der Erwartungswerte der einzelnen Aktivaerträge, wobei deren Mengen q_k^m als Gewichte dienen.

Beispiel 4.1 *Ein Anleger m hält von vier Wertpapieren die Mengen $q_1^m = 2$, $q_2^m = 1$, $q_3^m = 4$ und $q_4^m = 3$ (in Stück). Die Bruttoerträge der Wertpapiere (in EUR pro Stück) hängen vom eintretenden Umweltzustand ab und sind in nachfolgender Tabelle wiedergegeben. Die $n = 1,..,4$ möglichen Umweltzustände haben hierbei dieselbe Wahrscheinlichkeit $\mathrm{P}(s_n) = 0.25$.*

	$r_{n,1}$	$r_{n,2}$	$r_{n,3}$	$r_{n,4}$
s_1	3	4	0.5	3.5
s_2	3	4	0.5	1.5
s_3	1	0	2.5	3.5
s_4	1	0	2.5	1.5

Es gilt folglich: $\mu_1 = 2$, $\mu_2 = 2$, $\mu_3 = 1.5$ *sowie* $\mu_4 = 2.5$ *(EUR pro Stück) und* $\mu(q^m) = 19.5$ *(EUR).*

Ändert der Anleger m die von ihm gehaltene Menge q_j^m vom Aktivum j, variiert der Erwartungswert seines Endvermögens wegen (4.8) gemäß:

$$\frac{\partial \mu(q^m)}{\partial q_j^m} = \mu_j \qquad (4.9)$$

Zur Bestimmung der Varianz des Portfoliowertes eines Anlegers m ist zunächst erforderlich, die Kovarianz zwischen den Erträgen zweier Aktiva j und k zu definieren. Diese lautet

4.2 Mean-Variance-Kriterium, Portfoliowahl und Kapitalmarktgleichgewicht

$$cov\,[r_j, r_k] = E\,[(r_j - \mu_j)(r_k - \mu_k)], \qquad (4.10)$$

und der Korrelationskoeffizient ist definiert als:

$$\rho\,[r_j, r_k] = \frac{cov(r_j, r_k)}{\sqrt{\sigma_j^2 \cdot \sigma_k^2}}. \qquad (4.11)$$

Somit gilt für die Varianz des Portfolios eines Anlegers m:

$$\begin{aligned}
\sigma^2(q^m) &= \sum_{n=1}^{N} \mathrm{P}\,(s_n)\,(W_n(q^m) - \mu(q^m))^2 \\
&= \sum_{n=1}^{N} \mathrm{P}\,(s_n) \left(\sum_{k=1}^{K} (r_{n,k} - \mu_k) \cdot q_k^m \right)^2 \\
&= \sum_{n=1}^{N} \mathrm{P}\,(s_n) \left[\sum_{k=1}^{K} \sum_{j=1}^{K} q_k^m \cdot q_j^m \cdot (r_{n,k} - \mu_k) \cdot (r_{n,j} - \mu_j) \right] \\
&= \sum_{k=1}^{K} q_k^m \sum_{j=1}^{K} q_j^m \left[\sum_{n=1}^{N} \mathrm{P}\,(s_n) \cdot (r_{n,k} - \mu_k) \cdot (r_{n,j} - \mu_j) \right] \\
&= \sum_{k=1}^{K} \sum_{j=1}^{K} q_j^m \cdot q_k^m \left[\sum_{n=1}^{N} \mathrm{P}\,(s_n) \cdot (r_{n,k} - \mu_k) \cdot (r_{n,j} - \mu_j) \right] \\
&= \sum_{k=1}^{K} \sum_{j=1}^{K} q_j^m \cdot q_k^m \cdot cov\,[r_j, r_k], \qquad (4.12)
\end{aligned}$$

wobei q_j^m die von Individuum m gehaltene Menge des Aktivums j und $cov\,[r_j, r_k]$ die Kovarianz zwischen den Erträgen zweier Aktiva j und k bezeichnet. Die Varianz entspricht damit der gewichteten Summe der paarweisen Kovarianzen zwischen den Erträgen der Aktiva, wobei die miteinander multiplizierten Mengen der gehaltenen Aktiva als Gewichte fungieren.

Die nachfolgende Matrix zeigt die in Gleichung (4.12) auftretenden Summanden für den Fall von K Aktiva. In diesem Fall ist die Varianz des Portfolios gleich der Summe aus $K \times K$ Elementen, wobei zu beachten ist, dass gilt: $cov\,[r_k, r_k] = \sigma_k^2$, sodass für die auf der Hauptdiagonalen liegenden Eintragungen gilt: $(q_k^m)^2 \cdot \sigma_k^2$.

	1	$\cdots$	j	$\cdots$	K
1	$q_1^m q_1^m cov\,[r_1, r_1]$	$\cdots$	$q_1^m q_j^m cov\,[r_1, r_j]$	$\cdots$	$q_1^m q_K^m cov\,[r_1, r_K]$
$\vdots$	$\vdots$	$\ddots$	$\vdots$	$\ddots$	$\vdots$
j	$q_j^m q_1^m cov\,[r_j, r_1]$	$\cdots$	$q_j^m q_j^m cov\,[r_j, r_j]$	$\cdots$	$q_j^m q_K^m cov\,[r_j, r_K]$
$\vdots$	$\vdots$	$\ddots$	$\vdots$	$\ddots$	$\vdots$
K	$q_K^m q_1^m cov\,[r_K, r_1]$	$\cdots$	$q_K^m q_j^m cov\,[r_K, r_j]$	$\cdots$	$q_K^m q_K^m cov\,[r_K, r_K]$

Beispiel 4.2 (Fortsetzung von Beispiel 4.1) *Für die vier Wertpapiere gilt:*

$$\sigma_1^2 = cov\,[r_1, r_1] = 1,$$
$$\sigma_2^2 = cov\,[r_2, r_2] = 4,$$
$$\sigma_3^2 = cov\,[r_3, r_3] = 1,$$
$$\sigma_4^2 = cov\,[r_4, r_4] = 1,$$

sowie

$$\begin{aligned}
cov\,[r_1, r_2] &= 2; & \rho\,[r_1, r_2] &= 1; \\
cov\,[r_1, r_3] &= -1; & \rho\,[r_1, r_3] &= -1; \\
cov\,[r_1, r_4] &= 0; & \rho\,[r_1, r_4] &= 0; \\
cov\,[r_2, r_3] &= -2; & \rho\,[r_2, r_3] &= -1; \\
cov\,[r_2, r_4] &= 0; & \rho\,[r_2, r_4] &= 0; \\
cov\,[r_3, r_4] &= 0; & \rho\,[r_3, r_4] &= 0.
\end{aligned}$$

Somit gilt $\sigma^2(q^m) = 9$ *(siehe nachfolgende Tabelle):*

	1	2	3	4
1	$2 \cdot 2 \cdot 1 = 4$	$1 \cdot 2 \cdot 2 = 4$	$-4 \cdot 2 \cdot 1 = -8$	$3 \cdot 2 \cdot 0 = 0$
2	$2 \cdot 1 \cdot 2 = 4$	$1 \cdot 1 \cdot 4 = 4$	$-4 \cdot 1 \cdot 2 = -8$	$3 \cdot 1 \cdot 0 = 0$
3	$-2 \cdot 4 \cdot 1 = -8$	$-1 \cdot 4 \cdot 2 = -8$	$4 \cdot 4 \cdot 1 = 16$	$3 \cdot 4 \cdot 0 = 0$
4	$2 \cdot 3 \cdot 0 = 0$	$1 \cdot 3 \cdot 0 = 0$	$4 \cdot 3 \cdot 0 = 0$	$3 \cdot 3 \cdot 1 = 9$

Ändert der Anleger m die von ihm gehaltene Menge q_j^m vom Aktivum j, variiert die Varianz seines Endvermögens wegen (4.12) gemäß:

$$\frac{\partial \sigma^2(q^m)}{\partial q_j^m} = 2 \sum_{k=1}^{K} (q_k^m \cdot cov\,[r_j, r_k]). \qquad (4.13)$$

Wendet man die Definition der Kovarianz entsprechend (4.10) hierauf an, ergibt sich:

$$\frac{\partial \sigma^2(q^m)}{\partial q_j^m} = 2 \cdot cov\,[r_j, W(q^m)], \qquad (4.14)$$

wobei $cov\,[r_j, W(q^m)]$ die Kovarianz zwischen der Auszahlung des j-ten Aktivums und der Auszahlung des Gesamtportfolios für Anleger m bezeichnet. Sofern also die Erträge von j und dem Gesamtportfolio miteinander positiv korrelieren, führt eine Erhöhung der Menge des Aktivums j im Gesamtportfolio zu einer Erhöhung des Gesamtportfoliorisikos. Umgekehrt sinkt das Gesamtportfoliorisiko durch Erhöhung der Menge des Aktivums j, wenn die Erträge von j und des Gesamtportfolios negativ korreliert sind.

4.2.2 Individuelle Portfoliowahl

Der Anleger m wählt gemäß dem (μ, σ)-Kriterium jenes Portfolio, das seinen Nutzen $U^m\left(\mu(q^m), \sigma^2(q^m)\right)$, mit

$$\frac{\partial U^m\left(\mu(q^m), \sigma^2(q^m)\right)}{\partial \mu(q^m)} > 0$$

und

$$\frac{\partial U^m\left(\mu(q^m), \sigma^2(q^m)\right)}{\partial \sigma^2(q^m)} < 0$$

unter Berücksichtigung der möglichen (μ, σ)-Kombinationen maximiert. Jedes Portfolio ist mit einer anderen (μ, σ)-Kombination verbunden. Die Menge der möglichen (μ, σ)-Kombinationen hängt ab vom Budget des Haushalts und kann dargestellt werden als:

$$\left\{ (\mu(q^m); \sigma^2(q^m)) \mid \sum_{k=1}^{K} p_k \cdot q_k^m = W_0(\bar{q}^m) \right\}.$$

Im zweidimensionalen Raum lässt sich die Portfoliowahl nur für den Spezialfall zweier Wertpapiere $k = 1, 2$ darstellen. Die Budgetrestriktion lautet hier:

$$p_1 \cdot q_1^m + p_2 \cdot q_2^m = W_0(\bar{q}^m). \qquad (4.15)$$

Nachfolgend wird unterstellt, dass das erste Wertpapier sowohl ertrag- als auch risikoreicher als das zweite ist, sodass gilt:

$$\mu_1 > \mu_2 \text{ und } \sigma_1 > \sigma_2.$$

Für den Portfolioertrag folgt:

$$\mu(q^m) = \mu_1 \cdot q_1^m + \mu_2 \cdot q_2^m$$

und für das Portfoliorisiko:

$$\sigma^2(q^m) = (q_1^m)^2 \cdot \sigma_1^2 + 2q_1^m q_2^m cov\,[r_1, r_2] + (q_2^m)^2 \cdot \sigma_2^2 \qquad (4.16)$$

oder (wegen (4.11))

$$\sigma^2(q^m) = (q_1^m)^2 \cdot \sigma_1^2 + 2q_1^m q_2^m \rho\,[r_1, r_2] \sqrt{\sigma_1^2 \cdot \sigma_2^2}$$
$$+ (q_2^m)^2 \cdot \sigma_2^2.$$

Abbildung 4.3 zeigt für eine gegebene Anfangsausstattung $W_0(\bar{q}^m)$ und für gegebene Wertpapierpreise p_1 und p_2 die Budgetgerade (4.15) im (q_1^m, q_2^m)-Diagramm als von links oben nach rechts unten verlaufene Linie. Darüber hinaus ist der erwartete Portfolioertrag $\mu(q^m)$ für alternative Portfolios als Schar parallel verlaufender Geraden dargestellt; jede Gerade beschreibt alternative Portfolios mit demselben erwarteten Portfolioertrag $\mu(q^m)$, und weiter rechts liegende Geraden bezeichnen einen höheren erwarteten Portfolioertrag. Wegen $\mu_k := \sum_{n=1}^{N} P(s_n) \cdot r_{n,k}$ ist die dargestellte Schar von Iso-Ertrags-Geraden nur für eine gegebene Wahrscheinlichkeitsverteilung der Umweltzustände gültig.

In der Abbildung ist $\frac{\mu_1}{\mu_2} > \frac{p_1}{p_2}$ unterstellt, sodass die Geraden gleicher erwarteter Portfolioerträge steiler als die Budgetgeraden verlaufen. Hält der Anleger nur das erste Wertpapier (Punkt A in Abbildung 4.3), gilt: $\bar{\mu} := \mu_1 \frac{W_0(\bar{q}^m)}{p_1}$; hält er nur das zweite Wertpapier (Punkt B), gilt: $\bar{\bar{\mu}} := \mu_2 \frac{W_0(\bar{q}^m)}{p_2}$. Auf den dazwischen liegenden Punkten hält er gemischte Portfolios mit zwischen $\bar{\mu}$ und $\bar{\bar{\mu}}$ liegenden erwarteten Portfolioerträgen, wobei gilt: $\bar{\mu} > \mu' > \mu'' > \mu''' > \bar{\bar{\mu}}$.

Abbildung 4.4 zeigt wiederum als von links oben nach rechts unten gezeichnete Linie die Budgetgerade des Anlegers. Die konzentrischen Ellipsen sind die so genannten Iso-Risiko-Konturen, d. h. der geometrische Ort aller (q_1^m, q_2^m)-Kombinationen mit demselben Portfoliorisiko (die Iso-Risiko-Konturen sind Ellipsen, wenn die Determinante der Varianz-Kovarianz-Matrix größer null ist). Diese Iso-Risiko-Konturen sind zentriert im Nullpunkt und verlaufen symmetrisch um den eingezeichneten Ursprungsstrahl (*Eichberger, Harper* 1997, S. 73). Ihr konkreter Verlauf hängt ab von den Einzelrisiken der Wertpapiere und deren Korrelation (siehe Übung 4.1*). Je weiter außen eine Ellipse verläuft, desto größer ist das zugehörige Portfoliorisiko. Hält ein Anleger nur das erste Wertpapier (Punkt A in Abbildung 4.4), gilt: $\bar{\sigma} = \sqrt{\left(\frac{W_0(\bar{q}^m)}{p_1}\right)^2 \cdot \sigma_1^2}$; hält er nur das zweite Wertpapier (Punkt B), gilt $\bar{\bar{\sigma}} = \sqrt{\left(\frac{W_0(\bar{q}^m)}{p_2}\right)^2 \cdot \sigma_2^2}$. Auf den dazwischen

4.2 Mean-Variance-Kriterium, Portfoliowahl und Kapitalmarktgleichgewicht

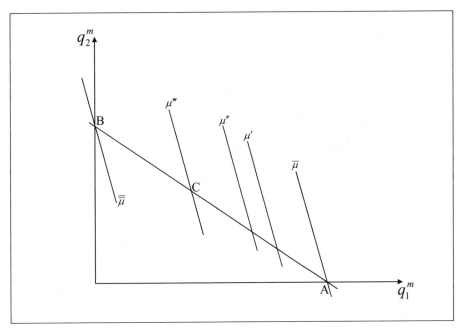

Abb. 4.3. Budgetgerade und erwarteter Portfolioertrag, Quelle: *Eichberger, Harper* (1997), S. 72.

liegenden Punkten der Strecke $\overline{AB}$ hält er gemischte Portefeuilles und das Portfoliorisiko fällt beim Übergang von Punkt A nach Punkt B zunächst und steigt beispielsweise ab C wieder an.

Aus der Kombination der Abbildungen 4.3 und 4.4 lässt sich grafisch die gesuchte Menge der möglichen (μ,σ)-Kombinationen herleiten: Hält der Anleger nur das erste Wertpapier, beträgt der erwartete Portfolioertrag $\overline{\mu}$ und das Portfoliorisiko beträgt $\overline{\sigma}$ (Punkt A in Abbildung 4.5); verringert er die Haltung von Wertpapier 1 zugunsten einer erhöhten Haltung von Wertpapier 2, sinken sowohl μ als auch σ, bis das Portfoliorisiko in Punkt C minimal wird. Bei fortschreitender Substitution von Wertpapier 1 durch Wertpapier 2 sinkt μ und steigt σ, bis im Punkt B der Anleger nur das zweite Wertpapier hält und der erwartete Portfolioertrag $\overline{\overline{\mu}}$ und das Portfoliorisiko $\overline{\overline{\sigma}}$ betragen.

Der Kurvenzug CB der als *Möglichkeitskurve* bezeichneten Linie durch die Punkte $AECB$ ist gestrichelt gezeichnet, weil hier nicht effiziente Portfolios liegen. Für einen risikoaversen Entscheider wird jeder Punkt auf diesem Bereich der Möglichkeitskurve durch den senkrecht darüber auf dem Abschnitt AC liegenden Punkt dominiert, der bei gleichem Portfoliorisiko einen höheren erwarteten Portfolioertrag ermöglicht. Effiziente Portfolios liegen demgegenüber im Abschnitt zwischen A und C, weil alle hier liegenden Wertpapiermischungen

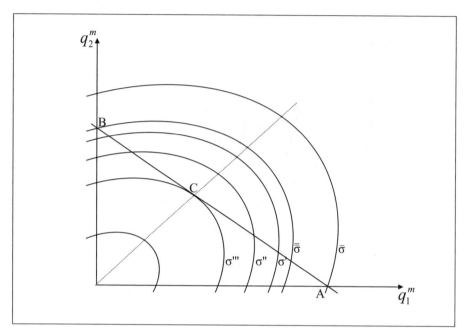

Abb. 4.4. Budgetgerade und Portfoliorisiko, Quelle: *Eichberger, Harper* (1997), S. 73.

einen höheren Ertrag bei gleichem Risiko als im Abschnitt BC erwirtschaften lassen.

In diesem Abschnitt liegt auch das von einem Wirtschaftssubjekt gewählte Portfolio, das durch den Tangentialpunkt E der Möglichkeitslinie mit einer Indifferenzkurve definiert ist und somit den höchstmöglichen erwarteten Nutzen bei gegebenen Investitionsmöglichkeiten sicherstellt. Die hier eingezeichnete Indifferenzkurve ist die eines risikoaversen Anlegers (sie hat einen positiven Anstieg im (μ, σ)-Raum) und sie verläuft konvex, weil eine immer weitere Zunahme des Risikos dem Anleger nur dann einen unveränderten Nutzen stiftet, wenn zugleich der erwartete Portfolioertrag immer stärker zunimmt.

Formal ergibt sich die optimale Portfoliowahl eines Anlegers m für den allgemeinen Fall mit K Aktiva aus der Lösung eines Maximierungsproblems, welches durch folgende *Lagrange*-Funktion dargestellt ist:

$$\mathcal{L}(q^m, \lambda) = U^m\left(\mu\left[q^m\right], \sigma^2\left[q^m\right]\right) + \lambda\left[\sum_{k=1}^{K} p_k \cdot \bar{q}_k^m - \sum_{k=1}^{K} p_k \cdot q_k^m\right].$$

Diese Funktion wird nach allen Elementen des Vektors q^m, also über alle K Aktivamengen, sowie nach dem *Lagrange*-Multiplikator λ abgeleitet und gleich

4.2 Mean-Variance-Kriterium, Portfoliowahl und Kapitalmarktgleichgewicht

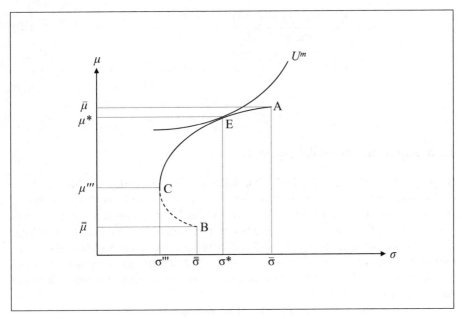

Abb. 4.5. Möglichkeitenkurve und Portfoliowahl

null gesetzt. Daraus ergeben sich folgende $K+1$ Bedingungen erster Ordnung für ein Maximum:

$$\frac{\partial U^m\left(\mu(q^m),\sigma^2(q^m)\right)}{\partial \mu(q^m)} \cdot \frac{\partial \mu(q^m)}{\partial q_k^m} \tag{4.17}$$
$$+ \frac{\partial U^m\left(\mu(q^m),\sigma^2(q^m)\right)}{\partial \sigma^2(q^m)} \cdot \frac{\partial \sigma^2(q^m)}{\partial q_k^m}$$
$$+ \lambda \frac{\partial}{\partial q_k^m}\left[\sum_{k=1}^{K} p_k \cdot \bar{q}_k^m - \sum_{k=1}^{K} p_k \cdot q_k^m\right]$$
$$= 0 \text{ für alle } k=1,\ldots,K$$

und

$$\sum_{k=1}^{K} p_k \cdot \bar{q}_k^m - \sum_{k=1}^{K} p_k \cdot q_k^m = 0. \tag{4.18}$$

Schließlich kann unter Verwendung von (4.9) und (4.14) für (4.17) geschrieben werden:

$$\frac{\partial U^m\left(\mu(q^m),\sigma^2(q^m)\right)}{\partial \mu(q^m)} \cdot \mu_k \qquad (4.19)$$

$$+ \frac{\partial U^m\left(\mu(q^m),\sigma^2(q^m)\right)}{\partial \sigma^2(q^m)} \cdot 2\,cov\,[r_k, W(q^m)]$$

$$- \lambda p_k$$

$$= 0 \text{ für alle } k = 1, \ldots, K.$$

4.2.3 Kapitalmarktgleichgewicht

Bislang haben wir die individuelle Portfoliowahl für den Fall betrachtet, dass die Preise aller Aktiva gegeben sind. Äußern nun aber alle Anleger ihre Nachfragen nach existierenden Aktiva gemäß den oben abgeleiteten Optimalitätsbedingungen, so ist möglich, dass bei den gegebenen Preisrelationen die Gesamtnachfrage aller Anleger nach einzelnen oder allen Aktiva das gegebene Angebot über- oder unterschreiten. In diesem Fall müssen sich die Aktivapreise anpassen, wodurch die Renditen der Aktiva so verändert werden, dass das Angebot jedes einzelnen Aktivums gerade nachgefragt wird.

Das sich ergebende allgemeine Portfoliogleichgewicht wird beschrieben durch den gesuchten Vektor p^* von Gleichgewichtspreisen $(p_1^*, \ldots, p_j^*, \ldots, p_K^*)$, der jeden Wertpapiermarkt räumt, sodass gilt:

$$\sum_{m=1}^{M} q_k^m(p^*) = \sum_{m=1}^{M} \bar{q}_k^m = Q_k$$

für alle $k = 1, \ldots, K$.

Um die Eigenschaften dieses Vektors von Gleichgewichtspreisen zu ermitteln, wird zunächst das risikolose Aktivum K herausgegriffen, dessen Preis auf $p_K^* = 1$ normiert ist und welches deshalb als *numéraire* dient. Da dieses Aktivum unabhängig vom realisierten Umweltzustand für alle $n = 1, \ldots, N$ einen sicheren Ertrag $r_{n,K} = r_K$ erzielt, gilt folglich hierfür gemäß (4.9)

$$\frac{\partial \mu(q^m)}{\partial q_K^m} = r_K$$

und gemäß (4.13)

$$\frac{\partial \sigma^2(q^m)}{\partial q_K^m} = 0.$$

Mit diesem Wissen wird es möglich, den *Lagrange*-Multiplikator λ zu bestimmen, denn für $k = K$ vereinfacht sich (4.19) zu:

$$\frac{\partial U^m\left(\mu[q^m],\sigma^2[q^m]\right)}{\partial \mu(q^m)} \cdot r_K + \frac{\partial U^m\left(\mu[q^m],\sigma^2[q^m]\right)}{\partial \sigma^2(q^m)} \cdot 0 - \lambda p_K^* = 0$$

4.2 Mean-Variance-Kriterium, Portfoliowahl und Kapitalmarktgleichgewicht

und somit gilt wegen $p_K^* = 1$

$$\lambda = \frac{\partial U^m \left(\mu[q^m], \sigma^2[q^m]\right)}{\partial \mu(q^m)} \cdot r_K. \tag{4.20}$$

Durch Einsetzen des so ermittelten Wertes für λ in die übrigen $K-1$ Bedingungen erster Ordnung (4.19) ergibt sich:

$$\frac{\partial U^m \left(\mu[q^m], \sigma^2[q^m]\right)}{\partial \mu(q^m)} [\mu_k - r_K \cdot p_k] \tag{4.21}$$
$$+ \frac{\partial U^m \left(\mu[q^m], \sigma^2[q^m]\right)}{\partial \sigma^2(q^m)} \cdot 2\,cov[r_k, W(q^m)]$$
$$= 0 \text{ für alle } k = 1, \ldots, K-1.$$

Damit folgt für die Grenzrate der Substitution zwischen erwartetem Portfolioertrag und Portfoliorisiko MRS^m:

$$MRS^m = \frac{d\sigma^2(q^m)}{d\mu(q^m)}$$
$$= -\frac{\partial U^m \left(\mu(q^m), \sigma^2(q^m)\right)/\partial \mu(q^m)}{\partial U^m \left(\mu(q^m), \sigma^2(q^m)\right)/\partial \sigma^2(q^m)},$$

wobei unter Berücksichtigung von (4.21) gilt:

$$2\,cov[r_k, W(q^m)] = MRS^m \left(\mu_k - r_K \cdot p_k\right). \tag{4.22}$$

Zum Abschluss aggregieren wir im dritten Schritt die gewonnenen Ergebnisse über alle Anleger M und alle Aktiva K. Hierzu summieren wir zunächst die jeweils linke und rechte Seite von (4.22) über jedes Individuum $m = 1, \ldots, M$ auf. Dies ergibt:

$$\sum_{m=1}^{M} 2cov\left[r_k, W(q^m)\right] = \sum_{m=1}^{M} MRS^m \left[\mu_k - r_K \cdot p_k\right] \tag{4.23}$$
$$\text{für alle } k = 1, \ldots, K-1.$$

Die linke Seite von (4.23) lässt sich des Weiteren wie folgt umformulieren:

$$\sum_{m=1}^{M} 2cov[r_k, W(q^m)] = \sum_{m=1}^{M} 2E\left[(r_k - \mu_k)\left(\sum_{j=1}^{K} q_j^m r_j - \sum_{j=1}^{K} q_j^m \mu_j\right)\right]$$
$$= \sum_{m=1}^{M} 2E\left[(r_k - \mu_k)\left(\sum_{j=1}^{K} \left(q_j^m r_j - q_j^m \mu_j\right)\right)\right]$$
$$= 2E\left[(r_k - \mu_k)\sum_{j=1}^{K}\sum_{m=1}^{M} q_j^m \left(r_j - \mu_j\right)\right]$$

und hierfür wiederum können wir schreiben

$$2E\left[(r_k - \mu_k)\sum_{j=1}^{K}\sum_{m=1}^{M} q_j^m (r_j - \mu_j)\right] = 2E\left[(r_k - \mu_k)\sum_{j=1}^{K}(r_j - \mu_j)\sum_{m=1}^{M} q_j^m\right]$$

$$= 2E\left[(r_k - \mu_k)\sum_{j=1}^{K}(r_j - \mu_j) Q_j\right]$$

$$= 2cov\left[r_k, W(Q)\right]$$

und wir erhalten für (4.23)

$$2cov\left[r_k, W(Q)\right] = [\mu_k - r_K \cdot p_k]\sum_{m=1}^{M} MRS^m \qquad (4.24)$$

für alle $k = 1, ..., K - 1$.

Sofern sich also alle Individuen im Haushaltsoptimum befinden, muss der gleichgewichtige Preisvektor dieser Gleichung (4.24) entsprechen, oder anders ausgedrückt: Eine notwendige Bedingung dafür, dass ein Preisvektor gleichgewichtig ist, ist die Gültigkeit von (4.24). Indes ist (4.24) keine hinreichende Bedingung und die eben getroffene Aussage kann nicht umgekehrt werden: Nicht jeder Preisvektor, der (4.24) erfüllt, muss gleichgewichtig sein. Denn es ist denkbar, dass zwar die Summe der linken Seiten von (4.22) über alle Individuen der Summe der rechten Seiten entspricht, dies aber nicht für alle einzelnen Individuen gilt.

Nun soll noch (4.24) aggregiert werden über alle Aktiva $k = 1, ..., K$. Wenn man die Gleichungen jeweils mit Q_k auf der linken und rechten Seite multipliziert und dann wiederum aufsummiert, ergibt sich:

$$\sum_{k=1}^{K} 2Q_k cov\left[r_k, W(Q)\right] = \sum_{k=1}^{K}\left(Q_k [\mu_k - r_K \cdot p_k]\sum_{m=1}^{M} MRS^m\right)$$

oder

$$2var\left[W(Q)\right] = \sum_{k=1}^{K} (Q_k [\mu_k - r_K \cdot p_k])\sum_{m=1}^{M} MRS^m$$

und schließlich

$$\sum_{m=1}^{M} MRS^m = \frac{var\left[W(Q)\right]}{\mu(Q) - r_K \cdot W_0(Q)} \qquad (4.25)$$

Setzen wir nun (4.25) in (4.24) ein, gelangen wir zu dem folgenden Ausdruck:

$$\mu_j - r_K \cdot p_j = \frac{cov\left[r_j, W(Q)\right]}{var\left[W(Q)\right]} \cdot [\mu(Q) - r_K \cdot W_0(Q)], \qquad (4.26)$$

für alle $k = 1, ..., K - 1$.

4.2 Mean-Variance-Kriterium, Portfoliowahl und Kapitalmarktgleichgewicht

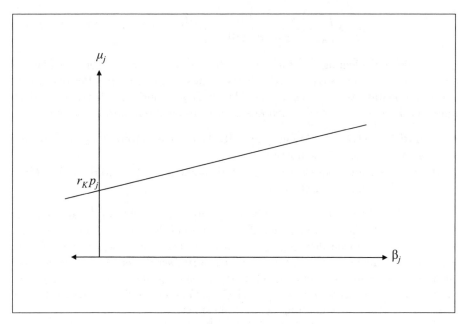

Abb. 4.6. Wertpapiermarktlinie

Gleichung (4.26) besagt, dass im Gleichgewicht die Differenz zwischen dem erwarteten Ertrag μ_j einer risikobehafteten Anlage j und einer risikolosen Anlage zum Ertragsatz r_K proportional ist zu der Differenz aus dem erwarteten Ertrag $\mu(Q)$ des Marktportfolios und einer Anlage des Marktportfolios im Zeitpunkt $T = 0$ zum risikolosen Zins r_K. Der Proportionalitätsfaktor bemisst sich nach dem Beitrag der Anlage j zum Risiko des Gesamtportfolios $cov\,[r_j, W(Q)]$ relativ zum Risiko des Gesamtportfolio $var\,[W(Q)]$. Bezeichnet man den Proportionalitätsfaktor mit β_j, lässt sich der Zusammenhang zwischen μ_j und β_j, wie in Abbildung 4.6 dargestellt, durch eine lineare, als Wertpapiermarktlinie bezeichnete Beziehung verdeutlichen.

Der Proportionalitätsfaktor β_j kann alle Werte durchlaufen: Gilt $\beta_j < 0$, leistet das betrachtete Aktivum einen negativen Beitrag zum Risiko des Marktportfolios, d.h. das Risiko des Marktportfolios sinkt, wenn die Menge des Aktivums zunimmt. Ist $\beta_j = 0$, dann ist das betrachtete Aktivum für das Portfoliorisiko unbedeutend, und gilt $\beta_j > 0$, leistet das Aktivum einen positiven Beitrag zum Risiko des Marktportfolios, der für $\beta_j > 1$ sogar überproportional ist.

Es sei hier noch einmal darauf hingewiesen: Sofern sich alle Individuen im Optimum befinden, muss der sich ergebende Preisvektor (4.26) erfüllen. Aber nicht jeder Preisvektor, der (4.26) erfüllt, ist notwendigerweise ein Gleichgewicht.

Schließlich kann (4.26) umformuliert werden zu:

$$p_j^* = \frac{\mu_j}{r_K} - \frac{cov\,[r_j, W(Q)]}{var\,[W(Q)]} \cdot \left[\frac{\mu(Q)}{r_K} - W_0(Q)\right]. \quad (4.27)$$

Gemäß dieser Gleichung gilt für den gleichgewichtigen Preis p_j^* einer Anlage j, dass dieser dem zum sicheren Alternativvertragsatz r_K um eine Periode abdiskontierten erwarteten Ertrag μ_j des Aktivums j entspricht – korrigiert jedoch um einen Risikoabschlag, der sich aus zwei Komponenten zusammensetzt:

- dem Risikobeitrag der Anlage j zum Risiko des Gesamtportfolios relativ zum Gesamtrisiko des Marktportfolios;
- der Differenz aus dem Barwert des Marktportfolios $\frac{\mu(Q)}{r_K}$ und dem Marktwert $W_0(Q)$ der Anfangsausstattung.

Damit besteht im allgemeinen Finanzmarktgleichgewicht ein Zusammenhang zwischen dem Preis einer einzelnen Anlage und den Erwartungswerten, Varianzen sowie Kovarianzen der Erträge. Keinen Einfluss haben subjektive Größen, d.h. die Risikoneigung der Anleger. Dies ist darin begründet, dass jeder Anleger ein Portfolio wählt, bei dem die Varianz für einen gegebenen Erwartungswert minimiert wird (*Eichberger, Harper* 1997, S. 87), sodass der Grad der Risikoaversion für seine Entscheidung keine Rolle spielt.

Aus institutionenökonomischer Sicht ist festzuhalten, dass es im Rahmen des CAPM nicht möglich ist, die Existenz von Geschäftsbanken und anderen Finanzintermediären modellendogen abzuleiten (*Breuer* 1993, S. 41 ff.): Eine Existenzberechtigung hat allein ein Walrasianischer Auktionator, der für jede einzelne Anlage die gewünschten Angebots- und Nachfragemengen sammelt, bei einem Angebotsüberschuss den Preis der Anlage senkt bzw. ihn bei einem Nachfrageüberschuss anhebt, und erst nach Ermittlung des Vektors der Gleichgewichtspreise den Handel zulässt. Solch ein *Finanzauktionator* ist notwendig, weil sich alle Anleger als Mengenanpasser verhalten und den Preis als Datum hinnehmen. Hiervon abgesehen, besteht im CAPM kein Bedarf an weiteren Aktivitäten von Finanzintermediären, weil symmetrische Information herrscht, die Verträge vollständig sind und damit keine Anreiz- bzw. Durchsetzungsprobleme bestehen.

4.3 Kommentierte Literaturhinweise

Die Grundzüge der Portfoliotheorie werden dargestellt bei *Eichberger, Harper* (1997), S. 68 ff., sowie – unter Betonung der Geldnachfrage – in Lehrbüchern zur Geldtheorie, wie *Jarchow* (1972, 11. Aufl. 2003), S. 40 ff., und *Duwendag et al.* (1974, 5. Aufl. 1999), S. 92 ff.

Unterschiedliche Modellierungen des Capital Asset Pricings bieten *Sharpe* (1964) und *Jean* (1992) sowie *Breuer* (1993) und wiederum *Eichberger, Harper* (1997).

4.4 Übungsaufgaben

Übung 4.1 (*) *Zeigen Sie unter Rückgriff auf Gleichung (4.16), S. 96, inwieweit der Verlauf der Iso-Risiko-Konturen bei gegebenen Einzelrisiken der Wertpapiere von der Korrelation der Aktivaerträge abhängt. (Hinweis: Entlang einer Iso-Risiko-Kontur bleibt das Risiko konstant!).*

Übung 4.2 *Es sei eine Situation betrachtet, in der zwei risikobehaftete Wertpapieren zur Auswahl stehen. Deren Erwartungswert sei $\mu_1 = 4$ bzw. $\mu_2 = 3$, ihr Risiko sei $\sigma_1^2 = 2$, $\sigma_2^2 = 1$, die Erträge der beiden Wertpapiere seien unkorreliert. Die Preise der beiden Wertpapiere sind mit $p_1 = 1$, $p_2 = 1$ bekannt und werden als gegeben hingenommen. Das Individuum m stellt aus den beiden zur Verfügung stehenden Wertpapieren sein optimales Portfolio zusammen und entscheidet sich auf Grundlage des (μ, σ)-Kriteriums; seine konkrete Nutzenfunktion lautet:*

$$U^m = \mu(q^m) - \frac{1}{4}\sigma^2(q^m).$$

Der Wert $W_0(\overline{q}^m)$ seiner Anfangsausstattung beträgt 5 EUR.

1. *Bestimmen Sie die Budgetgerade des Individuums.*
2. *Wie lautet das optimale Portfolio des Individuums? Lösen Sie das Problem mit Hilfe des Ansatzes von Lagrange.*
3. *Bestimmen Sie den Wert des Lagrange-Multiplikators und interpretieren Sie diesen.*

Übung 4.3 *Wieder stehen zwei risikobehaftete Wertpapieren zur Auswahl. Deren Erwartungswert sei $\mu_1 = 4$ bzw. $\mu_2 = 3$, ihr Risiko sei $\sigma_1^2 = 1$, $\sigma_2^2 = 1$, ferner seien die Erträge der beiden Wertpapiere perfekt negativ korreliert. Die Preise der beiden Wertpapiere sind mit $p_1 = 1$, $p_2 = 1$ bekannt und werden als gegeben hingenommen. Ein Individuum m will aus den beiden zur Verfügung stehenden Wertpapieren sein optimales Portfolio zusammenstellen und sich dabei auf Grundlage des (μ, σ)-Kriteriums entscheiden.*

1. *Bestimmen Sie analytisch die Möglichkeitenkurve des Individuums und zeichnen Sie diese für $W_0(\overline{q}^m) = 5$.*
2. *Wie lautet das Portfolio mit minimalem Risiko?*

Übung 4.4 *Unterstellen Sie eine Ökonomie, in der zwei risikoaverse Akteure $m = 1, 2$ leben mit der jeweiligen Nutzenfunktion $U_m = \mu(q^m) - \kappa_m \cdot \sigma^2(q^m)$. Ferner existieren $k = 1, 2, 3$ Wertpapiere, die anfänglich wie folgt auf die Agenten aufgeteilt sind:*

$\bar{q}_k^m$	$m=1$	$m=2$
$k=1$	4	2
$k=2$	1	2
$k=3$	2	3

Das dritte Wertpapier fungiere als numéraire. Für die (bekannten) erwarteten Wertpapiererträge gilt: $\mu_1 = 15$; $\mu_2 = 10$; $\mu_3 = 1$. Auch die Varianzen und Kovarianzen der Wertpapiere seien bekannt und sind in der nachfolgenden Tabelle festgehalten:

$cov[r_k, r_j]$	$j=1$	$j=2$	$j=3$
$k=1$	6	2	0
$k=2$	2	4	0
$k=3$	0	0	0

1. Bestimmen Sie für gegebene Preise der Finanzierungsinstrumente das Haushaltsoptimum jedes Agenten.
2. Bestimmen Sie ausgehend von den Haushaltsoptima die Nachfragekurven nach den drei Wertpapieren und leiten Sie hieraus die jeweiligen Marktgleichgewichtsbedingungen ab. Unterstellen Sie dazu $\kappa_1 = \frac{1}{4}$ und $\kappa_2 = \frac{1}{8}$.
3. Bestimmen Sie die gleichgewichtigen Preise.
4. Bestätigen Sie die Preise durch die CAPM-Gleichung.

4.5 Lösungshinweise zu den Übungsaufgaben

Lösung 4.1 (*) *Gesucht sind jene Kombinationen von q_2^m und q_1^m, bei denen das Portfoliorisiko $\sigma^2(q^m)$ konstant bleibt. Betrachten wir nochmals Gleichung (4.16):*

$$\sigma^2(q^m) = (q_1^m)^2 \cdot \sigma_1^2 + 2q_1^m q_2^m cov[r_1, r_2] + (q_2^m)^2 \cdot \sigma_2^2$$

Diese Gleichung kann umformuliert werden zu

$$0 = ax^2 + by^2 + cxy + d$$

mit $x = q_1^m$, $y = q_2^m$, $a = \sigma_1^2$, $b = \sigma_2^2$, $c = 2cov[r_1, r_2]$ und $d = -\sigma^2(q^m)$. Dies ist die Bestimmungsgleichung für einen Kegelschnitt, deren Graph eine Ellipse ist, falls $4ab > c^2$. Da wir wissen, dass für den Korrelationskoeffizient gilt:

$$\frac{cov(r_1, r_2)}{\sqrt{\sigma_1^2 \cdot \sigma_2^2}} = \rho[r_1, r_2] \in [-1, 1],$$

muss gelten

4.5 Lösungshinweise zu den Übungsaufgaben

$$\sigma_1^2 \sigma_2^2 > (cov\,[r_1, r_2])^2$$

und damit beschreibt (4.16) in der Tat eine Ellipse. Wendet man auf diese Gleichung nun das Theorem impliziter Funktionen an, so folgt:

$$\begin{aligned}\frac{dq_2^m}{dq_1^m} &= -\frac{\frac{\partial \sigma^2}{\partial q_m^1}}{\frac{\partial \sigma^2}{\partial q_m^2}} \\ &= -\frac{q_1^m \cdot \sigma_1^2 + q_2^m \cdot cov\,[r_1, r_2]}{q_2^m \cdot \sigma_2^2 + q_1^m \cdot cov\,[r_1, r_2]},\end{aligned} \qquad (4.28)$$

und es wird folgende Fallunterscheidung möglich:

- *Falls die Aktivaerträge unkorreliert sind, d. h. $\rho\,[r_1, r_2] = cov\,[r_1, r_2] = 0$, dann reduziert sich (4.16) zu*

$$\sigma^2(q^m) = (q_1^m)^2 \cdot \sigma_1^2 + (q_2^m)^2 \cdot \sigma_2^2,$$

  für die gemäß (4.28) gilt:

$$\frac{dq_2^m}{dq_1^m} = -\frac{\sigma_1^2 \cdot q_1^m}{\sigma_2^2 \cdot q_2^m},$$

  sodass wegen $\sigma_1^2 \geq 0, \sigma_2^2 \geq 0$ das Vorzeichen von $\frac{dq_2^m}{dq_1^m}$ nur von den gehaltenen Aktivamengen abhängt. Dabei gilt $\frac{dq_2^m}{dq_1^m} < 0$, sofern $q_1^m < 0$ und $q_2^m < 0$ oder $q_1^m > 0$ und $q_2^m > 0$. Ferner gilt $\frac{dq_2^m}{dq_1^m} = 0$, sofern $q_1^m = 0$, und $\lim_{q_2^m \to 0} \frac{dq_2^m}{dq_1^m} = \pm\infty$.
  Damit hat die gesuchte Iso-Risiko-Kontur im Teil a) der Abbildung 4.7 (wo zusätzlich zu den genannten Annahmen noch $\sigma_1^2 > \sigma_2^2$ unterstellt ist) im ersten und dritten Quadranten eine negative Steigung und in den Ordinatenschnittpunkten eine Steigung von 0 sowie in den Abszissenschnittpunkten eine Steigung von $\pm\infty$. Im zweiten und vierten Quadranten wechselt das Vorzeichen von $\frac{dq_2^m}{dq_1^m}$.
- *Falls die Aktivaerträge positiv korreliert sind, d. h. $\rho\,[r_1, r_2] > 0$; $cov\,[r_1, r_2] > 0$, dann folgt in Analogie: Es ist $\frac{dq_2^m}{dq_1^m} < 0$, sofern entweder $q_1^m = 0$ oder $q_2^m = 0$ gilt, d. h. die Iso-Risiko-Kontur hat in allen ihren Schnittpunkten mit der Abszisse und der Ordinate einen negativen Anstieg und verläuft daher wie im Teil b) der Abbildung 4.7 dargestellt.*
- *Falls die Aktivaerträge negativ korreliert sind, d. h. $\rho\,[r_1, r_2] < 0$; $cov\,[r_1, r_2] < 0$, dann folgt entsprechend: Es ist $\frac{dq_2^m}{dq_1^m} > 0$, sofern entweder $q_1^m = 0$ oder $q_2^m = 0$ gilt, d. h. die Iso-Risiko-Kontur hat in allen ihren Schnittpunkten mit der Abszisse und der Ordinate einen positiven Anstieg und verläuft daher wie im Teil b) der Abbildung 4.7 dargestellt.*

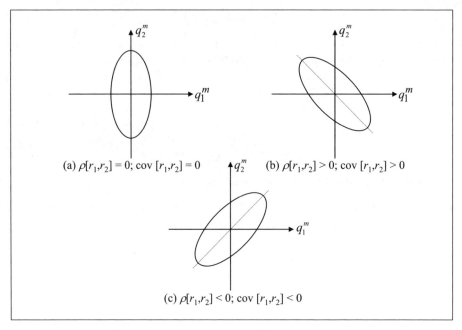

Abb. 4.7. Iso-Risiko-Konturen bei alternativen Korrelationen der Aktivaerträge

Lösung 4.2 *Die Lösungen lauten:*

1. *Die Budgetgerade lautet allgemein:*

$$p_1 q_1^m + p_2 q_2^m = W_0\left(\overline{q}^m\right).$$

Einsetzen der in der Aufgabe gegebenen Werte ergibt:

$$q_1^m + q_2^m = 5.$$

2. *Die Lagrange-Funktion für das Optimierungsproblem lautet:*

$$\mathcal{L}\left(q_1^m, q_2^m, \lambda_1\right) = 4q_1^m + 3q_2^m - \frac{1}{4}\left(2\left(q_1^m\right)^2 + 1\left(q_2^m\right)^2\right) - \lambda_1\left(q_1^m + q_2^m - 5\right).$$

Hieraus folgt für die Optimalitätsbedingungen:

$$4 - q_1^m - \lambda_1 \stackrel{!}{=} 0,$$

$$3 - \frac{1}{2}q_2^m - \lambda_1 \stackrel{!}{=} 0,$$

$$q_1^m + q_2^m - 5 \stackrel{!}{=} 0.$$

Auflösen der ersten beiden Gleichungen nach λ_1 und gleichsetzen ergibt:

$$4 - q_1^m = 3 - \frac{1}{2}q_2^m$$

und somit

$$q_1^m = 1 + \frac{1}{2}q_2^m.$$

Wegen der aus der Ableitung nach λ_1 resultieren Optimalitätsbedingung gilt ferner:

$$q_1^m = 5 - q_2^m.$$

Beide Gleichungen sind nun gleichzusetzen:

$$1 + \frac{1}{2}q_2^m = 5 - q_2^m$$

und somit gilt für das optimale q_2^m

$$q_2^m = \frac{5-1}{\frac{3}{2}} = \frac{4}{\frac{3}{2}} = \frac{8}{3}.$$

Für das optimale q_1^m folgt direkt

$$q_1^m = 1 + \frac{1}{2}q_2^m = 1 + \frac{8}{6} = \frac{7}{3}.$$

Das optimale Portfolio lautet somit $q_1^m = \frac{7}{3}$, $q_2^m = \frac{8}{3}$.

3. *Der Wert des Lagrange-Multiplikators beträgt:*

$$\lambda_1 = 4 - q_1^m$$
$$= 4 - \frac{7}{3}$$
$$= \frac{5}{3}.$$

Dies ist die betragsmäßige Nutzenzunahme des Individuums, wenn man die Budgetbeschränkung um eine (marginale) Einheit lockert.

Lösung 4.3 *Die Lösungen lauten:*

1. *Die Möglichkeitenkurve ergibt sich aus der Budgetgerade*

$$q_1^m + q_2^m = W_0\left(\overline{q}^m\right),$$

dem erwarteten Ertrag:

$$\mu\left(q^m\right) = 4q_1^m + 3q_2^m$$

und dem Risiko

$$\sigma^2(q^m) = (q_1^m)^2 \cdot \sigma_1^2 + 2q_1^m q_2^m \rho[r_1, r_2] \sqrt{\sigma_1^2 \sigma_2^2} + (q_2^m)^2 \cdot \sigma_2^2$$
$$= (q_1^m)^2 + 2q_1^m q_2^m \rho[r_1, r_2] + (q_2^m)^2,$$

wobei für den Fall perfekt negativer Korrelation $\rho[r_1, r_2] = -1$ *gilt und daher*

$$\sigma^2(q^m) = (q_1^m)^2 - 2q_1^m q_2^m + (q_2^m)^2$$
$$= (q_1^m - q_2^m)^2.$$

Diese drei Gleichungen sind nun derart zu lösen, dass man am Ende zu einer Gleichung gelangt, die die Abhängigkeit von μ *und* σ *beschreibt. Zunächst löst man die Budgetgerade nach* q_1^m *auf:*

$$q_1^m = W_0(\overline{q}^m) - q_2^m.$$

Dies wird eingesetzt in die Gleichung für den erwarteten Ertrag:

$$\mu(q^m) = 4(W_0(\overline{q}^m) - q_2^m) + 3q_2^m$$

und in die Gleichung für das erwartete Risiko:

$$\sigma^2(q^m) = (W_0(\overline{q}^m) - q_2^m - q_2^m)^2$$
$$= (W_0(\overline{q}^m) - 2q_2^m)^2.$$

Nun löst man die Gleichung für den erwarteten Ertrag nach q_2^m *auf:*

$$q_2^m = 4W_0(\overline{q}^m) - \mu(q^m)$$

und setzt dies in die Gleichung für das Risiko ein:

$$\sigma^2(q^m) = (W_0(\overline{q}^m) - 2[4W_0(\overline{q}^m) - \mu(q^m)])^2.$$

Eine kleine Vereinfachung ergibt als Gleichung für die Möglichkeitenkurve:

$$\sigma^2(q^m) = (2\mu(q^m) - 7W_0(\overline{q}^m))^2,$$

sodass sich ergibt

$$\sigma(q^m) = |2\mu(q^m) - 7W_0(\overline{q}^m)|$$

bzw.

$$\mu(q^m) = \frac{1}{2}\sigma(q^m) + \frac{7}{2}W_0(\overline{q}^m) \ \ oder \ \mu(q^m) = -\frac{1}{2}\sigma(q^m) + \frac{7}{2}W_0(\overline{q}^m).$$

4.5 Lösungshinweise zu den Übungsaufgaben

2. *Das Portfolio mit minimalen Risiko ist jenes, dass einen erwarteten Nutzen der Höhe $\frac{7}{2}W_0(\overline{q}^m)$ aufweist und ferner $q_1^m = q_2^m$ erfüllt. Für $W_0(\overline{q}^m) = 5$ hat es also den erwarteten Ertrag $\frac{35}{2}$, und kann bestimmt werden mit*

$$\frac{35}{2} = \mu(q^m) = 4q_1^m + 3q_2^m = 7q_1^m$$

$$q_1^m = \frac{35}{14} = \frac{5}{2}.$$

Das Portfolio mit minimalen Risiko erfüllt also $q_1^m = q_2^m = \frac{5}{2}$.

Lösung 4.4 *Die Lösungen lauten:*

1. *Das Haushaltsoptimum für Agent m ergibt sich allgemein aus folgendem Programm:*

$$\max\left[\mu(q^m) - \kappa_m \cdot \sigma^2(q^m)\right]$$

s. t.

$$p_1 \cdot q_1^m + p_2 \cdot q_2^m + 1 \cdot q_3^m = W_0(\overline{q}^m) = p_1 \cdot \overline{q}_1^m + p_2 \cdot \overline{q}_2^m + 1 \cdot \overline{q}_3^m$$

Die Lagrange-Funktion lautet entsprechend:

$$\mathcal{L}(q_1^m, q_2^m, q_3^m, \lambda_1) = (\mu_1 \cdot q_1^m + \mu_2 \cdot q_2^m + \mu_3 \cdot q_3^m)$$
$$- \kappa_m \left[\sigma_1^2 \cdot (q_1^m)^2 + 2q_1^m q_2^m cov(r_1, r_2) + \sigma_2^2 \cdot (q_2^m)^2\right]$$
$$- \lambda_1 (p_1 \cdot q_1^m + p_2 \cdot q_2^m + 1 \cdot q_3^m - p_1 \cdot \overline{q}_1^m - p_2 \cdot \overline{q}_2^m - 1 \cdot \overline{q}_3^m).$$

Daraus ergeben sich im vorliegenden Fall die notwenigen Bedingungen für ein Maximum mit

$$15 - 12\kappa_m q_1^m - 4\kappa_m q_2^m - \lambda_1 p_1 \stackrel{!}{=} 0; \quad (4.29)$$

$$10 - 8\kappa_m q_2^m - 4\kappa_m q_1^m - \lambda_1 p_2 \stackrel{!}{=} 0; \quad (4.30)$$

$$1 - \lambda_1 \stackrel{!}{=} 0; \quad (4.31)$$

$$p_1 \cdot q_1^m + p_2 \cdot q_2^m + 1 \cdot q_3^m - p_1 \cdot \overline{q}_1^m - p_2 \cdot \overline{q}_2^m - 1 \cdot \overline{q}_3^m \stackrel{!}{=} 0.$$

Aus (4.31) folgt $\lambda_1 = 1$, dies eingesetzt in (4.29) und (4.30) ergibt:

$$12\kappa_m q_1^m = 15 - 4\kappa_m q_2^m - p_1$$

sowie

$$12\kappa_m q_1^m = 30 - 24\kappa_m q_2^m - 3p_2. \quad (4.32)$$

Gleichsetzen beider Gleichungen ergibt:

$$20\kappa_m q_2^m = 15 + p_1 - 3p_2.$$

Somit beträgt die optimale Menge von q_2^m:

$$q_2^m = \frac{3}{4\kappa_m} + \frac{1}{20\kappa_m}p_1 - \frac{3}{20\kappa_m}p_2. \qquad (4.33)$$

Einsetzen dieser optimalen Menge in Gleichung (4.32) ergibt die optimale Menge von q_1^m mit:

$$q_1^m = \frac{1}{\kappa_m} - \frac{1}{10\kappa_m}p_1 + \frac{1}{20\kappa_m}p_2.$$

2. *Die Nachfragefunktionen lauten:*
   - *für Wertpapier $k = 1$:*

$$q_1^1 + q_1^2 = \frac{1}{\kappa_1} - \frac{1}{10\kappa_1}p_1 + \frac{1}{20\kappa_1}p_2 + \frac{1}{\kappa_2} - \frac{1}{10\kappa_2}p_1 + \frac{1}{20\kappa_2}p_2,$$

was wegen $\kappa_1 = \frac{1}{4}$ und $\kappa_2 = \frac{1}{8}$ ergibt:

$$q_1^1 + q_1^2 = 12 - \frac{6}{5}p_1 + \frac{3}{5}p_2.$$

   - *für Wertpapier $k = 2$:*

$$q_2^1 + q_2^2 = \frac{3}{4\kappa_1} + \frac{p_1 - 3p_2}{20\kappa_1} + \frac{3}{4\kappa_2} + \frac{p_1 - 3p_2}{20\kappa_2},$$

was wegen $\kappa_1 = \frac{1}{4}$ und $\kappa_2 = \frac{1}{8}$ ergibt:

$$q_2^1 + q_2^2 = 9 + \frac{3}{5}p_1 - \frac{9}{5}p_2.$$

Die Marktgleichgewichtsbedingungen für beide Wertpapiere lauten deshalb:

$$6 \stackrel{!}{=} 12 - \frac{6}{5}p_1 + \frac{3}{5}p_2. \qquad (4.34)$$

$$3 \stackrel{!}{=} 9 + \frac{3}{5}p_1 - \frac{9}{5}p_2. \qquad (4.35)$$

3. *Die gleichgewichtigen Preis ergeben sich durch Auflösen von (4.34) und (4.35) Gleichsetzen. Die führt zu*

$$p_1 = 8,$$

bzw.

$$p_2 = 6.$$

4.5 Lösungshinweise zu den Übungsaufgaben

4. Die CAPM-Gleichung lautet für das erste Wertpapier:

$$p_1^* = \frac{\mu_1}{\mu_3} - \frac{cov\,[r_1, W\,(Q)]}{var\,[W\,(Q)]} \cdot \left[\frac{\mu(Q)}{\mu_3} - W_0\,(Q)\right].$$

Im vorliegenden Fall gilt:

$$\mu(Q) = \left(\bar{q}_1^1 + \bar{q}_1^2\right)\mu_1 + \left(\bar{q}_2^1 + \bar{q}_2^2\right)\mu_2 + \left(\bar{q}_3^1 + \bar{q}_3^2\right)\mu_3$$
$$= (4+2)\,15 + (1+2)\,10 + (2+3)\,1$$
$$= 90 + 30 + 5 = 125$$

sowie

$$var\,[W\,(Q)] = \left(\bar{q}_1^1 + \bar{q}_1^2\right)^2 \sigma_1^2 + 2\left(\bar{q}_1^1 + \bar{q}_1^2\right)\left(\bar{q}_2^1 + \bar{q}_2^2\right)cov\,(r_1, r_2)$$
$$+ \left(\bar{q}_2^1 + \bar{q}_2^2\right)^2 \sigma_2^2$$
$$= (4+2)^2\,6 + 2(4+2)(1+2)\,2 + (1+2)^2\,4$$
$$= 216 + 72 + 36 = 324$$

und

$$W_0\,(Q) = \left(\bar{q}_1^1 + \bar{q}_1^2\right)p_1 + \left(\bar{q}_2^1 + \bar{q}_2^2\right)p_2 + \left(\bar{q}_3^1 + \bar{q}_3^2\right)p_3$$
$$= (4+2)\,8 + (1+2)\,6 + (2+3)\,1$$
$$= 48 + 18 + 5 = 71.$$

Ferner gilt:

$$cov\,[r_1, W\,(Q)]$$
$$= E\left\{[r_1 - \mu_1] \cdot \left[\begin{array}{l}(q_1^1 + q_1^2)(r_1 - \mu_1) + \\ (q_2^1 + q_2^2)(r_2 - \mu_2) + (q_3^1 + q_3^2)(r_3 - \mu_3 3)\end{array}\right]\right\}$$
$$= E\left[(q_1^1 + q_1^2) \cdot var\,[r_1] + (q_2^1 + q_2^2)\,cov(r_1, r_2)\right].$$
$$= (q_1^1 + q_1^2) \cdot var\,[r_1] + (q_2^1 + q_2^2)\,cov(r_1, r_2).$$

In unserem Fall folgt:

$$cov\,[r_1, W\,(Q)] = (4+2) \cdot 6 + (1+2)\,2 = 42.$$

Damit folgt:

$$p_1^* = \frac{\mu_1}{\mu_3} - \frac{cov\,[r_1, W\,(Q)]}{var\,[W\,(Q)]} \cdot \left[\frac{\mu(Q)}{\mu_3} - W_0\,(Q)\right]$$
$$= \frac{15}{1} - \frac{42}{324} \cdot \left[\frac{125}{1} - 71\right]$$
$$= 15 - 7 = 8,$$

was zu zeigen war. Die CAPM-Gleichung lautet für das zweite Wertpapier:

$$p_2^* = \frac{\mu_2}{\mu_3} - \frac{cov\,[r_2, W(Q)]}{var\,[W(Q)]} \cdot \left[\frac{\mu(Q)}{\mu_3} - W_0(Q)\right].$$

Hier gilt:

$$cov\,[r_2, W(Q)]$$
$$= E\left\{[r_2 - \mu_2] \cdot \left[\begin{array}{c}(q_1^1 + q_1^2)(r_1 - \mu_1) + \\ (q_2^1 + q_2^2)(r_2 - \mu_2) + (q_3^1 + q_3^2)(r_3 - \mu_3 3)\end{array}\right]\right\}$$
$$= E\left[(q_2^1 + q_2^2) \cdot var\,[r_2] + (q_1^1 + q_1^2)\,cov(r_1, r_2)\right]$$
$$= (q_2^1 + q_2^2) \cdot var\,[r_2] + (q_1^1 + q_1^2)\,cov(r_1, r_2).$$

In unserem Fall folgt:

$$cov\,[r_2, W(Q)] = (1+2) \cdot 4 + (4+2)\,2 = 24$$

und:

$$p_2^* = \frac{\mu_2}{\mu_3} - \frac{cov\,[r_2, W(Q)]}{var\,[W(Q)]} \cdot \left[\frac{\mu(Q)}{\mu_3} - W_0(Q)\right]$$
$$= \frac{10}{1} - \frac{24}{324} \cdot \left[\frac{125}{1} - 71\right]$$
$$= 10 - 4 = 6,$$

was zu zeigen war.

Kapitel 5
Anreizkompatible Finanzverträge I: Direkte Finanzierung

Typischerweise ist eine Vertragsbeziehung zwischen Gläubiger und Schuldner dadurch gekennzeichnet, dass der Schuldner über Informationen bezüglich vertragsrelevanter Größen verfügt, zu denen der Gläubiger keinen Zugang hat, oder die der Gläubiger nur dann erhalten kann, wenn er zusätzliche Kosten auf sich nimmt. Daher kann eine Finanzierungsbeziehung als Prinzipal-Agent-Beziehung verstanden werden, wobei der Schuldner die Rolle des Agenten übernimmt, dessen Prinzipal der Gläubiger ist.

Vertragsrelevante Informationsvorsprünge des Schuldners können sein:

1. Der Schuldner verfügt über bessere Informationen bezüglich der mit dem Investitionsprojekt verbundenen Risiken.
2. Der Schuldner verfügt über bessere Informationen entweder über die tatsächliche Mittelverwendung oder über seine geleisteten Anstrengungen, die neben der eigentlichen Finanzierung Voraussetzung für eine erfolgreiche Projektdurchführung sind.
3. Der Schuldner verfügt über bessere Informationen bezüglich der tatsächlich realisierten Zahlungsströme, die mit dem Investitionsprojekt verbunden sind.

Der erste Fall charakterisiert demnach ein typisches Problem der negativen Auslese (*hidden characteristics*), da der Prinzipal (der Gläubiger) keine Informationen über die (Risiko-) Eigenschaften der zu finanzierenden Projekte des Agenten (des Schuldners) hat. Der zweite Fall beschreibt eine Situation eines moralischen Risikos als Folge versteckter Handlungen (*hidden action*): Diese versteckte Handlung kann darin bestehen, dass der Schuldner die vom Gläubiger zur Verfügung gestellten Mittel ohne dessen Wissen für ein anderes Investitionsprojekt als für das bei Vertragsabschluss vereinbarte Projekt verwendet. Die versteckte Handlung kann sich aber auch auf unmittelbare Anstrengungen des Schuldners beziehen, die erforderlich sind, um das vereinbarte Projekt zum Erfolg zu führen. Schließlich wird im dritten Fall die Vertragsbeziehung dadurch behindert, dass nur der Schuldner tatsächlich weiß, ob seine Projektergebnisse hinreichend hoch sind, um die vereinbarten Rückzahlungsansprüche seines Gläubigers befriedigen zu können. Es liegt eine Situation moralischen Wagnisses als Folge versteckten Wissens (*costly state verification*) vor.

Für die Entwicklung von Lösungen derartiger Probleme bei Finanzierungsverträgen ist darüber hinaus zu berücksichtigen, dass der Schuldner nur über eine beschränkte Eigenmittelausstattung verfügt. Wie im Abschnitt 3.3.1 ausgeführt, beinhaltet der anreizkompatible Vertrag für einen risikoneutralen Agenten bei Vorliegen eines moralischen Risikos als Resultat versteckter Handlungen, dass der Agent dem Prinzipal einen vom Projekterfolg unabhängigen Zahlungsstrom zusichert. Damit übernimmt der Agent das Projektrisiko vollständig. Dies ist auch aufgrund von Risikoteilungsaspekten effizient, da das Eingehen von Einkommensrisiken für einen risikoneutralen Agenten unbedeutend ist. Wenn aber der Schuldner über keine eigenen finanziellen Mittel verfügt, dann ist er bei (zufallsbedingter) Realisation geringer Projekterträge schlicht nicht in der Lage, den erfolgsunabhängigen Zahlungsstrom an den Gläubiger zu leisten. Der primäre Zielkonflikt bei einer Gläubiger-Schuldner-Beziehung besteht dann nicht zwischen der Effektivität der Anreize und der Optimalität einer Risikoteilung, sondern vielmehr zwischen der Wirksamkeit der durch die Festlegung von Rückzahlungen gesetzten Anreize sowie deren Durchsetzbarkeit bei beschränkter Finanzmittelausstattung des Schuldners.

Dieses Kapitel geht nun der Frage nach der optimalen Ausgestaltung und den Wirkungen von Finanzverträgen bei direkter Finanzierung nach; der intermediären Finanzierung widmet sich das nächste Kapitel. Hierzu wird zunächst geklärt, welche Vertragsform die Anreizproblematik, die sich in Situationen versteckter Handlungen ergibt, effizient löst. Unter noch genauer zu spezifizierenden Umständen ist dies der so genannte Standardkreditvertrag. In einem zweiten Schritt wird der Frage nachgegangen, inwieweit asymmetrisch verteilte Informationen auf Finanzmärkten das Zustandekommen von Finanzierungsverträgen behindern; insbesondere wird gefragt, unter welchen Umständen ein Gleichgewichtspreis, der Angebot und Nachfrage nach finanziellen Mitteln zum Ausgleich bringt, nicht existiert und die Situation einer Kreditrationierung vorliegt. Schließlich werden auf der Grundlage des Prinzipal-Agent-Paradigmas alternative Ansätze für die Existenzerklärung von Banken diskutiert.

5.1 Der Standardkreditvertrag

In der realen Finanzierungswelt existiert eine Vielzahl von Finanzvertragstypen, die sich vor allem in ihren Rückzahlungsmodalitäten unterscheiden. So gibt es reine Beteiligungsverträge, bei denen der Anleger prozentual am Erfolg und gleichermaßen am Misserfolg des von ihm finanzierten Projektes beteiligt wird. Darüber hinaus sind Verträge verbreitet, bei denen der Anleger residuale Zahlungsansprüche besitzt, d. h. er erhält den Projektüberschuss nach Abzug aller anderen Fremdverbindlichkeiten, wie dies beispielsweise bei Aktien mit Dividendenansprüchen der Fall ist.

Gläubiger-Schuldner-Beziehungen sind aber häufig durch Verträge geregelt, die dem Anleger einen (weitgehend) erfolgsunabhängigen Zahlungsanspruch zusichern. Diese so genannten Standardkreditverträge sind denkbar einfach konzipiert: Der Gläubiger stellt den Kreditbetrag zur Verfügung und der Schuldner verpflichtet sich, diesen Kreditbetrag zuzüglich der darauf entfallenden Kreditzinsen zum Zeitpunkt des Ablaufs der vereinbarten Kreditlaufzeit zurückzuzahlen, und das unabhängig vom Ertrag der investierten Mittel; sofern die tatsächliche Rückzahlung des Schuldners den Rückzahlungsanspruch des Gläubigers nicht deckt, erhält dieser die Ansprüche an den Projekterträgen. Schließlich existieren weitere Vertragsformen mit sehr viel komplexeren Zahlungsstrukturen, wie z. B. Ratenkredite, Optionen oder Wandelschuldverschreibungen.

Die Frage, der in diesem Abschnitt nachgegangen werden soll, lautet nun: Warum haben gerade Standardkreditverträge eine so große Bedeutung bei der Regelung von Finanztransaktionen? Der Antwort auf diese Frage kommen wir ein Stück näher, wenn wir sie aus institutionenökonomischer Sicht betrachten und umformulieren zu der Frage, ob Standardkreditverträge die optimale institutionelle Lösungsmöglichkeit für bestimmte Informationsprobleme zwischen Gläubiger und Schuldner darstellen. Die Antwort hierauf lautet: Ja!, was im Folgenden zu zeigen ist.

5.1.1 Überblick

Um die Optimalität des Standardkreditvertrages in standardisierten Finanzierungsbeziehungen zu verdeutlichen, wird beispielhaft von folgendem Szenario ausgegangen: Ein Anleger stellt einem Unternehmer den zur Finanzierung eines Investitionsprojektes notwendigen Betrag zur Verfügung. Dieses Projekt erwirtschaftet einen Zahlungsstrom, der ausschließlich vom Arbeitseinsatz des Schuldners abhängt; von einem Risiko wird zunächst abgesehen. Der Arbeitseinsatz des Schuldners ist jedoch mit einem Arbeitsleid verbunden und nicht durch den Gläubiger beobachtbar. Aufgrund dieser Informationsasymmetrie können die Rückzahlungsmodalitäten nicht direkt daran geknüpft werden, ob der Schuldner fleißig oder faul gewesen ist. Trotzdem besteht (für den Gläubiger) keine Gefahr, dass der Schuldner den Betrag vom Gläubiger aufnimmt und in das Projekt investiert, anschließend jedoch zu geringe Anstrengungen unternimmt, um für einen angemessenen Projektertrag zu sorgen.

Wieso kann der Gläubiger dieses Täuschungsverhalten des Schuldners ausschließen? Nun, indem die Zins- und Tilgungszahlungen im Vertrag an den realisierten Projektertrag gekoppelt werden. Wird festgelegt, dass der Schuldner nur dann für seinen Arbeitseinsatz entschädigt wird, wenn der Projektertrag eine festgelegte Höhe erreicht hat, dann hat der Schuldner keinen Anreiz, von dem Arbeitseinsatz abzuweichen, der notwendig ist, um gerade diesen kritischen

Projektertrag zu erwirtschaften. Da der Projektertrag ausschließlich vom Arbeitseinsatz des Schuldners abhängt, gibt der realisierte Ertrag ein perfektes Signal an den Gläubiger über die geleisteten Anstrengungen des Schuldners ab. Das Zahlungsschema kann also mittelbar (über den Projektertrag) auf den Arbeitseinsatz konditionieren.

Betrachten wir demgegenüber eine Situation, in der ein risikoneutraler Gläubiger einem risikoneutralen Unternehmer die von ihm benötigten finanziellen Mittel zur Durchführung eines nunmehr risikobehafteten Investitionsprojektes zur Verfügung stellt. Der Gläubiger hat weiterhin keine Informationen darüber, ob sich der Unternehmer nach getaner Investition auch tatsächlich sorgsam um dieses Projekt kümmert, damit dessen Erfolgsaussichten optimiert werden. Der Gläubiger könnte nun beispielsweise folgenden Vertrag vorschlagen: Er bietet dem Unternehmer an, eine feste Entlohnung für die unternehmerischen Leistungen nach Ablauf des Investitionsprojektes zu zahlen, verlangt dafür jedoch, die gesamten Projekterträge ausbezahlt zu bekommen. Da beide Vertragsparteien sich risikoneutral verhalten, verstößt dieser Vertrag nicht gegen das Erfordernis einer effizienten Risikoteilung, was wir im Abschnitt 3.3.1 abgeleitet hatten.

Dieser Vertrag genügt auch der zusätzlichen Bedingung, dass der eigenmittelbeschränkte Schuldner nicht mehr an den Gläubiger zurückzahlen kann, als die vom Projekt erwirtschafteten Erträge. Aber dieser Vertrag ist alles andere als anreizkompatibel für den Unternehmer. Wenn ihm seine Entlohnung zugesichert ist und er am Projekterfolg nicht teilhat, wird er sich – nachdem die Investition getan ist – gemütlich zurückziehen und sich nicht weiter um den Projekterfolg kümmern. Die Konsequenz ist dann eine geringe Erfolgswahrscheinlichkeit, und der Ertrag, den der Gläubiger erwarten kann, ist niedrig. Ist der erwartete Ertrag gar so niedrig, dass nicht einmal der (erwartete) Ertrag einer alternativen Anlage der Mittel, beispielsweise in staatliche Wertpapiere, gedeckt wird, so verweigert der Gläubiger von Beginn an die Auszahlung der Kreditsumme, und zwar unabhängig vom vereinbarten Kreditzinssatz.

Wenn der Gläubiger stattdessen einen Standardkreditvertrag vorschlägt, dann sind die Anreize für den Unternehmer möglicherweise besser. Dieser Standardkreditvertrag sieht vor, dass der Unternehmer ein festes Rückzahlungsversprechen abgibt. Kann er dieses aufgrund schlechter Erträge nicht leisten, so muss er seine Erträge vollständig an den Gläubiger abführen. Eine Entlohnung für seine unternehmerischen Aktivitäten erhält der Unternehmer daher nur bei hohen Projekterträgen. In diesem Fall behält er den Überschuss der Projekterträge über den Rückzahlungsanspruch des Gläubigers; der Unternehmer wird zum Residualeinkommensbezieher. Grafisch lässt sich der Standardkreditvertrag wie in Abbildung 5.1 darstellen, sofern man das Rückzahlungsversprechen des Schuldners mit h und die tatsächliche Zins- und Tilgungszahlung bei einem Projektertrag r mit $v(r)$ bezeichnet. Der Schuldner zahlt an den Gläubiger

5.1 Der Standardkreditvertrag

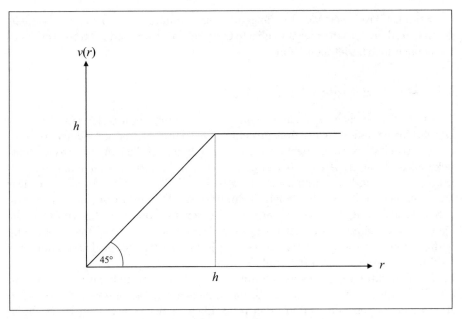

Abb. 5.1. Der Standardkreditvertrag

$$v(r) = \min\{r, h\}$$
$$= \begin{cases} r \text{ für } r \leq h, \\ h \text{ für } r > h. \end{cases}$$

Der Standardkreditvertrag verstößt nicht gegen die optimale Risikoteilungsregel (beide Parteien sind risikoneutral) und berücksichtigt auch die beschränkte Eigenmittelausstattung des Unternehmers. Ob er aber in der Tat anreizeffizient ist, hängt letztlich vom Zusammenhang zwischen unternehmerischen Arbeitsaufwand und dem Projekterfolg ab. Wenn der Gläubiger aus einem hohen realisierten Projektertrag darauf schließen kann, dass dieser Ertrag mit hoher Wahrscheinlichkeit auf einen engagierten Unternehmer und nicht einfach nur auf glückliche äußere Einflüsse zurückzuführen ist, dann ist es aus Anreizgründen sicherlich sinnvoll, dass der Unternehmer bei Realisation hoher Projekterträge auch stark an ihnen teilhaben soll. Oder anders formuliert: Wenn der Gläubiger aus einem geringen realisierten Projektertrag darauf schließen kann, dass dieser Ertrag mit hoher Wahrscheinlichkeit vor allem auf einen faulen Unternehmer zurückzuführen ist, und nicht nur widrige Umstände den geringen Ertrag begründen können, dann soll der Unternehmer für diese vermutete Faulheit bestraft werden, indem er nichts vom Ertrag behalten darf.

Diese Eigenschaft (höchstmögliche Teilhabe an hohen Projektergebnissen, niedrigstmögliche Entlohnung bei geringen Projektergebnissen) erfüllt gerade der Standardkreditvertrag. Im Folgenden soll anhand eines formalen Modells gezeigt werden, dass die hier postulierte Optimalität des Standardkreditvertrages tatsächlich begründet sein kann.

5.1.2 Das *Innes*-Modell

Innes (1990) betrachtet einen risikoneutralen Unternehmer, der eine Idee zur Durchführung eines Investitionsprojektes hat. Dieses erfordert seinen persönlichen Arbeitseinsatz a, der mit einem persönlichen Disnutzen (bzw. nichtpekuniären Kosten) $A(a) > 0$ verbunden ist. Die Funktion A ist monoton steigend ($A' \geq 0$) und streng konvex ($A'' > 0$) mit $A'(0) = 0$ und $A'(\infty) = \infty$. Der Unternehmer benötigt aber auch Sachmittel zur Durchführung des Projektes, deren Anschaffung (oder Nutzung) mit Kosten in Höhe von I verbunden ist. Da der Unternehmer zunächst über keine eigene finanzielle Anfangsausstattung verfügt, muss er diese Sachmittel(nutzung) extern finanzieren. Diese Annahme wird im nächsten Abschnitt modifiziert.

Der Projektertrag r ist unsicher und kann jeden Wert im abgeschlossenen Intervall zwischen 0 und einem beliebigen endlichen $r_{\max}$ annehmen: $r \in [0, r_{\max}]$. Allerdings können alle Akteure den tatsächlich realisierten Ertrag beobachten. Die Unsicherheit über den Ertrag wird durch eine – beiden Vertragsparteien bekannte – Verteilungsfunktion F erfasst, wobei $F(r|a)$ wieder die Wahrscheinlichkeit dafür angibt, dass bei einem Arbeitseinsatz a ein Ertrag von höchstens r realisiert werden kann. Es ist unterstellt, dass F eine stetige, monoton fallende und konvexe Funktion des Arbeitseinsatzes a ist ($F_a \leq 0$, $F_{aa} \geq 0$). Grob formuliert bedeutet dies, dass die Wahrscheinlichkeit für hohe Projekterträge zunimmt, wenn ein höherer Arbeitseinsatz geleistet wird, d. h. die Verteilung bei einem hohen Arbeitseinsatz dominiert die Verteilung bei einem geringen Arbeitseinsatz nach dem Konzept der stochastischen Dominanz erster Ordnung (siehe S. 14). Die Verbesserung der Erfolgswahrscheinlichkeit wird aufgrund der unterstellten Konvexität von F mit zunehmendem a jedoch schwächer ($F_{aa} \geq 0$). Die zu F gehörige Dichtefunktion f ist zweimal stetig nach a und r differenzierbar und erfüllt die *Monotone Likelihood Ratio Property* (*MLRP*, siehe S. 56).

Aufgrund der fehlenden finanziellen Anfangsausstattung des Unternehmers entspricht der externe Finanzierungsbedarf gerade den Ausgaben für die Sachmittel I. Wenn ein potenzieller Gläubiger dem Unternehmer diese Sachmittel finanziert, dann fordert er hierfür eine Rückzahlung, die der Unternehmer bei Projektabschluss zu leisten hat. Aufgrund der asymmetrisch verteilten Information kann diese Rückzahlung zwar nicht auf die tatsächlichen Erfolgsbemühungen des Unternehmers konditionieren, sie kann aber in Abhängigkeit von dem tatsächlich realisierten Projektertrag festgelegt werden. Diese zustandsabhängigen Rückzahlungen $v(r)$ an den Gläubiger dürfen lediglich den tatsächlichen Projektertrag nicht übersteigen, da der Unternehmer zum Zeitpunkt des Projektabschlusses über keine anderen finanziellen Mittel verfügt als über den realisierten

5.1 Der Standardkreditvertrag

Projektertrag; dies wird in der folgenden Bedingung beschränkter Haftung erfasst:

$$v(r) \leq r \text{ für alle } r \in [0, r_{\max}]. \tag{5.1}$$

Weiterhin soll unterstellt werden, dass die Rückzahlungsfunktion schwach monoton steigend in r ist, d. h. für jedes beliebig kleine $\varepsilon > 0$ soll die folgende, als Monotoniebeschränkung bezeichnete Bedingung erfüllt sein:

$$v(r) \leq v(r+\varepsilon) \text{ für alle } r \in [0, r_{\max}). \tag{5.2}$$

Schließlich wird ein Finanzierungsvertrag von beiden Parteien nur dann abgeschlossen, sofern sich keine von beiden schlechter stellt als bei einem Ablehnen des Vertrages. Der Unternehmer kann bei Ablehnung des Vertrages weder Zahlungen erwarten noch hat er einen Arbeitsaufwand. Seinen Reservationsnutzen (also den Nutzen, den er hat, wenn er keine Zahlungen erhält und kein Arbeitsleid erfährt) normieren wir auf null. Dann akzeptiert er den Arbeitseinsatz a und die Rückzahlungsfunktion v nur, wenn

$$\int_0^{r_{\max}} [r - v(r)] \cdot f(r|a)\, dr - A(a) \geq 0 \tag{5.3}$$

erfüllt ist. Die Bedingung (5.3) ist die Teilnahmebedingung des Schuldners.

In gleicher Weise akzeptiert ein risikoneutraler Kapitalgeber einen Finanzierungsvertrag nur dann, wenn bei Zugrundelegung der zu vereinbarenden Rückzahlungsfunktion und des tatsächlich ausgeführten Arbeitseinsatzes a die erwartete Rückzahlung $E[v(r)|a]$ zumindest den Ertrag einer sicheren Alternativanlage deckt, d. h. falls die Teilnahmebedingung des Gläubigers

$$E[v(r)|a] = \int_0^{r_{\max}} v(r) \cdot f(r|a)\, dr \geq (1+i) \cdot I \tag{5.4}$$

erfüllt ist, wobei i den sicheren Alternativvertragssatz bezeichnet. Es wird angenommen, dass der Schuldner über die gesamte Verhandlungsmacht verfügt und den Gläubiger daher auf seinen Reservationsnutzen drücken kann, d. h. in (5.4) gilt die Gleichheit (siehe Übung 5.3*).

Aus der traditionellen Mikroökonomik ist bekannt, dass unter den getroffenen Annahmen bzgl. f und A die erstbeste Lösung unabhängig von Verteilungsgesichtspunkten erreicht würde, wenn der Unternehmer denjenigen Arbeitseinsatz a^{fb} leistete, bei dem der erwartete Grenzertrag der Arbeit dem persönlichen Grenzleid der Arbeit entspräche:

$$\int_0^{r_{\max}} r \cdot f_a(r|a^{fb})\, dr = A'(a^{fb}), \tag{5.5}$$

wobei f_a die Ableitung der Dichtefunktion nach a bezeichnet. Der Schuldner ist bei der Wahl seines Arbeitseinsatzes jedoch ausschließlich an der Maximierung seines eigenen Vorteils interessiert und kann hiervon aufgrund der bestehenden Informationsasymmetrie auch durch den Gläubiger nicht abgehalten werden. Er wählt daher seine Anstrengungen gerade so, dass sein persönlicher erwarteter Nettonutzen

$$\int_0^{r_{\max}} [r - v(r)] \cdot f(r|a)\, dr - A(a)$$

maximal wird. Die zugehörige Bedingung erster Ordnung, nach der ein Schuldner seinen tatsächlichen Arbeitseinsatz wählt, lautet folglich (*first order approach*):

$$\int_0^{r_{\max}} [r - v(r)] \cdot f_a\left(r|a^{sb}\right) dr = A'(a^{sb}). \tag{5.6}$$

Die Bedingung (5.6) ist die Anreizbedingung des Schuldners.

Ein Vergleich mit (5.5) macht deutlich, dass für $a^{sb} = a^{fb}$ die Gleichung (5.6) nicht mehr erfüllt sein muss, wenn zumindest für ein r gilt: $v(r) > 0$. Dann ist aber auch der vom Schuldner gewählte Arbeitseinsatz a^{sb} vom erstbesten Anstrengungsniveau a^{fb} verschieden.

Die Frage, die sich daher anschließt, lautet: Welche Eigenschaften hat die optimale Rückzahlungsfunktion v, wenn der adverse Anreiz, der von den Rückzahlungen auf den Arbeitseinsatz ausgeht, so gering wie möglich ist (d. h. das geleistete Anstrengungsniveau ist dem erstbesten am nächsten), jedoch gleichzeitig der Gläubiger zumindest die alternative Verzinsung des von ihm eingesetzten Kapitals erwarten kann? Formal stellt sich dieses Problem wie folgt dar:

$$\max_{v,a} \left\{ \int_0^{r_{\max}} [r - v(r)] \cdot f(r|a)\, dr - A(a) \right\}$$

$$\text{s.t.}$$
(5.1), (5.2), (5.3), (5.4) und (5.6).

Um zur Lösung zu gelangen, verzichten wir auf den strengen formalen Beweis (siehe hierzu *Innes* 1990). Statt dessen folgen wir *Freixas, Rochet* (1997, 124 ff.) und leiten die Lösung intuitiv ab (siehe auch *Bolton, Dewatripont* 2005, S. 162 ff.). Zunächst vernachlässigen wir die Haftungs- und die Monotoniebeschränkung (5.1) und (5.2) sowie die Teilnahmebedingung für den Schuldner (5.3). Dann lautet die zugehörige *Lagrange*-Funktion

$$\mathcal{L}(v, a, \lambda_1, \lambda_2) = \int_0^{r_{\max}} [r - v(r)] \cdot f(r|a)\, dr - A(a)$$
$$+ \lambda_1 \left\{ \int_0^{r_{\max}} v(r) \cdot f(r|a)\, dr - (1+i) \cdot I \right\}$$
$$+ \lambda_2 \left\{ \int_0^{r_{\max}} [r - v(r)] \cdot f_a(r|a)\, dr - A'(a) \right\}$$

bzw.

5.1 Der Standardkreditvertrag

$$\mathcal{L}(v, a, \lambda_1, \lambda_2) = \int_0^{r_{\max}} r \cdot [f(r|a) + \lambda_2 \cdot f_a(r|a)] \, dr$$
$$+ \int_0^{r_{\max}} v(r) \cdot [(\lambda_1 - 1) \cdot f(r|a) - \lambda_2 \cdot f_a(r|a)] \, dr$$
$$- A(a) - \lambda_2 \cdot A'(a) - \lambda_1 \cdot (1+i) \cdot I,$$

wobei λ_1 den *Lagrange*-Multiplikator für die Teilnahmebedingung des Gläubigers (5.4) und λ_2 entsprechend den *Lagrange*-Multiplikator für die Anreizrestriktion des Schuldners (5.6) bezeichnen. Offensichtlich ist der Wert dieser Zielfunktion linear abhängig von den Rückzahlungen $v(r)$, mit $(\lambda_1 - 1) \cdot f(r|a) - \lambda_2 \cdot f_a(r|a)$ als Faktor. Der Wert der Zielfunktion wird bei einem Faktor größer null maximal, sofern $v(r)$ ebenfalls maximal ist, während bei einem Faktor kleiner null $v(r)$ minimal sein muss. Nun ist dieser Faktor größer null, falls

$$\frac{\lambda_1 - 1}{\lambda_2} > \frac{f_a(r|a)}{f(r|a)}, \tag{5.7}$$

und kleiner null, falls

$$\frac{\lambda_1 - 1}{\lambda_2} < \frac{f_a(r|a)}{f(r|a)}. \tag{5.8}$$

Da die Funktion f annahmegemäß *MLRP* erfüllt, steigt der Quotient $\frac{f_a(r|a)}{f(r|a)}$ mit zunehmendem Projektertrag r. Des Weiteren sind λ_1 und λ_2 konstant und unabhängig von r. Es existiert somit höchstens ein $\bar{r}$ zwischen 0 und $r_{\max}$, für das gilt:

$\frac{\lambda_1 - 1}{\lambda_2} > \frac{f_a(r|a)}{f(r|a)}$ für alle $r < \bar{r}$,

$\frac{\lambda_1 - 1}{\lambda_2} = \frac{f_a(r|a)}{f(r|a)}$ für alle $r = \bar{r}$,

$\frac{\lambda_1 - 1}{\lambda_2} < \frac{f_a(r|a)}{f(r|a)}$ für alle $r > \bar{r}$.

Sei zunächst angenommen, dass ein solches $\bar{r}$ existiert. Dann legt die optimale Rückzahlungsfunktion höchstmögliche Rückzahlungen fest, wenn ein Projektertrag realisiert wird, der geringer als der kritische Projektertrag $\bar{r}$ ausfällt. Demgegenüber werden geringstmögliche Rückzahlungen vorgesehen, wenn ein Projektertrag realisiert wird, der höher als $\bar{r}$ ausfällt.

Die einem Schuldner mit beschränkter Haftung höchstmögliche Rückzahlung besteht in der Auszahlung des gesamten realisierten Projektertrages. Sofern er jedoch einen höheren Ertrag als $\bar{r}$ erwirtschaftet, sieht die optimale Rückzahlungsfunktion die geringstmögliche Zahlung vor. Aufgrund der Monotoniebeschränkung (5.2) können die Zahlungen jedoch nicht mit steigendem r sinken, sodass der Schuldner für alle $r > \bar{r}$ dieselben Rückzahlungen zu leisten hat wie für $r = \bar{r}$.

Die so beschriebene Eigenschaft der Funktion v entspricht nun gerade der eines Standardkreditvertrages. Wird mit h das erfolgsunabhängige Rückzahlungsversprechen des Schuldners bezeichnet, dann erfüllt dieser seine Zahlungsverpflichtung, solange der Projektertrag dies ermöglicht, andernfalls führt er seinen gesamten Ertrag ab. Die Funktion v kann daher geschrieben werden als

$$v(r) = \min\{r, h\}. \tag{5.9}$$

Damit sieht ein Standardkreditvertrag – im Vergleich zu einem beliebigen anderen monotonen Vertrag – höhere Rückzahlungen vor bei schlechten Projekterträgen und niedrigere Rückzahlungen bei guten Projekterträgen. Da *MLRP* sicher stellt, dass bei Beobachtung eines hohen Projektertrages durch den Gläubiger die Wahrscheinlichkeit dafür, dass die Anstrengung des Agenten eher hoch als niedrig gewesen ist, ebenfalls hoch ist, folgt:

- Wenn ein Projektertrag dem Gläubiger signalisiert, dass der Schuldner mit hoher Wahrscheinlichkeit eher faul als fleißig war, so fordert der Gläubiger die höchstmögliche Bestrafung des Schuldners; diese besteht darin, dass der Schuldner den gesamten Projektertrag abzuführen hat.
- Wenn hingegen ein Projektertrag dem Gläubiger das Signal gibt, dass der Schuldner mit hoher Wahrscheinlichkeit eher fleißig als faul war, dann wünscht der Gläubiger dieses mutmaßliche Verhalten aus Anreizgründen auch zu honorieren und der Schuldner darf die gesamten Erträge, die über den kritischen Projektertrag hinausgehen, behalten.

Vor der Bestimmung der Anreizwirkungen des Rückzahlungsversprechens ist noch kurz zu diskutieren, was wäre, wenn kein kritisches $\bar{r} \in (0, r_{\max})$ bestimmt werden kann. Zwei Fälle können dann grundsätzlich unterschieden werden:

1. Falls $\frac{\lambda_1 - 1}{\lambda_2} < \frac{f_a(0|a)}{f(0|a)}$, dann soll der Vertrag unabhängig vom realisierten Projektergebnis geringstmögliche Rückzahlungen vorsehen. Da die geringstmögliche Rückzahlung null ist, bedeutet dies, dass der Gläubiger dem Vertrag nicht zustimmen wird, da seine Teilnahmebedingung verletzt wird.
2. Falls $\frac{\lambda_1 - 1}{\lambda_2} > \frac{f_a(r_{\max}|a)}{f(r_{\max}|a)}$, dann soll der Vertrag unabhängig vom realisierten Projektergebnis höchstmögliche Rückzahlungen vorsehen. Da die höchstmögliche Rückzahlung der jeweils realisierte Projektertrag ist, kann der Schuldner nichts für sich behalten. Er wird dann diesen Vertrag unabhängig vom tatsächlichen Anstrengungsniveau ablehnen, wenn die Durchführung des Projektes mit fixen Kosten für den Schuldner verbunden sind, d. h. wenn $A(0) > 0$.

Als Fazit bleibt festzuhalten: Wenn ein Vertrag zwischen den Parteien abgeschlossen wird, dann ist dieser Vertrag ein Standardkreditvertrag.

Mit der Kenntnis der optimalen Vertragsform verändert sich nunmehr die Anreizbedingung des Schuldners (5.6) zu

5.1 Der Standardkreditvertrag

$$a^{sb} \in \arg\max_{a} \quad \{E[r|a] - E[\min\{r, h\}|a] - A(a)\}, \quad (5.10)$$

mit

$$E[r|a] = \int_0^{r_{\max}} r \cdot f(r|a)\, dr \quad (5.11)$$

und

$$E[\min\{r, h\}|a] = \int_0^{r_{\max}} \min\{r, h\} \cdot f(r|a)\, dr \quad (5.12)$$

$$= \int_0^{h} r \cdot f(r|a)\, dr + \int_h^{r_{\max}} h \cdot f(r|a)\, dr$$

$$= \int_0^{h} r \cdot f(r|a)\, dr + h[1 - F(h|a)].$$

Um die Anreizwirkungen des Standardkreditvertrages im Folgenden besser zu verstehen, werden auf (5.11) und (5.12) zunächst die Regeln für die partielle Integration angewendet.

Anmerkung 5.1 (Partielle Integration) *Seien H und G jeweils stetig differenzierbare Funktionen. Dann gilt*

$$\int_{x_1}^{x_2} H(x) \cdot G'(x)\, dx = H(x_2) \cdot G(x_2) - H(x_1) \cdot G(x_1) - \int_{x_1}^{x_2} H'(x) \cdot G(x)\, dx.$$

Im Fall von (5.11) sind $x := r$, $x_1 := 0$, $x_2 := r_{\max}$, $H(x) := r$ sowie $G(x) := F(r|a)$. Dann gilt

$$\int_0^{r_{\max}} r \cdot f(r|a)\, dr$$

$$= r_{\max} \cdot F(r_{\max}) - 0 \cdot F(0) - \int_0^{r_{\max}} F(r|a)\, dr$$

$$= r_{\max} - \int_0^{r_{\max}} F(r|a)\, dr.$$

Im Gegensatz zum Fall von (5.11) ist im Fall von (5.12) $H(x) := \min\{r, h\}$. Dann gilt

$$\int_0^{r_{\max}} \min\{r, h\} \cdot f(r|a)\, dr = h \cdot F(h|a) - 0 \cdot F(0)$$

$$- \int_0^{h} F(r|a)\, dr + h[1 - F(h|a)]$$

$$= h - \int_0^{h} F(r|a)\, dr.$$

Damit folgt für (5.10)

$$a^{sb} \in \arg\max_a \left\{ (r_{\max} - h) - \int_h^{r_{\max}} F(r|a)dr - A(a) \right\},$$

und die zugehörige Bedingung erster Ordnung lautet:

$$\Lambda\left(a^{sb}, h\right) := \int_h^{r_{\max}} F_a\left(r|a^{sb}\right) dr + A'(a^{sb}) = 0. \quad (5.13)$$

Diese Bedingung definiert den zweitbesten Arbeitseinsatz (*second best*) a^{sb} als eine implizite und stetige Funktion des vereinbarten Rückzahlungsversprechens h, für die gemäß dem Theorem impliziter Funktionen folgender Zusammenhang zwischen a^{sb} und h besteht:

$$\begin{aligned}\frac{\partial a^{sb}}{\partial h} &= -\frac{\partial \Lambda(a^{sb}, h)/\partial h}{\partial \Lambda(a^{sb}, h)/\partial a^{sb}} \\ &= \frac{F_a\left(h|a^{sb}\right)}{\int_h^{r_{\max}} F_{aa}\left(r|a^{sb}\right) dr + A''(a^{sb})} < 0.\end{aligned} \quad (5.14)$$

Das vom Schuldner realisierte Anstrengungsniveau a^{sb} geht also mit steigendem Rückzahlungsversprechen h zurück. Der Grund hierfür ist, dass sich bei zunächst unverändertem Arbeitseinsatz durch einen Anstieg des Rückzahlungsversprechens die erwarteten Grenzerträge für den Schuldner vermindern. Der Gläubiger wäre nämlich in stärkerem Maße ein Nutznießer des Arbeitseinsatzes des Schuldners, weil dieser bei einem gestiegenen Rückzahlungsversprechen nun auch von hohen Projekterträgen (von denen der Schuldner bislang einen Großteil behalten konnte) einen größeren Betrag an den Gläubiger abführen muss. Dies vermindert den Anreiz für den Schuldner, durch fleißiges Bemühen dafür zu sorgen, dass diese hohen Projekterträge mit hoher Wahrscheinlichkeit realisiert werden.

Mit Kenntnis dieser Zusammenhänge zwischen a^{sb} und h reduziert sich das Problem der Vertragsparteien auf die Wahl des vereinbarten Rückzahlungsversprechens h, welches unter Berücksichtigung der von ihm ausgehenden Anreizwirkung bezüglich a^{sb} gemäß (5.13) dem Gläubiger zumindest die Alternativrendite auf das eingesetzte Kapital zusichert. Sofern eine Lösung für dieses Anreizproblem existiert, erfüllen h und a^{sb} folglich das Gleichungssystem:

$$h - \int_0^h F\left(r|a^{sb}\right) dr - (1+i) \cdot I = 0, \quad (5.15)$$

$$A'(a^{sb}) + \int_h^{r_{\max}} F_a\left(r|a^{sb}\right) dr = 0.$$

5.1 Der Standardkreditvertrag

Zu beachten ist jedoch, dass dies nur eine notwendige, jedoch keine hinreichende Bedingung für die Optimalität eines Paares (a^{sb}, h) ist. Sie ist notwendig, weil bei Nichtexistenz eines solchen Paares kein Rückzahlungsversprechen existiert, welches unter Berücksichtigung der Anreizrestriktion dem Gläubiger eine erwartete Rückzahlung in Höhe des Alternativertrages seiner Anlage ermöglicht.

Andererseits sind nicht alle Paare (a^{sb}, h), die das Gleichungssystem (5.15) erfüllen, gleichermaßen vorteilhaft, um auch tatsächlich im Vertrag vereinbart zu werden. Angenommen, es existieren zwei Paare (a_1, h_1) und (a_2, h_2), die beide Lösungen des Gleichungssystems sind. Welches der beiden Paare wird vertraglich vereinbart? Dem Gläubiger ist dies gleichgültig, sichern ihm doch beide Varianten erwartete Rückzahlungen zu, die gerade seine Opportunitätskosten decken (dies ist ja gerade die Bedingung, die jede Lösung des Gleichungssystems (5.15) erfüllen muss). Demnach entscheidet der Schuldner, welches Rückzahlungsversprechen im Vertrag festgeschrieben wird. Da sein erwarteter Gewinn identisch ist mit der Differenz aus dem erwarteten Projektertrag einerseits und den erwarteten Rückzahlungen zuzüglich den Kosten für seinen Arbeitseinsatz andererseits, präferiert er das Rückzahlungsversprechen h_1 gegenüber dem Rückzahlungsversprechen h_2 wenn

$$E[r|a_1] - A(a_1) - (1+i) \cdot I > E[r|a_2] - A(a_2) - (1+i) \cdot I.$$

Aufgrund der Konvexität von A und F in a steigt der erwartete Gewinn $E[r|a] - A(a) - (1+i) \cdot I$ mit zunehmendem Arbeitseinsatz a, solange dieser geringer als der erstbeste a^{fb} ist (was ja für alle $h > 0$ gilt!). Deshalb wird sich der Unternehmer bei der Wahl zwischen (a_1, h_1) und (a_2, h_2) stets für den höheren Arbeitseinsatz entscheiden. Da dieser aufgrund der Anreizrestriktion das niedrigere Rückzahlungsversprechen erfordert, wird im Vertrag das Rückzahlungsversprechen $h = \min\{h_1, h_2\}$ vereinbart.

Schließlich muss noch angemerkt werden, dass es selbst dann nicht zu einem Abschluss des Vertrages kommen muss, wenn zumindest ein Paar (a^{sb}, h) existiert, welches das Gleichungssystem (5.15) löst. Die Lösung (a^{sb}, h) zum Gleichungssystem (5.15) erfüllt nämlich zwar die Teilnahmebedingung des Gläubigers (5.4) und auch die Anreizrestriktion des Schuldners (5.6) sowie – über die Struktur des zugrunde liegenden Standardkreditvertrages – ebenfalls die Bedingungen der beschränkten Haftung des Unternehmers (5.1) und der Monotonie des Rückzahlungsschemas (5.2). Jedoch ist bei den bisherigen Betrachtungen unberücksichtigt geblieben, ob auch die Teilnahmebedingung des Schuldners (5.3) mit der Vereinbarung von (a^{sb}, h) erfüllt ist.

Grundsätzlich ist dies nur dann gewährleistet, wenn die fixen Kosten der Projektdurchführung $A(0)$, die unabhängig vom tatsächlichen Arbeitseinsatz des Schuldners bei diesem anfallen, nicht zu hoch sind. Diese fixen Kosten können darin bestehen, die vom Gläubiger finanzierten Sachmittel zu beschaffen oder zusätzliche Arbeitskräfte zu suchen, einzuweisen und anzustellen. Sie können aber auch daher rühren, dass der Unternehmer bereits im Vorfeld der Investition zusätzliche staatliche Vorschriften einhalten und behördliche Genehmigungen einholen muss, was unter Umständen einen hohen Arbeits- und Zeitaufwand erfordert. Wenn die Projektdurchführung nun mit hohen fixen Arbeitskosten verbunden ist, dann wird der Unternehmer das Projekt nicht durchführen wollen, obwohl er seinem potenziellen Gläubiger die Deckung seiner Opportunitätskosten der Kapitalüberlassung glaubwürdig zusichern könnte. Das hierfür erforderliche Rückzahlungsversprechen induziert dann nämlich einen zu geringen Arbeitseinsatz, als dass nach Abzug der Verbindlichkeiten gegenüber dem Gläubiger ein hinreichend hoher Teil des erwarteten Ertrages verbleibt, um das Arbeitsleid zu decken.

5.1.3 Interne Finanzierungsmittel

Bislang wurden der optimale Finanzierungsvertrag und dessen Anreizeffekte unter der Annahme eines vollständig eigenmittellosen Schuldners bestimmt. Welche Konsequenzen ergeben sich jedoch für das Anstrengungsniveau des Schuldners, wenn dieser über eigene finanzielle Mittel verfügt? Intuitiv ist wohl zu erwarten, dass ein Schuldner, der sich mit eigenen Mitteln am Projekt beteiligt, sich auch mit größerem Eifer um den Erfolg seines Projektes bemüht. Aber woraus resultiert dieser Anreizeffekt eigentlich? Das bislang vorgestellte Modell gibt uns das notwendige Hilfsmittel an die Hand, um dieser Frage nachzugehen und die Anreizeffekte von eigenen finanziellen Mitteln des Schuldners zu untersuchen.

Nehmen wir zunächst einmal an, dass sich der Schuldner in Höhe der gesamten ihm zur Verfügung stehenden eigenen finanziellen Mittel W am Projekt beteiligt (wir klären später, ob dies in unserem Szenario tatsächlich die beste Strategie des Schuldners ist). Bei einem gegebenen Gesamtfinanzierungsvolumen des Projektes in Höhe von I ergibt sich daher ein externer Finanzierungs- bzw. Kreditbedarf in Höhe der Differenz $I-W$. Da der Standardkreditvertrag als optimale Vertragsform unabhängig vom externen Finanzierungsbedarf bestimmt wurde, können wir auch im Falle einer positiven internen Finanzausstattung des Schuldners den Standardkreditvertrag der Analyse zu Grunde legen.

Der Vertrag, beschrieben durch (5.15), modifiziert sich daher zu folgendem Gleichungssystem

$$\Gamma(h, a^{sb}, i, I, W) := (1+i) \cdot (I-W) - h + \int_0^h F\left(r|a^{sb}\right) dr = 0,$$

$$\Lambda(h, a^{sb}) := A'(a^{sb}) + \int_h^{r_{\max}} F_a\left(r|a^{sb}\right) dr = 0,$$

d. h. es müssen simultan die Anreizrestriktion für den Schuldner sowie die Teilnahmebedingung für den Gläubiger erfüllt sein (es sei angenommen, dass $A(0)$ hinreichend gering ist, sodass die Teilnahmebedingung des Unternehmers nicht bindend ist). Mit Kenntnis der Funktionen Γ und Λ lassen sich nun die Auswirkungen einer Änderung von W auf die zwei endogenen Variablen a^{sb} und h mit Hilfe der komparativen Statik bestimmen.

5.1 Der Standardkreditvertrag

Anmerkung 5.2 (Komparative Statik) *Seien H_1 und H_2 k-mal stetig differenzierbare Funktionen und sei $(\mathbf{x}^0, \mathbf{y}^0) = (x_1^0, x_2^0, y_1^0, \ldots, y_N^0)$ eine innere Lösung des Gleichungssystems*

$$H_1(x_1, x_2, y_1, \ldots, y_N) = 0,$$
$$H_2(x_1, x_2, y_1, \ldots, y_N) = 0,$$

mit den zwei endogenen Variablen x_1 und x_2 sowie den N exogenen Variablen $y_1, \ldots, y_N$. Falls

$$\frac{\partial H_1}{\partial x_1}(\mathbf{x}^0, \mathbf{y}^0) \frac{\partial H_2}{\partial x_2}(\mathbf{x}^0, \mathbf{y}^0) - \frac{\partial H_1}{\partial x_2}(\mathbf{x}^0, \mathbf{y}^0) \frac{\partial H_2}{\partial x_1}(\mathbf{x}^0, \mathbf{y}^0) \neq 0,$$

dann wird durch das oben genannte Gleichungssystem in einer Umgebung von $(\mathbf{x}^0, \mathbf{y}^0)$ eine implizite Funktion zwischen den endogenen Variablen einerseits und den exogenen Variablen andererseits definiert, die ebenfalls k-mal stetig differenzierbar ist und für die für alle $n = 1, \ldots, N$ gilt

$$\frac{\partial x_1}{\partial y_n} = \frac{\dfrac{\partial H_1}{\partial x_2}\dfrac{\partial H_2}{\partial y_n} - \dfrac{\partial H_2}{\partial x_2}\dfrac{\partial H_1}{\partial y_n}}{\dfrac{\partial H_1}{\partial x_1}\dfrac{\partial H_2}{\partial x_2} - \dfrac{\partial H_1}{\partial x_2}\dfrac{\partial H_2}{\partial x_1}},$$

$$\frac{\partial x_2}{\partial y_n} = \frac{\dfrac{\partial H_2}{\partial x_1}\dfrac{\partial H_1}{\partial y_n} - \dfrac{\partial H_1}{\partial x_1}\dfrac{\partial H_2}{\partial y_n}}{\dfrac{\partial H_1}{\partial x_1}\dfrac{\partial H_2}{\partial x_2} - \dfrac{\partial H_1}{\partial x_2}\dfrac{\partial H_2}{\partial x_1}}.$$

Im vorliegenden Fall ist $H_1 := \Gamma$, $H_2 := \Lambda$, $x_1 := h$, $x_2 := a^{sb}$ und $y_1 := W$, $y_2 := i$ sowie $y_3 := I$. Es folgt daher:

$$\frac{\partial h}{\partial W} = \frac{\dfrac{\partial \Gamma}{\partial a^{sb}}\dfrac{\partial \Lambda}{\partial W} - \dfrac{\partial \Lambda}{\partial a^{sb}}\dfrac{\partial \Gamma}{\partial W}}{\dfrac{\partial \Gamma}{\partial h}\dfrac{\partial \Lambda}{\partial a^{sb}} - \dfrac{\partial \Gamma}{\partial a^{sb}}\dfrac{\partial \Lambda}{\partial h}},$$

$$\frac{\partial a^{sb}}{\partial W} = \frac{\dfrac{\partial \Lambda}{\partial h}\dfrac{\partial \Gamma}{\partial W} - \dfrac{\partial \Gamma}{\partial h}\dfrac{\partial \Lambda}{\partial W}}{\dfrac{\partial \Gamma}{\partial h}\dfrac{\partial \Lambda}{\partial a^{sb}} - \dfrac{\partial \Gamma}{\partial a^{sb}}\dfrac{\partial \Lambda}{\partial h}}.$$

Um zu den gewünschten Lösungen zu gelangen, sind die partiellen Ableitungen der Funktionen Γ und Λ nach den beiden endogenen Größen a^{sb} und h sowie nach der zu variierenden exogenen Größe W zu bestimmen:

$$\frac{\partial \Gamma}{\partial W} = -(1+i) < 0,$$

$$\frac{\partial \Gamma}{\partial a^{sb}} = \int_0^h F_a\left(r|a^{sb}\right) dr \leq 0,$$

$$\frac{\partial \Gamma}{\partial h} = -\left[1 - F\left(h|a^{sb}\right)\right] \leq 0,$$

$$\frac{\partial \Lambda}{\partial W} = 0,$$

$$\frac{\partial \Lambda}{\partial a^{sb}} = A''(a^{sb}) + \int_h^{r_{\max}} F_{aa}\left(r|a^{sb}\right) dr > 0,$$

$$\frac{\partial \Lambda}{\partial h} = -F_a\left(h|a^{sb}\right) \geq 0.$$

Damit folgt für die gesuchten Reaktionen des Arbeitseinsatzes und des vereinbarten Rückzahlungsversprechens

$$\frac{\partial h}{\partial W} = (1+i) \cdot \frac{A''(a^{sb}) + \int_h^{r_{\max}} F_{aa}\left(r|a^{sb}\right) dr}{\Omega + \Psi}, \qquad (5.16)$$

$$\frac{\partial a^{sb}}{\partial W} = (1+i) \cdot \frac{F_a\left(h|a^{sb}\right)}{\Omega + \Psi} \qquad (5.17)$$

mit

$$\Omega := -\left[1 - F\left(h|a^{sb}\right)\right] \cdot \left[A''(a^{sb}) + \int_h^{r_{\max}} F_{aa}\left(r|a^{sb}\right) dr\right]$$

und

$$\Psi := \left[\int_0^h F_a\left(r|a^{sb}\right) dr\right] \cdot F_a\left(h|a^{sb}\right).$$

Zunächst scheinen die Vorzeichen von (5.16) und (5.17) unbestimmt zu sein. Da aber der Zähler des Quotienten in (5.16) positiv ist, während der Zähler in (5.17) ein negatives Vorzeichen aufweist, und weil die Nenner beider Quotienten identisch sind, können Rückzahlungsversprechen und Arbeitseinsatz jeweils nur in entgegengesetzter Richtung auf eine Erhöhung von W reagieren. Der Schuldner wählt einen höheren Arbeitseinsatz a^{sb} bei steigendem W also nur, wenn $\Omega + \Psi < 0$ gilt, d. h. wenn

5.1 Der Standardkreditvertrag

$$1 - F\left(h|a^{sb}\right) - \int_0^h F_a\left(r|a^{sb}\right) dr \frac{F_a\left(h|a^{sb}\right)}{A''(a^{sb}) + \int_h^{r_{\max}} F_{aa}\left(r|a^{sb}\right) dr}$$
$$> 0 \qquad (5.18)$$

erfüllt ist. Mit Blick auf (5.14) ist erkennbar, dass es sich bei dem letzten Quotienten in (5.18) um $\partial a^{sb}/\partial h$ handelt, d. h. um die Reaktion des Arbeitseinsatzes auf eine Veränderung des vereinbarten Rückzahlungsversprechens. Die Bedingung (5.18), die notwendig und hinreichend ist für eine Verbesserung der Anreize infolge einer höheren Eigenmittelausstattung des Schuldners, kann dann umformuliert werden zu

$$1 - F\left(h|a^{sb}\right) - \int_0^h F_a\left(r|a^{sb}\right) \cdot \frac{\partial a^{sb}}{\partial h} dr > 0. \qquad (5.19)$$

Woher wissen wir aber, ob diese Bedingung erfüllt ist? Ein kleiner Umweg führt uns zu der Antwort auf diese Frage: Wir bestimmen zunächst die Reaktion der erwarteten Rückzahlungen $E\left[\min\{r,h\}|a^{sb}\right]$ auf eine Veränderung des Rückzahlungsversprechens h. Hierbei ist zu berücksichtigen, dass a^{sb} wegen der Anreizbedingung (5.13) selbst eine implizite Funktion von h ist.

Da aus (5.12) folgt, dass

$$E\left[\min\{r,h\}|a^{sb}\right] = h - \int_0^h F\left(r|a^{sb}\right) dr \qquad (5.20)$$

gilt, verändert eine Variation von h zugleich die obere Integrationsgrenze von $\int_0^h F\left(r|a^{sb}\right) dr$. Deshalb ist folgende, als *Leibniz*-Regel bekannte, Differentiationsregel anzuwenden:

Anmerkung 5.3 (Leibniz-Regel) *Für die Differentiation von Parameterintegralen gilt:*

$$\frac{d}{dx}\left[\int_{u(x)}^{v(x)} H(x,y)\,dy\right] = H(x,v(x))\cdot v'(x)$$
$$- H(x,u(x))\cdot u'(x)$$
$$+ \int_{u(x)}^{v(x)} \frac{\partial H(x,y)}{\partial x} dy.$$

Im vorliegenden Fall gilt: $x := h$, $y := r$, $u(x) := 0$, $v(x) = h$ und $H(x,y) := F\left(r|a^{sb}\right)$. Angewendet auf (5.20) folgt daher

$$\frac{\partial E\left[\min\{r,h\}|a^{sb}\right]}{\partial h} = \frac{d}{dh}\left(h - \int_0^h F\left(r|a^{sb}\right) dr\right) \qquad (5.21)$$
$$= 1 - F\left(h|a^{sb}\right) - \int_0^h F_a\left(r|a^{sb}\right) \frac{\partial a^{sb}}{\partial h} dr.$$

Dieser Ausdruck ist identisch mit dem in der Bedingung (5.19). Notwendig und hinreichend für eine Anreizverbesserung infolge einer höheren Eigenmittelausstattung des Schuldners ist es daher, wenn die erwartete Rückzahlung des Schuldners an den Gläubiger nach einem Anstieg des Rückzahlungsversprechens zunimmt. Dass diese Bedingung immer erfüllt ist, machen einige weitere Überlegungen klar. Zunächst einmal ist – da F und a^{sb} stetige Funktionen sind – die erwartete Rückzahlung $E\left[\min\{r,h\}\,|a^{sb}\right]$ ebenfalls eine stetige Funktion von h. Des Weiteren gilt:

$$E\left[\min\{r,h\}\,|a^{sb}\right]\Big|_{h=0} = 0.$$

Wenn also das ursprünglich vereinbarte Rückzahlungsversprechen h die Teilnahmebedingung des Gläubigers $E\left[\min\{r,h\}\,|a^{sb}\right] = (1+i)\cdot(I-W)$ unter Berücksichtigung der Anreizbedingung (5.13) erfüllt hat, jedoch an der Stelle h gleichzeitig $\frac{\partial}{\partial h}E\left[\min\{r,h\}\,|a^{sb}\right] \leq 0$ gelten würde, dann bedeutete dies, dass zugleich ein alternatives Rückzahlungsversprechen $h' < h$ existierte, für das die Teilnahmebedingung des Gläubigers ebenfalls erfüllt wäre. Aus den bereits auf S. 127 vorgebrachten Argumenten wissen wir jedoch, dass der Schuldner unter allen Rückzahlungsversprechen, zwischen denen der Gläubiger indifferent ist, stets das geringste wählt. Für das ursprünglich gewählte Rückzahlungsversprechen kann deshalb $\frac{\partial}{\partial h}E\left[\min\{r,h\}\,|a^{sb}\right] \leq 0$ nicht gelten, und die notwendige und hinreichende Bedingung für eine positive Anreizwirkung interner Finanzierungsmittel ist erfüllt.

Damit führen unsere Überlegungen zu dem Ergebnis, welches wir zu Anfang dieses Abschnitts bereits intuitiv vermutet hatten: Eine Erhöhung der internen Finanzierungsmöglichkeiten verbessert den Anreiz für den Unternehmer, sich durch seinen Arbeitseinsatz um eine hohe Erfolgswahrscheinlichkeit des Projektes zu bemühen. Eine höhere interne Finanzierung senkt nämlich den externen Finanzierungsbedarf des Projektes, sodass die beiden Vertragsparteien ein niedrigeres Rückzahlungsversprechen vereinbaren können. Somit kann der Unternehmer einen größeren Teil des Projektertrages behalten, wenn dieser hoch ausfällt. Es ist also auch für ihn von Vorteil, mit höheren Arbeitsanstrengungen die Wahrscheinlichkeit für die Realisation eines hohen Projektergebnisses zu verbessern. Hieraus wird auch deutlich, dass der Unternehmer stets seine gesamten internen Finanzierungsmöglichkeiten ausschöpft, bevor er einen Kredit nachfragt, da ihm nur auf diese Weise ein größtmöglicher Anteil an einem hohen Projektertrag gewährt wird.

5.1.4 Zinsvariationen

Welche Auswirkungen haben Veränderungen des Ertragssatzes i einer alternativen Anlage der finanziellen Mittel? Mit unseren bisherigen Erkenntnissen ist diese Frage unschwer zu beantworten. Grundsätzlich haben Zinssteigerungen dieselben Auswirkungen wie eine Senkung der internen Finanzierungsmöglichkeiten des Unternehmers um den Faktor $(I-W)/(1+i)$. Somit sind auch die qualitativen Aussagen zu den Auswirkungen von Zinssatzvariationen spiegelbildlich zu

Veränderungen der internen Finanzierungsmöglichkeiten. Ein steigender Zinssatz verlangt, dass die erwartete Rückzahlung an den Gläubiger steigt, damit dieser seine gestiegenen Opportunitätskosten der Kapitalüberlassung decken kann. Da die erwartete Rückzahlung nur durch einen Anstieg des Rückzahlungsversprechens zunimmt, löst dies einen zusätzlichen adversen Anreiz für den Unternehmer aus, sodass dieser einen geringeren Arbeitseinsatz wählt. Die Erfolgswahrscheinlichkeit des Projektes sinkt und damit auch der erwartete Projektertrag.

5.1.5 Kontrolle

Zum Abschluss der Betrachtungen wird der Frage nachgegangen, ob und unter welchen Bedingungen eine Kontrolle des Schuldners eine kostengünstigere Lösung zum Anreizproblem zwischen Gläubiger und Schuldner darstellt. Hierzu ist zunächst zu klären, was Kontrolle des Schuldners heißt: Im Folgenden wird unter Kontrolle jede zusätzliche Maßnahme des Gläubigers verstanden, die zum Abbau der Informationsasymmetrie bezüglich der tatsächlich vom Schuldner erbrachten Anstrengungen führt. Eine Kontrolle ist also die Beschaffung und Auswertung zusätzlicher Signale. Diese Signale haben einen unterschiedlichen Informationsgehalt bezüglich der Aktivitäten des Schuldners: Sie sind perfekt, wenn aus ihnen mit Sicherheit auf den tatsächlichen Arbeitseinsatz rückgeschlossen werden kann. Sie sind aber lediglich imperfekt oder verrauscht, wenn sie die Wahrscheinlichkeitseinschätzung bezüglich des Arbeitseinsatzes zwar verbessern, ohne die Unsicherheit hierüber jedoch gänzlich auflösen zu können; der Gläubiger würde dann seine Priori-Wahrscheinlichkeitsvorstellung über den geleisteten Arbeitseinsatz im Sinne der *Bayes*'schen Regel aktualisieren.

Maßnahmen dieser Art sind beispielsweise die detaillierte und fortlaufende Prüfung der Geschäftslage des Schuldners oder die Beobachtung und Analyse der makroökonomischen Entwicklung und der Branchenentwicklung. Unter Berücksichtigung der hieraus gewonnenen zusätzlichen Informationen fällt es dem Gläubiger dann leichter, aus dem Projektertrag auf das tatsächliche Anstrengungsniveau des Schuldners zu schließen. Beobachtet der Gläubiger zum Beispiel eine gute Ertragsentwicklung in der Branche, zu der auch die Geschäftstätigkeit des Schuldners gerechnet wird, und realisiert jedoch der Schuldner entgegen dieser allgemeinen Entwicklung ein schlechtes Ergebnis, dann wird der Gläubiger seine Wahrscheinlichkeitsvorstellung darüber, dass der Schuldner fleißig war, nach unten korrigieren und gegebenenfalls mit geeigneten Sanktionen reagieren.

Aus Gründen der vereinfachten Darstellung wird nachfolgend auf eine Analyse der Anreizeffekte von Kontrollmaßnahmen, die lediglich verrauschte Signale über den Arbeitseinsatz produzieren, verzichtet und statt dessen unterstellt, dass der Gläubiger durch Kontrolle zusätzliche Informationen erhält, die es ihm ermöglichen, mit Sicherheit auf die geleisteten Anstrengungen zu schließen. Da diese Kontrollmaßnahmen zeitaufwändig sind und darüber hinaus eine gewisse Qualifikation erfordern, sind sie mit zusätzlichen Kosten c für den Gläubiger verbunden.

Wegen des vollständigen Abbaus der Informationsasymmetrie zwischen Gläubiger und Schuldner ist bei einem Vertrag, der diese perfekte Kontrolle vorsieht, das Rückzahlungsschema irrelevant für den realisierten Arbeitseinsatz. Im Vertrag werden das erstbeste Anstrengungsniveau sowie beliebige Rückzahlungen vereinbart, deren bedingter Erwartungswert lediglich der Teilnahmebedingung des Gläubigers genügen muss, d. h.

$$E\left[v(r)|a^{fb}\right] = (1+i)\cdot(I-W) + c.$$

Für den Schuldner verbleibt daher ein erwarteter Gewinn in Höhe von

$$E\left[r|a^{fb}\right] - A(a^{fb}) - (1+i)\cdot I - c. \quad (5.22)$$

Wird auf die Kontrolle verzichtet, legen die Parteien einen Standardkreditvertrag zugrunde und der Gewinn des Schuldners lautet

$$E\left[r|a^{sb}\right] - A(a^{sb}) - (1+i)\cdot I. \quad (5.23)$$

Ein Vergleich von (5.22) und (5.23) zeigt, dass sich der Schuldner durch Kontrolle nicht schlechter stellt, wenn gilt:

$$c \leq E\left[r|a^{fb}\right] - E\left[r|a^{sb}\right] - \left[A(a^{fb}) - A(a^{sb})\right], \quad (5.24)$$

d. h. wenn die Kontrollkosten hinreichend gering sind, sodass der erwartete Gewinnzuwachs bei Durchsetzung des erstbesten Anstrengungsniveaus (erwarteter Ertragszuwachs $E\left[r|a^{fb}\right] - E\left[r|a^{sb}\right]$ abzüglich Kostenzunahme $A(a^{fb}) - A(a^{sb})$) durch die entstehenden Kontrollkosten nicht überkompensiert wird.

Aber nicht nur die Höhe der Kontrollkosten hat Einfluss auf die Entscheidung zwischen einem Standardkreditvertrag und einem Vertrag mit Kontrolle. Auch die Ausstattung des Schuldners mit eigenen finanziellen Mitteln ist eine wichtige Determinante dieser Finanzierungsentscheidung: Wir wissen bereits, dass eine Zunahme der internen Finanzierungsmöglichkeiten W die Anreize für den Schuldner verbessert, sich sorgfältig um das Projekt zu kümmern, wenn ein Standardkreditvertrag zugrunde gelegt wird. Bei einem gegebenen Gesamtfinanzierungsvolumen I schlägt sich dies in einer Zunahme des erwarteten Gewinns des Schuldners wieder. Im Extremfall eines vollständig intern finanzierten Projektes ist das Rückzahlungsversprechen null und der Schuldner erbringt den (erstbesten) Arbeitseinsatz, der den gesamten erwarteten Projektüberschuss maximiert.

Da genau dieser Arbeitseinsatz aber auch mit einem Vertrag, der die Kontrolle des Schuldners vorsieht, durchgesetzt werden kann, sind der erwartete Projektertrag sowie die Kosten dieser Anstrengungen bei beiden Verträgen identisch. Die erwarteten Gewinne unterscheiden sich ausschließlich in den Kontrollkosten. Konsequenterweise wird der Schuldner also bei einem sehr hohen internen Finanzierungsvolumen auf die Kontrolle durch den Gläubiger verzichten und statt dessen einen Standardkreditvertrag vereinbaren. Dieser sieht aufgrund des hohen internen Finanzierungsgrades ein sehr geringes Rückzahlungsversprechen vor, welches dem Schuldner auch ohne Kontrolle hohe Anreize für eine fleißige Projektbetreuung setzt, jedoch nicht mit den Kosten der Kontrolle verbunden ist.

Wir können also festhalten, dass ein Vertrag mit Kontrolle nur dann vorteilhaft ist, wenn die Kosten dieser Kontrolle nicht zu hoch sind und wenn sich ein Schuldner nicht bereits aufgrund guter interner Finanzierungsmöglichkeiten auch ohne Kontrolle glaubwürdig zu einem hohen Anstrengungsniveau verpflichten kann.

Damit wurden mit dem Standardkreditvertrag, einer Eigenmittelbeteiligung des Schuldners und der Kontrolle durch den Gläubiger wichtige Bestandteile einer Finanzierungsbeziehung bei asymmetrischer Informationsverteilung betrachtet. Diese Elemente werden im nächsten Kapitel wieder aufgegriffen, wenn die Existenz von Finanzintermediären abgeleitet wird. Zuvor wird aber das Phänomen der Kreditrationierung betrachtet.

5.2 Kreditrationierung

In der traditionellen Marktanalyse unter Vernachlässigung von Friktionen existiert ein Gleichgewicht in der Art, dass es einen Preis gibt, der die Pläne von Anbietern und Nachfragern mengenmäßig vereinbar macht. Dieser Preis ergibt sich im Schnittpunkt von Angebots- und Nachfragekurve im Preis-Mengen-Diagramm. Dies setzt allerdings voraus, dass die Überschussnachfrage (Nachfrage abzüglich Angebot) eine streng monoton abnehmende Funktion des Preises ist. Typischerweise unterstellt man hierzu, dass die Nachfragekurve streng monoton fallend und die Angebotskurve streng monoton steigend verläuft.

Solch ein Schnittpunkt mit der Nachfragekurve muss aber nicht unbedingt existieren, sofern das Angebot keine monotone Funktion des Preises ist, sondern beispielsweise bei geringen Preisen positiv und bei hohen Preisen negativ auf eine Preiserhöhung reagiert. In diesem Fall läge ein Marktversagen vor, da der klassische Preismechanismus nicht zum Ausgleich von Angebot und Nachfrage führt: Die Nachfrage würde rationiert, da kein Preis existiert, der die Pläne von Anbietern und Nachfragern mengenmäßig vereinbar macht.

Tritt solch eine Mengenbeschränkung auf dem Kreditmarkt ein, spricht man von einer *gleichgewichtigen Kreditrationierung*. Grundsätzlich wird unter dem Begriff der Kreditrationierung eine Situation verstanden, bei der zum herrschenden Zinssatz die Kreditnachfrage das Kreditangebot übersteigt: Von *ungleichgewichtiger* oder *temporärer* Kreditrationierung spricht man, wenn der Zinssatzvariationen nicht unverzüglich zu einem Ausgleich von Kreditangebot und Kreditnachfrage führen, d. h. wenn die Mengenbeschränkung auf dem Kreditmarkt nur vorübergehend ist. Demgegenüber liegt eine *gleichgewichtige* oder *dauerhafte Kreditrationierung* vor, wenn überhaupt kein Zinssatz existiert, der Kreditangebot und Kreditnachfrage zum Ausgleich bringt und die Kreditnachfrage dauerhaft mengenmäßig beschränkt bleibt. Sowohl bei temporärer als auch

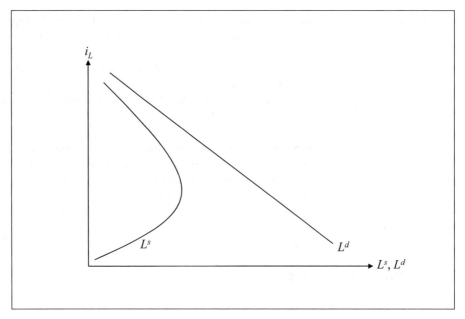

Abb. 5.2. Kreditrationierung

dauerhafter Kreditrationierung können die Kreditwünsche aller Kreditnachfrager jeweils nur unzureichend (*Kreditgrößenrationierung*) oder die einzelner Kreditnachfrager überhaupt nicht (*Kreditmengenrationierung*) erfüllt werden.

Um zu erklären, wie es zu einer gleichgewichtigen Kreditrationierung kommen kann, muss von der traditionellen Finanzierungstheorie – wie sie beispielsweise durch das CAPM beschrieben wird – abgewichen werden. Hiernach würde nämlich eine Erhöhung des Zinses zu einem Anstieg des erwarteten Vermögenseinkommens pro investierter Geldeinheit führen, sodass ein Anleger bereit wäre, einen höheren Betrag zugunsten dieses Finanzaktivums bereit zu stellen: Das Angebot an finanziellen Mitteln nimmt mit steigendem Zinssatz zu. Gemäß der Kreditrationierungshypothese wird hingegen argumentiert, dass zwar das Angebot an ausleihbaren Mitteln zunimmt, wenn das erwartete Vermögenseinkommen des Kapitalgebers steigt, dass aber zwischen der Höhe des Zinssatzes und dem erwarteten Vermögenseinkommen kein monotoner Zusammenhang bestehen muss. Statt dessen – so wird gezeigt – kann es sein, dass bei einer Zunahme des Zinssatzes i_L das erwartete Vermögenseinkommen des Gläubigers sinkt, weil die Höhe des vereinbarten Rückzahlungsversprechens (und damit des vereinbarten Zinssatzes) einen adversen Anreiz beim Schuldner ausübt, der zu einem Anstieg des Kreditausfallrisikos und damit zu einem Rückgang in der Wahrscheinlichkeit für eine vollständige Befriedigung der Gläubigeransprüche führt. Dann kann es sein, dass sich am Markt für ausleihbare Fonds die Angebotsfunktion L^s zur

Ordinate zurückbiegt und bei normal verlaufender Nachfragefunktion L^d kein Schnittpunkt der Kurven existiert (Abbildung 5.2).

5.2.1 Moral Hazard

Informationsprobleme, die zum Moralischen Wagnis führen, können Ursache für eine sich zurückbiegende Kreditangebotsfunktion sein. Die Intuition der folgenden Ausführungen ist einfach: Ein Anstieg des Rückzahlungsversprechens erhöht zwar ceteris paribus den erwarteten Kreditertrag des Gläubigers. Allerdings berücksichtigt dies nicht die von dem Rückzahlungsversprechen ausgehenden adversen Anreizwirkungen auf die Anstrengungen des Schuldners. Der Schuldner wählt nämlich mit höherem Rückzahlungsversprechen ein geringeres Anstrengungsniveau, sodass auch die Wahrscheinlichkeit geringer Projekterträge und damit des Kreditausfalls zunimmt. Der Nettoeffekt auf die erwarteten Krediterträge ist somit unklar, je nachdem, ob der adverse Anreizeffekt dominiert oder nicht.

Um dies zu demonstrieren, wird auf das im letzten Abschnitt vorgestellte Modell in einer stark vereinfachten Version zurückgegriffen. Es ist im Weiteren unterstellt, dass der Ertrag des Investitionsprojekts lediglich in zwei Ausprägungen auftreten kann: Entweder erweist sich das Projekt als Erfolg und realisiert einen positiven Ertrag ($r = r_{\max} > 0$) oder es ist erfolglos und kein Ertrag wird erwirtschaftet ($r = 0$). Die Erfolgswahrscheinlichkeit lautet dann $\mathrm{P}(r_{\max}|a)$ und ist vom Arbeitseinsatz abhängig. Entsprechend ist die Misserfolgswahrscheinlichkeit $\mathrm{P}(0|a) = 1 - \mathrm{P}(r_{\max}|a)$.

Zur weiteren Vereinfachung wird der Arbeitseinsatz auf das Intervall zwischen null und eins normiert, d. h. $a \in [0, 1]$, und die Wahrscheinlichkeit $\mathrm{P}(r_{\max}|a)$ sei gegeben durch $\mathrm{P}(r_{\max}|a) = a$. Die Höhe des Arbeitseinsatzes wird also direkt mit der durch ihn erreichten Erfolgswahrscheinlichkeit gemessen. Für die streng konvexe Kostenfunktion A wird folgender Verlauf unterstellt

$$A(a) = -a - \ln(1 - a).$$

A hat damit die angenehmen Eigenschaften $A(0) = A'(0) = 0$ und $A(1) = A'(1) = \infty$ (siehe Abbildung 5.3).

Der erstbeste Arbeitseinsatz a^{fb} bei symmetrischer Informationsverteilung ist unabhängig von der vereinbarten Rückzahlung h. Er leitet sich nämlich aus der Maximierung des Überschusses des erwarteten Projektertrages über die Kosten der Projektdurchführung ab, d. h.

$$a^{fb} \in \arg\max_{a} \left\{ \mathrm{P}(r_{\max}|a) \cdot r_{\max} - A(a) - (1 + i) \cdot I \right\},$$

und bestimmt sich gemäß der zugehörigen Bedingung erster Ordnung $r_{\max} + 1 - (1 - a)^{-1} = 0$ als

$$a^{fb} = \frac{r_{\max}}{r_{\max} + 1}. \tag{5.25}$$

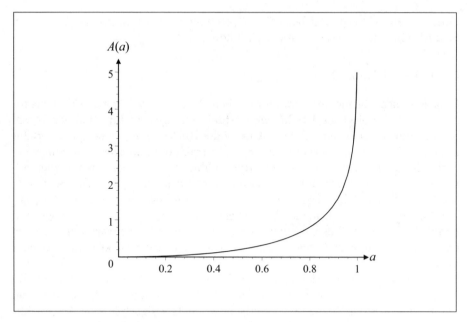

Abb. 5.3. Kostenfunktion des Schuldners

Liegen hingegen asymmetrische Informationen über den Arbeitseinsatz vor, dann wählt der Schuldner a so, dass er unter Berücksichtigung des gegebenen Rückzahlungsversprechens h seinen erwarteten Gewinn $P(r_{\max}|a) \cdot (r_{\max} - h) - A(a)$ maximiert. Aus der zugehörigen Bedingung erster Ordnung $(r_{\max} - h) + 1 - (1-a)^{-1} = 0$ folgt

$$a^{sb} = \frac{r_{\max} - h}{r_{\max} - h + 1}. \qquad (5.26)$$

Dieser Arbeitseinsatz ist eine stetig differenzierbare Funktion des Rückzahlungsversprechens h mit den folgenden Eigenschaften:

$$a^{sb} = \begin{cases} a^{fb} & \text{falls } h = 0, \\ 0 & \text{falls } h = r_{\max}, \end{cases} \qquad (5.27)$$

$$\frac{\partial a^{sb}}{\partial h} = -\frac{1}{(r_{\max} - h + 1)^2} < 0, \qquad (5.28)$$

$$\frac{\partial^2 a^{sb}}{\partial h^2} = -\frac{2}{(r_{\max} - h + 1)^3} < 0. \qquad (5.29)$$

Der erstbeste Arbeitseinsatz wird damit vom Schuldner gemäß (5.27) nur dann gewählt, wenn der Gläubiger keine Rückzahlung vom Schuldner fordert, wohingegen der Schuldner überhaupt keinen Anreiz hat, Anstrengungen für eine erfolgreiche Projektdurchführung zu unternehmen, wenn der Gläubiger den gesamten Projektertrag im Erfolgsfall beansprucht. Wie aus (5.28) ersichtlich, ist die gewählte Erfolgswahrscheinlichkeit a^{sb} eine streng monoton sinkende Funktion des vereinbarten Rückzahlungsversprechens, wobei wegen (5.29) der adverse Anreiz eines zunehmenden Rückzahlungsversprechens bei einem ohnehin schon hohen Rückzahlungsversprechen stärker ist als bei einem geringen.

Der Gläubiger stimmt nun einem Rückzahlungsversprechen h zu, welches unter Berücksichtigung des Anreizeffektes gemäß (5.26) seine Teilnahmebedingung $E\left[\min\{r,h\}|a^{sb}\right] = P\left(r_{\max}|a^{sb}\right) \cdot h \geq (1+i)I$ erfüllt, die sicher stellen soll, dass die erwartete Rückzahlung das eingesetzte Kapital und dessen Opportunitätskosten zumindest deckt.

Um das Rationierungsphänomen begründen zu können, muss im Folgenden vorab der Nachweis erbracht werden, dass die erwartete Rückzahlung keine monoton steigende Funktion des Rückzahlungsversprechens ist, sondern für niedrige Rückzahlungsversprechen monoton steigend und für hohe Rückzahlungsversprechen monoton fallend. Dann existiert zwar ein Rückzahlungsversprechen $h_0 \in (0, r_{\max})$, welches unter Berücksichtigung seiner Anreizwirkungen die erwartete Rückzahlung an den Gläubiger maximiert. Wir zeigen dann aber weiter, dass diese erwartete Rückzahlung nicht in jedem Fall ausreichen muss, um den Gläubiger bei gegebenem Alternativvertragssatz für sein Engagement zu entschädigen.

Zunächst also ein Blick auf die Eigenschaften der erwarteten Rückzahlung: Hierzu bilden wir die erste partielle Ableitung von $E\left[\min\{r,h\}|a^{sb}\right]$ nach h und erhalten

$$\frac{\partial E\left[\min\{r,h\}|a^{sb}\right]}{\partial h} = a^{sb} + h \cdot \frac{\partial a^{sb}}{\partial h} \qquad (5.30)$$
$$= \frac{r_{\max} - h}{r_{\max} - h + 1} - \frac{h}{(r_{\max} - h + 1)^2}.$$

Zwei Effekte bestimmen gemäß (5.30) die Reaktion der erwarteten Rückzahlung auf eine Erhöhung des Rückzahlungsversprechens: Auf der einen Seite steigt die erwartete Rückzahlung, da der Gläubiger bei zunächst gegebener Erfolgswahrscheinlichkeit des Projektes mehr erhält, wenn das Projekt tatsächlich erfolgreich abgeschlossen wird. Andererseits sinkt die erwartete Rückzahlung, weil eine Zunahme des Rückzahlungsversprechens zusätzliche adverse Anreize für den Schuldner generiert, die dazu führen, dass dieser sich weniger sorgsam um die Erfolgsaussichten des Projektes kümmert.

Welcher der beiden Effekte dominiert, ist a priori nicht klar. Aus (5.30) folgt jedoch

$$\left.\frac{\partial E\left[\min\{r,h\}\,|a^{sb}\right]}{\partial h}\right|_{h=0} = \frac{r_{\max}}{r_{\max}+1} = a^{fb} > 0,$$

$$\left.\frac{\partial E\left[\min\{r,h\}\,|a^{sb}\right]}{\partial h}\right|_{h=r_{\max}} = -r_{\max} < 0,$$

$$\frac{\partial^2 E\left[\min\{r,h\}\,|a^{sb}\right]}{\partial h^2} = -2\frac{r_{\max}+1}{(r_{\max}-h+1)^3} < 0.$$

Die drei Ungleichungen zeigen, dass die erwartete Rückzahlung also tatsächlich keine monotone Funktion, sondern streng konkav in h ist, für die bei niedrigen Rückzahlungsversprechen zunächst der erste Effekt dominiert, sodass die erwartete Rückzahlung mit zunehmendem Rückzahlungsversprechen steigt. Steigt das Rückzahlungsversprechen weiter an, gewinnt der adverse Anreizeffekt an Bedeutung und dominiert schließlich den anderen Effekt.

Bestimmen wir als nächstes das Rückzahlungsversprechen h_0, welches die erwartete Rückzahlung an den Gläubiger maximiert. Weil $E\left[\min\{r,h\}\,|a^{sb}\right]$ eine stetige Funktion von h ist, lässt sich h_0 herleiten, indem die erste Ableitung von $E\left[\min\{r,h\}\,|a^{sb}\right]$ nach h in (5.30) gleich null gesetzt wird. Durch Umformung erhält man dann die folgende quadratische Gleichung

$$h^2 - 2(r_{\max}+1)h + r_{\max}^2 + r_{\max} = 0. \tag{5.31}$$

Anmerkung 5.4 (Quadratische Gleichungen in Normalform) *Die beiden Lösungen x_1, x_2 zu einer quadratischen Gleichung in der Normalform $x^2 + y_1 x + y_2 = 0$ mit $y_1, y_2 \in \mathbb{R}$ lauten*

$$x_{1,2} = -\frac{y_1}{2} \pm \sqrt{\left(\frac{y_1}{2}\right)^2 - y_2}.$$

Mit Hilfe der Diskriminante $\left(\frac{y_1}{2}\right)^2 - y_2$ lässt sich feststellen, ob und wie viele reelle Lösungen die quadratische Gleichung aufweist. Falls $\left(\frac{y_1}{2}\right)^2 - y_2 > 0$ ist, so existieren zwei reelle Lösungen, falls $\left(\frac{y_1}{2}\right)^2 - y_2 = 0$ ist, so existiert eine reelle Lösung, und falls $\left(\frac{y_1}{2}\right)^2 - y_2 < 0$ ist, so existiert keine reelle Lösung.

Im hier betrachteten Szenario gilt: $x := h$; $y_1 := 2(r_{\max}+1)$; $y_2 := r_{\max}(r_{\max}+1)$. Die Lösungen zu (5.31) ergeben sich daher als

$$h_0 = r_{\max} + 1 - \sqrt{\left(\frac{2(r_{\max}+1)}{2}\right)^2 - (r_{\max}^2 + r_{\max})}$$
$$= r_{\max} + 1 - \sqrt{r_{\max}+1}$$

sowie

5.2 Kreditrationierung

$$h_1 = r_{\max} + 1 + \sqrt{\left(\frac{2(r_{\max}+1)}{2}\right)^2 - (r_{\max}^2 + r_{\max})}$$
$$= r_{\max} + 1 + \sqrt{r_{\max}+1}.$$

Ob nun h_0 oder h_1 das gesuchte Rückzahlungsversprechen ist, klärt ein Blick auf die zweite Ableitung der erwarteten Rückzahlung nach h an den Stellen h_0 und h_1. Es gilt nämlich

$$\left.\frac{\partial^2 E\left[\min\{r,h\}|a^{sb}\right]}{\partial h^2}\right|_{h=h_0} = -2\frac{r_{\max}+1}{(\sqrt{r_{\max}+1})^3} < 0$$

und

$$\left.\frac{\partial^2 E\left[\min\{r,h\}|a^{sb}\right]}{\partial h^2}\right|_{h=h_1} = -2\frac{r_{\max}+1}{(-\sqrt{r_{\max}+1})^3} > 0.$$

Nur an der Stelle h_0 liegt damit das gesuchte Maximum während sich an der Stelle h_1 ein lokales Minimum befindet. (Zudem ist h_1 ökonomisch irrelevant, da eine Zahlungsverpflichtung, die größer als der Ertrag $r_{\max}$ im Erfolgsfall ist, von einem Schuldner aufgrund der geltenen Haftungsbeschränkung niemals geleistet werden kann).

Da aus (5.26) auch die zu h_0 gehörige Erfolgswahrscheinlichkeit bekannt ist, ist die Teilnahmebedingung des Gläubigers erfüllt, sofern:

$$(1+i)\cdot I \leq E\left[\min\{r,h_0\}|a^{sb}\right]$$
$$= \frac{r_{\max}-h_0}{r_{\max}-h_0+1}\cdot h_0$$
$$= \frac{r_{\max}-\left(r_{\max}+1-\sqrt{r_{\max}+1}\right)}{r_{\max}-\left(r_{\max}+1-\sqrt{r_{\max}+1}\right)+1}\left(r_{\max}+1-\sqrt{r_{\max}+1}\right)$$
$$= \frac{(\sqrt{r_{\max}+1}-1)\cdot(r_{\max}+1-\sqrt{r_{\max}+1})}{\sqrt{r_{\max}+1}}$$
$$= (\sqrt{r_{\max}+1}-1)\left(\frac{r_{\max}+1}{\sqrt{r_{\max}+1}}-1\right)$$
$$= (\sqrt{r_{\max}+1}-1)^2. \qquad (5.32)$$

Sind Investitionsvolumen I und Alternativvertragssatz i gegeben, dann ist die Teilnahmebedingung des Gläubigers nur erfüllt, wenn der Projektertrag im Erfolgsfall, $r_{\max}$, der Bedingung (5.32) genügt. Zur Ermittlung des kritischen Ertrages, für den diese Teilnahmebedingung mit Gleichheit erfüllt ist, d. h. für den gilt

$$\left(\sqrt{r_{\max}+1}-1\right)^2 - (1+i)\cdot I = 0,$$

folgt hieraus für $\mathfrak{X} := \sqrt{r_{\max}+1}$ durch Umformung die folgende quadratische Gleichung

$$\mathfrak{X}^2 - 2\mathfrak{X} + (1 - (1+i) \cdot I) = 0$$

mit den Lösungen

$$\mathfrak{X}_0 = 1 + \sqrt{(1+i) \cdot I},$$
$$\mathfrak{X}_1 = 1 - \sqrt{(1+i) \cdot I}.$$

Für diese ergeben sich durch jeweiliges Quadrieren

$$r_{\max,0} = (1+i) \cdot I + 2\sqrt{(1+i) \cdot I}$$

sowie

$$r_{\max,1} = (1+i) \cdot I - 2\sqrt{(1+i) \cdot I},$$

wobei die Lösung $r_{\max,1} = (1+i) \cdot I - 2\sqrt{(1+i) \cdot I}$ ökonomisch bedeutungslos ist, da jeder Projektertrag, der geringer ist als die Opportunitätskosten $(1+i) \cdot I$, selbst bei einer 100%igen Erfolgswahrscheinlichkeit noch nicht einmal die Kapitalkosten decken würde.

Es ist also festzuhalten, dass der Gläubiger nur dann einen Kreditvertrag mit dem Schuldner abschließt, wenn der Projektertrag $r_{\max}$ die Bedingung

$$r_{\max} \geq r_{\max,0}$$

erfüllt, wobei mit steigendem Alternativvertragssatz i oder mit steigendem Finanzierungsvolumen I auch der kritische Ertrag $r_{\max,0}$ zunimmt.

Abbildung 5.4 zeigt die zulässigen Kombinationen von $r_{\max}$ und den Kapitalkosten $(1+i)I$ für den Fall symmetrisch und asymmetrisch verteilter Informationen unter der Annahme $I = 1$:

- Der *gestrichelte* Graph gibt an, wie hoch bei symmetrischer Informationsverteilung $r_{\max}$ mindestens sein muss, damit die auf der Ordinate abgetragenen Kapitalkosten gedeckt werden. Die Lage des Graphen bestimmt sich unter Beachtung von (5.25) aus:

$$\begin{aligned}
E\left[r_{\max}|a^{fb}\right] - A(a^{fb}) &= a^{fb} r_{\max} - \left[-a^{fb} - \ln(1 - a^{fb})\right] \\
&= \frac{r_{\max}}{r_{\max} + 1} r_{\max} \\
&\quad - \left[-\frac{r_{\max}}{r_{\max} + 1} - \ln\left(1 - \frac{r_{\max}}{r_{\max} + 1}\right)\right].
\end{aligned}$$

Dieser Ausdruck gibt (in Abhängigkeit von $r_{\max}$) den Überschuss des erwarteten Projektertrages $E\left[r_{\max}|a^{fb}\right]$ über die Kosten der Arbeitsanstrengungen $A(a^{fb})$ des Schuldners an, welcher damit zur Deckung der Kapitalkosten zur Verfügung steht.

5.2 Kreditrationierung

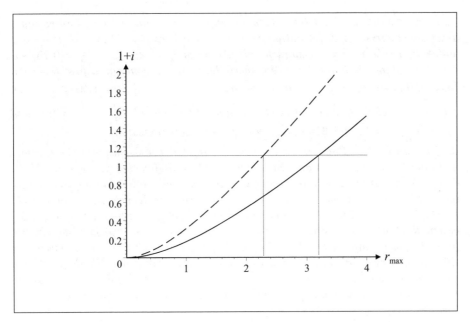

Abb. 5.4. Realisierbarkeit von Projekten bei symmetrischer und asymmetrischer Informationsverteilung

- Der *durchgezogene* Graph gibt an, wie hoch bei asymmetrischer Informationsverteilung $r_{\max}$ mindestens sein muss, damit die auf der Ordinate abgetragenen Kapitalkosten gedeckt werden können. Die Lage des Graphen bestimmt sich aus der Entwicklung der maximalen erwarteten Rückzahlungen $E\left[\min\{r, h_0\} \,|a^{sb}\right]$ in Abhängigkeit von $r_{\max}$ gemäß (5.32).

Offensichtlich werden durch die bestehenden Informationsprobleme bei einem Alternativvertragssatz von $i = 10\%$ solche Projekte nicht durchgeführt, die im Erfolgsfall einen Ertrag von weniger als etwa 3.2 haben, während bei symmetrisch verteilten Informationen alle Projekte finanziert werden können, die im Erfolgsfall zumindest einen Ertrag in Höhe von etwa 2.3 aufweisen. Projekte, die einen Ertrag zwischen diesen beiden Werten haben, finden daher bei asymmetrisch verteilter Information keinen Kreditgeber. Es liegt eine gleichgewichtige Kreditmengenrationierung vor: Der Schuldner wäre bereit, jedes Rückzahlungsversprechen $h \leq r_{\max}$ zu geben und der Gläubiger ist trotzdem nicht willens, die erforderlichen Mittel in Höhe von I bereit zu stellen.

Beispiel 5.1 *Betrachten wir zur Veranschaulichung zwei Projekte. Das Projekt I hat einen Ertrag im Erfolgsfall von $r_{\max}^{I} = 3$ und das Projekt II hat einen Ertrag von $r_{\max}^{II} = 4$. Der alternative Ertragssatz ist $i = 10\%$ und das erforderliche Investitionsvolumen $I = 1$. Aus dem obigen Schaubild wissen wir, dass beide Pro-*

jekte einen positiven erwarteten Gewinn aufweisen, wenn ein Vertragsabschluss unter symmetrischer Informationsverteilung möglich wäre. Für das Projekt I lautet die erstbeste Erfolgswahrscheinlichkeit gemäß (5.25) $a_I^{fb} = \frac{3}{4} = 0.75$, sodass bei symmetrischer Informationsverteilung (im so genannten first best) ein Rückzahlungsversprechen in Höhe von $h_I^{fb} = \frac{(1+i)\cdot I}{a_I^{fb}} = \frac{1.1}{0.75} = 1.4\bar{6} < r_{\max}^I$ zu vereinbaren wäre. Bei dem Projekt II sind entsprechend $a_{II}^{fb} = \frac{4}{5} = 0.8$ und $h_{II}^{fb} = \frac{(1+i)\cdot I}{a_{II}^{fb}} = \frac{1.1}{0.8} = 1.375 < r_{\max}^{II}$ im Vertrag zu vereinbaren.

Die erwarteten Rückzahlungen beider Projekte bei asymmetrischen Informationen (also im so genannten second best) verlaufen dagegen wie in Abbildung 5.5 dargestellt: Die durchgezogene Kurve bezeichnet den Verlauf der erwarteten Rückzahlung beim Projekt I und die gestrichelte Kurve den beim Projekt II. Beide Kurven sind streng konkav und erreichen ihr jeweiliges Maximum bei einem Rückzahlungsversprechen, dass geringer ist als der Projektertrag im Erfolgsfall. Aber lediglich bei dem Projekt II ist gewährleistet, dass die erwartete Rückzahlung auch hinreichend hoch ausfallen kann, damit der Gläubiger seinen Alternativvertrag erreicht; die Vertragsparteien vereinbaren bei dem Projekt II ein Rückzahlungsversprechen $h_{II}^{sb} \approx 1.55$. Dieses Rückzahlungsversprechen bestimmt sich gemäß

$$(1+i)I = a^{sb} \cdot h_{II}^{sb}$$

bzw.

$$1.1 = \frac{r_{\max} - h_{II}^{sb}}{r_{\max} - h_{II}^{sb} + 1} h_{II}^{sb}$$
$$= \frac{4 - h_{II}^{sb}}{4 - h_{II}^{sb} + 1} h_{II}^{sb}.$$

Diese Gleichung lässt zu folgender quadratischer Gleichung in Normalform umformen

$$\left(h_{II}^{sb}\right)^2 - 5.1 h_{II}^{sb} + 5.5 = 0,$$

mit den beiden Lösungen

$$h_{II}^{sb} \approx 1.548,$$
$$h_{II}^{sb} \approx 3.551.$$

Der Schuldner wählt, wie bereits im Abschnitt 5.1.2 erläutert, das niedrigere der beiden Rückzahlungsversprechen. Dieses ist aber immer noch größer als im Falle symmetrischer Informationsverteilung. Dies folgt, da bei asymmetrischer Information die vom Schuldner gemäß (5.26) gewählte Erfolgswahrscheinlichkeit $a_{II}^{sb} = \frac{4-h_{II}}{4-h_{II}+1} \approx 0.71$ geringer ist als bei symmetrischer Information. Für das Projekt I hingegen existiert kein solches Rückzahlungsversprechen; der Vertrag kommt nicht zustande, obwohl das Projekt bei symmetrischer Information einen positiven erwarteten Gewinn in Höhe von etwa 0.51 aufweisen würde.

5.2 Kreditrationierung

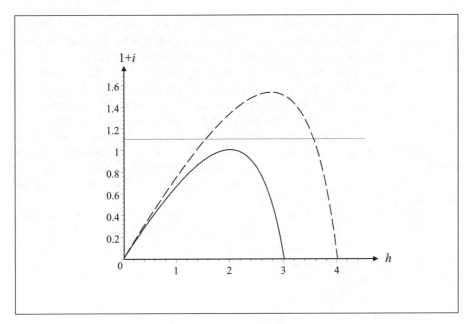

Abb. 5.5. Rückzahlungsversprechen und erwartete Rückzahlung bei Moral Hazard für $r_{\max}^{II} = 4$ (gestrichelter Graph) und $r_{\max}^{I} = 3$ (durchgezogener Graph)

Abschließend noch einige Anmerkungen zur Bedeutung von internen Finanzmitteln für das Rationierungsphänomen. Aus der Existenz eines Rückzahlungsversprechens h_0, welches die erwartete Rückzahlung maximiert, lässt sich das maximale externe Finanzierungsvolumen $L_{\max}$ bestimmen, welches ein Gläubiger gerade noch bereit wäre, dem Schuldner zu überlassen. Dieses ergibt sich unter Berücksichtigung der Teilnahmebedingung des Gläubigers als $L_{\max} = \frac{E[\min\{r,h_0\}|a^{sb}]}{1+i}$ (da $E[\min\{r,h_0\}|a^{sb}]$ unabhängig von i ist, sinkt das maximale Kreditangebot $L_{\max}$ mit steigendem Alternativvertragssatz i). Könnte der Unternehmer nun eine verbleibende Finanzierungslücke $I - L_{\max}$ mit eigenen finanziellen Mitteln auffüllen, dann stünde einem Abschluss des Kreditvertrages aus Sicht des Gläubigers nichts entgegen, da seine Teilnahmebedingung bei Vereinbarung des Rückzahlungsversprechens h_0 erfüllt wäre. Aber ein Vertragsabschluss ist in diesem Fall nicht zwingend vorteilhaft für den Schuldner: Ob ein Schuldner, der gerade in der Lage sein würde, die Finanzierungslücke $I - L_{\max}$ zu schließen, hierzu auch bereit wäre, hängt vor allem von der Höhe des Alternativvertragssatzes ab. Ist dieser relativ hoch, so ist es für den Unternehmer nämlich vorteilhafter, auf die Durchführung des Investitionsprojektes gänzlich zu verzichten und statt dessen das eigene Vermögen in die sichere Alternativanlage zu investieren.

Wenn allerdings das Vermögen des Schuldners sehr hoch ist, dann können die Vertragsparteien wiederum ein geringeres als das kritische Rückzahlungsversprechen h_0 vereinbaren, da der Gläubiger aufgrund seiner geringeren Beteiligung auch nur eine geringere erwartete Rückzahlung fordert. Dies erhöht zusätzlich den Anreiz für den Unternehmer, die Erfolgsaussichten für das Projekt zu verbessern, und der erwartete Projektertrag steigt. Insofern verliert die Option des Schuldners, sein eigenes Vermögen in die Alternativanlage zu investieren (anstatt das Projekt durchzuführen), an Attraktivität. Im Extremfall eines nahezu ausschließlich intern finanzierten Projektes sind die Rückzahlungsverpflichtungen des Unternehmers gegenüber seinem Gläubiger verschwindend gering, und der Unternehmer kann nahezu den gesamten Gewinn, der über dem Wert seiner Außenoption liegt, für sich behalten.

Es bleibt festzuhalten, dass für ein Projekt, dessen Durchführung bei symmetrischer Informationsverteilung grundsätzlich vorteilhaft ist, ein Vertragsabschluss bei asymmetrisch verteilter Information unter Umständen erst dann erfolgt, wenn sich der Unternehmer zumindest in einer bestimmten Mindesthöhe mit eigenen finanziellen Mitteln beteiligt. Diese Mindestbeteiligung bestimmt sich aus der Finanzierungslücke

$$I - \frac{E\left[\min\left\{r, h_{\text{crit}}\right\} | a^{sb}\right]}{1+i}$$

mit $h_{\text{crit}} = \min\{h_0, h_+\}$. Das Rückzahlungsversprechen h_0 ist hierbei dasjenige, welches die erwartete Rückzahlung an den Gläubiger unter Berücksichtigung des adversen Anreizeffektes maximiert, d. h.

$$h_0 = \arg\max_h E\left[\min\{r, h\} | a^{sb}\right],$$

während h_+ das Rückzahlungsversprechen ist, für welches der angereizte Arbeitsaufwand der geringstmögliche ist, sodass der erwartete Projektertrag die gesamten Kosten der Projektdurchführung gerade noch deckt, d. h.

$$E\left[r | a_+^{sb}\right] - (1+i)I - A(a_+^{sb}) = 0$$

mit

$$a_+^{sb} = \frac{r_{\max} - h_+}{r_{\max} - h_+ + 1}.$$

Kreditrationierung als Folge einer zurückgebogenen Kreditangebotsfunktion ist aber nicht nur zu begründen im Rahmen von Modellen mit *moral hazard*, sondern auch im Rahmen von Modellen mit *adverser Selektion* auf Kreditmärkten, wie der folgende Unterabschnitt zeigt.

5.2.2 Adverse Selektion

Dass Kreditrationierung eine Folge von adverser Auslese sein kann, wurde erstmals von *Stiglitz* und *Weiss* (1981) aufgezeigt. In deren Modell sinkt die erwartete Rückzahlung bei einem Anstieg des Rückzahlungsversprechens nicht – wie

5.2 Kreditrationierung

im vorherigen Abschnitt – aufgrund eines induzierten Anstiegs des Kreditausfallrisikos bei jedem einzelnen Schuldner, sondern vielmehr aufgrund einer Verschlechterung der Risikozusammensetzung des Schuldnerpools.

Wir nehmen an, dass die Agenten jeweils Zugang zu einem Projekt haben, welches stochastische Projekterträge im Intervall $[0, \infty]$ erwirtschaftet. Die erwarteten Erträge ihrer Projekte sind zwar identisch, allerdings unterscheiden sich die Agenten in dem Risiko, welches ihren jeweiligen Projekten zugrunde liegt. Diese spezifische Eigenschaft des Agenten $m = 1, 2$ wird durch einen Risikoparameter γ_m in der Verteilungsfunktion über seine Projekterträge erfasst, wobei ein höherer Wert von γ_m auch ein höheres Risiko im Sinne der stochastischen Dominanz zweiter Ordnung (siehe Definition 2.8, S. 16) bedeutet. Das heißt, dass die Projekte nach dem Konzept des *mean preserving spread* (siehe Definition 2.9, S. 18) differenziert werden können, wonach bei identischen Erwartungswerten

$$E[r|\gamma_1] := \int_0^\infty r f(r|\gamma_1) dr = \int_0^\infty r f(r|\gamma_2) dr =: E[r|\gamma_2] \qquad (5.33)$$

das Projekt mit γ_1 durch das Projekt mit γ_2 gemäß stochastischer Dominanz zweiter Ordnung dominiert wird, wenn $\gamma_1 > \gamma_2$, d. h.

$$\int_0^{\bar{r}} F(r|\gamma_1) dr \geq \int_0^{\bar{r}} F(r|\gamma_2) dr \quad \forall \bar{r} \geq 0. \qquad (5.34)$$

Der Gläubiger hat jedoch aufgrund der bestehenden Informationsdefizite keine Möglichkeit, Schuldner unterschiedlicher Risiken voneinander zu trennen. Der Gläubiger kann lediglich einen für alle Schuldner gleicherweise gültigen Standardkreditvertrag $v(r) = \min\{r, h\}$ anbieten.

Dann beträgt der tatsächliche cashflow für den Unternehmer (zunächst ohne Berücksichtigung seines Arbeitsleides) $r - \min\{r, h\} = \max\{0, r - h\}$. Für den erwarteten cashflow folgt:

$$\begin{aligned}
E[\max\{0, r-h\}|\gamma] &= \int_0^\infty \max\{0, r-h\} \cdot f(r|\gamma) dr \\
&= \int_h^\infty (r-h) \cdot f(r|\gamma) dr \\
&= \int_0^\infty r \cdot f(r|\gamma) dr - \int_0^h (r-h) \cdot f(r|\gamma) dr - \int_h^\infty h \cdot f(r|\gamma) dr \\
&= E[r|\gamma] - \int_0^h (r-h) \cdot f(r|\gamma) dr - h.
\end{aligned}$$

Daraus ergibt sich unter Anwendung der Regeln für die partielle Integration (siehe S. 125):

$$E[r|\gamma] - \int_0^h (r-h) \cdot f(r|\gamma)dr - h = E[r|\gamma] - h$$
$$+ (h-h) \cdot F(h|\gamma)$$
$$- (0-h) \cdot F(0|\gamma)$$
$$+ \int_0^h F(r|\gamma)dr$$
$$= E[r|\gamma] - h + \int_0^h F(r|\gamma)dr.$$

Es folgt, dass der cashflow ceteris paribus wegen (5.33) und (5.34) bei einem hohen Risiko größer ist als bei einem geringen Risiko:

$$E[\max\{0, r-h\}|\gamma_1] = E[r|\gamma_1] - h + \int_0^h F(r|\gamma_1)dr$$
$$> E[r|\gamma_2] - h + \int_0^h F(r|\gamma_2)dr$$
$$= E[\max\{0, r-h\}|\gamma_2].$$

Wird weiter unterstellt, dass der Unternehmer nur dann einen Kredit aufnehmen wird, solange sein erwarteter cashflow zumindest den Disnutzen $A(a^{fb})$ der Projektdurchführung deckt, dann existiert zu jedem Rückzahlungsversprechen höchstens ein kritisches Risiko γ_{crit}, für das gilt

$$E[\max\{0, r-h\}|\gamma] \begin{cases} < A(a^{fb}) \text{ falls } \gamma < \gamma_{crit}, \\ = A(a^{fb}) \text{ falls } \gamma = \gamma_{crit}, \\ > A(a^{fb}) \text{ falls } \gamma > \gamma_{crit}. \end{cases} \quad (5.35)$$

Wenn, wie im Folgenden unterstellt, ein solches γ_{crit} existiert, dann bedeutet dies, dass nur diejenigen Schuldner einen Kredit nachfragen, deren Projekte mindestens so riskant sind wie das kritische Projekt mit γ_{crit}. Im Umkehrschluss heißt das, dass Schuldner mit weniger riskanten Projekten (mit $\gamma < \gamma_{crit}$) keinen Kredit nachfragen. Zu beachten ist, dass γ_{crit} selbst eine steigende Funktion des Rückzahlungsversprechens h ist. Dies folgt aus dem Theorem impliziter Funktionen, wenn man es auf (5.35) anwendet:

$$\frac{d\gamma_{crit}}{dh} = -\frac{\partial E[\max\{0, r-h\}|\gamma_{crit}]/\partial h}{\partial E[\max\{0, r-h\}|\gamma_{crit}]/\partial \gamma}$$
$$= \frac{1 - F(h|\gamma_{crit})}{\partial E[\max\{0, r-h\}|\gamma_{crit}]/\partial \gamma} > 0.$$

Betrachten wir nun das Angebotsverhalten: Bei einem Anstieg des Rückzahlungsversprechens (respektive des vereinbarten Kreditzinssatzes bei gegebenem Investitionsvolumen) erhöht sich zunächst einmal die erwartete durchschnittliche Rückzahlung an den Gläubiger, da er von jedem der von ihm finanzierten

5.2 Kreditrationierung

Projekte eine höhere Rückzahlung bei relativ guten Projektergebnissen erhält, während die Rückzahlung bei schlechten Projektergebnissen unverändert bleibt. Auf der anderen Seite verändert ein gestiegenes Rückzahlungsversprechen auch die Zusammensetzung der Schuldner: Diejenigen mit den guten Kreditrisiken finden es immer weniger vorteilhaft, einen Kredit nachzufragen. Konsequenz ist, dass die durchschnittliche Kreditausfallquote für den Gläubiger ansteigt und damit sinkt auch seine erwartete Rückzahlung.

Ob dieser adverse Auslese-Effekt tatsächlich den ersten Effekt dominiert, hängt vor allem von der Verteilung der Risiken innerhalb der Schuldnergruppe ab. Wenn bei einem Zinsanstieg viele Unternehmer mit geringen Risiken aus dem Markt verdrängt werden, dann dominiert der adverse Auslese-Effekt und die erwartete Rückzahlung sinkt. Das bedeutet wiederum, dass die Kreditangebotskurve sich zurückbiegt und möglicherweise kein Schnittpunkt mit der Nachfragekurve existiert.

Beispiel 5.2 *Angenommen, ein Gläubiger sieht sich Kreditbewerbern gegenüber, die sich einzig im Risiko ihrer Investitionsprojekte unterscheiden: Nachdem ein EUR in ein Projekt vom Typ γ_m ($m = 1, 2$) investiert wurde, realisiert es einen stochastischen Ertrag, der in Abhängigkeit vom realisierten Umweltzustand jeweils mit einer Wahrscheinlichkeit von 0.5 hoch (s_1) oder niedrig (s_2) ausfallen kann ($n = 1, 2$). Es ist unterstellt, dass für $r_{n,m} = R(s_n, \gamma_m)$ gilt*

$$r_{1,1} = 0.1, \, r_{2,1} = 2.4,$$
$$r_{1,2} = 0.9, \, r_{2,2} = 1.6.$$

Der erwartete Ertrag beider Projekte ist identisch:

$$0.5\,[0.1 + 2.4] = 0.5\,[0.9 + 1.6] = 1.25.$$

Jedoch dominiert das Projekt vom Typ γ_2 das vom Typ γ_1 gemäß dem Konzept der stochastischen Dominanz zweiter Ordnung. Dies wird deutlich, wenn man die beiden Projekten zugehörigen Verteilungsfunktionen darstellt. Wird zwischen dem Gläubiger und den Kreditbewerbern ein einheitliches Rückzahlungsversprechen h vereinbart, dann lautet der erwartete Gewinn des Unternehmers mit dem Projekt vom Typ γ_1

$$E_s\left[\max\{0, r_1 - h\}\right] = \begin{cases} 0.5 \cdot (0.1 + 2.4) - h & \textit{falls } h \leq 0.1, \\ 0.5 \cdot (2.4 - h) & \textit{falls } 2.4 \geq h > 0.1, \\ 0 & \textit{falls } h > 2.4, \end{cases}$$

und des Unternehmers mit dem Projekt vom Typ γ_2

$$E_s\left[\max\{0, r_2 - h\}\right] = \begin{cases} 0.5 \cdot (0.9 + 1.6) - h & \textit{falls } h \leq 0.9, \\ 0.5 \cdot (1.6 - h) & \textit{falls } 1.6 \geq h > 0.9, \\ 0 & \textit{falls } h > 1.6. \end{cases}$$

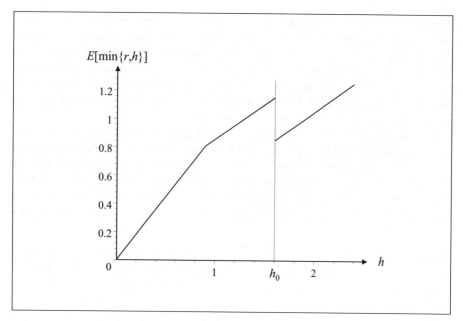

Abb. 5.6. Rückzahlungversprechen und erwartete Rückzahlung bei adverse selection.

Es wird weiter unterstellt, dass der Disnutzen einer Projektdurchführung $A(a^{fb})$ null beträgt, und dass ein Unternehmer nur dann einen Kredit nachfragt, wenn er einen strikt positiven Gewinn erwartet. Bei einem Rückzahlungsversprechen h, dass zwischen 1.6 und 2.4 liegt, wird daher der Unternehmer mit dem relativ sicheren Projekt vom Typ γ_2 keinen Kredit mehr nachfragen, sondern nur noch der Unternehmer mit dem riskanteren Projekt.

Angenommen, die Wahrscheinlichkeit, dass ein Gläubiger auf einen risikoarmen Kreditbewerber trifft, beträgt 0.75. Dann folgt für die erwartete Rückzahlung an den Gläubiger

$$E_{\gamma,s}[\min\{r,h\}] = \begin{cases} h & \text{falls } h \leq 0.1, \\ \frac{3}{4}h + \frac{1}{4}(\frac{1}{2}0.1 + \frac{1}{2}h) & \text{falls } 0.9 \geq h > 0.1, \\ \frac{3}{4}\left(\frac{1}{2}0.9 + \frac{1}{2}h\right) + \frac{1}{4}\left(\frac{1}{2}0.1 + \frac{1}{2}h\right) & \text{falls } 1.6 \geq h > 0.9, \\ \frac{1}{2}(0.1 + h) & \text{falls } 2.4 \geq h > 1.6 \end{cases}$$

und hat den in Abbildung 5.6 dargestellten Verlauf. Offenbar ist die erwartete Rückzahlung nicht monoton steigend mit dem Rückzahlungsversprechen, sondern weist an der Stelle $h = 1.6$ eine Sprungstelle nach unten auf, da die risikoärmeren Kreditbewerber aus dem Markt ausscheiden.

Bislang berücksichtigte der Kreditvertrag allerdings lediglich die Höhe des Rückzahlungsversprechens. Dieses konnte für Schuldner mit unterschiedlichen

5.2 Kreditrationierung

Risiken nur einheitlich festgesetzt werden, da der Gläubiger keine Möglichkeit hatte, die Kreditrisken zu differenzieren. Kreditverträge legen aber häufig mehr als nur die Höhe des Rückzahlungsanspruches des Gläubigers fest. Sie beinhalten weitere Abreden, beispielsweise über die vereinbarte Höhe einer Kreditsicherheit. Durch die Formulierung derartiger multidimensionaler Verträge besteht die Möglichkeit für den Gläubiger, seine Kreditverträge differenziert anzubieten (separierender Vertrag). Diese Möglichkeit wird er gerade so ausnutzen wollen, dass bestimmte Vertragsformen auch nur von Schuldnern einer bestimmten Risikoklasse akzeptiert werden. Hiermit sollen die Schuldner letztlich zur Offenbarung ihrer wahren Projektrisiken veranlasst werden (Selbstselektion).

Dieses Problem wird von *Bester* (1985) analysiert. Er geht davon aus, dass die Schuldner zwar über (unbeschränkt hohe) Kreditsicherheiten verfügen, die genügen würden, um den gesamten Kreditbetrag einschließlich der hierauf zu entrichtenden Zinsen abzusichern. Allerdings entstehen dem Gläubiger Kosten bei der Verwertung (beziehungsweise Überwachung) der Sicherheit. Deshalb ist es für den Schuldner grundsätzlich nicht vorteilhaft, den gesamten Zahlungsanspruch des Gläubigers zu besichern, da aus seiner Sicht der erforderliche Wert der Sicherheit die Höhe des Zahlungsanspruches selbst übersteigen würde und somit der Schuldner im Falle eines zufallsbedingten Zahlungsausfalles mehr an Sicherheiten an den Gläubiger abtreten müsste als der Nennwert seiner Verbindlichkeit beträgt. Bei einem gegebenen Zinssatz ist daher die Bereitschaft des Schuldners, Sicherheiten zur Verfügung zu stellen, um so geringer, je höher er sein eigenes Kreditausfallrisiko einschätzt. Oder anders formuliert: Für einen Rückgang des vereinbarten Rückzahlungsversprechens ist der risikoärmere Schuldner bereit, seine Kreditsicherheiten in größerem Umfange auszuweiten als der risikoreichere Schuldner.

Steht ein Gläubiger einer Gruppe potenzieller Schuldner gegenüber, die sich aus zwei unterschiedlichen Kreditrisken zusammensetzt, dann könnte sich der Gläubiger diese Kenntnis der Zusammenhänge grundsätzlich nutzbar machen, um zwei separierende Verträge anzubieten: Einen Vertrag mit geringem Rückzahlungsversprechen und einer hohen Kreditsicherheit sowie einen zweiten Vertrag mit hohem Rückzahlungsversprechen und geringer Kreditsicherheit. Der erste Vertrag würde dann von den Schuldnern mit dem geringen Risiko gewählt, während der zweite Vertrag von den risikoreicheren Schuldnern bevorzugt würde. Ziel dieser Separation ist, die Informationsasymmetrie bezüglich der Kreditrisiken abzubauen und damit auch eine mögliche Ursache für eine sich zurückbiegende Kreditangebotskurve zu eliminieren. *Bester* (1985) zeigt letztlich, dass in dem skizzierten Szenario ein Gleichgewicht, sofern es überhaupt existiert, nur ein Gleichgewicht in trennenden Verträgen sein kann. So genannte Pooling-Verträge, die nur eine für jeden Kreditbewerber gleiche Kombination von Rückzahlungsversprechen und Kreditsicherheit vorsehen, sind dagegen nicht gleichgewichtig. Wenn jedoch ein Gleichgewicht in trennenden Verträgen existiert, dann löst sich die Typenunsicherheit des Gläubigers auf und Rationierung tritt nicht ein.

5.3 Kommentierte Literaturhinweise

Einen Überblick über die hier präsentierten Analysen der Vertragselemente bei Vorliegen direkter Finanzierung bietet *Dietrich* (2002). Die Anreizeffekte des Standardkreditvertrages werden abgeleitet bei *Innes* (1990); unsere Darstellung folgt *Freixas, Rochet* (1997). Die Idee, zusätzliche Informationen auf dem Wege der Kontrolle zu nutzen, geht zurück auf *Holmström* (1979). Grundlegend zur Kreditrationierung sowohl im Fall *moral hazard* als auch im Fall *adverse selection* sind *Stiglitz, Weiss* (1981) und *Bester* (1985, 1987).

5.4 Übungsaufgaben

Übung 5.1 *Erläutern Sie, wie die optimale Rückzahlungsfunktion aussieht, wenn im Innes-Modell die Monotoniebeschränkung (5.2) wegfällt und statt dessen $v(r) < 0$ ausgeschlossen wird. Stellen Sie die Rückzahlungsfunktion grafisch dar.*

Übung 5.2 *Zeigen Sie auf Grundlage des Innes-Modells, dass der Schuldner auch bei Nicht-Beobachtbarkeit seines Arbeitseinsatzes zum erstbesten Arbeitseinsatz angereizt werden kann, wenn er dem Gläubiger eine vom Projektergebnis unabhängige Zahlung v zusichert und keine Haftungsbeschränkung vorliegt.*

Übung 5.3 (*) *Wieder sei das Innes-Modell betrachtet. Zeigen Sie, dass die Optimalität des Standardkreditvertrages auch abgeleitet werden kann, wenn man den erwarteten Nettonutzen des Gläubigers (und nicht, wie im Haupttext, den des Schuldners) maximiert. Verdeutlichen Sie sich hierzu zunächst die Nebenbedingungen, die bei dem Optimierungsproblem zu beachten sind.*

Übung 5.4 *Betrachten Sie ein Projekt, das den Einsatz von $I = 1$ EUR Kapital erfordert. Zwischen Gläubiger und dem eigenmittellosen Schuldner (beide sind risikoneutral) besteht eine Informationsasymmetrie bezüglich der Arbeitsanstrengungen a des Schuldners, mit denen er einen positiven Einfluss auf die Erfolgswahrscheinlichkeit des Projekts ausübt. Unterstellen Sie, dass die Erfolgswahrscheinlichkeit direkt durch a abgebildet wird und dass für die zugehörige Kostenfunktion A des Schuldners gilt:*

$$A(a) = 4a^2.$$

Der stochastische Projektertrag kann die Werte $r_1 = 1$ und $r_2 = 5$ (in EUR) annehmen und der Alternativvertragssatz ist $i = 0.1$. Der Reservationsnutzen des Schuldners sei null.

1. *Bestimmen Sie die erstbeste Erfolgswahrscheinlichkeit sowie den zugehörigen erwarteten Projektgewinn.*

5.4 Übungsaufgaben

2. Prüfen Sie, ob der Schuldner auch bei asymmetrisch verteilten Informationen einen Kredit erhalten kann, sofern mit ihm ein Standardkreditvertrag abgeschlossen wird.
3. Wie hoch muss der Einsatz interner Mittel sein, damit eine Finanzierung des Projektes auch bei einem Zinssatz von $i = 0.6$ möglich ist?

Übung 5.5 *In Abwandlung zu Übung 5.4 sei unterstellt, dass die Alternative zum Abschluss eines Standardkreditvertrags die (perfekte) Kontrolle des Schuldners durch den Gläubiger sei. Sie verursache Kosten in Höhe von c.*

1. Überprüfen Sie, wie hoch die Kontrollkosten c maximal sein dürfen, damit die Kontrolle gegenüber dem Abschluss eines Standardkreditvertrags dominiert, sofern die Eigenmittel des Schuldners $W = 0$ betragen.
2. Jetzt sei unterstellt, dass der Schuldner sich mit einem Betrag $W \leq \frac{1}{11}$ am Investitionsvolumen beteilige. Zeigen Sie, welchen Einfluss W auf a^{sb} ausübt, sofern anstelle der Kontrolle der Standardkreditvertrag angewendet wird. Welches a^{sb} wählt der Schuldner bei $W = \frac{1}{11}$; begründen Sie Ihre Antwort.
3. Wie hoch dürfen die Kontrollkosten c bei einer positiven Eigenkapitalbeteiligung des Schuldners maximal ausfallen, damit die Kontrolle gegenüber dem Standardkreditvertrag weiterhin dominiert?

Übung 5.6 *Ein risikoneutraler Unternehmer hat Zugang zu einem Investitionsprojekt, welches eine Investition in Höhe von 1 EUR erfordert und die folgenden, beobachtbaren Erträge erbringt:*

$$r = \begin{cases} r_h \text{ mit Wahrscheinlichkeit } a, \\ r_l \text{ mit Wahrscheinlichkeit } 1 - a, \end{cases}$$

mit $r_h > r_l > 0$, wobei $a \in [0,1]$ sowohl den nicht-beobachtbaren Arbeitseinsatz des Unternehmers als auch die Wahrscheinlichkeit für den hohen Projektertrag bezeichnet. Sein Arbeitsleid bestimmt sich durch die Kostenfunktion

$$A(a) = -a - \ln(1-a).$$

Ferner sei seine Nutzenfunktion gegeben durch

$$U(a) = \pi(a) - A(a),$$

wobei π den (Netto-)Ertrag bezeichnet, den der Unternehmer aus dem Projekt erhält.

Da der Unternehmer selbst nicht über ausreichend hohe Eigenmittel verfügt, muss er einen Teil der Investition mit Hilfe von externen Finanziers finanzieren.

1. Es sei angenommen, der Unternehmer finanziert das Projekt durch Ausgabe von Aktien an externe Finanziers, sodass er lediglich den Anteil $\alpha < 1$ vom gesamten Projektertrag erhält. Wie hoch ist sein optimaler Arbeitseinsatz? Wie verändert er sich, wenn sich α erhöht? Interpretieren Sie das Ergebnis ökonomisch.

2. *Es sei nun angenommen, der Unternehmer finanziert das Projekt durch einen Standardkreditvertrag, der ein Rückzahlungsversprechen h an den Finanzier festlegt. Wie hoch ist der optimale Arbeitseinsatz des Unternehmers, wenn $h \leq r_l$ gilt? Wie hoch ist er, wenn $r_l < h \leq r_h$ und beschränkte Haftung gilt?*
3. *Vergleichen Sie die in den ersten beiden Teilaufgaben gewonnenen Ergebnisse und interpretieren sie diese ökonomisch.*

Übung 5.7 *Betrachten Sie zwei Projekte I und II, deren unkorrelierte Erträge jeweils in denselben drei Ausprägungen auftreten können, nämlich $r \in \{\bar{r} - \alpha; \bar{r}; \bar{r} + \alpha\}$, wobei $\alpha > 0$. Der Disnutzen zur Durchführung des Projektes beträgt bei beiden Projekten $\overline{A}$.*

1. *Geben Sie mögliche Wahrscheinlichkeiten für die Erträge eines jeden Projekts an, sodass die Wahrscheinlichkeitsverteilung von Projekt I einen mean preserving spread gegenüber der von Projekt II aufweist.*
2. *Gegeben sei $\bar{r} = 10$ und $\alpha = 5$. Bestimmen Sie für die von Ihnen im ersten Aufgabenteil ermittelten Wahrscheinlichkeitsverteilungen das kritische Rückzahlungsversprechen, ab dessen Höhe sich die Zusammensetzung des Schuldnerpools durch das Ausscheiden eines Projektes ändert. Welchen Einfluss hat hierbei das Nutzenniveau $\overline{A}$ auf die Höhe des kritischen Rückzahlungsversprechens?*

5.5 Lösungshinweise zu den Übungsaufgaben

Lösung 5.1 *Auch in dem hier betrachteten Fall legt die optimale Rückzahlungsfunktion eine Rückzahlung $v(r)$ fest, die so hoch wie möglich ist, wenn ein geringer Projektertrag ($r < \bar{r}$) erwirtschaftet wird, und die so niedrig wie möglich ist, wenn ein hoher Projektertrag ($r > \bar{r}$) erwirtschaftet wird.*

Erstere besteht bei einem Schuldner mit beschränkter Haftung weiterhin in der Auszahlung des gesamten realisierten Projektertrages. Bei Wegfall der Monotoniebeschränkung besteht Letztere jedoch in einer Zahlung des Schuldners von 0 an den Gläubiger. Grafisch ergibt sich damit eine Rückzahlungsfunktion, wie sie in Abbildung 5.7 dargestellt ist. Sie stellt einen Alles-oder-Nichts-Vertrag dar, bei dem der Gläubiger das gesamte Projektergebnis (für $r < \bar{r}$) oder nichts (für $r > \bar{r}$) erhält.

Lösung 5.2 *Für die Anreizbedingung des Schuldners (5.6) gilt bei einer für alle $r \in [0, r_{\max}]$ konstanten Rückzahlung h:*

$$a^{sb} \in \arg\max_a \int_0^{r_{\max}} r \cdot f(r|a)\, dr - h - A(a),$$

was gleichbedeutend ist mit folgender Bedingung erster Ordnung

5.5 Lösungshinweise zu den Übungsaufgaben

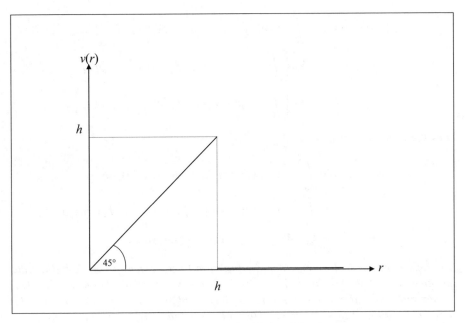

Abb. 5.7. Alles-oder-Nichts–Vertrag

$$\int_0^{r_{\max}} r \cdot f_a\left(r|a^{sb}\right) dr = A'(a^{sb}).$$

Diese ist identisch mit der Bedingung, die wir in (5.5) für den erstbesten Arbeitseinsatz abgeleitet hatten. Entsprechend muss also in diesem Fall für den geleisteten Arbeitseinsatz $a^{sb} = a^{fb}$ gelten.

Lösung 5.3 (*) *Die Nebenbedingungen gelten vollkommen analog zu der im Text dargestellten Situation. Somit lautet das Optimierungsproblem nun*

$$\max_{v(r),a} \int_0^{r_{\max}} v(r) \cdot f(r|a)\, dr - (1+i) \cdot I$$

s.t.

(5.1), (5.2), (5.3), (5.4) und (5.6).

Die Lagrange-Funktion kann nun gebildet werden, indem man zunächst die Haftungs- und Monotoniebedingung (5.1) und (5.2) sowie die Teilnahmebedingung des Gläubigers (5.4), und nicht, wie im Haupttext, die Teilnahmebedingung des Schuldners, vernachlässigt. Dann lautet die Lagrange-Funktion

$$\mathcal{L}(v, a, \lambda_1, \lambda_2) = \int_0^{r_{\max}} v(r) \cdot f(r|a)\, dr - (1+i) \cdot I$$
$$+ \lambda_3 \left\{ \int_0^{r_{\max}} [r - v(r)] \cdot f(r|a)\, dr - A(a) \right\}$$
$$+ \lambda_2 \left\{ \int_0^{r_{\max}} [r - v(r)] \cdot f_a(r|a)\, dr - A'(a) \right\}.$$

Dies lässt sich umformen zu

$$\mathcal{L}(v, a, \lambda_1, \lambda_2) = \int_0^{r_{\max}} r \cdot [\lambda_3 \cdot f(r|a) + \lambda_2 \cdot f_a(r|a)]\, dr$$
$$+ \int_0^{r_{\max}} v(r) \cdot [(1-\lambda_3) \cdot f(r|a) - \lambda_2 \cdot f_a(r|a)]\, dr$$
$$- \lambda_3 \cdot A(a) - \lambda_2 \cdot A'(a) - (1+i) \cdot I.$$

Da auch hier wieder der Wert der Zielfunktion linear abhängt von den Rückzahlungen $v(r)$ mit dem Faktor $(1 - \lambda_3) \cdot f(r|a) - \lambda_2 \cdot f_a(r|a)$, kann wie im Text wieder eine Fallunterscheidung durchgeführt werden, die in der Optimalität des Standardkreditvertrages resultiert. Die entsprechende Bedingung lautet nun

$$\frac{1 - \lambda_3}{\lambda_2} \gtreqless \frac{f_a(r|a)}{f(r|a)}.$$

Lösung 5.4 *Die Lösungen lauten:*

1. *Die erstbeste Erfolgswahrscheinlichkeit ermittelt sich aus der Maximierung des Überschusses der erwarteten Projekterträge über den mit ihr verbundenen Disnutzen sowie die Kapitalkosten*

$$a^{fb} \in \arg\max_a \{a \cdot r_2 + (1-a) \cdot r_1 - A(a) - (1+i) \cdot I\}.$$

Die Bedingung erster Ordnung hierfür lautet $4 - 8a^{fb} = 0$ und damit $a^{fb} = 0.5$. Der erwartete Projektgewinn $a^{fb} \cdot r_2 + (1 - a^{fb}) \cdot r_1 - A(a^{fb}) - (1+i) \cdot I$ ist folglich

$$\frac{5}{2} + \frac{1}{2} - 4\left(\frac{1}{2}\right)^2 - (1 + 0.1) \cdot 1 = 0.9.$$

2. *Bei asymmetrisch verteilten Informationen wählt der Schuldner die Erfolgswahrscheinlichkeit gemäß*

$$a^{sb} \in \arg\max_a \{a \cdot (r_2 - h) + (1-a) \cdot \max\{r_1 - h, 0\} - A(a)\}.$$

Weil das Rückzahlungsversprechen bei einem Zinssatz größer null in jedem Fall höher als das Investitionsvolumen sein muss, gilt in jedem Fall $\max\{r_1 - h, 0\} = 0$, und die zweitbeste Erfolgswahrscheinlichkeit folgt aus der Bedingung erster Ordnung $5 - h - 8a^{sb} = 0$. Damit gilt: $a^{sb} = \frac{5-h}{8}$, sodass für $h > 1$ gilt $a^{sb} < a^{fb}$.

Ein Vertrag kommt zustande, wenn erstens ein Rückzahlungsversprechen existiert, für welches die erwartete Rückzahlung an den Gläubiger zumindest so hoch ist wie der Alternativvertrag des Kapitals, und wenn zweitens der Schuldner zumindest seinen Reservationsnutzen erlangt.

Zur Prüfung der ersten notwendigen Bedingung betrachten wir die erwartete Rückzahlung $E[\min\{r,h\}\,|a^{sb}]$, die gegeben ist durch:

$$E[\min\{r,h\}\,|a^{sb}] = a^{sb} \cdot h + (1 - a^{sb}) \cdot 1$$
$$= \frac{6}{8}h - \frac{h^2}{8} + \frac{3}{8},$$

sodass die maximale erwartete Rückzahlung erreicht ist bei einem Rückzahlungsversprechen h_0, für dass gilt $\partial E[\min\{r,h_0\}\,|a^{sb}]/\partial h = 0$, d. h. $\frac{6}{8} - \frac{2}{8}h_0 = 0$ und damit $h_0 = 3$. Die maximale erwartete Rückzahlung beträgt folglich $\frac{6}{8}3 - \frac{3^2}{8} + \frac{3}{8} = 1.5 > (1+i) \cdot I = 1.1$, sodass aus Sicht des Gläubigers der Vertrag zustande kommen kann.

Als zweite notwendige Bedingung ist zu prüfen, ob sich der Schuldner mit Abschluss eines Kreditvertrages nicht schlechter stellt als ohne: Das erforderliche Rückzahlungsversprechen bestimmt sich aus der Teilnahmebedingung des Gläubigers $E[\min\{r,h\}\,|a^{sb}] = (1+i) \cdot I$, d.h. $\frac{6}{8}h - \frac{h^2}{8} + \frac{3}{8} = 1.1$. Dies lässt sich zu der quadratischen Gleichung in Normalform $h^2 - 6h + 5.8 = 0$ umformen, deren Lösungen

$$h_1 = 3 - \sqrt{3.2} \approx 3 - 1.8$$
$$h_2 = 3 + \sqrt{3.2} \approx 3 + 1.8$$

lauten. Beide Rückzahlungsversprechen wären möglich, weil $\max\{h_1, h_2\} < r_2 = 5$. Da der Schuldner jedoch das geringste beider Rückzahlungsversprechen bevorzugt, ist das vereinbarte Rückzahlungsversprechen $h_1 = 3 - \sqrt{3.2}$, für welches sein eigener Nettovorteil gegeben ist durch $a^{sb}(r_2 - h_1) - A(a^{sb})$ d. h.

$$\frac{5 - (3 - \sqrt{3.2})}{8}\left(5 - (3 - \sqrt{3.2})\right) - 4\left(\frac{5 - (3 - \sqrt{3.2})}{8}\right)^2$$
$$\approx 0.89 > 0.$$

Der Vertrag kann folglich zustande kommen, da der Reservationsnutzen des Schuldners null beträgt.

3. *Bei einem Alternativvertragssatz von $i = 0.6$ hingegen genügt die maximale erwartete Rückzahlung in Höhe von 1.5, welche bei einem Rückzahlungsversprechen von 3 erzielt wird, nicht zur Deckung der Opportunitätskosten eines*

Gläubigers in Höhe von $(1+i)I = 1.6$ bei einer vollständig externen Finanzierung. Darüber hinaus gilt bei Vereinbarung von $h_0 = 3$ für den gesamten erwarteten Projektgewinn

$$a^{sb} \cdot r_2 + \left(1 - a^{sb}\right) \cdot r_1 - A\left(a^{sb}\right) - (1+i) \cdot I = 0.15 > 0.$$

Da dieser Gewinn strikt größer null ist, könnte das Projekt grundsätzlich durchgeführt werden. Allerdings ist der Gläubiger bei einem Zinssatz von 0.6 und einem Rückzahlungsversprechen von $h_0 = 3$ nur bereit, einen Betrag in Höhe von

$$\frac{E[\min\{r, h_0\}\,|a^{sb}]}{(1+i)I} = \frac{1.5}{1.6}$$

zur Verfügung zu stellen. sodass der Schuldner die bestehende Finanzierungslücke in Höhe von $I - E[\min\{r, h_0\}\,|a^{sb}]/(1+i) = 1 - \frac{1.5}{1.6} = \frac{1}{16}$ decken muss.

Lösung 5.5 *Die Lösungen lauten:*

1. *Da die Kontrolle perfekt ist, beseitigt sie die Informationsasymmetrie vollständig, sodass unabhängig vom Zahlungsschema stets a^{fb} vereinbart wird. Hierfür gilt:*

$$a^{fb} \in \arg\max_{a} \{a \cdot r_2 + (1-a) \cdot r_1 - A(a) - (1+i) \cdot I - c\}$$

oder

$$a^{fb} \in \arg\max_{a} \{5a + (1-a) \cdot 1 - 4a^2 - 1.1 - c\}$$

Die Bedingung erster Ordnung lautet: $4 - 8a = 0$, und damit gilt (wie schon in Übung 5.4): $a^{fb} = 0.5$. Der erwartete Projektgewinn beträgt für den Schuldner:

$$\frac{5}{2} + \frac{1}{2} - 4\left(\frac{1}{2}\right)^2 - (1 + 0.1) \cdot 1 - c = 0.9 - c.$$

Ohne Kontrolle bleibt die Informationsasymmetrie bestehen, und der Schuldner wählt bei Abschluss des Standardkreditvertrags dasselbe Paar (a^{sb}, h) wie in Übung 5.4, Teilaufgabe 2, die mit einem Gewinn in Höhe von (annähernd) 0.89 verbunden ist. Damit lohnt sich die Kontrolle, sofern gilt: $0.9 - c \geq 0{,}89$ oder $c \leq 0.01$.

2. *Bei Abschluss des Standardkreditvertrages wählt der Schuldner bei einer Eigenmittelbeteiligung von W die Erfolgswahrscheinlichkeit gemäß*

$$a^{sb} \in \arg\max_{a} \{a \cdot (r_2 - h) + (1-a) \cdot \max\{r_1 - h, 0\} - A(a) - (1+i)W\}$$

oder, da wegen $W \leq \frac{1}{11}$ das Zahlungsversprechen $h \geq 1$ sein muss,

$$a^{sb} \in \arg\max_{a} \left\{a \cdot (5 - h) - 4a^2 - 1.1 \cdot W\right\}.$$

5.5 Lösungshinweise zu den Übungsaufgaben

Die Bedingung erster Ordnung lautet: $5 - h - 8a = 0$ oder $a^{sb} = \frac{5-h}{8}$ (siehe auch Übung 5.4). Der Gläubiger akzeptiert den Standardkreditvertrag, sofern gilt:

$$E\left[\min\{r,h\}\,|a^{sb}\right] = (1+i)\cdot(I-W)$$

oder

$$\frac{3}{8} + \frac{6}{8}h - \frac{h^2}{8} = 1.1 - 1.1W.$$

Die zugehörige Gleichung in der Normalform lautet:

$$h^2 - 6h + 5.8 - 8.8W = 0$$

und hat die Lösungen:

$$h_1 = 3 - \sqrt{3.2 + 8.8W}$$
$$h_2 = 3 + \sqrt{3.2 + 8.8W}$$

Wieder wählt der Schuldner das geringere Rückzahlungsversprechen $h_1 = 3 - \sqrt{3.2 + 8.8W}$ mit dem zugehörigen Arbeitseinsatz $a_1^{sb} = \frac{5-3+\sqrt{3.2+8.8W}}{8}$, der mit steigendes Eigenmittelbeteiligung W des Schuldners zunimmt. Für $W = \frac{1}{11}$ gilt $h_1 = 1$ sowie $a_1^{sb} = a^{fb} = 0.5$. Der Schuldner wählt den erstbesten Arbeitseinsatz, weil er wegen $(1 + 0,1) \cdot (1 - \frac{1}{11}) = 1$ imstande ist, den Gläubiger in jedem Umweltzustand mit einer festen Zahlung von 1 EUR zu entschädigen und damit zum Residualeinkommensbezieher wird.

3. *Mit Kontrolle beträgt der erwartete Gewinn des Schuldners*

$$a^{fb} \cdot r_2 + (1-a^{fb})\cdot r_1 - A(a^{fb}) - (1+i)(I-W) - c,$$

ohne Kontrolle beläuft er sich auf:

$$a^{sb} \cdot r_2 + (1-a^{sb})\cdot r_1 - A(a^{sb}) - (1+i)(I-W).$$

Damit ist die Kontrolle vorteilhaft, sofern gilt:

$$a^{fb} \cdot r_2 + (1-a^{fb})\cdot r_1 - A(a^{fb}) - a^{sb}\cdot r_2 - (1-a^{sb})\cdot r_1 + A(a^{sb}) \geq c$$

oder

$$(r_2 - 1)(a^{fb} - a^{sb}) + A(a^{sb}) - A(a^{fb}) \geq c$$

bzw. im vorliegenden Fall:

$$\kappa := 4\left(\frac{1}{2} - a^{sb}\right) + 4\left(a^{sb}\right)^2 - 1 \geq c.$$

Da $\frac{\partial \kappa}{\partial a^{sb}} \leq 0$ (wegen $a^{sb} \leq 0.5$), steigt κ mit wachsendem a^{sb} nicht an, sodass die maximal zulässigen Kontrollkosten c mit wachsendem W ebenfalls nicht zunehmen. Für $W = \frac{1}{11}$ gilt $\kappa = 0$.

Lösung 5.6 *Die Lösungen lauten:*

1. *Der erwartete Nutzen für den Unternehmer beträgt:*

$$E(U) = \alpha\left[ar_h + (1-a)r_l\right] + a + \ln(1-a).$$

Dann lautet die notwendige Bedingung für ein Maximum:

$$\alpha(r_h - r_l) + 1 - \frac{1}{1-a} \stackrel{!}{=} 0.$$

Daraus ergibt sich der optimale Arbeitseinsatz:

$$a^* = \frac{\alpha(r_h - r_l)}{\alpha(r_h - r_l) + 1}$$

und somit

$$\frac{da^*}{d\alpha} = \frac{(r_h - r_l)}{\left[\alpha(r_h - r_l) + 1\right]^2} > 0.$$

Je größer α, d.h. je größer der Anteil des Unternehmers am Projekt ist, desto höher ist sein optimaler Arbeitseinsatz a^*.

2. *Für $h \leq r_l$ gilt für den erwarteten Nutzen des Unternehmers:*

$$E(U) = ar_h + (1-a)r_l - h + a + \ln(1-a).$$

Daraus folgt für den optimalen Arbeitseinsatz $\bar{a}^*$:

$$\bar{a}^* = \frac{(r_h - r_l)}{(r_h - r_l) + 1}.$$

Für $h \in (r_l, r_h]$ gilt:

$$E(U) = a(r_h - h) + a + \ln(1-a).$$

Daraus folgt für den optimalen Arbeitseinsatz $\hat{a}^*$:

$$\hat{a}^* = \frac{(r_h - h)}{(r_h - h) + 1}.$$

3. *Wegen $\alpha < 1$ gilt für den Fall $h \leq r_l$: $a^* < \bar{a}^*$, sodass sich der Unternehmer bei einem Beteiligungsvertrag weniger als bei einem Standardkreditvertrag anstrengt. Dies ist darin begründet, dass bei gleichen Grenzkosten der Anstrengung der Standardkreditvertrag höhere Grenzerlöse aufweist, denn der Unternehmer erhält bei hohen Projekterlösen diese voll (und nicht lediglich anteilig) ausbezahlt. Im Fall von $h \in (r_l, r_h]$ hängt das Verhältnis von a^* und $\hat{a}^*$ von der Höhe des Rückzahlungsversprechens h ab.*

Lösung 5.7 *Die Lösungen lauten:*

5.5 Lösungshinweise zu den Übungsaufgaben

1. *Die Wahrscheinlichkeitsverteilung von Projekt I weist gegenüber der von Projekt II einen mean preserving spread auf, wenn die erwarteten Erträge beider Projekte identisch sind und wenn darüber hinaus der Inhalt der Fläche unterhalb der Verteilungsfunktion für jedes r bei Projekt II nicht höher ist als bei Projekt I. Die Wahrscheinlichkeitsverteilung von Projekt I $\{p_1, p_2, 1 - p_1 - p_2\}$ und von Projekt II $\{q_1, q_2, 1 - q_1 - q_2\}$ haben beispielsweise denselben Erwartungsgwert, wenn*

$$p_1(\bar{r} - \alpha) + p_2 \bar{r} + (1 - p_1 - p_2)(\bar{r} + \alpha)$$
$$=$$
$$q_1(\bar{r} - \alpha) + q_2 \bar{r} + (1 - q_1 - q_2)(\bar{r} + \alpha)$$

bzw.

$$\bar{r} + \alpha - \alpha(2p_1 + p_2) = \bar{r} + \alpha - \alpha(2q_1 + q_2)$$

sodass jede Kombination, die der Bedingung

$$2p_1 + p_2 = 2q_1 + q_2$$

genügt, zur Gleichheit der Erwartungswerte führt. Zusätzlich müssen die Verteilungen die Bedingungen

$$p_1 + p_2 < 1,$$
$$q_1 + q_2 < 1$$

erfüllen, wie beispielsweise $p_1 = 1/4$ und $p_2 = 1/2$ sowie $q_1 = 1/10$ und $q_2 = 4/5$. Diese Verteilungen erfüllen auch den mean preserving spread, da für alle r die Fläche unterhalb der Verteilungsfunktion für Projekt I nicht kleiner ist als die Fläche unter der Verteilungsfunktion für Projekt II (siehe Abbildung 5.8): Für $r \leq \bar{r} - \alpha$ sind die Flächeninhalte jeweils identisch, für $\bar{r} - \alpha < r \leq \bar{r}$ ist der Flächeninhalt unterhalb der Verteilungsfunktion des Projektes II um den entsprechenden Anteil der Fläche A kleiner. Für $r > \bar{r}$ nimmt der Flächeninhalt unterhalb der Verteilungsfunktion für das Projekt II zwar stärker zu als bei Projekt I, jedoch sind beide Flächen erst an der Stelle $\bar{r} + \alpha$ wieder gleich groß, da die Inhalte der Flächen A und B (aufgrund der Gleichheit der Erwartungswerte) identisch sind.

2. *Wenn es zum Ausscheiden eines Unternehmers kommt, dann wird aufgrund des mean preserving spreads zunächst das relativ sichere Projekt II aus dem Markt ausscheiden. Somit genügt es, den erwarteten Gewinn dieses Projektes in Abhängigkeit vom Rückzahlungsversprechen und vom Reservationsnutzenniveau $\bar{A}$ zu betrachten. Es gilt*

$$E\left[\max\{0, r - h\}\right] = \begin{cases} 10 - h & \text{falls } h \leq 5, \\ 9.5 - \frac{9}{10}h & \text{falls } 5 < h \leq 10, \\ 1.5 - \frac{1}{10}h & \text{falls } 10 < h \leq 15. \end{cases}$$

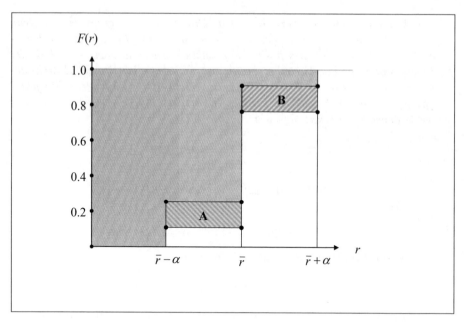

Abb. 5.8. Mean Preserving Spread

Wenn $\bar{A} < 0$, dann wird das Projekt in keinem Fall ausscheiden, da selbst bei $h = 15$ der erwartete Gewinn von null größer als der Wert der Außenoption ist. Wenn $0 < \bar{A} \leq 0.5$ ist, dann wird der Unternehmer ein Rückzahlungsversprechen, das geringer als 10 ist, auf jeden Fall zu akzeptieren bereit sein. Höhere Rückzahlungsversprechen werden nur akzeptiert, wenn sie die Bedingung $1.5 - \frac{1}{10}h \geq \bar{A}$ erfüllen. Falls $\bar{A} > 0.5$, dann werden Rückzahlungsversprechen $h > 10$ auf keinen Fall akzeptiert. Für $0.5 < \bar{A} \leq 5$ werden Rückzahlungsversprechen $h \leq 5$ vom Unternehmer akzeptiert, während Rückzahlungsversprechen zwischen 5 und 10 nur dann vereinbart werden, wenn $9.5 - \frac{9}{10}h \geq \bar{A}$. Falls $\bar{A} > 5$, so sind nur noch Rückzahlungsversprechen $h < 5$ vereinbar, sofern $10 - h \geq \bar{A}$.

Kapitel 6

Anreizkompatible Finanzverträge II: Intermediäre Finanzierung

Gemäß der Legaldefinition des Artikel 1 der Ersten Europäischen Bankenrichtlinie sind Banken bzw. Kreditinstitute alle Unternehmen, deren Tätigkeit darin besteht, Einlagen oder andere rückzahlbare Gelder des Publikums entgegenzunehmen und Kredite für eigene Rechnung zu gewähren. Die Hauptgeschäfte einer Bank bestehen also in der Aufnahme von Einlagen und in der Kreditvergabe. Warum aber geben die Überschusseinheiten einer Volkswirtschaft ihre finanziellen Mittel einer Bank (die diese in Kredite investiert), anstatt sie direkt den Defiziteinheiten zu überlassen? Was also sind die ökonomischen Vorteile einer indirekten Finanzierung über eine Bank gegenüber der direkten Finanzierung? Und weiter: Sind mit einer indirekten Finanzierung nicht auch zusätzliche Kosten (Delegationskosten) verbunden, die bei einer direkten Finanzierung nicht entstünden? Wovon hängt es schließlich ab, ob die zusätzlichen Vorteile einer intermediären Finanzierung deren zusätzlichen Kosten übersteigen? Diesen Fragen widmet sich dieses Kapitel.

Betrachtet man zunächst das Aktivgeschäft einer Bank – also ihre Kreditvergabe – und die Frage, warum Anleger ihr Vermögen über eine Bank an einen Investor leiten, anstatt es direkt den kreditnachfragenden Unternehmen zur Verfügung zu stellen, dann findet man eine Antwort hierauf, wenn man die besondere Expertise von Banken berücksichtigt. Diese ermöglicht es ihnen, Kreditrisiken kostengünstiger als andere zu beurteilen und zu steuern. Übertragen auf den bislang diskutierten Prinzipal-Agent-Ansatz heißt dies, dass eine Bank bei der Überwindung von Informationsasymmetrien möglicherweise Vorteile gegenüber einem einzelnen Sparer hat.

Betrachtet man hingegen das Passivgeschäft einer Bank – also ihr Einlagegeschäft – dann stellt sich die Frage, warum Banken sich vorzugsweise über eine derart liquide Form refinanzieren, obwohl sie selbst vergleichsweise illiquide Kredite vergeben. Sicher ist die hochgradige Liquidität der Bankpassiva auch eine Reflexion auf die Wünsche der Einleger, die einen Teil ihres Vermögens in Aktiva investieren wollen, die sehr liquide sind. Aber warum müssen sie sich hierzu einer Bank bedienen, anstatt beispielsweise Wertpapiere zu erwerben, die sie im Bedarfsfall auf einem organisierten (Sekundär-) Markt veräußern könnten?

Diesen beiden Kategorien von Fragestellungen wollen wir uns nun mit dem Instrumentarium der Prinzipal-Agent-Theorie nähern, wobei die Abschnitte 6.1

und 6.2 das Kreditgeschäft betrachten, während im Abschnitt 6.3 das Einlagegeschäft im Mittelpunkt steht.

6.1 Das *Diamond*-Modell

Ein erster Ansatz, der Finanzintermediation endogen als optimales institutionelles Arrangement zur Regelung von Verhaltensrisiken entwickelt, ist der von *Diamond* (1984). Er unterstellt eine Situation asymmetrisch verteilter Informationen zwischen Anleger und Investor bezüglich der mit dem finanzierten Investitionsprojekt erzielten Projekterträge; in der Terminologie von Abschnitt 3.1, S. 40, liegt also eine *moral hazard* Situation mit verstecktem Wissen vor, die auch als *costly state verification*-Ansatz bezeichnet wird. Die Projekterträge sind zum Zeitpunkt des Vertragsabschlusses unsicher, und der tatsächlich realisierte Projektertrag kann zunächst nur vom Schuldner beobachtet werden. Deshalb hat dieser einen Anreiz, das Projektergebnis gegenüber dem Gläubiger als gering auszuweisen, da er so aufgrund der Haftungsbeschränkung auch nur eine geringe Rückzahlung an den Schuldner leisten braucht. Gesucht wird daher derjenige Vertrag, der dem Schuldner am kostengünstigsten den Anreiz nimmt, die wahren Projektergebnisse zu verleugnen.

Das formale Modell ist wie folgt aufgebaut: In der betrachteten Ökonomie existieren $n = 1, \ldots, N$ risikoneutrale Unternehmer, die jeweils ein als unteilbar angenommenes Projekt der Größe 1 durchführen wollen. Dieses Projekt erbringt unabhängig vom Arbeitseinsatz des Unternehmers n einen stochastischen Ertrag $r_n \in [0, r_{\max}]$ mit dem Erwartungswert $E[r_n] > (1+i)I$, wobei i den risikolosen Alternativvertragssatz benennt. Da die Unternehmer selbst über keine eigenen Mittel verfügen, müssen sie ihre Projekte extern finanzieren, wobei der individuelle Anlagebetrag eines einzelnen (risikoneutralen) Anlegers vom Investitionsbedarf eines Projektes um das $\tilde{m}$-fache übertroffen wird. Zur Finanzierung eines Projektes sind daher $\tilde{m}$ Anleger erforderlich; zur Finanzierung aller N Projekte sind $\tilde{M} := N \cdot \tilde{m}$ Anleger erforderlich. Es ist unterstellt, dass die tatsächliche Anzahl von (ebenfalls risikoneutralen) Anlegern M hinreichend groß ist, sodass keine Kapitalknappheit vorliegt, d. h. $M \geq \tilde{M}$.

Zur weiteren Vereinfachung setzen wir noch $I = 1$. Damit die Gläubiger einem Vertrag zustimmen, müssen die Rückzahlungen $v_n := v(r_n)$ an sie dann der Bedingung

$$\int_0^{r_{\max}} v_n \cdot f(r_n) dr_n \geq (1+i)I \qquad (6.1)$$

genügen, d. h. die erwartete Rückzahlung deckt zumindest den Ertrag einer Alternativanlage. Es wird wie bereits im *Innes*-Modell angenommen, dass der Investor über die gesamte Verhandlungsmacht verfügt und den Anleger daher auf seinen Reservationsnutzen drücken kann, d. h. in (6.1) gilt die Gleichheit.

6.1 Das *Diamond*-Modell

Darüber hinaus darf sich auch der Schuldner bei Annahme des Vertrages nicht schlechter stellen als bei Ablehnung, d. h. unter Berücksichtigung eines Reservationsnutzens von null muss gelten

$$\int_0^{r_{\max}} [r_n - v_n - \phi(v_n)] \cdot f(r_n) dr_n \geq 0,$$

wobei $\phi(v_n)$ nicht-pekuniäre Strafen bezeichnet, die der Schuldner n in Abhängigkeit von der Höhe seiner tatsächlichen Rückzahlung erhält. Strafkosten können beispielsweise als Konkurskosten interpretiert werden, die darin bestehen können, dass sich ein Unternehmer unter Umständen vor einer Gläubigerversammlung rechtfertigen muss, oder auch im Verlust seiner Reputation als erfolgreicher Unternehmer. Diese Kosten weisen die Eigenschaft eines *dead weight loss* auf, da sie zwar vom Schuldner zu tragen sind, dem Gläubiger jedoch nicht zum direkten Vorteil gereichen.

Der Schuldner n wird bei gegebener Strafkostenfunktion ϕ seine tatsächlichen Rückzahlungen v_n immer gerade so wählen, dass sein Gesamtnutzen (Nettoertrag abzüglich Strafkosten) für ein gegebenes Projektergebnis r_n maximiert wird. Das bedeutet, es können im Finanzierungsvertrag nur solche Rückzahlungen vereinbart werden, die der Anreizrestriktion

$$v_n \in \arg\max_{\bar{v}} \left\{ r_n - \bar{v} - \phi(\bar{v}) \right\} \text{ für alle } r_n \in [0, r_{\max}] \qquad (6.2)$$

genügen. Das Problem der Vertragsparteien besteht also in der Suche nach der optimalen Strafkostenfunktion ϕ^*, sodass ein Schuldner keinen Anreiz mehr zur Nichterfüllung seiner Rückzahlungsverpflichtungen hat und gleichzeitig die von ihm zu tragenden erwarteten Strafkosten $E[\phi(v_n)]$ minimal sind.

Diamond (1984) zeigt nun, dass die folgende Strafkostenfunktion optimal ist:

$$\phi^*(v_n) = \max\{h - v_n, 0\}. \qquad (6.3)$$

Der Vertrag legt also ein zustandsunabhängiges Rückzahlungsversprechen h fest, sodass die Teilnahmebedingung des Gläubigers $E[\min\{r, h\}] = (1 + i)I$ erfüllt ist. Sofern der Schuldner dieses Rückzahlungsversprechen einhält, wird er nicht bestraft. Wenn seine Rückzahlung v_n jedoch geringer ausfällt als das vertragliche Rückzahlungsversprechen h, dann setzt der Gläubiger Strafen in Höhe der Differenz zum Rückzahlungsversprechen h durch – und dies unabhängig davon, ob die Verfehlung der Rückzahlungsverpflichtung durch ein tatsächlich zu geringes Projektergebnis oder durch einen Täuschungsversuch des Agenten bedingt ist. Durch die Wahl der Strafkostenfunktion gemäß (6.3) ist sichergestellt, dass sich der Nutzen des Schuldners gemäß seiner Anreizrestriktion (6.2) nicht erhöht, wenn er die vereinbarte Rückzahlung versagt, obwohl er sie leisten könnte. Der Schuldner wird das Rückzahlungsversprechen also immer dann erfüllen, wenn es das Projektergebnis zulässt, also wenn $r_n \geq h$ gilt.

Einerseits wird durch diese Strafkostenfunktion dem Schuldner der Anreiz genommen, den Gläubiger über die wahren Projektergebnisse zu täuschen; andererseits führt sie dazu, dass eine Durchsetzung von Strafen auch im Falle tatsächlich zu geringer Projekterträge erfolgt und damit eigentlich ungerechtfertigt ist. Die Androhung und Durchsetzung von Strafen bei Kreditausfall ist nämlich unabhängig von der Ursache des Kreditausfalls notwendig, weil der Gläubiger aufgrund seines schlechten Informationsstandes nicht unterscheiden kann, ob der Schuldner tatsächlich zu geringe Projekterträge erzielt hat oder ob er absichtlich einen strategischen Kreditausfall (*strategic default*) anstrebt.

Das bedeutet, die Durchsetzung von Strafen verursacht für einen einzelnen Investor einen Wohlfahrtsverlust in Höhe von

$$E\left[\phi^*(v_n)\right] = \int_0^h (h - r_n) f(r_n) dr_n, \qquad (6.4)$$

der vor allem von der Verteilungsfunktion über die Projekterträge abhängig ist: Wenn niedrige Projekterträge unwahrscheinlich sind, dann ist es ebenfalls unwahrscheinlich, dass die Strafkosten ungerechtfertigterweise durchgesetzt werden und der Wohlfahrtsverlust ist gering; umgekehrt ist der Wohlfahrtsverlust hoch, wenn niedrige Projekterträge wahrscheinlich sind. Der Wohlfahrtsverlust steigt darüber hinaus mit einer Erhöhung des Rückzahlungsversprechens, welches sich bei einem gegebenem Investitionsbetrag durch steigende Opportunitätskosten der Kapitalüberlassung (Zinsanstieg) ergibt; wird auf (6.4) nämlich die *Leibniz-Regel* angewendet (siehe S. 131), so folgt:

$$\frac{d}{dh} E\left[\phi^*(v_n)\right] = (h - h) f(r_n) \cdot 1 - (h - 0) f(0) \cdot 0$$
$$+ \int_0^h f(r_n) dr_n$$
$$= F(h) > 0.$$

Eine Alternative zum Standardkreditvertrag mit Bestrafungsoption stellt die Vereinbarung der (perfekten) Kontrolle des Investors dar. Ziel der Kontrolle ist, dass die Anleger das tatsächlich realisierte Projektergebnis verifizieren (*costly state verification*), sodass dem Schuldner die Möglichkeit genommen ist, die Anleger zu hintergehen. Allerdings fallen bei der Kontrolle (pro Kontrolleur) Kosten in Höhe von c an. Sind die tatsächlich anfallenden Kontrollkosten niedriger als der Wohlfahrtsverlust bei einem Vertrag ohne Kontrolle $E\left[\phi^*(v_n)\right]$, dann ist die Kontrolle vorteilhafter als der Standardkreditvertrag. *Diamond* nimmt nun an, dass eine Kontrolle des Investors grundsätzlich zulässig ist, d. h. es gilt:

$$\int_0^{r_{\max}} r_n f(r_n) dr_n > (1 + i) + c. \qquad (6.5)$$

Da ein Unternehmer jedoch einen Kreditbetrag aufzunehmen wünscht, der den individuellen Anlagebetrag eines einzelnen Anlegers übersteigt, so ist es von

6.1 Das *Diamond*-Modell

Vorteil, die Kontrolle nur durch einen Gläubiger durchführen zu lassen, um so eine vielfache Entstehung von Kontrollkosten zu verhindern. *Diamond* unterstellt jedoch, dass zwischen den einzelnen Gläubigern ein Koordinationsproblem der Art besteht, dass keiner außer dem mit der Kontrolle beauftragten Gläubiger tatsächlich Kenntnis über die realisierten Projekterträge erlangt. Dieser Gläubiger kann seine durch Kontrollmaßnahmen erlangte Information insbesondere nicht an die anderen Gläubiger veräußern, da diese wiederum nicht wissen, ob die Mitteilung des kontrollierenden Gläubigers stimmt. Damit also alle Anleger in denselben Informationsstand versetzt werden, müssen sie auch selbst kontrollieren, was zu einer multiplen Aufwendung von Kontrollkosten führt.

Die Anleger können aber auch einen Intermediär mit der Überprüfung der Kreditrisiken und der Durchsetzung von Kreditforderungen beauftragen. Hierdurch reduziert sich der Kontrollaufwand pro Unternehmer von $\tilde{m}c$ auf c. Das zusätzliche Anreizproblem in der Gestalt, dass der Intermediär aufgrund seines Informationsvorsprunges wissentlich Falschangaben über die Kreditererträge der von ihm finanzierten Unternehmer machen kann, wird dann in Analogie zum Fall einer direkten Kreditbeziehung durch die Vereinbarung eines Standardkreditvertrages in Verbindung mit der Strafkostenfunktion ϕ^* gemäß (6.3) gelöst.

Wenn ein mit der Kontrolle beauftragter Intermediär N verschiedene Unternehmer finanzieren soll, dann wird er dem Intermediationsarrangement nur zustimmen, wenn seine erwarteten Krediterträge $E[\sum_{n=1}^{N} v_n]$ zumindest den Betrag decken, der sich aus den Auszahlungen an die Anleger, den Kosten der Intermediation und der Kontrolle der Investoren zusammensetzt. Hierbei ist zu beachten, dass aufgrund der (perfekten) Kontrolle eine Situation symmetrisch verteilter Informationen zwischen Intermediär und Unternehmer geschaffen wird; weil alle Akteure risikoneutral sind, ist die konkrete Gestalt der Rückzahlungsfunktion v_n unbestimmt.

Folgenden Betrag müssen die erwarteten Krediterträge also zumindest decken:

$$E\left[\sum_{m=1}^{\tilde{M}} g_m\right]$$
$$+ E\left[\max\left\{\left(\sum_{m=1}^{\tilde{M}} d - \sum_{m=1}^{\tilde{M}} g_m\right), 0\right\}\right]$$
$$+ N \cdot c. \quad (6.6)$$

Der erste Term $E\left[\sum_{m=1}^{\tilde{M}} g_m\right]$ gibt die erwarteten Rückzahlungen des Intermediärs an alle Einleger an, wobei g_m die tatsächliche Auszahlung ist, die gemäß des vereinbarten Standardkreditvertrages $g_m = \min\left\{d, \frac{1}{M}\sum_{n=1}^{N}(v_n - c)\right\}$ erfolgt: Entweder erfüllt der Intermediär seine Auszahlungsverpflichtung d gegenüber dem Anleger m, oder aber der Anleger m erhebt Anspruch auf einen Anteil $1/\tilde{M}$ des cashflows des Intermediärs (d. h. Rückzahlungen aller N Unternehmer abzüglich Kontrollkosten). Durch Substitution und Division durch die Anzahl der Unternehmer erhält man für die erwartete Rückzahlung an die Einleger pro vergebenem Kredit:

$$\frac{E\left[\sum_{m=1}^{\tilde{M}} g_m\right]}{N} = E\left[\frac{1}{N}\sum_{m=1}^{\tilde{M}} \min\left\{d, \frac{1}{\tilde{M}}\sum_{n=1}^{N}(v_n - c)\right\}\right]$$

$$= E\left[\min\left\{\tilde{m}d, \left(\frac{1}{N}\sum_{n=1}^{N} v_n\right) - c\right\}\right]. \qquad (6.7)$$

Der zweite Term in (6.6), $E[\max\{(\sum_{m=1}^{\tilde{M}} d - \sum_{m=1}^{\tilde{M}} g_m), 0\}]$, umfasst die erwarteten Strafkosten, die der Intermediär trägt, wenn er aufgrund zu geringer Kreditträge nicht in der Lage ist, die Einlegeransprüche in voller Höhe zu befriedigen. Benennt man mit Φ^{FI} die tatsächlich durchgesetzte Strafe für den Intermediär und mit $E\left[\Phi^{FI}\right]$ die zugehörigen und als *Delegationskosten* bezeichneten erwarteten Strafkosten, dann ergeben sich bei deren Division durch N die erwarteten Strafkosten pro Kredit:

$$\frac{E[\Phi^{FI}]}{N} = E\left[\max\left\{\tilde{m}d - \min\left\{\tilde{m}d, \left(\frac{1}{N}\sum_{n=1}^{N} v_n\right) - c\right\}, 0\right\}\right]. \qquad (6.8)$$

Der dritte Term in (6.6) schließlich beschreibt die aufgewandten Kontrollkosten für die N finanzierten Unternehmer.

Die Anleger erwarten für die Bereitstellung der Mittel ein Auszahlungsversprechen, welches folgende Teilnahmebedingung erfüllt:

$$E\left[\min\left\{\tilde{m}d, \left(\frac{1}{N}\sum_{n=1}^{N} v_n\right) - c\right\}\right] = (1 + i), \qquad (6.9)$$

Wegen Annahme (6.5) ist auch sicher gestellt, dass die erwarteten Projekterträge des Investors hinreichend hoch sind, um die erforderlichen Auszahlungen an die Anleger sowie die enstehenden Kontrollkosten zu decken. Somit existiert gerade ein $d \in (0, r_{\max})$, für welches (6.9) zumindest dann erfüllt ist, wenn $v_n = r_n$.

Allerdings ist es gar nicht notwendig, dass Intermediär und Investor einen Kontrollvertrag mit $v_n = r_n$ abschließen, sofern der Intermediär Kredite an mehrere Investoren vergibt. Sind nämlich die Erträge der einzelnen Investitionsprojekte unkorreliert, so folgt für die Kreditträge des Intermediärs aus dem schwachen Gesetz der großen Zahl (siehe S. 22), dass für jedes $\varepsilon > 0$

$$\lim_{N \to \infty} P\left(\left|\left[\frac{1}{N}\sum_{n=1}^{N} v_n\right] - E[v_n]\right| \geq \varepsilon\right) = 0$$

gilt; d. h., etwas salopp formuliert, die Wahrscheinlichkeit dafür, dass die durchschnittlichen Krediterträge von ihrem Erwartungswert abweichen, geht gegen null, wenn die Anzahl der finanzierten Projekte gegen Unendlich geht. Durch Diversifikation verschwindet beim Intermediär demnach das Risiko, und seine Krediterträge sind asymptotisch sicher. Für die Anleger besteht dann kein Zurechnungsproblem mehr, da jede Rückzahlung des Intermediärs, die das Auszahlungsversprechen d unterschreitet, nicht mit zu geringen Krediterträgen begründet werden kann und der Intermediär statt dessen täuschen muss.

Wenn der Intermediär einen Vertrag mit dem Investor abschließt, für dessen erwartete Kreditrückzahlungen gilt:

$$E[v_n] = (1+i) + c,$$

dann folgt aus dem starken Gesetz der Großen Zahlen, dass die durchschnittlichen Strafkosten des Intermediärs für $N \to \infty$ mit Sicherheit null sind:

$$\lim_{N \to \infty} \frac{E[\Phi^{FI}]}{N} = \lim_{N \to \infty} E\left[\max\left\{\tilde{m}d - \min\left\{\tilde{m}d, \left(\frac{1}{N}\sum_{n=1}^{N} v_n\right) - c\right\}, 0\right\}\right]$$

$$= E\left[\lim_{N \to \infty} \left(\max\left\{\tilde{m}d - \min\left\{\tilde{m}d, \left(\frac{1}{N}\sum_{n=1}^{N} v_n\right) - c\right\}, 0\right\}\right)\right]$$

$$= E\left[\max\left\{\lim_{N \to \infty} \tilde{m}d - \lim_{N \to \infty}\left(\min\left\{\tilde{m}d, \left(\frac{1}{N}\sum_{n=1}^{N} v_n\right) - c\right\}, 0\right)\right\}\right]$$

$$= E\left[\max\left\{\lim_{N \to \infty} \frac{\tilde{M}}{N}d - \min\left\{\lim_{N \to \infty} \frac{\tilde{M}}{N}d, \lim_{N \to \infty}\left(\frac{1}{N}\sum_{n=1}^{N} v_n\right) - c\right\}, 0\right\}\right]$$

$$= E\left[\max\left\{(1+i) - \min\left\{(1+i), (1+i)\right\}, 0\right\}\right]$$

$$= 0$$

Eine ungerechtfertigte Bestrafung des Intermediärs (die entstünde, wenn seine tatsächlichen Krediterträge geringer sind als seine Verpflichtungen gegenüber den Einlegern) kann also mit Sicherheit ausbleiben, weil die Krediterträge keinesfalls aufgrund zufälliger Einflüsse zu gering sein können.

Bezüglich der Relevanz dieses Modells könnte der Leser einige Zweifel hegen. Betrachten wir nämlich die direkte Finanzierung und den als optimal abgeleiteten Standardkreditvertrag mit erfolgsabhängigen Strafkosten, dann ergibt sich ein mögliches Problem: Einerseits müssen diese Strafen wegen der unterstellten beschränkten Haftungsmöglichkeit des Unternehmers nicht-pekuniären Charakter haben. Andererseits sind sie aber direkt proportional zur Höhe des Zahlungsausfalls festzulegen. Was also genau beinhalten diese Strafen und wie können sie umgesetzt werden? Eine physische Bestrafung scheidet wohl von vorneweg in einer rechtsstaatlichen Ordnung aus. Einen Verlust an Reputation zu vereinbaren und dessen Ausmaß in Abhängigkeit von der Höhe des Fehlbetrages festzulegen, ist ebenfalls schwer denkbar. Vorstellbar ist vielleicht, eine Gefängnisstrafe in Abhängigkeit vom Ausmaß des Kreditausfalls festzusetzen, indem der Fehlbetrag nach Maßgabe von Tagessätzen in die Dauer einer Inhaftierung umgerechnet würde.

6.2 Das *Holmström / Tirole*-Modell

Einen Intermediär mit der Kontrolle der kreditnehmenden Unternehmer zu beauftragen, ist aber selbst dann vorteilhaft, wenn dieser keine Möglichkeit zu perfekter Diversifikation seiner Aktivrisiken hat und wenn keine Durchsetzung nicht-pekuniärer Strafen möglich ist. Möglicherweise kann er aber eine ganz bestimmte Kapitalstruktur wählen, durch die er gegenüber den Anlegern Glaubwürdigkeit signalisiert. Das Modell von *Holmström* und *Tirole* (1997) analysiert dieses Problem und liegt den jetzt folgenden Ausführungen zugrunde.

Das Modell betrachtet drei Sektoren beziehungsweise Gruppen von Akteuren: den realen Sektor (die Gruppe von Unternehmern), den Finanzsektor (die Banken), sowie den Haushaltssektor (die Gruppe von Anlegern). Alle Akteure sind risikoneutral und durch beschränkte Haftung geschützt, d. h. keiner kann mit einem negativen Vermögensbestand enden.

Die Unternehmer sind mit eigenen finanziellen Mitteln W ausgestattet und wünschen, jeweils ein Investitionsprojekt der Größe I zu realisieren. Die Erträge der Projekte sind stochastisch: Entweder schlägt das Projekt fehl und kein Ertrag wird realisiert oder das Projekt ist erfolgreich und realisiert einen Ertrag $r_{\max}$. Dabei ist der sich ergebende Projektertrag für alle Akteure beobachtbar. Ferner wird unterstellt, dass $W < I$, sodass der Unternehmer externe Finanzierung in Höhe von $I - W$ benötigt.

Es liege eine Prinzipal-Agent-Beziehung vom Typ versteckter Handlung vor. Jeder Unternehmer hat nämlich mit seinen unbeobachtbaren Handlungen Einfluss auf die Erfolgswahrscheinlichkeit seines Projektes: Ist er fleißig ($a = a_1$), so beträgt sein Disnutzen $A(a_1)$, ist er faul ($a = a_2$), dann beträgt sein Disnutzen $A(a_2) < A(a_1)$, und ist er sehr faul ($a = a_3$), dann gilt $A(a_3) < A(a_2)$. Der Reservationsnutzen für die Anstrengungen des Unternehmers ist kleiner als $A(a_3)$ und sei auf null normiert.

Die Erfolgswahrscheinlichkeit des Projektes hängt ebenfalls vom Fleiß des Unternehmers ab und bestimmt sich gemäß der folgenden Tabelle:

6.2 Das *Holmström/Tirole*-Modell

	fleißig	faul	sehr faul
Disnutzen	$A(a_1)$	$A(a_2)$	$A(a_3)$
Erfolgswahrscheinlichkeit	$P(r_{\max}|a_1)$	$P(r_{\max}|a_2)$	$P(r_{\max}|a_3)$
mit $P(r_{\max}|a_1) > P(r_{\max}|a_2) = P(r_{\max}|a_3)$			

Die Tabelle gibt an, dass die Erfolgswahrscheinlichkeit unabhängig davon ist, ob der Unternehmer faul oder gar sehr faul ist. Lediglich die Disnutzen seiner Aktivitäten unterscheiden sich hier. Es ist weiter unterstellt, dass das Projekt des Unternehmers nur dann ökonomisch vorteilhaft ist, wenn der Unternehmer sich fleißig um den Erfolg des Projektes bemüht, d. h. es gilt:

$$P(r_{\max}|a_1) r_{\max} - (1+i)I - A(a_1) > 0 \qquad (6.10)$$

und

$$P(r_{\max}|a_3) r_{\max} - (1+i)I - A(a_3) < 0. \qquad (6.11)$$

Wegen $A(a_3) < A(a_2)$ und $P(r_{\max}|a_2) = P(r_{\max}|a_3)$ präferiert der Unternehmer grundsätzlich „sehr faules" Verhalten gegenüber „faules" Verhalten. Schließlich wird zum einen ein $\Delta P := P(r_{\max}|a_1) - P(r_{\max}|a_2) = P(r_{\max}|a_1) - P(r_{\max}|a_3)$ definiert, welches die Verbesserung der Erfolgswahrscheinlichkeit angibt, wenn der Unternehmer von Faulheit abgehalten werden kann (unabhängig vom Ausmaß der Faulheit), zum anderen werden ein $\Pi := A(a_1) - A(a_3)$ sowie ein $\pi := A(a_1) - A(a_2)$ definiert, welche die jeweiligen persönlichen Opportunitätskosten des Fleißes gegenüber Faulheit (π) und gegenüber großer Faulheit (Π) für den Unternehmer darstellen.

Bei direkter Finanzierung kommen Unternehmer und Anleger zusammen und vereinbaren ein Rückzahlungsversprechen h, sodass erwartet werden kann, die Alternativkosten der Kapitalüberlassung in Höhe von $(1+i)(I-W)$ zu decken (Teilnahmebedingung der Anleger). Gleichzeitig muss aber sicher gestellt werden, dass der Unternehmer sich fleißig um den Projekterfolg sorgt, da wegen (6.10) nur dann ein positiver Gewinn zu erwarten ist. Die notwendige Anreizbedingung für den Unternehmer lautet folglich:

$$P(r_{\max}|a_1)(r_{\max} - h) - A(a_1) \geq P(r_{\max}|a_3)(r_{\max} - h) - A(a_3)$$

bzw.

$$(r_{\max} - h) \geq \frac{A(a_1) - A(a_3)}{P(r_{\max}|a_1) - P(r_{\max}|a_3)} = \frac{\Pi}{\Delta P}. \qquad (6.12)$$

Diese Anreizbedingung (6.12) fordert, dass der Anteil am Projektergebnis, den der Unternehmer erhält, eine durch das Verhältnis von Π und ΔP bestimmte Höhe mindestens erreichen muss, damit dieser sich sorgsam um die Erfolgsaussichten des Projektes bemüht. Damit verbleiben für die Anleger erwartete Rückzahlungen in Höhe von höchstens $\mathrm{P}\left(r_{\max}|a_1\right)\left(r_{\max} - \frac{\Pi}{\Delta P}\right)$ und sie stimmen einem Vertrag nur zu, wenn ihre Teilnahmebedingung

$$(1+i)(I-W) \leq \mathrm{P}\left(r_{\max}|a_1\right)\left(r_{\max} - \frac{\Pi}{\Delta P}\right) \qquad (6.13)$$

erfüllt werden kann. Aus der Kombination der Anreizbedingung des Unternehmers (6.12) und der Teilnahmebedingung der Anleger (6.13) folgt, dass ein Unternehmer nur dann einen Kredit erhält, wenn er über eigene finanzielle Mittel W in Höhe von wenigstens $\overline{W}$ mit

$$\overline{W} := I - \frac{\mathrm{P}\left(r_{\max}|a_1\right)}{(1+i)}\left(r_{\max} - \frac{\Pi}{\Delta P}\right) \qquad (6.14)$$

verfügt. Andernfalls ist das höchste Rückzahlungsversprechen, welches den Unternehmer gerade noch zum Fleiß anreizt, zu gering, um den Anlegern eine erwartete Rückzahlung zuzusichern, die deren Opportunitätskosten der Kapitalüberlassung deckt. Oder anders formuliert: Ein Rückzahlungsversprechen, welches möglicherweise den Anlegern die notwendige erwartete Rückzahlung zusichert, damit diese dem Vertrag zustimmen, ist zu hoch, als dass der Unternehmer gleichzeitig einen Anreiz hätte, das Projekt fleißig zu betreuen; da der erwartete Gewinn dann negativ wäre, würde die Teilnahmebedingung des Schuldners verfehlt.

Für den Fall einer intermediären Finanzierung unterstellen *Holmström* und *Tirole*, dass der Finanzintermediär in der Lage ist, durch geeignete Kontrollmaßnahmen in jedem Fall zu verhindern, dass der Unternehmer sehr faul ist. Fleißig wird er sich dagegen nur um die Erfolgsaussichten bemühen, wenn er zusätzliche pekuniäre Anreize hierzu erhält, die der Bedingung

$$\mathrm{P}\left(r_{\max}|a_1\right)(r_{\max} - h) - A(a_1) \geq \mathrm{P}\left(r_{\max}|a_2\right)(r_{\max} - h) - A(a_2)$$

bzw.

$$(r_{\max} - h) \geq \frac{A(a_1) - A(a_2)}{\mathrm{P}\left(r_{\max}|a_1\right) - \mathrm{P}\left(r_{\max}|a_2\right)} = \frac{\pi}{\Delta P} \qquad (6.15)$$

genügen müssen. Gleichzeitig muss seinerseits der Intermediär einen Anreiz haben, den Unternehmer tatsächlich zu kontrollieren. Da die Kontrolle mit nichtpekuniären Kosten c verbunden ist und weil die Anleger keine Informationen über die Aktivitäten des Intermediärs haben, wird letztgenannter eine Kontrolle nur durchführen, wenn bei gegebenem Rückzahlungsversprechen h für das Auszahlungsversprechen der Bank gegenüber den Einlegern d gilt

$$\mathrm{P}\left(r_{\max}|a_1\right)(h-d) - c \geq \mathrm{P}\left(r_{\max}|a_3\right)(h-d)$$

6.2 Das *Holmström/Tirole*-Modell

bzw.
$$(h - d) \geq \frac{c}{\Delta P} \qquad (6.16)$$

(beachte, dass der Unternehmer bei Nichtkontrolle durch den Intermediär sehr faul und nicht nur faul ist). Wenn die Kontrolle nicht kostenlos ist, folgt aus der Anreizbedingung (6.16), dass der Banker nicht seine gesamten Krediterträge zur Auszahlung an die Einleger versprechen kann, ohne seine eigene Glaubwürdigkeit als Unternehmenskontrolleur zu gefährden. Das Auszahlungsversprechen d darf nicht größer als d^* sein, für welches (6.16) mit Gleichheit erfüllt ist.

Holmström und *Tirole* nehmen nun an, dass sich Banken im Wettbewerb zueinander befinden, sodass sie nur dann einen Teil am Projektgesamtertrag $r_{\max}$ in Höhe von $h - d$ erhalten, wenn sie sich darüber hinaus mit eigenen finanziellen Mitteln B an den von ihnen finanzierten Projekten beteiligen. Dies wird deutlich am Beispiel zweier miteinander im Wettbewerb stehender Banken: Macht die eine Bank einem Kreditnehmer das Angebot, gegen Zahlung von $h - d^*$ die gewünschte Überwachung zu leisten, dann überbietet eine zweite Bank derart, dass sie zusätzlich zur Wahrnehmung ihrer Kontrollaufgabe anbietet, sich mit einem Betrag B an dem Projekt zu beteiligen, ohne hierfür eine gesonderte Rendite zu verlangen. Dieses vom Intermediär zur Verfügung gestellte eigene (so genannte *informierte*) Kapital erzielt unter Wettbewerbsbedingungen einen einheitlichen Ertragssatz i_{FI}, der größer als i sein muss, sofern informiertes Kapital knapp und die Unternehmenskontrolle nicht kostenlos ist. Folglich gilt im Wettbewerbsgleichgewicht:

$$(1 + i_{FI})B = P(r_{\max}|a_1)(h - d^*) = \frac{P(r_{\max}|a_1)}{\Delta P} c$$

d. h. der Intermediär muss sich mit eigenen Mitteln B in Höhe von mindestens $\overline{B}$ mit

$$\overline{B} = \frac{P(r_{\max}|a_1)}{1 + i_{FI}} \frac{c}{\Delta P} \qquad (6.17)$$

am Projekt beteiligen. Würde er sich mit weniger beteiligen, würde der Wettbewerb ihn aus dem Markt drängen. Eine höhere Beteiligung jedoch ist aus Sicht des Schuldners unvorteilhaft, da er dann auf einen größeren Teil seines aufgenommenen Kredites einen Zinssatz i_{FI} zu entrichten hat, der größer ist als der Zinssatz i auf uninformiertes Kapital, das von den Einlegern bereit gestellt wird. Auf der anderen Seite, wenn die Bank eigene Mittel in Höhe von mindestens $\overline{B}$ in das Projekt investiert hat, dann erreicht sie eine erwartete Rendite in Höhe ihres Alternativertrages nur dann, wenn sie den Unternehmer auch tatsächlich kontrolliert.

Unter Wahrung der beiden Anreizbedingungen (6.15) und (6.16) dürfen die Anleger schließlich Rückzahlungen in Höhe von lediglich

$$P(r_{\max}|a_1)\left(r_{\max} - \frac{\pi + c}{\Delta P}\right)$$

erwarten. Bei einem internen Finanzierungsvolumen des Unternehmers W und einem Beitrag des Intermediärs in Höhe von $\overline{B}$ wird der verbliebene externe Finanzierungsbedarf in Höhe von $I - W - \overline{B}$, das so genannte *uninformierte* Kapital, nur dann von den Anlegern gedeckt, wenn deren erwartete Rückzahlung den Alternativvertrag ihrer Anlage zumindest abdeckt, d. h. falls

$$(1+i)(I - W - \overline{B}) \leq \mathrm{P}\left(r_{\max}|a_1\right)\left(r_{\max} - \frac{\pi + c}{\Delta \mathrm{P}}\right).$$

Diese Bedingung lässt sich schließlich umformulieren zu

$$W \geq \underline{W} := I - \overline{B} - \frac{\mathrm{P}\left(r_{\max}|a_1\right)}{1+i}\left(r_{\max} - \frac{\pi + c}{\Delta \mathrm{P}}\right). \tag{6.18}$$

Ein Unternehmer kann also nur dann eine externe Finanzierung mit Kontrolle erhalten, wenn er zusätzlich zur Kontrolle durch den Intermediär einen hinreichenden Anreiz hat, das Projekt möglichst erfolgreich abzuschließen. Eine zu hohe Rückzahlungsverpflichtung im Erfolgsfall gegenüber seinem Gläubiger würde die Anreize zum Fleiß trotz Kontrolle zerstören, sodass der Unternehmer nur durch eine genügende Eigenbeteiligung seinen Fremdkapitalanteil hinreichend gering halten kann. Gleichzeitig kommt aber der Intermediär nur dann seiner Verpflichtung als delegierter Unternehmenskontrolleur nach, wenn auch er hinreichend am Kreditausfallrisiko partizipiert. Dies erfolgt unter den getroffenen Annahmen bezüglich der Wettbewerbssituation im Bankensektor durch die Notwendigkeit seiner Selbstbeteiligung am finanzierten Investitionsprojekt nach Maßgabe von (6.17).

Je nachdem, ob der Alternativvertragssatz auf B ceteris paribus hoch oder niedrig ist, ist die Mindestbeteiligungshöhe für den Schuldner bei Kontrolle größer oder kleiner als bei direkter Finanzierung: Aus (6.17) folgt nämlich $\partial \overline{B}/\partial i_{FI} < 0$, sodass gemäß (6.18) gilt: $\partial \underline{W}/\partial i_{FI} > 0$. Darüber hinaus gilt für $i < i_{FI}$, dass eine Zunahme der Kontrollkosten c mit einem Anstieg der notwendigen internen Finanzierungsmittel des Unternehmers $\underline{W}$ einhergeht.

Eine Intermediationslösung mit delegierter Unternehmenskontrolle ist somit auch bei Fehlen von Diversifikationsmöglichkeiten vorteilhaft, solange der Intermediär durch die Höhe seiner eigenen finanziellen Beteiligung am Projektrisiko signalisiert, dass er die Kontrolle der von ihm (ko-) finanzierten Unternehmer tatsächlich wahrnehmen wird.

Bislang wurde bei der Darstellung von Erklärungsansätzen von Finanzintermediären auf das Aktivgeschäft – also auf die Kreditvergabe – abgestellt. Im folgenden Abschnitt hingegen wird ein Modell vorgestellt, welches versucht, die Existenz von Finanzintermediären zurückzuführen auf deren Fähigkeit, im Rahmen ihres Passivgeschäftes Liquidität bereit zu stellen, die von den Anlegern zwar gewünscht wird, über einen Finanzmarkt – also im Rahmen direkter Finanzierungsbeziehungen – jedoch nicht bereit gestellt werden kann.

6.3 Das *Diamond/Dybvig*-Modell

Diamond und *Dybvig* (1983) führen die Existenz von Banken darauf zurück, dass diese Einlagen ausgeben, die eine höhere Liquidität besitzen als die mit ihnen finanzierten Kredite. Konkret heißt dies: Der Sichteinlagenvertrag dominiert das Passivgeschäft von Banken. Dieser Vertrag hat die charakteristischen Eigenschaften, zu jedem Zeitpunkt mit sofortiger Wirkung vom Einleger kündbar zu sein, wobei die Einleger im Falle einer Vielzahl individueller Auszahlungswünsche sequentiell (in der Reihenfolge ihres Eintreffens am Bankschalter, *sequential service constraint*) ausbezahlt werden, solange der Wert der verbliebenen Bankaktiva die Auszahlungswünsche des marginalen Einlegers deckt (*first come – first served*).

Der Analyse liegt folgender Kalkül zugrunde: In der betrachteten Modellökonomie existiert ein langfristiges, beliebig teilbares Investitionsprojekt mit konstanten Skalenerträgen. Für jeden in $T = 0$ investierten EUR erwirtschaftet es in $T = 2$ einen sicheren Ertrag in Höhe von r_2. In $T = 1$ ist der Ertrag des Projektes null, jedoch ist es möglich, einen beliebigen Teil l des Projektes zu liquidieren und einen Liquidationserlös von einem EUR pro ursprünglich investiertem EUR zu erzielen. Als Alternative zum Investitionsprojekt besteht für die Anleger die Möglichkeit, ihr Vermögen zu jedem Zeitpunkt in eine kosten- aber auch ertragslose Lagerhaltung zu investieren.

Es existiert eine auf 1 normierte Grundgesamtheit identischer Anleger, d. h. in $T = 0$ ist das Vermögen eines jeden Anlegers m in Höhe von 1 EUR ebenso identisch wie seine Nutzenfunktion $U(x, \theta)$, wobei $x = (x_1, x_2)$ den Konsumstrom über die Zeit darstellt und θ ein Dummy ist, der den Wert $\theta = 1$ aufweist, wenn der Anleger m zum Zeitpunkt $T = 1$ einen vorzeitigen Liquiditätsbedarf erfährt, und den Wert $\theta = 0$, wenn der Anleger m geduldig ist und ausschließlich am Konsum in der zweiten Periode interessiert ist. Dieser vorzeitige Liquiditätsbedarf kann Folge einer unerwarteten Krankheit sein, die den Anleger dazu zwingt, sein Vermögen in die Heilung seiner Leiden zu investieren; er kann aber beispielsweise auch Folge einer unerwartet ertragreichen Alternativinvestition sein, die sich dem Anleger zum Zeitpunkt $T = 1$ eröffnet und es dem Anleger als wenig lukrativen erscheinen lässt, die bisherige Anlage fortzuführen. Es soll für die Nutzenfunktion gelten:

$$U(x, \theta) = \theta u(x_1) + \eta(1 - \theta)u(x_2),$$

wobei $\eta < 1$ den Diskontierungsfaktor bezeichnet, der sich aus der Zeitpräferenz ergibt und für den gilt:
$$r_2 > \eta r_2 > 1$$
bzw.
$$1 > \eta > 1/r_2, \qquad (6.19)$$

d. h. ohne vorzeitigen Liquiditätsbedarf ist dem Anleger ein Konsum des Projektertrages r_2 in $T = 2$ mehr wert als der Konsum des Liquidationserlöses in

$T=1$. Für den *von Neumann/Morgenstern*-Nutzenindex u ist unterstellt, dass das zugehörige relative *Arrow/Pratt*-Maß der Risikoaversion die Bedingung

$$\hat{e}(x) = -\frac{u''(x)}{u'(x)}x > 1 \qquad (6.20)$$

erfüllt. Diese Bedingung besagt, dass eine Erhöhung des Konsums um ein Prozent den Risikogrenznutzen um mehr als einen Prozent verringert, d. h. der Anleger ist streng risikoavers.

Die optimale (erstbeste) Risikoteilungsregel leitet sich nun ab, wenn der erwartete Nutzen eines repräsentativen Anlegers unter Berücksichtigung seiner intertemporalen Budgetrestriktion maximiert wird, d. h.

$$\max_{x_1,x_2} \{tu(x_1) + (1-t)\eta u(x_2)\}$$

$$s.t.$$

$$tx_1 + (1-t)\frac{x_2}{r_2} = 1,$$

wobei t den Anteil der Anleger mit vorzeitigem Liquiditätsbedarf bezeichnet. Die Budgetbeschränkung besagt, dass der repräsentative Anleger seinen Konsum so auf $T = 1$ (x_1) und $T = 2$ (x_2) aufteilen kann, dass der erwartete Barwert der Konsumströme der Vermögensausstattung des Anlegers in $T = 0$ entspricht; oder anders ausgedrückt: Der Anleger kann nicht über seine Verhältnisse leben.

Die zu diesem Optimierungsproblem gehörige Bedingung erster Ordnung lautet dann

$$u'(x_1) = \eta \cdot r_2 \cdot u'(x_2). \qquad (6.21)$$

Es soll nun gezeigt werden, dass ein Konsumplan x, der keinen Risikoausgleich vorsieht ($x_1 = 1$, $x_2 = r_2$) die Bedingung erster Ordnung (6.21) verletzt, und statt dessen ein Konsumplan mit $1 < x_1^* < x_2^* < r_2$ optimal ist. Hierzu bedarf es einiger formaler Betrachtungen: Zunächst folgt wegen $1 > \eta$ für die rechte Seite von (6.21)

$$\eta \cdot r_2 \cdot u'(r_2) < r_2 \cdot u'(r_2) \qquad (6.22)$$

Für die rechte Seite von (6.22) bilden wir nun die zugehörige Differentialgleichung.

Anmerkung 6.1 (Bildung von Differentialgleichungen) *Die Differentialgleichung*

$$\frac{dx}{dy}(\bar{y}) = H(\bar{y})$$

mit H als gegebene Funktion und x als gesuchte Funktion hat die Lösung

$$x(\bar{y}) = x(y_{\min}) + \int_{y_{\min}}^{\bar{y}} H(y)dy.$$

6.3 Das *Diamond/Dybvig*-Modell

Im vorliegenden Fall gelte: $y = r$, $y_{\min} = r_1 = 1$, $\bar{y} = r_2$, $x(y) = r \cdot u'(r)$, $x(y_{\min}) = r_1 \cdot u'(r_1) = u'(1)$, $x(\bar{y}) = r_2 \cdot u'(r_2)$. Hiermit folgt für die rechte Seite von (6.22) unter Anwendung der Produktregel

$$r_2 \cdot u'(r_2) = u'(1) + \int_1^{r_2} \left(\frac{d}{dr}[r \cdot u'(r)]\right) dr$$

$$= u'(1) + \int_1^{r_2} [u'(r) + r \cdot u''(r)] \, dr.$$

Da weiterhin aufgrund der Annahme (6.20) gilt

$$0 > u'(r) + r \cdot u''(r)$$

folgt schließlich auch

$$u'(1) > r_2 \cdot u'(r_2) > \eta \cdot r_2 \cdot u'(r_2).$$

Somit würde bei einem Konsumprofil, dass keinen intertemporalen Risikoausgleich vorsieht ($x_1 = 1$ und $x_2 = r_2$) die Bedingung erster Ordnung (6.21) verletzt sein. Die Gleichheit in der Bedingung erster Ordnung kann nur erfüllt sein, wenn x_2 sinkt und (aufgrund der Budgetbeschränkung $x_2 = \frac{1-tx_1}{1-t} r_2$) gleichzeitig x_1 zunimmt. Aufgrund der Konkavität von u steigt mit sinkendem x_2 nämlich $u'(x_2)$ während mit steigendem x_1 ein sinkendes $u'(x_1)$ verbunden ist. Letztlich gilt jedoch wegen der Annahme (6.19), dass $\eta \cdot r_2 > 1$, sodass für $x_1 \geq x_2$ die Bedingung erster Ordnung (6.21) keinesfalls erfüllt sein könnte. Der (erstbeste) optimale Konsumplan (x_1^*, x_2^*) sieht daher vor:

$$1 < x_1^* < x_2^* < r_2.$$

Der aus Risikoteilungsgesichtspunkten optimale Investitions- und Konsumplan sieht eine so genannte Absicherung auf Gegenseitigkeit vor: Zunächst investiert jeder Anleger seine gesamte Anfangsausstattung in $T = 0$ in das Projekt. Falls er in $T = 1$ einen vorzeitigen Liquiditätsbedarf hat, dann liquidiert er seine Investition vollständig und erhält den Liquidationserlös in Höhe von einem EUR. Zusätzlich lösen aber auch die geduldigen Anleger Anteile an ihren Investitionsprojekten auf und zahlen den erzielten Liquidationserlös an die Bedürftigen aus. Im Durchschnitt wird damit ein Anteil $l = tx_1^*$ an jedem Projekt in $T = 1$ liquidiert. Der nicht liquidierte Teil jedes Projekts $(1 - tx_1^*)$ wird bis $T = 2$ fortgeführt. Der realisierte Ertrag wird dann pro rata auf die verbliebenen geduldigen Anleger $(1 - t)$ aufgeteilt und ermöglicht ihnen so jeweils einen Konsumstrom in Höhe von $x_2^* = \frac{1-tx_1^*}{1-t} r_2$.

Diese optimale Versicherungslösung scheitert aber, wenn das tatsächliche Eintreten eines vorzeitigen Liquiditätsbedarfes private Information des jeweiligen Anlegers ist. Er hat nämlich einen Anreiz, einen vorzeitigen Liquiditätsbedarf unabhängig von seinem tatsächlichen Auftreten vorzugeben. Dann erhält er nämlich von der Versichertengemeinschaft eine Ausgleichszahlung in Höhe von $x_1^* - 1$, die er mit Hilfe der kostenlosen Lagerhaltung nach $T = 2$ übertragen und zu diesem Zeitpunkt zusätzlich zu dem Ertrag seiner eigenen Investition in Höhe von r_2 konsumieren kann. Da dies für jeden geduldigen Anleger gilt, bricht letztlich die Versicherungslösung zusammen. Zur Herstellung der Anreizkompatibilität darf der Nutzen eines Anlegers ohne Liquiditätsbedarf bei Offenlegung seiner wahren Verhältnisse nicht geringer sein als bei deren Verleugnung, d. h. es muss gelten

$$x_2 \geq (x_1 - 1) + r_2.$$

Da aber für jedes $x_1 > 1$ aufgrund der Budgetbeschränkung auch $x_2 < r_2$ gilt, ist diese Anreizrestriktion nur dann erfüllt, wenn $x_1 = 1$ und $x_2 = r_2$. Dieser Konsumstrom ist aber auch ohne Existenz eines Versicherungsvertrages erzielbar, wenn der Anleger bei Auftreten des Liquiditätsschocks liquidiert und andernfalls das Projekt regelgerecht bis zum Ende fortführt. Eine optimale Risikoteilung würde demnach verfehlt.

Diamond und *Dybvig* bringen den Vorschlag, die Liquiditätsabsicherung einer Bank zu überlassen: Sie nimmt in $T = 0$ die Anlagebeträge der Anleger auf und investiert diese in das Projekt. Für $T = 1$ bietet sie jedem Anleger m die Ausbezahlung seiner Einlage zuzüglich einer Verzinsung in Höhe von $x_1^* - 1$ an, die sie zu leisten im Stande ist, solange ihre Aktiva nicht bereits vollständig liquidiert wurden, d. h.

$$g_1^m = \begin{cases} d_1 = x_1^* \text{ falls } d_1 \cdot \tau_m < 1, \\ 0 \qquad \text{ falls } d_1 \cdot \tau_m \geq 1, \end{cases} \qquad (6.23)$$

wobei τ_m den Anteil der Anleger bezeichnet, die bereits vor dem Anleger m eine Ausbezahlung ihrer Einlage gefordert haben; d_1 ist das Auszahlungsversprechen der Bank gegenüber ihren Einlegern pro investierter Geldeinheit in $T = 1$. Somit ist $d_1 \cdot \tau_m$ der Anteil einer in $T = 0$ investierten Geldeinheit, der in $T = 1$ vorzeitig zum Ausgleich von Anlegeransprüchen liquidiert wurde bevor Anleger m seinen Auszahlungswunsch äußern kann.

Die geduldigen Anleger, die erst in $T = 2$ die Ausbezahlung ihrer Einlage fordern, erhalten dann eine Auszahlung vom Intermediär in Höhe von

$$g_2 = \begin{cases} \frac{1-\tau x_1^*}{1-\tau} r_2 \text{ falls } d_1 \cdot \tau < 1, \\ 0 \qquad \text{ falls } d_1 \cdot \tau \geq 1, \end{cases} \qquad (6.24)$$

mit τ als Anteil aller Anleger, die eine vorzeitige Ausbezahlung der Einlage in $T = 1$ gefordert hatten. Die Auszahlung g_2 ist also nur dann größer null, wenn die Bank aufgrund der Auszahlungswünsche in $T = 1$ noch nicht das gesamte Projekt vorzeitig liquidieren musste. Mit diesem Vertrag ist den geduldigen Anlegern der Anreiz genommen, ihre Einlage vorzeitig ausbezahlt zu bekommen, da sie damit ihren Auszahlungsanspruch für $T = 2$ verwirken und die Auszahlung in $T = 1$ in Höhe von x_1^* geringer ist als die spätere Auszahlung der Einlage in $T = 2$ in Höhe von $\frac{1-\tau x_1^*}{1-\tau} r_2$, jedenfalls solange $\tau \leq t$. Es liegt also ein *Nash*-Gleichgewicht vor, bei dem es sich für keinen geduldigen Anleger lohnt, die vorzeitige Auszahlung seiner Einlage zu verlangen, solange die anderen geduldigen Anleger dies ebenfalls nicht tun.

Allerdings – wie so oft bei *Nash*-Gleichgewichten – ist dieses Gleichgewicht nicht das einzige: Es gibt bei diesem Vertrag ein zweites *Nash*-Gleichgewicht, welches beinhaltet, dass alle Anleger – unabhängig vom Liquiditätsbedarf – ihre Konten bei der Bank auflösen. Der ungeduldige Anleger tut dies, weil er vorzeitig Liquidität bedarf, und der geduldige Anleger, wenn er befürchten muss, dass auch die anderen geduldigen Anleger vorzeitig Einlagen auflösen. In diesem Fall besteht für ihn nämlich die Gefahr, dass er zu dem Zeitpunkt, zu dem er seine Einlage eigentlich auflösen möchte, die Bank bereits alle Aktiva zur Befriedigung der Einlegeransprüche liquidieren musste und der geduldige Anleger leer ausgeht. Es entsteht ein *bank run*, d. h. eine Situation, in der alle Einleger ihre Einlagen auflösen; hierauf wird in Kapitel 8 ausführlicher eingegangen.

Ein Problem des von *Diamond* und *Dybvig* entwickelten Ansatzes liegt darin, dass streng genommen eine dem Sichteinlagenvertrag überlegene Institution existiert, und somit die Existenz der Bank nicht wirklich begründet werden kann. Diese alternative Regelung der Absicherung von Liquiditätsrisiken verhindert zum einen den *moral hazard* der geduldigen Anleger und zum anderen führt sie zu *einem* stabilen Gleichgewicht, allerdings ohne auf die Zwischenschaltung eines Intermediärs zurückgreifen zu müssen. Ein *bank run* wird also ausgeschlossen, weil eine Bank nicht erforderlich ist. Dieses von *Jacklin* (1987) vorgebrachte Argument beruht auf der Vorstellung eines Marktes für Unternehmensanteile: Ein Unternehmer bietet zunächst den Anlegern einen Beteiligungsvertrag in Form eines Zertifikates an. Jedes dieser Anteilszertifikate beinhaltet einen Anspruch zur Ausbezahlung einer Dividende P in $T = 1$, die dadurch gedeckt ist, dass pro investierter Geldeinheit ein Anteil P in $T = 1$ liquidiert wird. Mit dem Anteil $(1 - P)$, der bis $T = 2$ fortgeführt wird, wird ein Ertrag von $r_2(1 - P)$ pro ursprünglich investierter Geldeinheit realisiert und an die Inhaber der Zertifikate ausgeschüttet.

Wenn nun die ungeduldigen Anleger die Dividende P einstreichen und darüber hinaus ihren Unternehmensanteil (Zertifikat) auf einem Markt an die geduldigen Anleger veräußern, dann können sie einen Konsumstrom in Höhe von $P + p$ in $T = 1$ realisieren, wobei p den erzielten Preis auf dem Sekundärmarkt für Zertifikate bezeichnet. Dieser bestimmt sich im Marktgleichgewicht (Angebot gleich Nachfrage) durch

$$t = (1-t)\frac{P}{p},$$

wobei die linke Seite das Angebot an Zertifikaten durch die ungeduldigen Anleger (deren Anteil an der Gesamtheit der Anleger t ist und die jeweils ein Zertifikat verkaufen wollen) bezeichnet, während die rechte Seite die entsprechende Nachfrage der geduldigen Anleger reflektiert (diese können mit ihrer erhaltenen

Dividende P gerade P/p Stück erwerben, wenn sie hierfür einen Preis von p zu zahlen haben). Der Gleichgewichtspreis lautet folglich

$$p^* = \frac{1-t}{t}P,$$

sodass nur noch die Höhe der Dividende so festgelegt werden muss, dass $P+p^* = x_1^*$, d. h. $P^* = t \cdot x_1^*$.

Das Argument von *Jacklin* macht deutlich, dass Banken im Modellkontext von *Diamond* und *Dybvig* nicht endogen erklärt werden können, da der Handel mit Unternehmenszertifikaten dieselbe Risikoteilung erreicht, ohne jedoch mit der Gefahr eines *bank run* verbunden zu sein. Allerdings hängt dieses Ergebnis insbesondere von den Annahmen darüber ab, inwieweit Anleger ihr Vermögen handeln können, das sie entweder in Form von Einlagen oder von Zertifikaten halten. *Jacklin* zeigt nämlich auch, dass nicht-handelbare Sichteinlagen eine bessere Risikoteilung erzielen als der unbeschränkte Handel mit Zertifikaten, wenn die ungeduldigen Anleger – abweichend vom *Diamond/Dybvig*-Modell – nicht ausschließlich an einem vorzeitigen Konsum interessiert sind, sondern auch einen (wenn auch nur geringen) Nutzen aus dem späten Konsum ziehen. Wenn Einlagen jedoch unbeschränkt handelbar sind, führt ein Handel mit Sichteinlagen zum selben Risikoteilungsergebnis wie ein Handel mit Zertifikaten; allerdings sind Einlagen stets mit der Gefahr eines *bank run* verbunden.

Der Abschnitt 7.2 nähert sich diesem Problem der beschränkten Handelbarkeit alternativer Vermögensformen nochmals. Dann wird im Rahmen der Theorie unvollständiger Verträge gezeigt, dass die beschränkte Handelbarkeit von Finanzaktiva (wie den Depositen) und von Sachaktiva (wie den Unternehmenszertifikaten) auf dieselbe Ursache zurückführbar ist und eine Dominanz des Sichteinlagenvertrages begründet.

6.4 Kommentierte Literaturhinweise

Überblicke zu einigen der hier präsentierten Ansätze zur Erklärung der Existenz von Geschäftsbanken bieten *Baltensperger* (1996); *Neuberger* (1994, 1998); *Freixas, Rochet* (1997); *Vollmer* (1999a). *Diamond* (1996) verdeutlicht anhand eines Beispiels die Wirkungsweise des *Diamond* (1984) Modells.

Diamond (1991) analysiert die Koexistenz direkter und intermediärer Finanzierung im Rahmen eines Modells, das auf die Überwachungsfunktion von Banken abstellt. *Hellwig* (2000) erweitert das Modell von *Diamond* (1984), indem er den Einfluss der Risikoneigung des Intermediärs berücksichtigt.

Holmström, Tirole (1998) nutzen des Modell von *Holmström, Tirole* (1997) zur Analyse der relativen Vorteile privater und öffentlicher Bereitstellung von Liquidität.

Kritisch zu den Ansätzen delegierter Unternehmenskontrolle äußert sich *Hellwig* (1991, 2001).

6.5 Übungsaufgaben

Übung 6.1 *Es sei angenommen, in einer Volkswirtschaft existiere eine Vielzahl von N Investitionsprojekten, von denen jedes einen Investitionseinsatz von 1 EUR erfordert und einen stochastischen Ertrag r erbringt. Die Projekterträge seien unkorreliert und es gelte für jedes Projekt i:*

$$r_i = \begin{cases} r_{\max} > 0 & \text{mit Wahrscheinlichkeit P}(r_{\max}), \\ 0 & \text{mit Wahrscheinlichkeit } 1 - \text{P}(r_{\max}). \end{cases}$$

1. *Ermitteln Sie Erwartungswert und Varianz der Anzahl der erfolgreichen Projekte.*
2. *Eine Bank hält einen Anteil von $1/N$ an jedem Projekt. Ermitteln Sie Erwartungswert und Varianz des Bankvermögens π zum Periodenende und zeigen Sie, dass das Aktivarisiko der Bank gegen null geht, sofern die Zahl N der von ihr gehaltenen Projekte gegen unendlich geht.*
3. *Wie hoch sind Erwartungswert und Varianz des Endvermögens, wenn die Bank nur in ein Projekt investiert?*
4. *Welches Szenario aus 2. oder 3. zieht eine risikoaverse Bank vor? Wie ist die Präferenz einer risikofreudigen Bank? Begründen Sie Ihre Antworten.*

Übung 6.2 *Angenommen, $n = 1, 2$ eigenmittellose Unternehmer planen jeweils ein unteilbares Projekt. Jedes Projekt erfordert eine Investition in Höhe von 1 und erbringt mit der Wahrscheinlichkeit von $\text{P}(r_{\max}) = 0.5$ einen Ertrag $r_{\max} = 5$, ansonsten erbringt es keinen Ertrag. Die Projekterträge der beiden Unternehmer sind unkorreliert. Der tatsächliche Projektertrag ist wie im Diamond (1984)-Modell nur durch den Unternehmer beobachtbar. Jedoch kann durch Aufwendung von Kontrollkosten $c = \frac{1}{6}$ pro Projekt und Kontrolleur der tatsächliche Projektertrag verifiziert werden. Ferner existiert eine Vielzahl von Anlegern, von denen jeder einen individuellen Anlagebetrag in Höhe von $\frac{1}{4}$ hat. Neben der Anlage in einem Projekt kann ein Anleger sein Kapital auch zum risikolosen Zinssatz $i = 0$ anlegen. Alle Akteure sind risikoneutral und es gilt beschränkte Haftung.*

1. *Wie hoch sind die erwarteten Strafkosten, wenn jeder Unternehmer direkte Finanzierung wählt und sich nicht durch die Anleger kontrollieren lässt?*
2. *Wie hoch sind die Kontrollkosten, wenn jeder Unternehmer direkte Finanzierung und Kontrolle durch die Anleger wählt?*
3. *Welches Szenario aus 1) und 2) ziehen die Unternehmer vor? Begründen Sie Ihre Antwort kurz.*

Es sei nun angenommen, beide Unternehmer finanzieren ihr Projekt mittels einer (ebenfalls eigenmittellosen) Bank, die die Unternehmer kontrolliert. Jeder Unternehmer verspricht, im Erfolgsfall $v_n = 3$ zu zahlen, andernfalls zahlt er nichts. Die Bank schließt mit ihren Finanziers einen Standardkreditvertrag mit

Strafkosten ab. Sie verspricht, jedem einzelnen Finanzier den Betrag $g_m = \frac{1}{3}$ zu zahlen.

4. *Wie hoch sind die erwarteten Strafkosten der Bank?*
5. *Zeigen Sie, dass sowohl die Teilnahmebedingung der Bank, als auch die Teilnahmebedingung der Anleger erfüllt ist.*
6. *Ist die intermediäre Finanzierung der direkten Finanzierung überlegen? Begründen Sie Ihre Antwort kurz.*

Übung 6.3 *Betrachtet sei eine Volkswirtschaft mit $n = 1, ..., N$ Unternehmern, von denen jeder ein unteilbares Projekt durchführen kann, das 1 EUR kostet und risikobehaftet ist. Das Projekt ist mit Wahrscheinlichkeit $P(r_{\max})$ erfolgreich und erbringt einen Ertrag $r_{\max}$, ansonsten erbringt es keinen Ertrag. Die Erträge der Projekte sind paarweise unkorreliert. Ferner existiert eine Vielzahl von Anlegern, von denen jeder über eine Kapitalausstattung von 0.2 EUR verfügt; neben der Anlage in einem Projekt kann ein Anleger sein Kapital auch zum risikolosen Zinssatz $i = 0.1$ anlegen. Für den Erwartungswert der Erträge eines Projekts gilt $P(r_{\max}) \cdot r_{\max} \geq 1 + i$.*

1. *Bestimmen Sie die optimale Strafkostenfunktion, wenn Gläubiger und Schuldner eine direkte Finanzierung eingehen und ermitteln Sie die erwarteten Strafkosten für einen Schuldner.*
2. *Wählt der Unternehmer die (perfekte) Kontrolle oder den Standardkreditvertrag, wenn die Kontrollkosten $c = 0.05$ betragen?*
3. *Es sei nun noch einmal die direkte Finanzierung betrachtet. Wie hoch dürfen die Kontrollkosten c höchstens sein, damit der Schuldner die perfekte Kontrolle durch die Gläubiger dem Kreditvertrag mit Strafkosten vorzieht? Zeigen Sie, dass die Obergrenze für c steigt, wenn die Erfolgswahrscheinlichkeit $P(r_{\max})$ sinkt.*
4. *Berechnen Sie den Gewinn eines Unternehmers bei indirekter Finanzierung, wenn die Zahl N ihrer Kreditnehmer gegen Unendlich geht und prüfen Sie, ob ein Unternehmer eine direkte oder indirekte Finanzierung wählt. Dabei sei angenommen, dass die Bank jeden Unternehmer kontrolliert.*

Übung 6.4 *Im Modell von Holmström und Tirole (1997) seien beispielhaft folgende Werte für die Modellvariablen unterstellt:*

$$P(r_{\max}|a_1) = 0.55, \quad r_{\max} = 115,$$
$$P(r_{\max}|a_2) = P(r_{\max}|a_3) = 0.5, \quad A(a_1) = 95,$$
$$I = 100, \quad A(a_2) = 94,$$
$$i = 0.05, \quad A(a_3) = 93.5,$$
$$i_{FI} = 0.20, \quad c = 1.5.$$

1. Ermitteln Sie die kritischen Eigenkapitalwerte $\underline{W}$ und $\overline{W}$.
2. Erläutern Sie, warum ein Unternehmen mit $W < \overline{W}$ keine direkte Finanzierung und ein Unternehmer mit $W < \underline{W}$ keine indirekte Finanzierung erhält.
3. Wie ändern sich die kritischen Eigenkapitalwerte, wenn ceteris paribus
   a) c auf 2.0 ansteigt;
   b) $A(a_2) = A(a_3) = 94$ gilt?

Übung 6.5 Betrachten Sie das Modell von Diamond und Dybvig (1983).

1. Zeigen Sie grafisch mit Hilfe des von Neumann/Morgenstern-Nutzenindexes, dass im Rahmen des Diamond/Dybvig-Modells ein risikoaverser Entscheider den Konsumplan (x_1^*, x_2^*) mit $1 < x_1^* < x_2^* < r_2$ gegenüber dem Konsumplan $(1, r_2)$ präferiert. Wie ist das bei einem risikofreudigen Entscheider?
2. Ermitteln Sie den Anteil l, den jeder geduldige Anleger in $T = 1$ an seinem Projekt auflösen muss.

Übung 6.6 (*Diamond*, 1991) Gegeben sei eine Volkswirtschaft mit zwei Gruppen von risikoneutralen Entscheidern:

- eine Vielzahl von Finanziers, von denen jeder über eine Eigenkapitalausstattung in Höhe von $\frac{1}{m}$ EUR verfügt;
- Unternehmer ohne Eigenmittel.

Es gibt zwei Investitionsprojekte, die in $T = 0$ jeweils einen Investitionsbetrag von 1 EUR erfordern und in $T = 1$ folgende Erträge erbringen:

- Projekt g erbringt mit Sicherheit $r_{\max}^g > 1$;
- Projekt b erbringt mit der Wahrscheinlichkeit $\mathrm{P}(r_{\max}^b)$ einen Ertrag $r_{\max}^b > r_{\max}^g$ und mit der Gegenwahrscheinlichkeit keinen Ertrag, wobei gilt: $\mathrm{P}(r_{\max}^b) \cdot r_{\max}^b < 1$.

Jeder Unternehmer gehört einer der beiden folgenden Gruppen an: Die erste Gruppe hat Zugang nur zu einem Projekt, entweder vom Typ „g" oder vom Typ „b"; die zweite Gruppe hat Zugang zu beiden Projekttypen. Die Gruppenzugehörigkeit ist private Information des jeweiligen Unternehmers und einem Finanzier ungekannt. Dieser bildet aber subjektive Wahrscheinlichkeiten über die Gruppenzugehörigkeit mit $\mathrm{P}(g) + \mathrm{P}(b) + \mathrm{P}(gb) = 1$ (siehe nachfolgende Tabelle):

Unternehmer/Projekt	Typ g	Typ b
Gruppe 1	$\mathrm{P}(g)$	$\mathrm{P}(b)$
Gruppe 2	$\mathrm{P}(gb)$	

Private Informationen des Unternehmers sind auch die sich ergebenden Projektauszahlungen und die konkrete Projektwahl eines Unternehmers aus Gruppe

2. *Allerdings ist es einem Finanzier möglich, durch Aufwendung von Kontrollkosten C die Projektwahl eines Unternehmers aus Gruppe 2 in $T = 0$ zu erfahren; er kann dann von dem Finanzierungsvertrag zurücktreten, sofern der Unternehmer Projekt „b" gewählt hat.*

Unternehmer und Finanzier schließen einen Standardkreditvertrag mit Rückzahlungsversprechen h ab.

1. *Bestimmen Sie die Projektwahl eines Unternehmers aus Gruppe 2.*
2. *Ermitteln Sie, wann ein Finanzier die Kontrolle durchführt.*
3. *Bestimmen Sie den optimalen Finanzierungsvertrag, den ein Unternehmer wählt, sofern die vom Finanzier gewünschte Verzinsung null beträgt.*

6.6 Lösungshinweise zu den Übungsaufgaben

Lösung 6.1 *Die Lösungen lauten:*

1. *Die Zahl N^+ der erfolgreichen Projekte ist eine binomial verteilte Zufallsgröße. Es gilt:*
$$E\left[N^+\right] = \mathrm{P}\left(r_{\max}\right) \cdot N$$
sowie
$$var\left[N^+\right] = N \cdot \mathrm{P}\left(r_{\max}\right) \cdot \left(1 - \mathrm{P}\left(r_{\max}\right)\right).$$

2. *Dann gilt auch:*
$$E\left[\pi\right] = E\left[N^+\right] \cdot \frac{r_{\max}}{N} = \mathrm{P}\left(r_{\max}\right) \cdot N \cdot \frac{r_{\max}}{N} = \mathrm{P}\left(r_{\max}\right) \cdot r_{\max}$$
sowie
$$var\left[\pi\right] = var\left[\frac{r_{\max}}{N} \cdot N^+\right]$$
$$= \frac{(r_{\max})^2}{N^2} \cdot var\left[N^+\right]$$
$$= \frac{(r_{\max})^2}{N^2} \cdot N \cdot \mathrm{P}\left(r_{\max}\right) \cdot \left(1 - \mathrm{P}\left(r_{\max}\right)\right)$$
$$= \frac{(r_{\max})^2}{N} \cdot \mathrm{P}\left(r_{\max}\right) \cdot \left(1 - \mathrm{P}\left(r_{\max}\right)\right).$$

Ferner gilt:
$$\lim_{N \to \infty} var\left[\pi\right] = 0.$$

3. *In diesem Fall gelten:*
$$E(\pi) = \mathrm{P}\left(r_{\max}\right) \cdot r_{\max},$$
$$var(\pi) = \mathrm{P}\left(r_{\max}\right)\left(1 - \mathrm{P}\left(r_{\max}\right)\right)\left(r_{\max}\right)^2.$$

4. *Eine risikoaverse Bank zieht 2. vor, weil bei gleichem Erwartungswert die Varianz geringer als bei 3. ist; eine risikofreudige Bank zieht 3. vor.*

6.6 Lösungshinweise zu den Übungsaufgaben

Lösung 6.2 *Die Lösungen lauten:*

1. *Für das Zahlungsversprechen h eines Unternehmers muss wegen der Teilnahmebedingung der Anleger gelten:*

$$\frac{1}{2} \cdot 0 + \frac{1}{2} \cdot h = 1$$

und somit

$$h = 2.$$

Somit folgt für die erwarteten Strafkosten eines Unternehmers $E(\phi) = 1$. Die gesamten erwarteten Strafkosten haben, da zwei Unternehmer existieren, die Höhe 2.

2. *Da 8 Anleger zur Finanzierung beider Projekts notwendig sind, gilt für die gesamten Kontrollkosten $8 \cdot \frac{1}{6} = \frac{8}{6}$.*
3. *Wegen $\frac{8}{6} < 2$ ist Kontrolle der Strafe vorzuziehen.*
4. *Die Bank kann nicht alle Finanziers auszahlen, wenn beide Projekte scheitern, dies geschieht mit der Wahrscheinlichkeit $\frac{1}{2} \cdot \frac{1}{2} = \frac{1}{4}$. In diesem Fall ist die Summe der Strafkosten $8 \cdot g_m = \frac{8}{3}$. Somit sind die erwarteten Strafkosten*

$$E(\phi) = \frac{1}{4} \cdot \frac{8}{3} = \frac{2}{3}.$$

5. *Die Teilnahmebedingung der Bank lautet:*

$$E\left(\sum v_n\right) - E\left(\sum g_m\right) - E(\phi) - n \cdot c$$
$$= \left[\frac{1}{4} \cdot (3+3) + \frac{1}{2} \cdot 3 + \frac{1}{4} \cdot 0\right] - \left[\frac{1}{4} \cdot \frac{8}{3} + \frac{1}{2} \cdot \frac{8}{3} + \frac{1}{4} \cdot 0\right] - \frac{2}{3} - 2 \cdot \frac{1}{6}$$
$$= \frac{12}{4} - 2 - \frac{2}{3} - \frac{1}{3} = 0.$$

Sie ist somit erfüllt. Die Teilnahmebedingung der Anleger lautet

$$E\left(\sum g_m\right) = \frac{3}{4} \cdot \frac{8}{3} = 2,$$

also ist auch sie erfüllt.
6. *Die erwarteten Strafkosten betragen $\frac{2}{3}$, die Kontrolle kostet $2 \cdot \frac{1}{6}$. Die Gesamtkosten betragen entsprechend $1 < \frac{8}{6}$. Somit ist die intermediäre Finanzierung der direkten Finanzierung überlegen.*

Lösung 6.3 *Die Lösungen lauten:*

1. *Bei Abschluss eines Standardkreditvertrages erfordert die Teilnahmebedingung der Gläubiger, dass gilt:*

$$P(r_{\max}) \cdot h + (1 - P(r_{\max})) \cdot 0 \geq 1.1,$$

sodass, wenn die Gläubiger auf ihren Reservationsnutzen zurückgedrängt werden, folgt:

$$h = \frac{1.1}{P(r_{\max})}.$$

Somit ergibt sich für die zugehörige Strafkostenfunktion:

$$\phi^*(v_n) = \max\left\{\frac{1.1}{P(r_{\max})} - v_n, 0\right\}.$$

Da der Unternehmer mit Wahrscheinlichkeit $P(r_{\max})$ *den vollen Betrag* $h = \frac{1.1}{P(r_{\max})}$ *an die Gläubiger zahlt, mit der Gegenwahrscheinlichkeit hingegen nichts, folgt für die erwarteten Strafkosten*

$$E[\phi^*(v_n)] = P(r_{\max}) \cdot 0 + (1 - P(r_{\max})) \cdot \frac{1.1}{P(r_{\max})} = (1 - P(r_{\max})) \cdot \frac{1.1}{P(r_{\max})}.$$

2. *Der erwartete Gewinn des Schuldners bei Wahl des Standardkreditvertrages beträgt*

$$P(r_{\max}) \cdot r_{\max} - 1.1 - E[\phi^*(v_n)].$$

Einsetzen der bekannten Werte ergibt

$$P(r_{\max}) \cdot r_{\max} - 1.1 - [1 - P(r_{\max})] \cdot \frac{1.1}{P(r_{\max})},$$

$$P(r_{\max}) \cdot r_{\max} - \frac{1.1}{P(r_{\max})}.$$

Der erwartete Gewinn des Schuldners bei Wahl der Kontrolle beträgt

$$P(r_{\max}) \cdot r_{\max} - c \cdot \tilde{m} - 1.1.$$

Einsetzen der bekannten Werte ergibt

$$P(r_{\max}) \cdot r_{\max} - 0.05 \cdot 5 - 1.1,$$

$$P(r_{\max}) \cdot r_{\max} - 1.35.$$

Der Schuldner präferiert Kontrolle, sofern gilt:

$$P(r_{\max}) \cdot r_{\max} - 1.35 \geq P(r_{\max}) \cdot r_{\max} - \frac{1.1}{P(r_{\max})},$$

was umgeformt werden kann zu

$$1.35 \leq \frac{1.1}{P(r_{\max})},$$

sodass folgt:

$$P(r_{\max}) \leq \frac{1.1}{1.35} \approx 0.81.$$

Der Unternehmer wählt die Kontrolle, sofern sein Projekt $P(r_{\max}) < 0.81$ *erfüllt.*

6.6 Lösungshinweise zu den Übungsaufgaben

3. *Der Gewinn des Schuldners bei Wahl des Standardkreditvertrages beträgt bekanntermaßen*

$$P(r_{\max}) \cdot r_{\max} - \frac{1.1}{P(r_{\max})}.$$

Wird ein Vertrag mit Kontrolle gewählt, so fallen die Kontrollkosten bei $\tilde{m} = 5$ Anlegern an. Somit beträgt der erwartete Gewinn des Schuldners bei Kontrolle

$$P(r_{\max}) \cdot r_{\max} - 5 \cdot c - (1 + i) = P(r_{\max}) \cdot r_{\max} - \tilde{m}c - 1.1.$$

Der Schuldner präferiert Kontrolle, sofern gilt:

$$P(r_{\max}) \cdot r_{\max} - 5 \cdot c - 1.1 > P(r_{\max}) \cdot r_{\max} - \frac{1.1}{P(r_{\max})},$$

was umgeformt werden kann zu

$$5 \cdot c + 1.1 < \frac{1.1}{P(r_{\max})},$$

sodass folgt:

$$c < (1 - P(r_{\max})) \cdot \frac{0.22}{P(r_{\max})} =: c_{crit}.$$

Ferner gilt

$$\frac{dc_{crit}}{dP(r_{\max})} = -\frac{0.22}{(P(r_{\max}))^2} < 0,$$

somit steigt die Obergrenze für c, wenn die Erfolgswahrscheinlichkeit sinkt.

4. *Sofern die Bank das ihr zufließende Kapital in alle Projekte investiert, ist die Anzahl N^+ der erfolgreichen Projekte eine binomialverteilte Zufallsvariable, für die $E(N^+) = P(r_{\max}) \cdot N$ sowie $\sigma^2(N^+) = P(r_{\max}) \cdot (1 - P(r_{\max})) \cdot N$ gilt. Entsprechend ist auch der erwartete Bruttoertrag der Bank pro Projekt eine Zufallsvariable der Form $\frac{N^+}{N} \cdot h$ mit $E\left(\frac{N^+}{N} \cdot h\right) = \frac{P(r_{\max}) \cdot N}{N} \cdot h = P(r_{\max}) \cdot h$ und*

$$\sigma^2\left(\frac{N^+}{N} \cdot h\right) = \left(\frac{h}{N}\right)^2 \cdot \sigma^2(N^+)$$

$$= P(r_{\max}) \cdot (1 - P(r_{\max})) \cdot \left(\frac{h}{N}\right)^2 \cdot N$$

$$= P(r_{\max}) \cdot (1 - P(r_{\max})) \cdot \frac{h^2}{N}.$$

Wegen $\lim_{N \to \infty} \sigma^2\left(\frac{N^+}{N} \cdot h\right) = 0$ erzielt die Bank pro Projekt einen sicheren Ertrag $P(r_{\max}) \cdot h$, wenn N gegen Unendlich geht und gibt jedem Einleger ein Rückzahlungsversprechen $d = \frac{\mathrm{P}(r_{\max}) \cdot h}{\widetilde{m}}$, das sie auch erfüllen kann, sodass die Delegationskosten null betragen. Die Kosten der Projektfinanzierung betragen also pro Unternehmer

$$(1+i) + c = 1.1 + 0.05,$$

sodass der Unternehmer einen erwarteten Gewinn in Höhe von

$$\mathrm{P}(r_{\max}) \cdot r_{\max} - (1+i) - c = \mathrm{P}(r_{\max}) \cdot r_{\max} - 1.15$$

erzielt und die indirekte Finanzierung gegenüber der direkten Finanzierung präferiert, sofern gilt:

$$\mathrm{P}(r_{\max}) \cdot r_{\max} - 1.15 \geq \mathrm{P}(r_{\max}) \cdot r_{\max} - \frac{1.1}{\mathrm{P}(r_{\max})}$$

oder

$$\frac{1.1}{\mathrm{P}(r_{\max})} \geq 1.15$$

bzw.

$$\mathrm{P}(r_{\max}) \leq \frac{1.1}{1.15} \approx 0.96.$$

Der Unternehmer wählt die indirekte Finanzierung, sofern $\mathrm{P}(r_{\max}) \leq 0.96$ gilt.

Lösung 6.4 *Die Lösungen lauten:*

1. Es gilt:

$$\overline{W} = 100 - \frac{0.55}{1.05}\left(115 - \frac{1.5}{0.05}\right) = 55.48$$

und

$$\overline{B} = \frac{0.55}{1.2} \cdot \frac{1.5}{0.05} = 13.75$$

sowie

$$\underline{W} = 100 - 13.75 - \frac{0.55}{1.05}\left(115 - \frac{1+1.5}{0.05}\right) = 52.2$$

2. Ein Unternehmer mit einem Eigenkapitalbestand $W < 55.48$ erhält keine direkte Finanzierung, weil er nicht imstande ist, gleichzeitig die Anreizbedingung für fleißiges Verhalten und die Teilnahmebedingung für die Finanziers zu erfüllen. Die Anreizbedingung für den Unternehmer lautet:

$$(115 - h) \geq \frac{1.5}{0.05} = 30$$

bzw.

$$h \leq 85.$$

Die Teilnahmebedingung für die Finanziers lautet:

$$0.55 \cdot h \geq 1.05(100 - W),$$

die für $W < 55.48$ nur für ein Rückzahlungsversprechen $h > 85$ erfüllbar ist. Entsprechend erhält ein Unternehmer mit $W < 52.2$ keine indirekte Finanzierung, weil er nicht imstande ist, gleichzeitig die Anreizbedingung für fleißiges Verhalten des Unternehmers, die Anreizbedingung für eine Kontrolle durch den Intermediär und die Teilnahmebedingung für die Finanziers zu erfüllen. Die Anreizbedingung für fleißiges Verhalten lautet:

$$(115 - h) \geq \frac{1.0}{0.05} = 20$$

bzw.

$$h \leq 95.$$

Der Intermediär hat einen Anreiz zur Kontrolle, sofern (6.16) erfüllt ist, d. h.

$$(h - d) \geq \frac{1.5}{0.05} = 30$$

gilt, die ein Auszahlungsversprechen $d \leq 65$ erfordert. Dann ist aber die Teilnahmebedingung für die Einleger nicht mehr erfüllbar, die lautet:

$$0.55 \cdot d \geq 1.05(100 - W - 13.75)$$

und für $W < 52.2$ nur für $d > 65$ erfüllbar ist.

3. Es folgt:
   - *Bei einem Anstieg der Kontrollkosten erhält der Finanzintermediär einen Ertrag von mindestens $\frac{c}{\Delta P} = \frac{2}{0.05} = 40$ und erhöht seinen Eigenkapitalbeteiligung proportional dazu auf*

$$\frac{P(r_{max}|a_1) \cdot c}{(1 + i_{FI}) \cdot \Delta P} = \frac{0.55 \cdot 2}{1.2 \cdot 0.05} = 18.\bar{3}.$$

   Die kritischen Eigenkapitalgrenzen berechnen sich zu:

$$\overline{W} = 100 - \frac{0.55}{1.05}\left(115 - \frac{1.5}{0.05}\right) = 55.48,$$

$$\underline{W} = 100 - 18.\bar{3} - \frac{0.55}{1.05}\left(115 - \frac{1 + 2}{0.05}\right) = 52.86.$$

   $\overline{W}$ *bleibt unverändert, während* $\underline{W}$ *steigt.*
   - *Jetzt gilt: $\Pi = \pi = 1.0$ und damit folgt:*

$$\overline{W} = 100 - \frac{0.55}{1.05}\left(115 - \frac{1.0}{0.05}\right) = 50.24,$$

$$\overline{B} = \frac{0.55}{1.2} \cdot \frac{1.5}{0.05} = 13.75,$$

$$\underline{W} = 100 - 13.75 - \frac{0.55}{1.05}\left(115 - \frac{1 + 1.5}{0.05}\right) = 52.2.$$

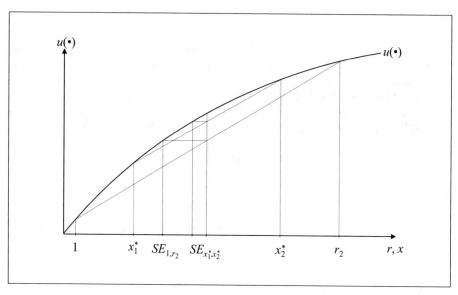

Abb. 6.1. von Neumann/Morgenstern-Nutzen und Sicherheitsäquivalent

$\overline{W}$ sinkt, $\overline{B}$ und $\underline{W}$ bleiben unverändert. Weiterhin ist $\overline{W} < \underline{W}$, sodass eine direkte Finanzierung in jedem Fall der intermediären überlegen ist.

Lösung 6.5 *Die Lösungen lauten:*

1. *Es muss gelten:*

$$t \cdot 1 + (1-t) \cdot r_2 = t \cdot x_1^* + (1-t) \cdot x_2^* =: \mu.$$

Dann ist bei gegebenen Wahrscheinlichkeiten das Sicherheitsäquivalent ($SE_{x_1^*,x_2^*}$) des Zahlungsstroms (x_1^*, x_2^*) höher als das Sicherheitsäquivalent (SE_{1,r_2}) des Zahlungsstroms $(1, r_2)$. Siehe dazu Abbildung 6.1, in der $t = 0.5$ unterstellt ist. Für einen risikofreudigen Entscheider gilt umgekehrt: $SE_{x_1^*,x_2^*} < SE_{1,r_2}$.

2. *Es muss gelten:*

$$(1-t) \cdot l \cdot 1 = t \cdot (x_1^* - 1)$$

oder

$$l = \frac{t \cdot (x_1^* - 1)}{1 - t}.$$

Lösung 6.6 *Die Lösungen lauten:*

1. *Falls der Finanzier nicht kontrolliert, wählt ein Unternehmer aus Gruppe 2 das Projekt vom Typ „g", sofern gilt:*

$$r^g_{\max} - h \geq \mathrm{P}\left(r^b_{\max}\right) \cdot (r^b_{\max} - h)$$

bzw.

$$h \leq \frac{r^g_{\max} - \mathrm{P}\left(r^b_{\max}\right) \cdot r^b_{\max}}{1 - \mathrm{P}\left(r^b_{\max}\right)} =: \overline{h}.$$

Mit Kontrolle wählt ein Unternehmer aus Gruppe 2 immer Projekttyp „g".

2. Die Kontrollentscheidung des Finanziers ist abhängig von seinem erwarteten Ertrag, der wiederum von der Projektwahl des Unternehmers abhängt. Gilt:

   a) $h \leq \overline{h}$, wählt ein Unternehmer aus Gruppe 2 immer Projekttyp „g" und der erwartete Ertrag des Finanziers beträgt:

   $$h \cdot \left(\mathrm{P}\left(g\right) + \mathrm{P}\left(bg\right) + \mathrm{P}\left(r^b_{\max}\right) \cdot \mathrm{P}\left(b\right)\right).$$

   b) $h > \overline{h}$, wählt der Unternehmer Projekttyp „g" nur bei Kontrolle, und der erwaretet Ertrag des Finanziers beträgt:

   $$h \cdot \left(\mathrm{P}\left(g\right) + \mathrm{P}\left(bg\right) + \mathrm{P}\left(r^b_{\max}\right) \cdot \mathrm{P}\left(b\right)\right) - C,$$

   wenn eine Kontrolle erfolgt, oder

   $$h \cdot \left[\mathrm{P}\left(g\right) + \mathrm{P}\left(r^b_{\max}\right)\left(\mathrm{P}\left(bg\right) + \mathrm{P}\left(b\right)\right)\right],$$

   wenn keine Kontrolle erfolgt.
   Der Finanzier kontrolliert, sofern gilt:

   $$h \cdot \left(\mathrm{P}\left(g\right) + \mathrm{P}\left(bg\right) + \mathrm{P}\left(r^b_{\max}\right) \cdot \mathrm{P}\left(b\right)\right) - C \geq h \cdot \left[\mathrm{P}\left(g\right) + \mathrm{P}\left(r^b_{\max}\right)\left(\mathrm{P}\left(bg\right) + \mathrm{P}\left(b\right)\right)\right]$$

   oder

   $$h \geq \frac{C}{\mathrm{P}\left(bg\right)\left(1 - \mathrm{P}\left(r^b_{\max}\right)\right)} =: h^*.$$

3. Unternehmer wählen zwischen direkter Finanzierung (ohne Kontrolle) und indirekter Finanzierung (mit Kontrolle) und entscheiden sich für jenen Vertrag, der ihren erwarteten Gewinn unter der Nebenbedingung maximiert, dass die Teilnahmebedingung des Finanziers erfüllt ist.

   a) Gilt $h \leq \overline{h}$, erfolgt keine Kontrolle und die Teilnahmebedingung des Finanziers lautet:

   $$h \cdot \left(\mathrm{P}\left(g\right) + \mathrm{P}\left(bg\right) + \mathrm{P}\left(r^b_{\max}\right) \cdot \mathrm{P}\left(b\right)\right) \geq 1.$$

   Für das kleinstmögliche Rückzahlungsversprechen, das diese Bedingung gerade noch erfüllt, gilt:

   $$h = \frac{1}{\mathrm{P}\left(g\right) + \mathrm{P}\left(bg\right) + \mathrm{P}\left(r^b_{\max}\right) \cdot \mathrm{P}\left(b\right)} \leq \overline{h},$$

   woraus wegen $\mathrm{P}\left(g\right) + \mathrm{P}\left(bg\right) = 1 - \mathrm{P}\left(b\right)$ folgt:

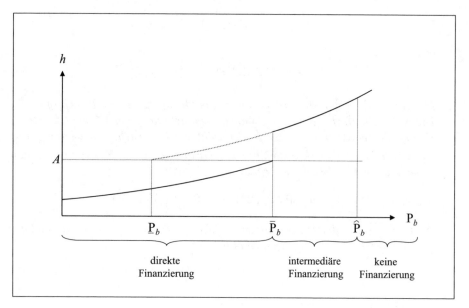

Abb. 6.2. Erfolgswahrscheinlichkeit und Rückzahlungsversprechen

$$P(b) \leq \frac{1}{1 - P(r_{\max}^b)} \left(1 - \frac{1}{\overline{h}}\right) := \bar{P}_b.$$

Unternehmer, für deren subjektive Wahrscheinlichkeitsverteilung gilt $P(b) < \bar{P}_b$, können sich direkt, d. h. ohne Kontrolle finanzieren.
b) Gilt $h > \overline{h}$, erfolgt eine Kontrolle und die Teilnahmebedingung des Finanziers lautet:

$$h \cdot \left(P(g) + P(bg) + P(r_{\max}^b) \cdot P(b)\right) - C \geq 1.$$

Für das kleinstmögliche Rückzahlungsversprechen, das diese Bedingung gerade noch erfüllt, gilt:

$$h = \frac{1 + C}{P(g) + P(bg) + P(r_{\max}^b) \cdot P(b)} \geq \overline{h},$$

woraus wegen $P(g) + P(bg) = 1 - P(b)$ folgt:

$$P(b) \geq \frac{1}{1 - P(r_{\max}^b)} \left(1 - \frac{1 + C}{\overline{h}}\right) := \underline{P}_b.$$

Unternehmer, für deren subjektive Wahrscheinlichkeitsverteilung gilt $P(b) \geq \underline{P}_b$, können sich indirekt, d. h. mit Kontrolle finanzieren. In diesem Fall lautet die Teilnahmebedingung des Unternehmers:

6.6 Lösungshinweise zu den Übungsaufgaben

$$h = \frac{1+C}{\mathrm{P}(g) + \mathrm{P}(bg) + \mathrm{P}(r_{\max}^b) \cdot \mathrm{P}(b)} \leq r_{\max}^g$$

oder

$$\mathrm{P}(b) \leq \frac{1}{1-C}\left(1 - \frac{1+C}{r_{\max}^g}\right) =: \hat{\mathrm{P}}_b.$$

Unternehmer, für deren subjektive Wahrscheinlichkeitsverteilung gilt $\mathrm{P}(b) > \hat{\mathrm{P}}_b$, *verzichten auf jedwede externe Finanzierung.*

Die Abbildung 6.2 verdeutlicht den Zusammenhang zwischen subjektiver Wahrscheinlichkeitsverteilung und Rückzahlungsversprechen.

Kapitel 7
Unvollständige Finanzverträge

Unvollständige Finanzverträge liegen vor, wenn die Vertragsparteien nicht für alle (objektiv) möglichen Eventualitäten im Vertrag festlegen, wie sie sich im Falle ihres Eintretens zu verhalten haben. Diese Unvollständigkeit kann zum einen daher rühren, dass der Vertragsbeziehung außenstehende Dritte die Einhaltung bestimmter Vertragsbestandteile nicht nachprüfen (verifizieren) können. Sie kann aber auch darin begründet sein, dass den Vertragsparteien zum Zeitpunkt des Vertragsabschlusses nicht alle Eventualitäten bekannt sind oder sie diesen keine Konsequenzen zuordnen können. Grundsätzlich spricht man von unvollständigen Verträgen, wenn der Abschluss und/oder die Durchsetzung eines Vertrages an sich nicht kostenlos ist, d. h. es sind Transaktionskosten zu berücksichtigen, die nicht unmittelbar bei der Transaktionsabwicklung entstehen. *Unvollständige Verträge* liegen also vor, wenn Verträge nicht umfassend genug formuliert werden können, um für jedes denkbare Ereignis die Rechte und Pflichten beider Parteien festlegen zu können.

Um Konfusion zu vermeiden: Die Prinzipal-Agent-Theorie berücksichtigt ebenfalls Transaktionskosten in dem Sinne, dass der Agent über Informationen verfügt, zu denen der Prinzipal keinen (kostenlosen) Zugang erhält. Prinzipal-Agent-Theorien berücksichtigen Transaktions- oder (genauer) Informationskosten allerdings ausschließlich bezüglich der *Beobachtbarkeit* von vertragsrelevanten Größen. Dies hat jedoch nichts mit der realistischen Annahme zu tun, dass bereits der Abschluss oder die Durchsetzung eines Vertrages, selbst wenn dieser nur auf beobachtbare Größen konditioniert, mit Kosten verbunden sein kann – die Parteien machen daher möglicherweise bei der Vertragsformulierung sogar von den ihnen zur Verfügung stehenden Informationen keinen vollständigen Gebrauch (*Schweizer* 1996, S. 258).

Tritt ein Ereignis ein, für das zum Zeitpunkt des Vertragsabschlusses keine vertragliche Regelung getroffen werden konnte, so besteht ein Nachverhandlungsbedarf für die Parteien. Dies gilt insbesondere bei langfristigen Verträgen, da die Vertragsparteien nicht über das „zweite Gesicht" verfügen, um in ferner

Zukunft liegende potenzielle Einflussfaktoren einer vertraglichen Beziehung antizipieren zu können. Dann aber ist die Aufteilung des Transaktionsergebnisses keine ausschließliche Frage mehr der ursprünglichen vertraglichen Vereinbarungen, sondern hängt vielmehr von der ex post Verhandlungsstärke der Parteien im Nachverhandlungsprozess ab. Wenn der ursprüngliche Vertrag jedoch die Allokation der Residualkontrollrechte (auch: Verfügungsrechte, Eigentumsrechte oder Herrschaftsrechte) effizient festlegt, dann wird auf diese Weise im Nachverhandlungsprozess eine weitestgehende Annäherung des Nachverhandlungsergebnisses an das Effizienzziel ermöglicht, aber es ergibt sich wiederum nur eine zweitbeste Lösung.

In diesem Kapitel sollen die Implikationen von Nachverhandlungen langfristiger Finanzierungsverträge beleuchtet werden, wobei der Abschnitt 7.1 eine direkte Finanzierungsbeziehung betrachtet und der Abschnitt 7.2 eine intermediäre Finanzierungsbeziehung zum Gegenstand hat.

7.1 Das Nachverhandlungsproblem bei direkter Finanzierung: Das *Hart*-Modell

Bei Vorliegen unvollständiger Verträge kann eine zweite konstituierende Eigenschaft eines Standardkreditvertrages begründet werden, die bei der bisherigen Untersuchung im Rahmen von Prinzipal-Agent-Modellen ausgeklammert geblieben ist. Bislang konnte nämlich lediglich erklärt werden, warum Verträge mit konstanten Rückzahlungsversprechen effiziente Institutionen zur Regelung von Verhaltensrisiken (*moral hazard*) darstellen. Aus Sicht der Theorie unvollständiger Verträge wird dagegen deutlich, welche Funktion der einen Standardkreditvertrag ebenfalls auszeichnende *bedingte Eigentumsübergang* hat: Wenn ein Schuldner sein konstantes Rückzahlungsversprechen nicht einhält, so fällt das Eigentumsrecht an den physischen Vermögensgegenständen, deren Erwerb mit dem aufgenommenen Kredit finanziert wurde, an den Gläubiger. Dieser kann dann entscheiden, in welcher Weise er diese Vermögensgegenstände verwerten will. Er kann sie dem säumigen Schuldner zur weiteren (entgeltlichen) Nutzung überlassen, er kann sie auch liquidieren (d. h. einem anderen Akteur verkaufen), oder auch selber nutzen.

Die Bedeutung des bedingten Eigentumsübergangs für das Zustandekommen von Finanzierungsbeziehungen kann mit Hilfe eines Modells gezeigt werden, dessen Darstellung angelehnt ist an *Hart* (1995, S. 101 ff.). Angenommen, der tatsächliche Projektertrag eines Unternehmers kann nicht von einem Gericht verifiziert werden. Dann kann auch kein Vertrag durchgesetzt werden, der dem Finanzier eines Unternehmers Zahlungsansprüche in Abhängigkeit vom Unternehmensertrag zusichert. Statt dessen ist es dem Unternehmer grundsätzlich möglich, den Ertrag zu hintertreiben. Der Betrag, den der Unternehmer aus

7.1 Das Nachverhandlungsproblem bei direkter Finanzierung

dem Projekt „stiehlt", stiftet diesem dann einen privaten Vorteil (zu Lasten des Gläubigers).

Des Weiteren wird unterstellt, dass das vom Unternehmer durchgeführte Projekt in $T = 0$ einen Investitionsbedarf I hat und nachfolgend in $T = 1$ einen Ertrag r_1 und in $T = 2$ einen Ertrag r_2 erbringt (beide Erträge sind nicht-verifizierbar), sofern das Projekt ordnungsgemäß bewirtschaftet wird. Darüber hinaus kann in $T = 1 + \varepsilon$, nachdem r_1 realisiert wurde, das Projekt auch vollständig oder teilweise liquidiert werden. Der Anteil des Projektes, der liquidiert wird, sei $l \in [0, 1]$, sodass $1 - l$ der Anteil des Projektes ist, der bis $T = 2$ fortgeführt wird. Eine Liquidation des Projektes erbringt dabei einen Erlös von lz, wobei $z > 0$ den Liquidationserlös pro Projekt benennt. Die zeitliche Struktur wird im folgenden Zeitstrahl zusammengefasst:

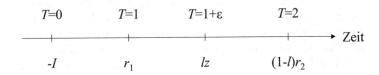

Der Alternativvertragssatz i betrage null, und es wird angenommen, dass gilt:

$$r_2 > z \tag{7.1}$$
$$r_1 + r_2 > I \tag{7.2}$$
$$I \geq z. \tag{7.3}$$

Die Annahme (7.1) stellt sicher, dass eine ordnungsgemäße Beendigung des Projektes gegenüber einer vorzeitigen Liquidation im Grunde zu bevorzugen ist. Zweitens wird mit (7.2) angenommen, dass durch die Projekterträge auch tatsächlich die Finanzierungskosten des Projektes mehr als nur gedeckt werden können, während aufgrund der Annahme (7.3) allein durch eine Liquidation kein positiver Gewinn zu erwirtschaften ist (d. h. der Wert der Sachmittel, in die in $T = 0$ investiert wird, muss abgeschrieben werden).

Um zur teilspielperfekten Lösung des Modell zu gelangen, lösen wir es rekursiv und betrachten zunächst den Zeitpunkt $T = 2$: Angenommen, in $T = 1$ wurde ein Anteil l liquidiert, sodass in $T = 2$ ein Ertrag von $(1 - l)r_2$ realisiert wird. Aufgrund der mangelnden Verifizierbarkeit dieses Ertrages kann der Gläubiger dann in $T = 2$ seine bestehenden Zahlungansprüche gegenüber dem Schuldner nicht vor Gericht durchsetzen, da letzterer ungestraft behaupten könnte, keinen Ertrag realisiert zu haben. Weil darüber hinaus mit Realisation des Projektertrages in $T = 2$ das Projekt wertlos geworden ist, besteht seitens des Gläubigers auch keine Möglichkeit mehr, im Nachverhandlungsprozess eine Zahlung vom

Schuldner zu erlangen: Der Gläubiger kann keinen wirksamen Druck auf den Unternehmer ausüben, damit dieser zu einer freiwilligen Zahlung irgendeines Betrages gebracht werden kann.

Allerdings kann der Gläubiger den Schuldner zu einer Zahlung in $T = 1$ trotz mangelnder Verifizierbarkeit des Ertrages r_1 bewegen, indem er diesem droht, das Projekt zu liquidieren und den Liquidationserlös zu behalten. Dies stellt eine für den Schuldner unangenehme Sanktion bei Nichteinhalten von Rückzahlungsverpflichtungen dar, da er auf diese Weise vom Genuss der (entwendeten) Projekterträge in $T = 2$ ausgeschlossen wird. Wenn der Gläubiger im Falle des Zahlungsausfalls des Schuldners nicht die Herrschaftsrechte an den Aktiva übernehmen könnte, wäre seine Drohung, eine andere als die vereinbarte Rückzahlung nicht zu akzeptieren, ohne Biss (also nicht teilspielperfekt), und der Schuldner könnte sich überhaupt nicht glaubwürdig zu einer Zahlung an den Gläubiger verpflichten. Dieses begründet somit die oben genannte Notwendigkeit eines bedingten Übergangs der Herrschafts- beziehungsweise Eigentumsrechte zur Abwehr möglicher Ausbeutungsversuche (*hold up*) durch den Schuldner.

Wird unterstellt, dass im Nachverhandlungsprozess der Unternehmer über die gesamte Verhandlungsmacht verfügt, so kann er dem Gläubiger ein *take-it-or-leave-it* Angebot unterbreiten, welches dieser gerade noch bereit ist zu akzeptieren. Dies ist genau dann der Fall, wenn der Schuldner ihm eine Zahlung $\bar{v}$ in Höhe des durch den Gläubiger erzielbaren Liquidationserlöses z anbietet. Weniger anzubieten wäre aus Sicht des Schuldners ebenso irrational wie mehr: Bei einer Zahlung $\bar{v} < z$ würde der Gläubiger das Zahlungsangebot ablehnen und liquidieren. Bei einer Zahlung $\bar{v} > z$ gibt der Unternehmer mehr weg als er müsste, um eine vorzeitige Liquidation durch den Gläubiger abzuwenden.

Nun strebt der Unternehmer nur dann eine Nachverhandlung mit dem Gläubiger an, wenn durch Nachverhandlung seine Zahlungsverpflichtung geringer als das ursprünglich vereinbarte Zahlungsversprechen h ausfällt, d. h.

$$\bar{v} = \min\{h, z\}.$$

Diese Bedingung schränkt also die Menge aller möglichen Zahlungen auf die Menge der *nachverhandlungssicheren Zahlungen* ein. Eine notwendige Bedingung für das Zustandekommen eines Finanzierungsvertrages in $T = 0$ ist daher, dass das Vermögen des Unternehmers W ausreichend hoch sein muss, damit der externe Finanzierungsbedarf durch die nachverhandlungssichere Zahlung gedeckt werden kann, d. h.

$$z \geq I - W. \tag{7.4}$$

Allerdings ist bislang in keiner Weise sichergestellt, dass der Unternehmer in $T = 1$ tatsächlich über die notwendigen liquiden Mittel verfügt, um den Gläubigeranspruch zu befriedigen, selbst wenn dieser nachverhandlungssicher ist. Wenn beispielsweise der Projektertrag r_1 kleiner ist als z, dann ist der Unternehmer schlicht nicht in der Lage, den Gläubiger auszubezahlen. Der Unternehmer kann in diesem Fall aber zusätzliche Liquidität erlangen, wenn er (obwohl dies aus der

7.1 Das Nachverhandlungsproblem bei direkter Finanzierung

Sicht des erstbesten Optimums ineffizient ist) einen Teil l seines Projektes vorzeitig liquidiert und den realisierten Liquidationserlös ebenfalls an den Gläubiger abführt.

Wie groß der vorzeitig liquidierte Teil des Projektes sein muss, damit der Unternehmer seine Gläubigeransprüche befriedigen kann, hängt also von der Höhe des Ertrages in $T = 1$ ab. Wenn $r_1 \geq \min\{h, z\}$, dann genügt dieser Ertrag zur Deckung der nachverhandlungssicheren Rückzahlung in $T = 1$, und es findet keine vorzeitige Liquidation statt. Wenn jedoch gilt:

$$r_1 < \min\{h, z\}, \tag{7.5}$$

so muss der Unternehmer zumindest einen Teil seines Projektes liquidieren, d. h. er wählt den Anteil $\hat{l}$ so, dass er den nachverhandlungssicheren Gläubigeranspruch in Höhe von $\min\{h, z\}$ gerade befriedigen kann:

$$r_1 + \hat{l}z = \min\{h, z\}$$

bzw.

$$\hat{l} = \frac{\min\{h, z\} - r_1}{z}. \tag{7.6}$$

Aus der Kombination von (7.5) und (7.6) folgt daher

$$\hat{l} = \max\left\{0, \frac{\min\{h, z\} - r_1}{z}\right\},$$

wobei noch zu berücksichtigen ist, dass der Gläubiger aufgrund seiner Teilnahmebedingung nur solch einen Vertrag akzeptiert, auf dessen Grundlage sich eine nachverhandlungssichere Rückzahlung ergibt, die seine Alternativkosten der Kapitalüberlassung deckt, d. h. $\min\{h, z\} = I - W$. Somit ergibt sich schließlich, dass ein Anteil

$$\hat{l} = \max\left\{0, \frac{I - W - r_1}{z}\right\} \tag{7.7}$$

vorzeitig liquidiert werden muss, um die Gläubigeransprüche befriedigen zu können. Eine Liquidation $\hat{l} > 0$ kann notwendig sein, weil unter Umständen die in $T = 1$ generierten Projekterträge zu gering sind, um die Ansprüche des Gläubigers zu befriedigen, und weil darüber hinaus der Gläubiger einen Aufschub der Rückzahlung bis $T = 2$ nicht akzeptieren wird. Letzteres ergibt sich, da der Gläubiger zu diesem späten Zeitpunkt keinen Druck mehr auf den Schuldner ausüben kann, dass dieser überhaupt eine Zahlung leistet.

Damit ein Kreditvertrag zustande kommt, muss also das Projekt nicht nur einen positiven Gewinn erzielen – was ja wegen (7.2) annahmegemäß erfüllt ist. Es müssen darüber hinaus folgende zusätzliche Bedingungen erfüllt sein, die aus dem vertragsspezifischen Umfeld resultieren:

- Die vereinbarte Rückzahlung muss nachverhandlungssicher sein (Beschränkung auf nachverhandlungssichere Vertragsinhalte);

- die vereinbarte Rückzahlung muss durch die Mittelaufkommen des Unternehmers bereits in $T = 1$ vollständig gedeckt sein (Liquiditätsbeschränkung);
- die Vermögensausstattung des Unternehmers muss hinreichend groß sein, damit die nachverhandlungssichere und nicht-liquiditätsbeschränkte Rückzahlung auch genügt, um die Gläubigeransprüche zu befriedigen (Teilnahmebedingung des Gläubigers); und schließlich
- die verbliebenen Projekterträge müssen mindestens so hoch sein wie die Opportunitätskosten des durch den Unternehmer bereitgestellten Vermögens (Teilnahmebedingung des Schuldners).

Diese vier Bedingung lassen sich zu folgenden zwei Restriktionen zusammenfassen:

$$z \geq I - W \tag{7.8}$$

und

$$r_1 + (1 - \hat{l})r_2 + \hat{l}z \geq I. \tag{7.9}$$

Die Restriktion (7.8) fordert, dass die Verhandlungsmacht des Gläubigers zumindest so stark bzw. sein *Drohpunkt* hoch genug sein muss, damit die nachverhandlungssichere Zahlung seine Kapitalüberlassungskosten deckt (siehe 7.4). Diese Beschränkung betont den Verteilungsaspekt des Nachverhandlungsproblems: Wenn die Verhandlungsposition des Gläubigers aufgrund schlechter Liquidationsmöglichkeiten nur schwach ist, dann kann eine Finanzierung nur möglich werden, wenn sich der Unternehmer selbst hinreichend am Projekt beteiligen kann.

Die Restriktion (7.9) hingegen fordert, dass darüber hinaus die gesamten Opportunitätskosten der Finanzierung durch die Zahlungsströme, die aus dem Projekt resultieren, gedeckt werden müssen; hierbei ist $\hat{l}$ gemäß (7.7) bestimmt. Diese Beschränkung fokussiert auf den Effizienzaspekt des Nachverhandlungsproblems, wonach aufgrund der Unvollständigkeit des Vertrages eine aus Sicht des *first best* ineffiziente Liquidationspolitik betrieben werden muss, die den Wert des eigentlich gewinnbringenden Projektes schmälert – unter Umständen sogar so stark, dass überhaupt kein positiver Überschuss mehr realisiert werden kann: Wenn $(I - W - r_1) < 0$, dann ist $\hat{l} = 0$ und die Bedingung (7.9) ist wegen Annahme (7.2) erfüllt. Wenn jedoch $I - W \geq z + r_1$, dann ist (7.9) in keinem Fall erfüllbar, weil der externe Finanzierungsbedarf des Projektes $I - W$ so hoch ist, dass die Liquidität des Projektes in $T = 1$ selbst bei vollständiger Liquidation nicht ausreicht, um die Gläubigeransprüche – bei Beschränkung auf nachverhandlungssichere Zahlungen – zu befriedigen. Damit ist vorstellbar, dass wegen der mangelnden Verifizierbarkeit von Projekterträgen ein (wegen 7.2) eigentlich profitables Investitionsprojekt nicht zustande kommt, weil es keine direkte externe Finanzierung erhält.

Im folgenden Abschnitt gehen wir der Bedeutung nachverhandlungssicherer und nicht-liquiditätsbeschränkter Zahlungen für die Absicherung von Liquiditätsrisiken nach und zeigen, dass Banken eine effiziente Institution zu deren Regelung darstellen können.

7.2 Banken im Nachverhandlungsprozess: Das *Diamond/Rajan*-Modell

In einer Reihe von jüngeren Arbeiten greifen *Diamond* und *Rajan* die Diskussion über die Erklärung einer Bank auf und versuchen, die Existenz des Depositenvertrages auf der Grundlage eines Modells zu begründen, das gegenüber der *Jacklin*-Kritik (siehe Abschnitt 6.3, S. 175 ff.) immun ist. *Jacklin* (1987) hatte im Rahmen des Modells von *Diamond* und *Dybvig* (1983) gezeigt, dass eine zur Finanzintermediation überlegene Lösung des Liquiditätssicherungsproblems besteht, wenn der Investor Anteilspapiere emittiert, die *ex dividende* auf Sekundärmärkten gehandelt werden. Anleger mit vorzeitigem Liquiditätsbedarf können dann diese Papiere an die übrigen Anleger verkaufen, und es wird eine Versicherung gegen das Liquiditätsrisiko möglich, ohne dass die Gefahr eines *bank run* besteht.

Diese superiore Lösung ist möglich, weil im Modell von *Diamond* und *Dybvig* lediglich Forderungen gegenüber Personen, nicht aber Forderungen an ein Projekt als beschränkt handelbar unterstellt sind: Die asymmetrische Informationsverteilung zwischen den Anlegern verhindert das Zustandekommen eines effizienten Versicherungsmarktes, also eines Marktes für Forderungen gegenüber den Anlegern. Demgegenüber spielen asymmetrisch verteilte Informationen keine Rolle, wenn Forderungen an einem Projekt (also Sachaktiva) gehandelt werden, weil ein Anleger, der seine Forderungen an ein Projekt an einen anderen Anleger veräußert, keinen Zugriff mehr auf die Zahlungsströme aus dem Projekt hat. Insofern genügt es, wie es *Jacklin* macht, die unbeschränkte Handelbarkeit der Sachaktiva (d. h. für Forderungen an das Projekt) zu berücksichtigen, um zur effizienten Risikoabsicherung zu gelangen, selbst wenn Finanzaktiva (also Forderungen gegenüber Anlegern) aufgrund asymmetrisch verteilter Informationen nur beschränkt oder gar nicht handelbar sind.

7.2.1 Modellintuition

Diamond und *Rajan* endogenisieren deshalb die beschränkte Handelbarkeit sowohl von Sach- als auch von Finanzaktiva und führen sie auf eine beide Vermögensformen gleicherweise betreffende Imperfektion zurück, nämlich auf die *Unveräußerbarkeit von Humankapital*. Damit ist eine Exklusivität der Kenntnisse und Fähigkeiten von Akteuren gemeint, deren Einsatz durch Dritte nicht überprüfbar (verifizierbar) ist und deshalb Raum für Nachverhandlungen ermöglicht: Angenommen, ein Unternehmer möchte ein Projekt verwirklichen, für welches er seine spezifischen (technologischen oder betriebswirtschaftlichen) Kenntnisse einbringen muss, damit es erfolgreich durchgeführt werden kann. Diese Kenntnisse beinhalten beispielsweise, dass nur der Unternehmer weiß, welche Anstrengungen bei alternativen unvorhergesehenen Marktentwicklungen unternommen werden müssen, um das Projekt mit dem größten Erfolg zu beenden. Nun ist es aber realistisch anzunehmen, dass ein Gericht nicht (oder nur zu hohen Kosten) nachprüfen kann, ob der Unternehmer tatsächlich seine Fähigkeiten in das Projekt einbringt: Damit ist vor einem Gericht aber auch nicht durchsetzbar, dass der Manager bei seinen Entscheidungen stets weise verfährt; ein Gericht kann auch nicht verhindern, dass der Manager das Unternehmen vorzeitig verlässt und das Projekt auf diese Weise nicht ordnungsgemäß bis zu seinem geplanten Ende durchgeführt werden kann.

Da nur der Unternehmer über spezifische Fähigkeiten und Kenntnisse verfügt, kann er diesen Vorteil gegenüber seinen Gläubigern strategisch ausnutzen, indem er androht, diese Fähigkeiten und Kenntnisse nicht einzubringen, wodurch das Projekt fehlschlagen würde (*Hart, Moore* 1994). Solch ein *hold up* ist glaubwürdig, wenn externe Finanziers auf einer frühen Stufe des Projektes die Finanzierungsmittel bereitstellen und der Unternehmer zu einem späteren Zeitpunkt den Einsatz seines Humankapitals verweigern kann, sofern die Finanziers nicht bereit sind, die ursprünglich vereinbarte Rückzahlung nachzuverhandeln.

Werden die Nachverhandlungen durch die Finanziers abgelehnt oder scheitern sie, erhalten sie gemäß dem zugrunde liegenden Standardkreditvertrag die Herrschaftsrechte an den realen Vermögensgegenständen (Maschinen, Werkhallen, Grundstücke etc.) und können diese veräußern beziehungsweise liquidieren. Sofern jedoch die Nachverhandlungen erfolgreich verlaufen, so gilt als vereinbart, dass der Unternehmer seine Fähigkeiten tatsächlich in das Projekt einbringt (was in der kurzen Frist annahmegemäß auch durchsetzbar sei), und dass die Finanziers einen Anspruch gegenüber dem Unternehmer auf eine Zahlung haben, deren Höhe im Nachverhandlungsprozess festgelegt wird.

Dabei hängt das Nachverhandlungsergebnis maßgeblich vom *Drohpunkt* des Gläubigers ab. Dieser ist grundsätzlich bestimmt durch den Nutzen, den ein Vertragspartner beim Scheitern der Verhandlungen realisieren kann (Nichteinigungsnutzen). Der Drohpunkt des Gläubigers ist – wie auch schon im *Hart*-Modell – durch den von ihm erzielbaren Liquidationserlös determiniert. Da dem Gläubiger (und jedem anderen Dritten) die spezifischen Fähigkeiten des Unternehmers fehlen, das Projekt in seiner ursprünglichen Weise fortzuführen, erzielt er auch nur einen Liquidationserlös, der geringer ist, als die mit dem Projekt potenziell erzielbaren Erträge: Das Projekt beziehungsweise das mit ihm verbundene Sachvermögen ist illiquide, da der Unternehmer es nicht zum vollen Barwert zukünftiger Einkommensströme beleihen kann.

Somit erklärt die Unveräußerbarkeit von spezifischem Humankapital die Illiquidität eines Projektes, ist aber noch nicht hinreichend für die Begründung der Existenz einer Geschäftsbank und damit der Vorteile einer indirekten gegenüber einer direkten Finanzierung. Um dies zu leisten, führen *Diamond* und *Rajan* noch zwei weitere Annahmen ein: Sie teilen erstens die potenziellen Kapitalgeber des Unternehmers in zwei Gruppen ein, deren Möglichkeiten zur Liquidation des Projektes (und somit deren Drohpunkte im Nachverhandlungsprozess) sich unterscheiden. Derjenige Kapitalgeber, der das Projekt von Beginn an finanziert (der so genannte Erstfinanzier oder *relationship lender*), verfügt aufgrund seiner Kenntnisse spezifischer Projekteigenschaften über bessere Verwertungsmöglichkeiten (und deshalb über eine bessere Position im Nachverhandlungsprozess mit dem Unternehmer) als alle übrigen Kapitalgeber. Weil der Erstfinanzier seine Ansprüche gegenüber dem Unternehmer nicht zum vollen Barwert der von ihm erzielbaren Zahlungen an andere Kapitalgeber (die so genannten Zweitfinanziers oder *unskilled lender*) beleihen oder verkaufen kann, ist das spezifische Wissen des Erstfinanziers unveräußerbar und deshalb – neben dem Sachkapital – auch der Finanzierungsvertrag illiquide.

Aber auch die Einführung dieser Annahme ist noch nicht hinreichend für die Existenzerklärung einer Bank. Solange der Erstfinanzier seine Forderungen gegenüber dem Unternehmer nicht an andere Kapitalgeber abtreten muss, stellt die Illiquidität des Finanzierungsvertrages kein weiteres Problem dar. Erst wenn zweitens – wie von *Diamond* und *Rajan* vorgeschlagen – ein Liquiditätsrisiko für den Erstfinanzier angenommen wird (wodurch der Erstfinanzier der Gefahr ausgesetzt ist, vor Ablauf des Kreditvertrages Liquidität zu benötigen), kann eine intermediäre Finanzierung als vorteilhaft bestimmt werden. *Diamond* und *Rajan* zeigen, dass eine Projektfinanzierung ermöglicht wird, wenn der Erstfinanzier eine Geschäftsbank ist, die sich durch Ausgabe von Sichteinlagen finanziert. Die Geschäftsbank nimmt also eine bessere Nachverhandlungsposition gegenüber dem Unternehmer ein als alle anderen Finanziers, die als Einleger bei der Bank fungieren. Sie kann ihre Einleger gegen ein Liquiditätsrisiko versichern, indem sie aufgelöste Einlagen liquiditätsbedürftiger Einleger durch frische Einlagen ersetzt. Die Bank muss also nicht ihre Forderungen gegenüber dem Unternehmer beleihen oder veräußern und kann einen vorzeitigen Liquiditätsbedarf vom Unternehmer fernhalten.

Darüber hinaus verhindert die Ausgestaltung des Sichteinlagenvertrages, dass die Bank ihrerseits ihre spezifischen Fähigkeiten, über die sie als Erstfinanzier verfügt, gegenüber den Einlegern ausnutzt und mit diesen Nachverhandlungen beginnt. Jeder Versuch, mit den Einlegern nachzuverhandeln, löst nämlich einen *bank run* aus und beendet die Existenz der Bank. Der Sichteinlagenvertrag ist im Modell von *Diamond* und *Rajan* ein Selbstbindungsmechanismus, der ein strategisches Verhalten der Bank (*hold up*) zu Lasten der Einleger verhindert und eine Projektfinanzierung ermöglicht, die bei direkter Finanzierung nicht oder nur zu höheren externen Finanzierungskosten zustande kommen würde.

7.2.2 Modellannahmen

Diamond und *Rajan* (2001a) betrachten einen risikoneutralen, eigenmittellosen Unternehmer, der ein langfristiges (über zwei Perioden laufendes) Projekt mit sicheren Zahlungsströmen durchführen möchte. Es erfordert eine Investition von einem EUR in $T = 0$ und erwirtschaftet Erträge in Höhe von r_1 EUR in $T = 1$ sowie von r_2 EUR in $T = 2$, sofern der Unternehmer seine spezifischen unternehmerischen Fähigkeiten und Kenntnisse in das Projekt einbringt. Verweigert er seinen Humankapitaleinsatz, dann ist der Ertrag des Projektes null.

Jeder potenzielle Gläubiger ist risikoneutral und verfügt über finanzielle Mittel in Höhe von einem EUR. Als Alternative zur Finanzierung des Investitionsprojektes kann er seine Anfangsausstattung mit Hilfe einer kostenlosen Lagerhaltungstechnologie in die Zukunft übertragen; der Ertragssatz dieser Lagerhaltung sei null.

Grundsätzlich sind in $T = 0$ beide Parteien ausschließlich an der Gesamthöhe ihrer Konsummöglichkeiten interessiert, d. h. sie sind vollkommen indifferent, was die zeitliche Struktur des Konsums betrifft; der Faktor der Zeitpräferenz beträgt eins. Allerdings besteht die Chance, dass sich dem Gläubiger in $T = 1$ eine sehr vorteilhafte sichere Konsum- oder Investitionsmöglichkeit bietet; sein Faktor der Zeitpräferenz η sinkt daher unter den Wert von eins, d. h. er bewertet liquide Mittel in $T = 1$ in Höhe von 1 EUR mit $1/\eta > 1$ EUR in $T = 2$: Der Kapitalgeber wird „ungeduldig", wobei die Wahrscheinlichkeit für diesen individuellen Liquiditätsschock mit t bezeichnet ist. Im Unterschied zum Modell von *Diamond* und *Dybvig* (1983) ist der Anleger nach einem Liquiditätsschock also nicht ausschließlich an frühen Konsummöglichkeiten interessiert, möchte aber lieber früher (in $T = 1$) als später (in $T = 2$) über liquide Mittel verfügen.

Unter Berücksichtigung dieses Liquiditätsschocks sowie der kosten- und ertragslosen Lagerhaltungsmöglichkeit wird der Gläubiger einem Finanzierungsvertrag mit dem Unternehmer nur zustimmen, sofern er nach Abschluss des Vertrages Konsummöglichkeiten erwarten kann, welche auch bei Lagerhaltung zu erwarten sind: Mit der Wahrscheinlichkeit t bietet sich ein Wechsel aus der Lagerhaltung in die sichere Konsum- oder Investitionsmöglichkeit an und mit der Gegenwahrscheinlichkeit $1 - t$ verbleibt der Anleger in der Lagerhaltung. Der erwartete Ertrag der Lagerhaltung ist wegen $1/\eta > 1$ strikt größer eins: $t/\eta + (1 - t) > 1$.

Neben der ordnungsgemäßen Durchführung des Projektes besteht die Möglichkeit einer Liquidation der Sachaktiva. Die Höhe des erzielbaren Liquidationserlöses ist hierbei davon abhängig, wer die Gegenstände veräußert: Wenn ein Kapitalgeber das Projekt bereits seit $T = 0$ finanziert, dann hat er miterlebt, unter welchen Bedingungen das Projekt zustande gekommen ist und welche Vertragsbeziehungen mit Dritten zugrunde liegen. Ein so bezeichneter Erstfinanzier oder *relationship lender*, RL, kennt die Geschäftspartner und Kunden des Unternehmers, da er möglicherweise direkt Einfluss auf deren Auswahl genommen hat, und verfügt über dieselben spezifischen Kenntnisse bezüglich der Liquidationsmöglichkeiten für die Sachaktiva wie der Unternehmer selbst. Wird das Projekt von einem dieser beiden Akteure entweder unmittelbar vor dem Zeitpunkt $T = 1$ (in dem das Projekt einen Ertrag r_1 erbringen soll) oder unmittelbar vor dem Zeitpunkt $T = 2$ (Projektertrag r_2) liquidiert, dann beträgt der erzielbare Liquidationserlös z_1^{RL} bzw. z_2^{RL}. Auf der anderen Seite kann ein Kapitalgeber, der erst zu einem späteren Zeitpunkt eine Forderung gegenüber dem Unternehmer erwirbt, diese spezifischen Verwertungsmöglichkeiten nicht erlangen (Zweitfinanzier oder *unskilled lender*, UL), d. h. er erzielt bei der Liquidation nur $z_1^{UL} < z_1^{RL}$ bzw. $z_2^{UL} < z_2^{RL}$.

7.2 Banken im Nachverhandlungsprozess: Das *Diamond/Rajan*-Modell

Zusätzlich unterstellen *Diamond* und *Rajan* noch folgende Bedingungen:

$$\min\left\{r_1 + r_2, \frac{r_1 + r_2}{z_1^{RL}}\right\} > \frac{1}{\eta}, \qquad (7.10)$$

$$r_2 > z_2^{RL}, \qquad (7.11)$$

$$\max\left\{z_1^{RL}, z_2^{RL}\right\} \geq 1, \qquad (7.12)$$

Die Annahme (7.10) besagt, dass sowohl die Lagerhaltung als auch eine vorzeitige Liquidation des Projektes in $T = 1$ (mit jeweils anschließender Wahrnehmung der vorteilhaften sicheren Konsum- oder Investitionsalternative) weniger Konsummöglichkeiten bietet, als durch die Summe der Projekterträge bei ordnungsgemäßer Aufnahme, Durchführung und Beendigung des Projektes möglich wären; dies gilt selbst dann, wenn der Gläubiger mit Sicherheit ungeduldig ist. Diese Aussage lässt sich nämlich in zwei Teile zerlegen: Zum einen beinhaltet sie, dass die Summe der Projekterträge selbst bei einem mit Sicherheit auftretenden vorzeitigen Liquiditätsbedarf größer ist als der Konsumstrom, der dem Gläubiger entsteht, wenn er seine Mittel in $T = 0$ in die Lagerhaltung investiert und in $T = 1$ in die sichere Alternativanlage wechselt, d. h. $r_1 + r_2 > 1/\eta$. Zum anderen ermöglichen die gesamten Projekterträge einen höheren Konsumstrom als eine Investitionsstrategie, bei der ein mit Sicherheit ungeduldiger Gläubiger zwar in das Projekt investiert, es aber vorzeitig zum Wert z_1^{RL} liquidiert, d. h. $r_1 + r_2 > z_1^{RL}/\eta$. Aufgrund dieser kombinierten Annahme ist eine ordnungsgemäße Durchführung des Projektes bis $T = 2$ sowohl einer sicheren Alternativanlage als auch einer vorzeitigen Liquidation des Projektes überlegen, selbst wenn der Gläubiger in $T = 1$ einen Liquiditätsschock erleidet; das gleiche gilt erst recht für einen Finanzier ohne Liquiditätsbedarf.

Wegen der Annahme (7.11) ist es darüber hinaus vorteilhafter, ein Projekt, das in $T = 1$ nicht liquidiert wurde, auch in $T = 2$ nicht zu liquidieren, da der Projektertrag in $T = 2$ größer als der entsprechende Liquidationserlös ist.

Die Annahme (7.12) beinhaltet, dass der maximal erreichbare Liquidationserlös für einen *RL* zumindest die eingesetzten Mittel deckt. Deshalb bestünde kein Finanzierungsproblem, wenn der Gläubiger mit Sicherheit geduldig wäre.

Die Annahmen (7.10) bis (7.12) sind mit einer Vielzahl von Fallunterscheidungen verbunden. Um diese zu vermeiden und damit die Darstellung möglichst einfach zu halten, betrachten wir ausschließlich den folgenden Spezialfall:

$$r_2 > \frac{1}{\eta} > z_2^{RL} > 1 > r_1 = z_2^{UL} > z_1^{RL} > \eta z_2^{RL}. \qquad (7.13)$$

Die beiden ersten Relationen bedeuten, dass ein *ungeduldiger Anleger* zwar lieber in die Lagerhaltung investiert, wenn ihm der Unternehmer für $T = 2$ lediglich Konsummöglichkeiten in Höhe des in $T = 2$ anfallenden Liquidationserlöses gewährleisten kann, dass er aber gleichzeitig die Investition in das Projekt bevorzugen würde, könnte der Unternehmer ihm den gesamten in $T = 2$ zu realisierenden Ertrag glaubwürdig zusprechen; zugleich beinhalten diese Relationen, dass ein Zahlungsversprechen für $T = 2$ in Höhe von z_2^{RL} auch durch den dann zu realisierenden Projektertrag gedeckt ist.

Die dritte Relation fordert darüber hinaus, dass ein *geduldiger Anleger* sich selbst bei einer Zahlung in $T = 2$ in Höhe von lediglich z_2^{RL} besser stellt, wenn er in das Investitionsprojekt statt in die Lagerhaltung investiert hat. Ex ante – also vor Vertragsabschluss – dominiert damit weder die Lagerhaltung noch das Investitionsprojekt des Unternehmers, jedenfalls solange der Unternehmer nicht in der Lage ist, dem Gläubiger mehr als z_2^{RL} für $T = 2$ zu versprechen.

Die vierte Relation besagt, dass frühzeitige Projekterträge und die Liquidation durch einen UL zwar gleichwertig, aber schlechter als die Lagerhaltung sind. Schließlich erbringen die durch einen ungeduldigen RL erzielbaren Liquidationserlöse die geringsten Barwerte an Konsummöglichkeiten, wobei eine vorzeitige Liquidation dann aber besser ist als eine spätere.

Die zeitliche Abfolge der Ereignisse lässt sich wie folgt zusammenfassen:

- In $T = 0$ werden als Gegenleistungen für die Kreditvergabe Rückzahlungsversprechen h_1 für $T = 1$ und h_2 für $T = 2$ vereinbart. Kommt es zu einer Einigung der Parteien, dann wird das Projekt begonnen und der Erstfinanzier erlangt spezifische Kenntnisse bezüglich der potenziellen Liquidationsmöglichkeiten.
- In $T = 1$ stellt sich heraus, ob der Kapitalgeber vorzeitig Liquidität benötigt; gleichzeitig muss sich der Kapitalnehmer entscheiden, ob er die ursprünglichen vertraglichen Vereinbarungen einhalten oder nachverhandeln will. Bei letzterem sei unterstellt, dass der Schuldner die gesamte Verhandlungsmacht besitzt und dem Gläubiger ein *take-it-or-leave-it* Angebot machen kann. Unter Berücksichtigung der Liquidationsmöglichkeiten wird der Schuldner deshalb gerade eine Zahlung in Höhe des Liquidationswertes anbieten, um den Gläubiger davon abzuhalten, von dessen Eigentumsrecht Gebrauch zu machen und zu liquidieren.
Anschließend kann der Gläubiger einerseits den nachverhandelten Vertrag bis zum Ende seiner Laufzeit und somit auch den Anspruch auf die vertraglichen Zahlungen in $T = 2$ behalten; andererseits kann er aber auch die nachverhandelte Zahlung in $T = 1$ einstreichen und seine künftigen Forderungen gegenüber dem Unternehmer verkaufen (Forderungsabtretung). Hierbei ist zu berücksichtigen, dass der Käufer der Forderungen (*Zessionar*) über keine spezifischen Verwertungsmöglichkeiten verfügt und somit ein so genannter *unskilled lender* ist.
- In $T = 2$ entscheidet sich der Kapitalnehmer abermals, ob er den bestehenden Vertrag einhalten will. Das Szenario stimmt grundsätzlich mit dem aus $T = 1$ überein, mit dem einzigen Unterschied, dass der Inhaber der Forderungen gegenüber dem Unternehmer diese in $T = 2$ nicht mehr an Dritte abtreten kann.

Im Folgenden werden die Konsequenzen aus den genannten allokationstechnischen und vertragsspezifischen Merkmalen für die direkte und die intermediäre Finanzierung beschrieben.

7.2.3 Direkte Finanzierung

Ob eine direkte Finanzierung zustande kommt, hängt davon ab, welche nachverhandlungssichere Zahlung der Unternehmer einem geduldigen und einem ungeduldigen Kapitalgeber maximal zusichern kann (Beschränkung auf nachverhandlungssichere Vertragsinhalte). Darüber hinaus ist – wie bereits im *Hart*-Modell – im Einzelfall zu prüfen, ob der Unternehmer diese nachverhandlungssicheren Zahlungen aus dem Projektergebnis bestreiten kann (Liquiditätsbeschränkung). Schließlich muss auch der Gläubiger in $T = 0$ bereit sein, den Finanzierungsvertrag mit dem Unternehmer abzuschließen (Teilnahmebeschränkung).

Zahlungen an geduldige Anleger

Wir lösen das Modell wiederum rekursiv und betrachten zunächst den Fall, dass der Gläubiger keinen vorzeitigen Liquiditätsbedarf hat. Der Schuldner kann in $T = 2$ das ursprünglich gegebene Rückzahlungsversprechen h_2 brechen und damit drohen, sein spezifisches Humankapital abzuziehen, sofern der Kapitalgeber sich nicht mit einem geringeren Rückzahlungsangebot zufrieden gibt. Bei der Formulierung einer neuen Rückzahlungsofferte wird der Schuldner die Möglichkeit des Gläubigers berücksichtigen, das Projekt zu liquidieren. Deshalb wird er bei einer Nachverhandlung mit einem RL das Rückzahlungsversprechen nur dann erfüllen, wenn es geringer als der Liquidationswert z_2^{RL} ist; andernfalls bietet er eine Zahlung in Höhe von z_2^{RL} an. Aufgrund der Annahme (7.13) ist der Schuldner auch in der Lage, Zahlungen in Höhe von z_2^{RL} aus dem Mittelaufkommen r_2 zu leisten, d. h. in $T = 2$ unterliegt der Schuldner keiner zusätzlichen Liquiditätsbeschränkung.

In $T = 1$ wird der Schuldner zum einen versuchen, das in $T = 0$ für $T = 2$ gegebene Rückzahlungsversprechen nachzuverhandeln. Da in Antizipation des soeben abgeleiteten Nachverhandlungsergebnisses für $T = 2$ eine Zahlung, die höher als z_2^{RL} ist, nicht nachverhandlungssicher ist (d. h. im Nachverhandlungsprozess nicht durchgesetzt werden kann), wird der Schuldner seine Zahlungsverpflichtung bereits in $T = 1$ auf höchstens diesen Wert festlegen, solange das in $T = 0$ abgegebene Rückzahlungsversprechen diesen Betrag übersteigt. Gleichzeitig wird der Schuldner in Abhängigkeit von der Höhe des Zahlungsversprechens für $T = 2$ auch die in $T = 1$ fällige Rückzahlung nachverhandeln. Hierbei kann sich aufgrund der Annahme $z_2^{RL} > z_1^{RL}$ (siehe 7.13) der Kapitalnehmer in $T = 1$ lediglich dazu verpflichten, Zahlungen in $T = 1$ und $T = 2$ in Höhe von insgesamt höchstens z_2^{RL} zu leisten. Der Kapitalgeber wird dieses Angebot akzeptieren, da er sich weder durch Liquidation in $T = 1$ noch durch Liquidation in $T = 2$ besser stellen kann. Es folgt daher, dass ein geduldiger Finanzier in $T = 0$ Zahlungen mit dem Barwert in Höhe von maximal

$$E^0 := z_2^{RL} \qquad (7.14)$$

erwarteten kann, da dies die höchste nachverhandlungssichere Zahlung ist. Da ein geduldiger Anleger indifferent zwischen verschiedenen zeitlichen Strukturen von Zahlungen ist, und weil zumindest der Projektertrag in $T = 2$ hinreichend hoch ist, um die nachverhandlungssichere Zahlung zu decken, ist eine mögliche Liquiditätsbeschränkung in unserem Fall nicht bindend. Weiterhin gilt wegen (7.13): $E^0 > 1$, d. h. das Nachverhandlungsproblem verhindert nicht die externe Finanzierung des Projektes, solange der Gläubiger mit Sicherheit keinen vorzeitigen Liquiditätsbedarf hat ($t = 0$).

Zahlungen an ungeduldige Anleger

Bei der Ausformulierung von Angeboten im Rahmen von Nachverhandlungen mit einem ungeduldigen Gläubiger muss der Schuldner Folgendes beachten: Zunächst ist das in $T = 1$ abzugebene Rückzahlungsversprechen für $T = 2$ abermals nur dann gegenüber dem ursprünglichen Erstfinanzier (RL) nachverhandlungssicher, sofern dieses Versprechen nicht größer ist als der vom RL in $T = 2$ erzielbare Liquidationserlös z_2^{RL}. Allerdings diskontiert der ungeduldige Gläubiger eine Zahlung ab, die er erst in $T = 2$ bekommt, sodass sie zum Zeitpunkt $T = 1$ mit einem Barwert von ηz_2^{RL} für ihn verbunden ist. Eine Liquidation in $T = 1$ dagegen führt zu einer Zahlung an den Kapitalgeber in Höhe von z_1^{RL}. Wegen (7.13) gilt: $z_1^{RL} > \eta z_2^{RL}$, sodass nunmehr der Liquidationserlös in $T = 1$ die Höhe der nachverhandlungssicheren Zahlungen beschränkt: Der Unternehmer wird dem ungeduldigen Gläubiger für $T = 1$ beispielsweise eine Zahlung in Höhe von z_1^{RL} anbieten und im Gegenzug verlangen, in $T = 2$ von jeglichen Rückzahlungen befreit zu werden. Eine weitere Möglichkeit wäre, dass der Schuldner für $T = 1$ eine Zahlung von $z_1^{RL} - \eta z_2^{RL}$ anbietet und für $T = 2$ eine Zahlung von z_2^{RL}. Letztlich wird der ungeduldige Kapitalgeber alle Angebote, deren Barwert z_1^{RL} nicht unterschreitet, immer akzeptieren, da er sich mit einer Liquidation (egal zu welchem Zeitpunkt) in keinem Fall besser stellen kann. Wie auch immer die zeitliche Struktur dieser Auszahlungen ausfällt, sie unterliegt in dem von uns betrachteten Spezialfall keiner zusätzlichen Liquiditätsbeschränkung, da $r_1 > z_1^{RL}$ und $r_2 > z_2^{RL}$ angenommen wurde.

Es ist aber für den ungeduldigen Gläubiger möglicherweise vorteilhaft, seine Forderungen gegenüber dem Schuldner auch an einen *unskilled lender* verkaufen. Hierfür würde der neue Kapitalgeber einen Preis in Höhe von p bereit sein zu zahlen, dessen Höhe sich aus den Verwertungsmöglichkeiten des neuen Gläubigers ableiten lässt: Der UL wird (bei einem für ihn unterstellten Faktor der Zeitpräferenz von eins) die Forderung nur erwerben wollen, wenn ihre zukünftigen Erträge nicht geringer als der Kaufpreis sind. Der UL kann aber im Rahmen

7.2 Banken im Nachverhandlungsprozess: Das *Diamond/Rajan*-Modell

von möglichen Nachverhandlungen mit dem Unternehmer ebenfalls nur die Drohung ansetzen, bei Angebot einer inakzeptablen Zahlung zu liquidieren; ein UL würde hierbei einen Erlös von lediglich z_2^{UL} erzielen. Somit ist z_2^{UL} auch der Betrag, den der Unternehmer höchstens an einen UL ausbezahlt, sodass dieser letztlich maximal z_2^{UL} bereit ist, für den Erwerb einer Forderung zu zahlen, d. h. $p \leq z_2^{UL}$. Da wegen Annahme (7.13) tatsächlich gilt, dass der höchstmögliche Preis, der auf dem Sekundärmarkt erzielt werden kann, sowohl z_1^{RL} als auch ηz_2^{RL} übersteigt, ist eine Veräußerung der Zahlungsansprüche für den ungeduldigen Gläubiger vorteilhaft.

Zusammenfassend folgt für den Barwert der nachverhandlungssicheren Zahlungen, die ein Schuldner zu leisten bereit ist, wenn sein Erstfinanzier vorzeitig Liquidität benötigt:

$$E^1 := \max\left\{z_1^{RL}, z_2^{UL}\right\} = z_2^{UL}. \tag{7.15}$$

Weil im hier betrachteten Fall gilt: $z_2^{UL} < r_2$, ist diese nachverhandlungssichere Zahlung an einen ungeduldigen Anleger auch nicht liquiditätsbeschränkt.

Teilnahmebedingung eines Anlegers

Mit E^0 und E^1 sind die nachverhandlungssicheren Zahlungen, die zu leisten ein Schuldner maximal versprechen kann, in Abhängigkeit vom Eintreten eines Liquiditätsschocks bestimmt. Ob ein Anleger nun bereit ist, einen Vertrag abzuschließen, hängt letztlich davon ab, ob diese zustandsabhängigen nachverhandlungssicheren Zahlungen hinreichend hoch sind, um die Teilnahmebedingung des Anlegers:

$$(1-t)E^0 + \frac{t}{\eta}E^1 \geq (1-t) + \frac{t}{\eta},$$

zu erfüllen, wobei die linke Seite der Ungleichung den erwarteten Barwert der nachverhandlungssicheren, nicht-liquiditätsbeschränkten Zahlungen bei Abschluss eines Finanzierungsvertrages beschreibt und die rechte Seite den erwarteten Barwert von Zahlungen im Falle einer kostenlosen Lagerhaltung mit der Option, in $T=1$ in die sich dann möglicherweise bietende alternative Verwendungsmöglichkeit zu investieren. Diese Teilnahmebedingung des Anlegers kann unter Berücksichtigung von (7.14) und (7.15) umformuliert werden zu

$$z_2^{RL} \geq 1 + \frac{t}{\eta(1-t)}\left(1 - z_2^{UL}\right). \tag{7.16}$$

Die Erfüllung dieser Bedingung ist hierbei umso unwahrscheinlicher, je höher die Wahrscheinlichkeit t für das Auftreten eines Liquiditätsschocks ist, je stärker dieser Liquiditätsschock ausfällt (also je geringer η ist) und je schlechter die Liquidationsmöglichkeiten der Finanziers sind (also je geringer z_2^{UL} und z_2^{RL} sind).

Liquiditätsprämie

Bevor wir die bisherigen Ergebnisse diskutieren, definieren wir noch eine Liquiditätsprämie, deren Höhe als Maß für die Schwere des Selbstbindungsproblems des Schuldners interpretiert werden kann: Aufgrund der Unvollständigkeit des Kreditvertrages sowie dessen damit verbundener Anfälligkeit gegenüber Nachverhandlungen kann der Unternehmer nämlich nicht glaubhaft gewährleisten, dass ein Gläubiger bereits zum Zeitpunkt eines frühen Liquiditätsbedarfes seine Forderungen gegenüber dem Unternehmer realisieren kann. Als Liquiditätsprämie LP definieren *Diamond* und *Rajan* (2001a, S. 295)

$$LP := t\left(\frac{1}{\eta} - 1\right)\left(1 - z_2^{UL}\right). \tag{7.17}$$

Diese Liquiditätsprämie gibt an, um wie viel die erwarteten Zahlungen an einen Anleger den Kapitaleinsatz übersteigen müssen, damit der Anleger einem Vertrag zustimmt. Sie ist umso größer, je höher Wahrscheinlichkeit t eines Liquiditätsschocks ist, je stärker dieser Schock ausfällt (je geringer also η ist) und je weniger der RL bei einer Forderungsabtretung von einem UL erhalten kann (je geringer demnach z_2^{UL}) ist.

Die Existenz einer Liquiditätsprämie lässt sich gemäß *Diamond* und *Rajan* somit auf folgende zwei notwendige Bedingungen zurückführen:

1. Es existieren spezifische Fähigkeiten (*collection skills*)
    a) für den Kapitalnehmer, die es ihm ermöglichen, einen höheren Ertrag aus dem *Projekt* zu erzielen als ein Kapitalgeber, und
    b) für den *relationship lender*, die es diesem wiederum ermöglichen, einen höheren Ertrag aus dem *Vertrag* zu erzielen als ein Zessionar.
2. Diese Fähigkeiten sind unveräußerbar:
    a) Der Unternehmer kann sich nicht glaubwürdig dazu verpflichten, seine spezifischen Fähigkeiten im Auftrage eines Kapitalgebers einzusetzen.
    b) Der *relationship lender* kann sich nicht glaubwürdig dazu verpflichten, seine spezifischen Fähigkeiten im Auftrage des Zessionars einzusetzen.

Wenn der Kapitalgeber in der Lage wäre, das Projekt in der gleichen Weise wie der Kapitalnehmer zu nutzen, so könnte er ebenfalls einen Zahlungsstrom in Höhe von $r_1 + r_2$ realisieren. Aufgrund der Annahme (7.13) würde dieser Zahlungsstrom einen Kapitalgeber in jedem Fall, auch bei Auftreten eines Liquiditätsschocks, einen höheren Nutzen stiften als die Lagerhaltung; das Projekt wäre vollkommen liquide. Hat der Kapitalgeber diese Verwertungsmöglichkeiten jedoch nicht, so könnte der Kapitalnehmer seine Fähigkeiten in den Dienst des Kapitalgebers stellen und für ihn den Zahlungsstrom $r_1 + r_2$ realisieren. Auch in diesem Falle wäre das Projekt liquide. Da jedoch der Kapitalnehmer spezifische Fähigkeiten besitzt, diese aber nicht glaubhaft in den Dienst des Kapitalgebers stellen kann, ist das Projekt illiquide. Diese Illiquidität beruht also darauf, dass ein Kapitalnehmer die generierten Projekterträge nicht in voller Höhe zur Tilgung eines Darlehens einsetzen kann.

Die Illiquidität des Projektes ist jedoch noch keine hinreichende Bedingung für die Existenz einer Liquiditätsprämie: Wenn der UL dieselben Verwertungsfähigkeiten wie ein RL hätte oder der RL seine Fähigkeiten auch für den UL einsetzen könnte, so wäre der UL bereit, den Vertrag für $p = z_2^{RL}$ zu kaufen. Damit folgt aber:

$$E^1 = \max\left\{z_1^{RL}, z_2^{RL}\right\}$$
$$= z_2^{RL}.$$

Der Kapitalnehmer könnte sich dann unter Berücksichtigung der Liquiditätsbeschränkung glaubhaft dazu verpflichten, einem Kapitalgeber mit vorzeitigen Liquiditätsbedarf einen Zahlungsstrom in Höhe von

$$\min\left\{r_1 + z_2^{UL}, E^1\right\} = \min\left\{r_1 + z_2^{RL}, E^0\right\}$$
$$= E^0$$
$$= z_2^{RL} > 1$$

zu gewähren. Die Liquiditätsprämie wäre nicht größer null und der Vertrag wäre liquide. Aufgrund der mangelnden Bindungsfähigkeit des RL, seine spezifischen Fähigkeiten auch für einen UL einzusetzen, ist jedoch auch der Kreditvertrag illiquide. Die Illiquidität des Kreditvertrages beruht demnach darauf, dass ein *relationship lender* die von ihm erzielbaren Kreditertäge nicht in voller Höhe auch bei einem Verkauf des Kredits realisieren kann.

7.2.4 Finanzintermediation

Diamond und *Rajan* (2001a) weisen nun nach, dass die Liquiditätsprämie durch die Zwischenschaltung einer Bank gesenkt werden kann, wenn die Bank als *relationship lender* die langfristige Finanzierung bis zur Ausreifung des Projektes von Beginn an betreut und sich selbst über die Hereinnahme von Sichteinlagen refinanziert. Dies ermöglicht ihr, einen vorzeitigen Liquiditätsbedarf eines Anlegers vom Schuldner fernzuhalten, indem sie die abgezogenen Einlagen des bedürftigen Anlegers durch neue Einlagen eines anderen Anlegers ersetzt – denn obwohl die Anleger ihrerseits keine ursprüngliche Bindung an die Bank besitzen, kann die Bank durch die mit dem Sichteinlagenvertrag verbundene Gefahr eines bank run Glaubwürdigkeit signalisieren, einmal gegebene Auszahlungsversprechen nie nachzuverhandeln.

Ein Sichteinlagenvertrag beinhaltet (wie aus Abschnitt 6.3 bekannt) fixe Verbindlichkeiten der Bank gegenüber ihren Einlegern, die solange sequenziell in der Reihenfolge ihres Eintreffens bei der Bank bedient werden, bis die Bank keine verwertbaren Aktiva mehr besitzt. Diese *sequential service constraint* erzeugt ein kollektives Handlungsproblem seitens der Einleger, in dessen Konsequenz sich jeder Einleger lieber für die Auszahlung der eigenen Einlage entscheidet (und damit die Bank stürmt), als sich mit der Bank auf Nachverhandlungen einzulassen: Jeder Einleger weiß nämlich, dass er der einzige noch verbliebene Einleger sein kann, der auf eine Auszahlung seiner Einlagen zum ursprünglich vereinbarten Nennwert zugunsten einer Nachverhandlung mit der Bank verzichtet hat. Dann aber haben alle anderen Anleger die vorhandenen Aktiva der Bank bereits vor ihm liquidiert und der nachsichtige Einleger erhält nichts mehr. Um diesen letzten Platz in der Reihe der Einleger zu verhindern, ist es für jeden Einleger rational, bei jedem Nachverhandlungsversuch der Bank sofort die Ausbezahlung seiner Einlage in ihrer ursprünglichen Höhe zu verlangen und dies gegebenenfalls auch mit einer Liquidation der Bankaktiva in Höhe des Nennwertes seiner Deposite durchzusetzen. Konsequenz ist ein *bank run*, der anders als im Modell von *Diamond* und *Dybvig* kein schlechtes *Nash*-Gleichgewicht beinhaltet, sondern eine rationale Antwort der Einleger auf einen Nachverhandlungsversuch der Bank darstellt.

Hold up durch eine Bank

Eine Bank finanziert ihre Kredite an die Kapitalnehmer Sichteinlagen, die sie von $m = 1, \ldots, M$ Einlegern (UL) zu jeweils $1/M$ des Kreditvolumens aufnimmt. Es wird angenommen, dass die Anzahl M der Einleger sehr groß ist, sodass von Ganzzahligkeitsproblemen abgesehen werden kann. Die Bank vergibt Kredite an viele Unternehmer und vereinbart mit jedem Unternehmer ein Rückzahlungsversprechen für $T = 2$ in Höhe von h_2, wobei dieses Rückzahlungsversprechen nachverhandlungssicher sein muss, d. h. $h_2 \leq z_2^{RL}$. Im Gegenzug verpflichtet sich die Bank, die Depositen der Einleger in $T = 2$ zum Nennwert von insgesamt D_2 pro investierter Einheit auszubezahlen.

Eine Bank unterliegt nun – im Gegensatz zum Kreditnehmer – mit der Wahl eines Sichteinlagenvertrages tatsächlich nicht mehr der Versuchung, ihre Depositeure auszubeuten: Versucht eine Bank, ihr Auszahlungsversprechen in $T = 2$ nachzuverhandeln, so haben alle Einleger, die ihre Einlagen in $T = 1$ noch nicht aufgelöst haben, zum einen das Recht, das Nachverhandlungsangebot der Bank zu akzeptieren. Zum anderen haben sie das Recht, Bankaktiva zum Nennwert der Einlagen in Höhe von D_2 pro investierter Einheit zu liquidieren, d. h. ihre Herrschaftsrechte über die Kreditverträge auszuüben. Hierbei entscheidet eine faire Lotterie über den Platz eines Einlegers in der Reihe aller Einleger, die das Nachverhandlungsangebot der Bank nicht akzeptieren wollen. Die Liquidationswünsche der Einleger werden dann nach Maßgabe eines *first come - first served* Prinzips bedient.

Erfüllt der Unternehmer sein Rückzahlungsversprechen, so leistet er h_2 und die Einleger können zusammen einen Erlös in Höhe von h_2 realisieren. Versucht der Unternehmer dagegen seinerseits, dass von ihm an die Bank gegebene Rückzahlungsversprechen nachzuverhandeln, so muss er diese Nachverhandlung

7.2 Banken im Nachverhandlungsprozess: Das *Diamond/Rajan*-Modell

nunmehr mit den Einlegern führen, die eine schlechtere Verwertungsmöglichkeit als die Bank haben. Somit sind die Einleger in der Lage, gerade z_2^{UL} pro Kreditvertrag zu realisieren. Da jeder Anleger jedoch Aktiva in Höhe des vollen Nennwertes seiner Einlagen auflösen kann, werden zur Ausbezahlung von D_2 gerade $l = D_2/z_2^{UL}$ Bankaktiva liquidiert.

Sei der Anteil der Einleger, die auf ein Nachverhandlungsangebot der Bank mit einem *bank run* auf die Bankaktiva reagieren, bezeichnet mit τ (Gesamtlänge der Warteschlange), und der Anteil der Einleger, die bereits eine Liquidation wünschten, bevor ein Einleger m bei der Bank eintrifft, entsprechend mit τ_m (Länge der Warteschlange bis zum Einleger m). Dann ist die Bank vollständig liquidiert, sofern gilt:

$$\tau \geq \tilde{\tau} := \frac{1}{l} = \frac{z_2^{UL}}{D_2}.$$

Es ergeben sich somit die folgenden *tatsächlichen* Auszahlungen G an die Einleger pro investierter Einheit, sofern die Einleger die Liquidation wünschen:

$$G_2^m = \begin{cases} D_2 & \text{falls } \tau_m \leq \tilde{\tau}, \\ 0 & \text{falls } \tau_m > \tilde{\tau}. \end{cases}$$

Die Wahrscheinlichkeit, dass der Einleger m seine Depositen in voller Höhe ihres Nennwertes ausbezahlt bekommt, wenn der Anteil der Anleger, die ebenfalls eine Liquidation fordern, lediglich $\tau \leq \tilde{\tau}$ beträgt, ist gleich eins, da es in diesem Fall vollkommen unerheblich ist, an welcher Position er sich in der Reihe der Wartenden befindet; es gilt folglich: $\mathrm{P}\left(\tau_m \leq \tilde{\tau} | \tau \leq \tilde{\tau}\right) = 1$. Die erwartete Auszahlung ist dann:

$$D_2 \cdot \mathrm{P}\left(\tau_m \leq \tilde{\tau} | \tau \leq \tilde{\tau}\right) = D_2.$$

Wenn dagegen $\tau > \tilde{\tau}$, dann ist die Wahrscheinlichkeit, ob ein Einleger seine Depositen zum Nennwert einlösen kann, kleiner eins, da er möglicherweise so weit hinten in der Warteschlange steht, sodass er keine Auszahlung seiner Einlagen mehr erhält:

$$\mathrm{P}\left(\tau_m \leq \tilde{\tau} | \tau > \tilde{\tau}\right) = \frac{\tilde{\tau}}{\tau} < 1.$$

Die erwartete Auszahlung pro investierter Einheit lautet dann:

$$D_2 \cdot \mathrm{P}\left(\tau_m \leq \tilde{\tau} | \tau > \tilde{\tau}\right) = D_2 \frac{\tilde{\tau}}{\tau} = \frac{z_2^{UL}}{\tau}.$$

Die erwarteten Auszahlungen für einen rennenden Einleger m pro investierter Geldeinheit lassen sich folglich zusammenfassen als:

$$E\left(G_2^m\right) = \begin{cases} D_2 & \text{falls } \tau \leq \hat{\tau}, \\ \frac{z_2^{UL}}{\tau} & \text{falls } \tau > \hat{\tau}. \end{cases}$$

Verzichtet ein Einleger dagegen auf sein Recht zu liquidieren, und akzeptiert er statt dessen die neue Zahlungsbereitschaft $\hat{D}_2 < D_2$ der Bank, so muss er berücksichtigen, dass seine Zahlungen aus dem verbliebenen Vermögen der Bank finanziert werden müssen:

- Sofern aufgrund der Auszahlungswünsche der anderen Einleger noch nicht alle Kredite der Bank liquidiert werden mussten ($\tau \leq \tilde{\tau}$), so betreut die Bank noch einen Anteil $(1 - \tau l)$ des ursprünglichen Kreditvolumens. Da die Bank im Zuge der Nachverhandlungen den Einsatz ihrer spezifischen Fähigkeiten für den gegenwärtigen Zeitpunkt zusichern kann, wird die Bank jeweils Zahlungen in Höhe von z_2^{RL} pro Kredit extrahieren; das verbliebene Vermögen der Bank bestimmt sich demnach als $(1 - \tau l) z_2^{RL}$ pro investierter Geldeinheit. Dieses Vermögen teilt die Bank *pro rata* auf diejenigen Einleger auf, welche die neue Zahlungsbereitschaft der Bank $\hat{D}_2$ akzeptierten.
- Mussten aufgrund der Auszahlungswünsche der kompromisslosen Einleger jedoch bereits alle Kredite liquidiert werden, so kann die Bank keine Auszahlung an die nachsichtigen Einleger mehr gewähren.

Die tatsächliche Zahlung, die ein Einleger, der das neue Angebot der Bank akzeptiert, pro investierter Geldeinheit von der Bank erhalten kann, ist somit bestimmt als $\min\left\{\hat{D}_2, \Theta\right\}$, wobei Θ definiert ist als:

$$\Theta := \begin{cases} z_2^{RL} \left(1 - \frac{D_2}{z_2^{UL}} \tau\right) (1 - \tau)^{-1} & \text{falls } \tau \leq \tilde{\tau}, \\ 0 & \text{falls } \tau > \tilde{\tau}. \end{cases}$$

Damit ist eine vorzeitige Liquidation der Bankaktiva für jeden Einleger die dominante Strategie:

a) Wenn $\tau \leq \tilde{\tau}$, so folgt für $\hat{D}_2 > \Theta$, dass auch gilt: $E(G_2^m) = D_2 > \Theta$. Beachte hierbei, dass eine Bank den Wert ihrer Verbindlichkeiten stets nur *herunter* zu handeln versucht und nie bereit sein wird, *mehr* zu zahlen als ursprünglich vereinbart, d. h. $\hat{D}_2 < D_2$. Dann folgt aber auch für $\hat{D}_2 > \Theta$, dass gilt: $D_2 > \Theta$. Für $\hat{D}_2 \leq \Theta$ folgt dagegen, dass gilt: $E(G_2^m) = D_2 > \hat{D}_2$. Die vorzeitige Liquidation ist in beiden Fällen vorteilhafter.

b) Wenn $\tau > \tilde{\tau}$, so ist $\min\left\{\hat{D}_2, \Theta\right\} = 0$, während $E(G_2^m) = z_2^{UL}/\tau > 0$. Auch hier ist die erwartete Auszahlung bei Liquidation höher als bei Akzeptanz eines neuen Angebotes der Bank.

Wenn jedoch die Liquidation (*bank run*) die dominante Strategie jedes Einlegers als Antwort auf ein Neuverhandlungsangebot der Bank ist, so weiß die Bank im Umkehrschluss, dass sie in jedem Fall ihre Verfügungsrechte am Projekt verliert (Disintermediation), sofern sie versucht, ihre Verbindlichkeiten nachzuverhandeln; ein Nachverhandlungsangebot seitens der Bank ist nicht teilspielperfekt. Diese Disintermediation diszipliniert die Bank und sie kann sich in $T = 1$ zu einem Auszahlungsversprechen für $T = 2$ in Höhe von maximal $D_2 = \min\left\{h_2, z_2^{RL}\right\}$ glaubwürdig verpflichten.

7.2 Banken im Nachverhandlungsprozess: Das *Diamond/Rajan*-Modell

Kreditfinanzierung durch eine Bank

Dieser Selbstbindungsmechanismus für $T = 2$ wiederum ermöglicht es der Bank, in $T = 1$ die Einleger mit vorzeitigem Liquiditätsbedarf auszubezahlen und gleichzeitig neue Anleger zu gewinnen, die mit ihren Einlagen die ungeduldigen Kapitalgeber ersetzen. Diesen neuen Einlegern kann sie Zahlungen für $T = 2$ in Höhe des gesamten Kreditertrages versprechen. Wenn die Bank somit glaubwürdig ihre spezifischen Fähigkeiten in den Dienst der Einleger stellen kann, dann kann sich der Unternehmer auch glaubwürdig dazu verpflichten, Zahlungen in Höhe von insgesamt $z_2^{RL} > 1$ an die Bank zu leisten. Damit ist im Modell von *Diamond* und *Rajan* die Bank eine Institution, die sowohl den Anlegern als auch den Unternehmern Liquidität bereit stellt. Sie ist nämlich *qua* Sichteinlagenvertrag in der Lage, einerseits den Einlegern die Ausbezahlung ihrer Einlagen zu den gewünschten Zeitpunkten zu gewähren und andererseits die Unternehmer vor der Zahlung einer Liquiditätsprämie zu bewahren; die Wahrscheinlichkeit, mit der ein vorzeitiger Liquiditätsbedarf auf den Unternehmer trifft, ist null und somit verschwindet auch die zu leistende Liquiditätsprämie.

Schließlich ist noch die Frage zu beantworten, warum ein Unternehmer nicht in der Lage ist, seine Kapitalkosten durch die Wahl einer fragilen Kapitalstruktur zu senken: Die Ursache für dieses Unvermögen eines Unternehmers, sich durch einen Depositenvertrag glaubwürdig zu binden, besteht in der Trennung der Entscheidungen darüber, wer mit dem Unternehmer verhandelt und wer das Recht ausüben kann, das Unternehmen zu liquidieren. Bei einer direkten Finanzierung fallen beide Rechte zugleich den Anlegern zu. Wenn der Unternehmer versucht, mit seinen eigenen Depositeuren nachzuverhandeln, so haben die Depositeure das Recht zur Liquidation des Unternehmens; da die Depositeure zumindest zum Teil aus *unskilled lender* bestehen, kann er diese dann im Nachverhandlungsprozess auf eine Zahlung in Höhe von z_2^{UL} (möglicherweise zuzüglich eines marginalen Betrages, der die Anleger von der Liquidation abhält) herunterhandeln. Allerdings behält der Unternehmer die Herrschaftsrechte, wenn er eine Zahlung in Höhe von zumindest z_2^{UL} leistet, sodass er weiterhin eine Rente erzielt.

Bei einer intermediären Finanzierung dagegen soll die Bank mit dem Unternehmer verhandeln und sie ist in der Lage, aufgrund ihrer spezifischen Fähigkeiten eine höhere Zahlung zu extrahieren als die Einleger es könnten. Die Anleger haben aber darüber hinaus das Recht, die Bankaktiva zu liquidieren, sofern die Bank ihrerseits Nachverhandlungen anstrebt und damit droht, den Einsatz ihrer spezifischen Verwertungsmöglichkeiten zu verwehren. Wenn die Einleger dann ihr Liquidationsrecht wahrnehmen, so werden sie mit den Unternehmern verhandeln und sind nicht mehr auf die spezifischen Verwertungsmöglichkeiten der Bank angewiesen, sondern nur noch auf die des Unternehmers; die *Bank verliert* im Falle eines Nachverhandlungsangebotes tatsächlich ihre Verfügungsrechte an ihren Aktiva, während dem *Unternehmer* nur mit einem Entzug der Herrschaftsrechte *gedroht* werden kann, was er aber durch Auszahlungen in Höhe des Liquidationswertes verhindern kann.

7.3 Kommentierte Literaturhinweise

Die hier vorgestellten Ansätze zur Erklärung direkter und indirekter Finanzierungsbeziehungen bei Vorliegen unvollständiger Verträge basieren auf *Hart* (1995), *Hart, Moore* (1998) und *Diamond, Rajan* (2000, 2001a, 2001b). Einen Überblick bietet *Diamond, Rajan* (2001c). *Tirole* (1999) setzt sich kritisch mit den Theorien unvollständiger Verträge auseinander.

7.4 Übungsaufgaben

Übung 7.1 *Erläutern Sie, welche Bedeutung der den Standardkreditvertrag auszeichnende bedingte Eigentumsübertrag hat, wenn Finanzverträge unvollständig sind. Verdeutlichen Sie die Rolle des Eigentumsübertrags am Beispiel des Modells von Hart (1995).*

Übung 7.2 *Im Modell von Hart (1995) seien folgende Parameterwerte unterstellt: $I = 1.2$; $r_1 = 0.1$; $r_2 = 1.11$; $z = 1.1$ und $W = 0.1$.*

1. *Prüfen Sie, ob die Bedingungen (7.1) bis (7.3) im Text erfüllt sind.*
2. *Berechnen Sie den Anteil $\hat{l}$ des Projektes, den der Unternehmer liquidieren muss, und prüfen Sie, ob er eine externe Finanzierung erhält.*

Übung 7.3 *Welchen Wert nimmt im Modell von Diamond und Rajan (2001a) die vom Unternehmer zu zahlende Liquiditätsprämie an, wenn alle Anleger einen Faktor der Zeitpräferenz $\eta = 1$ aufweisen, und welche Konsequenz hat das für die Existenz einer Geschäftsbank?*

Übung 7.4 *Der risikoneutrale und eigenmittellose Manager eines Vereins der Fußball-Bundesliga plant den Bau einer multifunktionalen Arena, in der Fußballspiele und andere Sport- und Show-Ereignisse durchgeführt werden können. Der Bau der Arena kostet 1 EUR in $T = 0$ und erbringt sichere Erträge von $r_1 = 0.8$ EUR in $T = 1$ und $r_2 = 1.3$ EUR in $T = 2$, sofern der Verein die Arena tatsächlich nutzt. Jedoch ist der Verein in $T = 0$ nicht in der Lage, sich glaubwürdig zur Nutzung der Arena zu verpflichten. Ein externer und ebenfalls risikoneutraler Kapitalgeber, der die Pläne des Managers von Anfang an begleitet hat und über genug Eigenkapital verfügt, wäre in der Lage, die Arena für Sport- und Show-Veranstaltungen zu vermarkten, auch ohne dass der Verein dort seine Heimspiele austrägt. Dann erzielt er einen Ertrag entweder in Höhe von $z_1^{RL} = 0.7$ EUR in $T = 1$ oder in Höhe von $z_2^{RL} = 1.2$ EUR in $T = 2$. Normalerweise ist die Rate der Zeitpräferenz des externen Finanziers gleich eins, jedoch kann es mit der Wahrscheinlichkeit $t = 0.5$ in $T = 1$ passieren, dass er eine Investitionsalternative erhält, die ihm in $T = 2$ mit Sicherheit $\frac{1}{\eta} = 2$ EUR pro in $T = 1$ angelegtem Euro erbringt. Alle anderen Kapitalgeber könnten mit der Arena nur wenig anfangen und sie bloß als Lagerhalle nutzen, was Erträge* in Höhe von $z_1^{UL} = z_2^{UL} = 0.6\ EUR$ entweder in $T = 1$ oder in $T = 2$ erbringt. Eine Kosten- und ertraglose Bargeldhaltung ist für alle möglich.

1. Prüfen Sie im Rahmen des Diamond/Rajan-Modells, ob eine direkte Finanzierung zustande kommen kann.
2. Was geschieht unter Teilaufgabe 1, wenn auch alle übrigen Kapitalgeber in $T = 2$ einen Ertrag in Höhe von $z_2^{UL} = 1.2\ EUR$ erzielen können?
3. Wie ändern sich die bisherigen Ergebnisse, wenn nicht der Manager, sondern der Kapitalgeber über die gesamte Verhandlungsmacht verfügt, sodass der Kapitalgeber dem Manager im Nachverhandlungsprozess ein take-it-or-leave-it Angebot machen kann?
4. Es gelte nun wieder $z_2^{UL} = 0.6\ EUR$. Kommt die Finanzierung zustande, wenn der Erstfinanzier der Arena eine Bank ist, die sich über Sichtdepositen finanziert?
5. Es sei unterstellt, der Erstfinanzier der Arena ist eine Bank. Diese vereinbart mit dem Manager die Zahlung $h_2 = 1$ in $T = 2$ und gibt Sichtdepositen zum Nennwert von insgesamt $D_2 = 1$ pro investierter Einheit aus. Zeigen Sie, warum ein bank run die dominante Strategie jedes Einlegers auf ein Nachverhandlungsangebot $\widehat{D}_2 < 1$ der Bank ist.

7.5 Lösungshinweise zu den Übungsaufgaben

Lösung 7.1 *Kommt der Schuldner seiner Verpflichtung (d. h. seinem Rückzahlungsversprechen) nicht nach, fällt bei einem bedingten Eigentumsübertrag das Eigentumsrecht an den physischen Vermögensgegenständen, die durch Gläubiger finanziert wurden, an diesen. Der Gläubiger erhält die Entscheidungsgewalt über die weitere Verwendung.*

Im Modell von Hart (1995) läuft das Projekt über zwei Perioden und die Projektergebnisse sind nicht verifizierbar. Der bedingte Eigentumsübertrag erlaubt es hier dem Gläubiger, das Projekt in $T = 1$ zu liquidieren, wodurch sein Drohpunkt bei Nachverhandlungen über Zahlungen des Schuldners gestärkt wird und der Gläubiger mögliche Ausbeutungsversuche durch den Schuldner abwehren kann. Konsequenz ist, dass ein Schuldner sich glaubwürdig zu einer Zahlung an den Gläubiger verpflichten kann, weil eine Zahlung an den Gläubiger zumindest in Höhe des Liquidationserlöses sichergestellt ist. Damit ist der bedingte Eigentumsübertragung eine Voraussetzung für das Zustandekommen einer Finanzierungsbeziehung bei Unvollständigkeit der Verträge.

Lösung 7.2 *Die Lösungen lauten:*

1. *Es gilt:*

$$1.11 > 1.1;$$
$$1.21 > 1.2;$$
$$1.2 > 1.1.$$

2. *Es gilt:*
$$\widehat{l} = \max\left\{0, \frac{1.2 - 0.1 - 0.1}{1.1}\right\} = \frac{1.0}{1.1} \sim 0.91.$$

Wegen
$$1.1 \geq 1.1$$

und
$$0.1 + 0.09 \cdot 1.11 + 0.91 \cdot 1.1 = 1.201 > 1.2$$

sind (7.8) und (7.9) erfüllt und der Finanzierungsvertrag kommt zustande.

Lösung 7.3 *Für $\eta = 1$ folgt: $LP = 0$, und eine intermediäre Finanzierung weist keinerlei Vorteile gegenüber einer direkten Finanzierung auf.*

Lösung 7.4 *Die Lösungen lauten:*

1. *Sofern der Erstfinanzier keinen Liquiditätsschock erfährt, kann er aus dem Projekt Zahlungen mit einem Barwert von maximal $E^0 = 1.2$ EUR erwarten; der Manager ist auch in der Lage, eine solche Offerte zu erfüllen, weil er in $T = 2$ über Mittel in Höhe von 1.3 EUR verfügt. Jedes höhere Zahlungsversprechen würde der Manager nachverhandeln, da er weiß, dass der Erstfinanzier ohne den Manager höchstens $\max\left\{z_1^{RL}, z_2^{RL}\right\} = 1.2$ EUR aus dem Projekt erlösen kann. Erfährt der Erstfinanzier jedoch in $T = 1$ einen Liquiditätsschock, beträgt der Barwert aller Zahlungen, die er maximal erhält, lediglich $E^1 = 0.7$ EUR; der Manager ist auch in diesem Fall in der Lage, eine solche Offerte zu erfüllen. Denn ohne den Manager hat der Erstfinanzier drei Möglichkeiten: Er kann das Projekt behalten und in $T = 1$ einen Ertrag $z_1^{RL} = 0.7$ EUR erzielen; er kann das Projekt behalten und in $T = 2$ einen Ertrag $z_2^{RL} = 1.2$ EUR erzielen, der in $T = 1$ den Barwert 0.6 EUR aufweist, oder er kann das Projekt verkaufen und in $T = 1$ maximal $z_1^{UL} = 0.6$ EUR erzielen. Da der Erstfinanzier in $T = 0$ noch nicht weiß, ob der Liquiditätsschock auftritt, beträgt der erwartete Barwert der Projektfinanzierung höchstens:*

$$(1-t) \cdot E^0 + \frac{t}{\eta} \cdot E^1 = 0.5 \cdot 1.2 + \frac{0.5}{0.5} \cdot 0.7 = 1.3 \ EUR$$

und fällt damit niedriger aus als der erwartete Barwert einer Anlage in die Lagerhaltungstechnologie (Bargeldhaltung), der $(1-t) + \frac{t}{\eta} = 1.5$ beträgt. Eine Finanzierung kommt nicht zustande.

2. *Für $z_2^{UL} = 1.2$ EUR modifiziert sich der maximal mögliche erwartete Barwert der Projektfinanzierung für $T = 1$ wegen $E^1 = 1.2$ zu:*

$$(1-t) \cdot E^0 + \frac{t}{\eta} \cdot E^1 = 0.5 \cdot 1.2 + \frac{0.5}{0.5} \cdot 1.2 = 1.8 \ EUR,$$

sodass die Finanzierung nun möglich ist.

7.5 Lösungshinweise zu den Übungsaufgaben

3. Wenn der Kapitalgeber über die gesamte Verhandlungsmacht im Nachverhandlungsprozess verfügt, ist eine Finanzierung auch im Fall $z_2^{UL} = 0.6$ EUR möglich. Der Manager kann zum Beispiel versprechen, in $T = 2$ den Betrag 1 EUR zu zahlen. Dieses Versprechen wird er in jedem Fall erfüllen, da er bei Nachverhandlungen keine für ihn günstigere Zahlung erwirken kann. Somit erhält der geduldige Kapitalgeber in $T = 2$ den Betrag 1 EUR, im Falle der Ungeduld hingegen kann er das Projekt an einen anderen Kapitalgeber verkaufen zum Preis von 1 EUR. Die Teilnahmebedingung des Kapitalgebers ist somit erfüllt.

4. Die Finanzierung kann zustande kommen, wenn der Erstfinanzier der Arena eine Bank ist, die sich über Sichtdepositen finanziert. Die Bank kann zum Beispiel mit dem Manager die Zahlung $h_2 = 1$ in $T = 2$ vereinbaren und Depositen an die Einleger zum Nennwert von insgesamt $D_2 = 1$ pro investierter Einheit ausgeben. Dies stellt sicher, dass die Teilnahmebedingung der Depositeure erfüllt ist.

5. Zunächst ist die erwartete Auszahlung pro investierter Einheit für einen Einleger zu prüfen, der seine Einlage auflöst: Die Bank ist vollständig liquidiert, sofern für den Anteil der rennenden Einleger $\tau \geq \tilde{\tau} := \frac{z_2^{UL}}{D_2} = 0.6$ gilt. In diesem Fall erwartet ein Einleger m die Zahlung $\frac{z_2^{UL}}{\tau} = \frac{0.6}{\tau}$ EUR pro investierter Einheit, denn mit der Wahrscheinlichkeit $\frac{\tilde{\tau}}{\tau}$ steht der auflösende Einleger in der Warteschlange hinreichend weit vorne und erlöst $D_2 = 1$ EUR pro investierter Einheit; mit der Gegenwahrscheinlichkeit ist die Bank bereits vollständig liquidiert, wenn der Einleger an die Reihe kommt, und er bekommt nichts. Gilt hingegen $\tau < 0.6$ EUR, so wird die Bank in jedem Fall nicht vollständig liquidiert und der Einleger erhält mit Sicherheit $D_2 = 1$ EUR pro investierter Einheit. Zusammenfassend ergibt sich für den rennenden Einleger

$$E\left(G_2^m\right) = \begin{cases} 1 & \text{falls } \tau < 0.6, \\ \frac{0.6}{\tau} & \text{falls } \tau \geq 0.6. \end{cases}$$

Nun ist die erwartete Auszahlung pro investierter Einheit für einen Einleger zu prüfen, der nicht rennt. Diese beträgt in jedem Fall 0 EUR, sofern $\tau \geq 0.6$, da die Bank dann vollständig durch rennende Einleger liquidiert wurde. Im Fall $\tau \leq 0.6$ hingegen wurde die Bank nicht vollständig liquidiert und bezahlt dem Einleger maximal $\hat{D}_2 < D_2 = 1$. Entsprechend ist die erwartete Auszahlung im Fall des Auflösens für jedes τ größer als die erwartete Auszahlung, wenn der Einleger nicht rennt.

Teil III

Finanzmarktinstabilitäten und Bankenregulierung

Kapitel 8
Instabilitäten auf Finanzmärkten

Gegenstand des abschließenden Teils III sind mögliche Konsequenzen, die aus den in Teil II dargestellten Erklärungsansätzen von Finanzverträgen und Finanzintermediären für die Stabilität und die Regulierung des Finanzsektors folgen. Dabei betrachtet Kapitel 8 zwei mögliche Ursachen für Instabilitäten auf Finanzmärkten. Kapitel 9 hingegen fragt nach Auswirkungen staatlicher Regulierungen auf das Bankverhalten.

8.1 Bank Run

Die Gefahr eines *bank run* resultiert aus der besonderen Fähigkeit einer Geschäftsbank, Liquidität bereit zu stellen. Dies wurde bereits in Abschnitt 6.3 im Rahmen des *Diamond/Dybvig*-Modells dargestellt, das – trotz seiner Schwäche – zu einem Standardinstrument bei der Analyse von *bank runs* geworden ist: Die Bank gibt im Passivgeschäft Sichteinlagen aus, die eine höhere Liquidität aufweisen als die durch Einlagen finanzierten Kredite. Damit fällt der kurzfristige Liquidationserlös der Bankaktiva geringer aus als die kurzfristige Rückzahlungsverpflichtung aus dem Sichteinlagenvertrag, und selbst eine solvente (also nicht überschuldete) Bank kann nicht alle ihre Verbindlichkeiten kurzfristig einlösen.

Vielmehr sieht der Depositenvertrag vor, dass Einlösewünsche nur sequenziell und nach dem Prinzip *first come – first served* erfüllt werden (*sequential service constraint*). Dann können aber nur die ersten bei einer Bank erscheinenden Einleger mit der vollständigen Rückzahlung ihrer Sichteinlagen rechnen, während später erscheinende Einleger befürchten müssen, ihre Einlagen nur teilweise oder gar nicht ausbezahlt zu erhalten. Deshalb kann es für einen einzelnen Einleger rational sein, seine Einlage so schnell wie möglich und unabhängig vom eigenen Liquiditätsbedarf aufzulösen, wenn er erwartet, dass alle übrigen Einleger sich ebenso verhalten.

Auf diese Möglichkeit eines zweiten *Nash*-Gleichgewichts bei Vorliegen eines *bank run* hatten wir schon in Abschnitt 6.3 hingewiesen. Sie entsteht, wenn für einen geduldigen Einleger der erwartete Auszahlungsbetrag in $T = 2$ kleiner wird als der erwartete Auszahlungsbetrag in $T = 1$. Zur Vereinfachung sei unterstellt, dass die geduldigen Anleger identische, einwertige Erwartungen bezüglich τ haben, d. h. sie erwarten, dass der Anteil der Anleger, die eine vorzeitige Auflösung ihrer Einlagen wünschen, einen festen Wert annimmt $E[\tau]$ annimmt. Dann kommt es zu einem *bank run*, sofern

$$d_1 \geq \frac{1 - E[\tau] \cdot d_1}{1 - E[\tau]} r_2$$

bzw.

$$E[\tau] \geq \tau^* := \frac{r_2 - d_1}{d_1(r_2 - 1)}$$

gilt (siehe (6.23) und (6.24) auf S. 178 f.). Erwartet also ein geduldiger Einleger, dass in $T = 1$ nur Einleger mit einem vorzeitigen Liquiditätsbedarf ihre Einlagen auflösen, dann rechnet er damit, dass $\tau = t$ gilt und die Bank in $T = 2$ noch zahlungsfähig ist. Er löst deshalb seine Einlage erst in $T = 2$ auf, und die Bank bleibt bestehen. Erwartet der geduldige Einleger jedoch, dass in $T = 1$ ein Anteil $\tau \geq \tau^*$ seine Einlagen auflöst, ist es für ihn rational, seine Einlage ebenfalls in $T = 1$ aufzulösen, und die Bank bricht zusammen. Welches der beiden Gleichgewichte *realisiert* wird, hängt schließlich davon ab, welches Gleichgewicht *erwartet* wird. Oder anders formuliert: Eine Situation ist gleichgewichtig, wenn Erwartungen und Verhalten von Anlegern übereinstimmen.

Zwar könnte die Bank dieser Gefahr eines *bank run* vorbeugen, indem sie $d_1 = 1$ setzte und damit die Einlage in $T = 1$ nicht verzinse. Dann erhielte ein Einleger in $T = 2$ in jedem Fall (d. h. für alle $E[\tau]$) den Betrag $g_2 = r_2$ ausbezahlt; der kritische Wert τ^* ist nämlich für $d_1 = 1$ gleich eins. Allerdings hat dann auch kein Akteur mehr einen Grund, die Intermediationsdienstleistung der Bank in Anspruch zu nehmen, weil er einen Konsumstrom $(x_1 = 1; x_2 = 0)$ oder $(x_1 = 0; x_2 = r_2)$ auch ohne die Bank realisieren könnte. Die Möglichkeit eines *bank run* besteht nur bei $d_1 > 1$, weil dann der erwartete Auszahlungsbetrag für einen Anleger in $T = 2$ kleiner als der erwartete Auszahlungsbetrag in $T = 1$ werden kann – je nachdem, von wie vielen Einlegern er erwartet, dass sie ihre Einlagen in $T = 1$ auflösen werden.

Eine andere Möglichkeit, den *bank run* zu vermeiden, besteht in der Einführung eines befristeten Auszahlungsmoratoriums in Form eines *Bankfeiertags* (*Diamond, Dybvig* 1983, S. 410 f.). In diesem Fall leistet die Bank in $T = 1$ folgende Zahlung:

$$g_1^m = \begin{cases} d_1 & \text{falls } \tau_m \leq \hat{\tau}, \\ 0 & \text{falls } \tau_m > \hat{\tau}. \end{cases}$$

Der Wert $\hat{\tau}$ muss zwischen t und τ^* liegen, damit einerseits für einen geduldigen Einleger die erwartete Auszahlung in $T = 2$ größer als die erwartete Auszahlung in $T = 1$ wird und er einen Anreiz hat, auf die vorzeitige Ausbezahlung seiner

8.1 Bank Run

Einlage zu verzichten, und andererseits aber alle ungeduldigen Anleger ihre gewünschte Auszahlung in $T=1$ erhalten. Diese Lösung ist jedoch nur operabel, sofern der Anteil t der Einleger mit vorzeitigem Liquiditätsbedarf konstant und der Bank mit Sicherheit bekannt ist. Ansonsten läuft die Bank Gefahr, $\hat{\tau} < t$ zu setzen und damit auch Einlegern mit einem vorzeitigen Liquiditätsbedarf die Auszahlung ihrer Depositen zu verweigern.

Offen geblieben war bislang, warum ein einzelner Einleger einen Anstieg des Anteils τ aller Anleger über den kritischen Wert τ^* erwartet. Hierfür lassen sich zwei Gruppen von Anlässen unterscheiden, die als *spekulative* oder als *fundamentale Ursachen* bezeichnet werden (*Freixas, Rochet* 1997, S. 201):

- Bei einem *spekulativen bank run* werden unspezifizierte, exogene Zufallsstörungen für die Variabilität von $E[\tau]$ verantwortlich gemacht. Ein einzelner Einleger hat plötzlich veränderte Erwartungen über das Abhebeverhalten der übrigen Einleger und rechnet damit, dass alle anderen geduldigen Einleger ihre Einlagen vorzeitig auflösen.
- Bei einem *fundamentalen bank run* lösen schlechte Ergebnisse der Bank den *bank run* aus: Informierte geduldige Einleger erwarten für die Zukunft beispielsweise einen Rückgang des Projektertrages r_2 und lösen deshalb in $T=1$ ihre Einlage auf, um sich zumindest noch den Rückzahlungsbetrag d_1 zu sichern.

Beide Ursachen für einen *bank run* lassen sich kombinieren wenn man unterstellt, dass der Projektertrag in $T=2$ eine Zufallsvariable mit zwei Ausprägungen (null und $r_2 > 0$) ist (*Chari, Jagannathan* 1988). Ein Teil der geduldigen Anleger erfährt in $T=1$ den tatsächlichen Projektertrag und löst deshalb seine Einlagen auf, sofern das Projekt misslingt. Obwohl niemand den Anteil der ungeduldigen Anleger und der informierten geduldigen Anleger an der Gesamtzahl aller Einleger kennt, kann ein rationaler Akteur aus der Länge der Schlange vor dem Bankschalter in $T=1$ schließen, ob nur Anleger mit vorzeitigem Liquiditätsbedarf oder auch informierte geduldige Anleger ihre Einlagen auflösen. Denn die Länge der Schlange liefert verzerrte Signale über das Wissen der informierten geduldigen Anleger. Fällt die Schlange lang aus, ist es für einen uninformierten Anleger auch ohne vorzeitigen Liquiditätsbedarf rational, seine Einlage aufzulösen, und der *bank run* setzt ein.

Die zuletzt getroffenen informationsökonomischen Überlegungen erlauben es auch, gleichgerichtetes Verhalten auf Finanzmärkten zu erklären. Sie ermöglichen es damit, Ursachen für *Ansteckungs-* oder *Dominoeffekte* aufzudecken, durch die sich ein *bank run* auf eine einzelne Bank auf andere Banken überträgt und sich zu einer Bankenpanik ausweitet. Ein denkbarer Grund hierfür ist *Herdenverhalten* auf Finanzmärkten.

8.2 Herdenverhalten auf Finanzmärkten

Was ist Herdenverhalten? Die Antwort auf diese Frage ist nicht einfach: Eine Herde ist zunächst einmal eine ineffiziente Kaskade. Aber was ist eine Kaskade, zumal eine ineffiziente Kaskade? Eine Kaskade liegt vor, wenn sich alle Akteure in einer Entscheidungssituation unter Unsicherheit gleichgerichtet verhalten, wobei der einzelne Anleger unabhängig von seiner privaten Information (über die also nur er verfügt) handelt und einfach das Verhalten anderer Akteure imitiert. Eine Kaskade bezeichnet man als ineffizient, wenn sich die gewählte Handlung eines Akteurs von der Handlung unterscheidet, die er wählen würde, wenn er zum Zeitpunkt seiner Entscheidung über alle Informationen verfügte, die ihm und anderen Akteuren bis zu diesem Zeitpunkt zugegangen sind.

Das eigene Verhalten an das der anderen anzupassen, ist für den einzelnen Akteur rational, wenn für ihn Grund zu der Annahme besteht, dass die bereits beobachteten Handlungen anderer Akteure auf Informationen beruhen, über die er selbst nicht verfügt. Wenn er sich jedoch von dem Verhalten der anderen leiten lässt, dann bedeutet dies, dass er seine private Information im Entscheidungsprozess vernachlässigt. Sobald aber seine Handlung unabhängig von seiner privaten Information ist, dann reflektiert seine Handlung diese Information auch nicht mehr, und die bis dahin unentschlossenen Akteure können ihrerseits nicht mehr aus der von ihm gewählten Handlung auf seine private Information schließen. Die vorhandenen Informationen werden dann unzureichend kommuniziert und demzufolge ineffizient genutzt.

Eine ineffiziente Nutzung der vorhandenen Informationen kann wiederum dazu führen, dass die Kaskade selbst ineffizient ist. Gehen Informationen auf die beschriebene Art und Weise verloren, dann besteht nämlich die Gefahr, dass Akteure im Folgenden nicht nur die eigene private Information unberücksichtigt lassen, sondern auch nicht auf die Informationen zurückgreifen können, die ihnen durch das Verhalten anderer hätte signalisiert werden können.

Um Missverständnissen vorzubeugen: Eine Kaskade ist nicht dann ineffizient, wenn sie sich ex post – also nach Auflösung der bestehenden Unsicherheit – als falsch herausstellt (ex post wird sich eine Entscheidung unter Risiko wohl fast immer als falsch herausstellen). Vielmehr erfolgt die Beurteilung der Effizienz einer Kaskade auf der Grundlage der Informationen, die bis zum Zeitpunkt der Entscheidung dem Entscheidungsträger oder anderen Akteuren zugänglich geworden sind. Dies bedeutet: Würden die Informationen zwischen den Akteuren symmetrisch verteilt sein, oder gäbe es Anreizmechanismen, welche die Akteure zur Offenbarung ihres Informationsstandes brächten, dann wäre Herdenverhalten nicht zu beobachten. Herdenverhalten ist also letztlich ein Problem asymmetrisch verteilter Informationen.

8.2.1 Grundidee

Auch auf Finanzmärkten ist Herdenverhalten feststellbar. Beispielsweise erwerben Anleger nach Beobachtung einer Kaufentscheidung anderer dasselbe Wertpapier – und zwar unabhängig von den Informationen, die ihnen jeweils über die Güte dieses Wertpapiers zur Verfügung stehen. Ist die resultierende Kaskade nach dem oben beschriebenen Kriterium ineffizient, so liegt Herdenverhalten vor. Die Grundidee des rationalen Herdenverhaltens wurde von *Banerjee* (1992) und *Bikhchandani, Hirshleifer* und *Welch* (1992) entwickelt und wird im Folgenden in Anlehnung an *Hirth, Walter* (2001) dargestellt: Angenommen, viele risikoneutrale Anleger stehen vor der Wahl, ein Wertpapier zu erwerben. Alle Anleger vermuten zunächst, dass dieses Wertpapier mit einer Wahrscheinlichkeit von 0.5 einen Gewinn von einem EUR erzielt, während mit der Gegenwahrscheinlichkeit ein Verlust von einem EUR realisiert wird. Jeder Anleger investiert in dieses Wertpapier auf jeden Fall, wenn sein erwarteter Gewinn strikt größer null ist, während ein Anleger bei einem erwarteten Gewinn von null indifferent ist und die Investitionsentscheidung dem Wurf einer fairen Münze überlässt. Ist der erwartete Gewinn strikt kleiner null, unterlässt er die Investition.

Nun erhalten die Anleger nacheinander jeweils ein zusätzliches Signal über die Güte des Wertpapiers. Dieses Signal kann in zwei Ausprägungen auftreten und ist private Information des Signalempfängers. Jeder Anleger weiß, dass die Ausprägung des Signals mit den Gewinnaussichten korreliert ist: Er weiß, dass die Wahrscheinlichkeit, ein positives Signal zu erhalten, größer ist als die Wahrscheinlichkeit eines negativen Signals, wenn das Wertpapier tatsächlich einen Gewinn erzielen wird. Umgekehrt weiß er, dass die Wahrscheinlichkeit, ein negatives Signal zu erhalten, größer ist als die Wahrscheinlichkeit für ein positives Signal, wenn das Wertpapier tatsächlich einen Verlust erbringen wird. Weiterhin ist angenommen, dass jeder Anleger neben der Beobachtung eines imperfekten Signals auch die Investitionsentscheidungen der anderen Anleger beobachten kann. Ein Anleger kann sich annahmegemäß nur zum Zeitpunkt des Signalempfangs entscheiden, ob er investiert oder nicht.

Betrachten wir den Anleger, der als erster ein Signal erhält. Wenn dieses positiv ist, folgert der erste Anleger, dass die Wahrscheinlichkeit eines Gewinns größer 0.5 ist, und er investiert. Ist das Signal negativ, unterlässt er die Investition, da er die Erfolgswahrscheinlichkeit auf unter 0.5 einschätzt. Nehmen wir an, der erste Anleger hat ein positives Signal erhalten und er investiert. Diese Investition beobachtet nun der Anleger, der als zweiter ein Signal erhält. Ist dieses Signal ebenfalls positiv, wird auch er ohne Frage investieren. Der Erwerb des Wertpapiers durch den ersten Anleger signalisiert dem zweiten Anleger nämlich, dass auch der erste ein positives Signal empfangen haben muss. Gemeinsam mit dem eigenen, positiven Signal ist dies für ihn ein starkes Argument zum Kauf des Wertpapiers. Ist das Signal, welches der zweite Anleger erhält, hingegen negativ, dann muss er zwischen zwei gleichwertigen Informationen abwägen: Der erste Anleger hat mit seiner Investition signalisiert, dass er ein positives Signal erhalten hat. Der zweite Anleger beobachtet jedoch ein negatives Signal. Insgesamt lässt diese Information den zweiten Anleger indifferent werden und seine Anlageentscheidung ist vom Wurf der Münze abhängig.

Der Anleger, der als dritter ein Signal erhält, kann nun vor folgenden Entscheidungssituationen stehen. Entweder, der zweite Anleger hat nicht investiert, dann weiß der dritte Anleger, dass das zweite Signal negativ war, und er richtet seine Anlagestrategie nur nach dem eigenen Signal aus (das erste und das zweite Signal hoben sich ja wechselseitig auf). Wenn aber der erste und der zweite Anleger investiert haben, dann investiert rationalerweise auch der Dritte – und zwar unabhängig von der Ausprägung des eigenen empfangenen Signals: Der dritte Anleger weiß aufgrund des Anlageverhaltens des ersten Anlegers nämlich auch, dass das erste Signal positiv war. Darüber hinaus ist bei einer Investition des zweiten Anlegers die Wahrscheinlichkeit dafür, dass auch dieser ein positives Signal erhalten hat, größer als 0.5. Wenn also der zweite Anleger investiert hat, dann ist für den dritten Anleger die Wahrscheinlichkeit dafür, dass zwei positive Signale hintereinander aufgetreten sind, größer als die Wahrscheinlichkeit eines positiven und eines negativen Signals. Die Vermutung des dritten Anlegers, dass zwei positive Signale nacheinander aufgetreten sind, führt dazu, dass er sein eigenes Signal unberücksichtigt lässt. Selbst wenn es negativ wäre, stünden diesem die zwei vorangegangenen positiven Signale gegenüber, sodass eine Gewinnwahrscheinlichkeit von größer 0.5 bliebe.

Wenn aber der zweite Anleger investiert hat (und damit auch der dritte Anleger), dann ist das vom vierten Anleger empfangene Signal für diesen ebenfalls völlig unbedeutend bei der Festlegung der eigenen Investitionsstrategie. Er steht nämlich vor einer Entscheidungssituation, die identisch ist mit derjenigen, vor der bereits der dritte Anleger gestanden hat. Er weiß auch, dass der erste Anleger ein positives Signal erhalten hat und dass der zweite Anleger mit einer Wahrscheinlichkeit größer 0.5 ebenfalls ein positives Signal erhalten hat. Die Handlung des dritten Anlegers ist für ihn jedoch vollkommen uninformativ, da dieser bereits unabhängig vom dritten Signal gehandelt hat. Für den vierten ist daher die Wahrscheinlichkeit, dass das dritte Signal positiv war, genauso hoch wie die Wahrscheinlichkeit, dass das dritte Signal negativ war. Konsequenz ist, dass auch der vierte Anleger das Wertpapier unabhängig vom eigenen Signal erwirbt. Eine Kaskade wird ausgelöst und die nachfolgenden Signale bleiben bei der Investitionsentscheidung der übrigen Anleger unberücksichtigt, selbst wenn deren Signale alle negativ sind – ein Fall, den wir als Herde bezeichnen.

Um zusammenzufassen: Wenn in dem vorgestellten Beispiel ein Anleger mit gerader Platznummer dieselbe Entscheidung trifft wie sein Vorgänger, dann werden alle nachfolgenden Anleger dieses Verhalten unabhängig vom eigenen Informationsstand nachahmen und eine Kaskade wird ausgelöst. Wenn zusätzlich noch gilt, dass diese Kaskade ineffizient ist, dann liegt eine Herde vor (Übung 8.2*). Dieses Herdenverhalten wird im folgenden Abschnitt ausführlicher betrachtet.

8.2.2 Das Grundmodell

Betrachtet seien $m = 1, \ldots, M$ risikoneutrale Anleger. Jeder Anleger hält annahmegemäß seine Anfangsausstattung in Höhe von 1 EUR in Form einer risikolosen, aber ertraglosen Anlage (z. B. Bargeld). Alternativ kann er anstelle der risikolosen Anlage in eine risikobehaftete Alternativanlage mit einer Gesamtlaufzeit von $\hat{T}$ Perioden wechseln. Ein Wechsel von der risikolosen in die risikobehaftete Anlage ist nur in $T = 0, 1, \ldots, T_1$ (mit $T_1 < \hat{T}$) möglich; ein Wechsel zurück zur sicheren Anlage sei ausgeschlossen. Es gelte $M > T_1$, d. h. die Anzahl der Anleger sei größer als die Zahl der Perioden, in denen ein Portfoliowechsel möglich ist.

Der Ertrag der risikobehafteten Anlage ist von der Realisation einer Zufallsvariable $s \in \{s_G, s_B\}$ abhängig. Falls $s = s_G$ (gute Konjunktur) gilt, dann ist der Wert der Anlage $r > 1$, und falls $s = s_B$ (schlechte Konjunktur) gilt, dann ist der Wert der Anlage null. Die subjektive Priori-Wahrscheinlichkeit für den guten Umweltzustand s_G im Ausgangszeitpunkt $T = 0$ sei für alle Einleger gleich $\hat{P} = 1/r$. Somit ist in $T = 0$ der erwartete Wert der risikobehafteten Anlage gegeben durch

$$\hat{P} \cdot r + \left(1 - \hat{P}\right) \cdot 0 = \hat{P} \cdot r \qquad (8.1)$$
$$= 1,$$

d. h. ein risikoneutrale Anleger präferiert in $T = 0$ die sichere Anlage schwach gegenüber dem risikobehafteten Wertpapier. Im folgenden wird angenommen, dass der Anleger das Wertpapier nur dann erwirbt, wenn er es gegenüber der sicheren Anlage stark präferiert. Da sich die Wahrscheinlichkeitsvorstellung eines Anlegers durch Veränderungen seines Informationsstandes weiterentwickelt, präferiert ein Anleger die risikobehaftete Anlage zum Zeitpunkt $T = \bar{T}$ nur, wenn

$$P\left(s_G | \mathfrak{I}_{m,\bar{T}}\right) \cdot r + \left[1 - P\left(s_G | \mathfrak{I}_{m,\bar{T}}\right)\right] \cdot 0 = P\left(s_G | \mathfrak{I}_{m,\bar{T}}\right) \cdot r > 1 \qquad (8.2)$$

gilt, wobei $P(s_G | \mathfrak{I}_{m,\bar{T}})$ die Wahrscheinlichkeit für den guten Umweltzustand bezeichnet, die der Anleger m aufgrund seines Informationsstandes $\mathfrak{I}_{m,\bar{T}}$ zum Zeitpunkt $\bar{T}$ gebildet hat.

Der Informationsstand $\mathfrak{I}_{m,\bar{T}}$, von dem ein Anleger also letztlich abhängig macht, ob er von der sicheren in die risikobehaftete Anlage wechselt, umfasst folgende Komponenten:

- Jeder Anleger kennt die Priori-Wahrscheinlichkeit $\hat{P}$ für den guten Umweltzustand in $T = 0$.
- In jedem $T \in [0, T_1]$ erhält jeweils ein Anleger zufällig ein imperfektes Signal $\chi_T \in \{\chi_G, \chi_B\}$ über den Umweltzustand s. Hierbei ist angenommen, dass jeder Anleger höchstens einmal ein Signal erhalten kann (wegen $M > T_1$

erhält aber nicht jeder Anleger ein Signal), wobei die Ausprägung des Signals private Information ist, also nur dem Empfänger bekannt wird. Das Signal sei schließlich symmetrisch und informativ:

$$\underbrace{P(\chi_G|s_G) = P(\chi_B|s_B)}_{\text{symmetrisch}} =: \underbrace{q \in \left(\frac{1}{2}, 1\right)}_{\text{informativ}}. \tag{8.3}$$

- Die Menge $\mathfrak{H}_{\bar{T}}$ der in der Vergangenheit (also vor dem betrachteten Zeitpunkt $\bar{T}$) durchgeführten Investitionen in die risikobehaftete Anlage $\{a_0, a_1, \ldots, a_{\bar{T}-1}\}$ ist allen Anlegern bekannt und damit öffentliche Information.

Aufgrund der vereinfachenden Annahme, dass ein Anleger nur zu dem Zeitpunkt seine Anlageform wechseln kann, in dem er ein Signal erhalten hat, lassen sich die Anleger im Zeitpunkt $\bar{T}$ zunächst in zwei Gruppen unterteilen: Die passiven Anleger haben bereits in $T < \bar{T}$ ein Signal erhalten und sich endgültig für eine Anlageform entschieden. Die aktiven Anleger hingegen haben vor dem Zeitpunkt $\bar{T}$ noch kein Signal bekommen und ihre Investitionsentscheidung steht noch aus. Entsprechend ihrem Informationsstand lassen sich dann die aktiven Anleger nochmals unterteilen in *uninformierte Anleger* und *neu informierte Anleger*: Ein Anleger ist in $\bar{T}$ uninformiert, sofern er auch in $\bar{T}$ noch kein Signal erhalten hat; der Informationsstand des uninformierten Anlegers ist also $\mathfrak{I}_{m,\bar{T}} = (\mathfrak{H}_{\bar{T}}, \hat{P})$. Dagegen ist ein Anleger in $\bar{T}$ neu informiert, sofern er in $\bar{T}$ ein Signal erhält; der Informationsstand des neu informierten Anlegers ist also $\mathfrak{I}_{m,\bar{T}} = (\mathfrak{H}_{\bar{T}}, \chi_{\bar{T}}, \hat{P})$.

Der Informationsstand $\mathfrak{I}_{m,T}$ eines aktiven Anlegers m verändert sich im Zeitablauf aufgrund zweier Faktoren: Zum einen erhält der Anleger möglicherweise ein Signal über den künftigen Umweltzustand, und zum anderen beobachtet er das Anlageverhalten der übrigen aktiven Anleger, welches zum Teil von den von ihnen empfangenen Signalen abhängt. Dieser Anpassungsprozess habe nun folgende Struktur:

1. Zu Beginn einer Periode $\bar{T}$ verfügen alle aktiven Anleger in Abhängigkeit von ihren Informationsständen über eine subjekte Wahrscheinlichkeitsvorstellung (Priori-Wahrscheinlichkeit) für das Auftreten eines guten Umweltzustandes. Diese Priori-Wahrscheinlichkeit ist gegeben durch $P(s_G|\mathfrak{H}_{\bar{T}}, \hat{P})$. Da beide Informationskomponenten $\mathfrak{H}_{\bar{T}}$ und $\hat{P}$ öffentliche Information sind, ist diese Priori-Wahrscheinlichkeit für alle aktiven Anleger identisch.

2. Dann erhält ein aktiver Anleger ein Signal. Die Signalausprägung ist private Information und wird von dem neu informierten Anleger zu einer Posteriori-Wahrscheinlichkeit $P(s_G|\mathfrak{H}_{\bar{T}}, \chi_{\bar{T}}, \hat{P})$ für den guten Umweltzustand verarbeitet.

3. Anschließend wählt der neu informierte Anleger seine Aktion $a_{\bar{T}}$, wobei diese Wahl eine binäre Entscheidung sei: Kauft der Anleger die risikobehaftete Anlage, dann gilt: $a_{\bar{T}} = 1$, kauft er nicht, dann gilt: $a_{\bar{T}} = 0$.

8.2 Herdenverhalten auf Finanzmärkten

4. Die Aktion $a_{\bar{T}}$ wird öffentliche Information, nachdem sie gewählt wurde, und geht somit in die Informationsstände der übrigen Anleger ein: Zwar verfügt ein neu informierter Anleger bei der Wahl seiner Aktion über einen Informationsvorsprung gegenüber den anderen aktiven Anlegern. Aber da seine Aktion beobachtbar ist, könnten auf diese Weise auch die uninformierten Anleger Kenntnis von der Ausprägung des in $\bar{T}$ gesendeten Signals erhalten.

Nachdem die verbliebenen aktiven Anleger ihre Wahrscheinlichkeitsvorstellungen aktualisiert haben, beginnt dieser Anpassungsprozess in Periode $\bar{T}+1$ erneut, wobei die auf der Grundlage des neuen Informationsstandes aktualisierte Wahrscheinlichkeitsvorstellung die Priori-Wahrscheinlichkeit für die Periode $\bar{T}+1$ bildet. Betrachten wir diesen Prozess jetzt im Detail.

Signalverarbeitung durch den neu informierten Anleger

Die Priori-Wahrscheinlichkeit, die ein neu informierter Anleger dem guten Umweltzustand zuordnet, ist im Zeitpunkt $\bar{T}$ gegeben durch $P(s_G|\mathfrak{H}_{\bar{T}},\hat{P})$. Diese schreibt er nach dem Erhalt des Signals gemäß der *Bayes*'schen Regel (siehe Abschnitt 2.7, S. 23) fort und erhält die entsprechende Posteriori-Wahrscheinlichkeit $P(s_G|\mathfrak{H}_{\bar{T}},\chi_{\bar{T}},\hat{P})$ für einen guten Umweltzustand in Abhängigkeit von der Ausprägung des empfangenen Signals.

- Bei Auftreten eines positiven Signals gilt:

$$P\left(s_G|\mathfrak{H}_{\bar{T}},\chi_G,\hat{P}\right)$$
$$=\frac{P(\chi_G|s_G)\cdot P\left(s_G|\mathfrak{H}_{\bar{T}},\hat{P}\right)}{P(\chi_G|s_G)\cdot P\left(s_G|\mathfrak{H}_{\bar{T}},\hat{P}\right)+P(\chi_G|s_B)\cdot P\left(s_B|\mathfrak{H}_{\bar{T}},\hat{P}\right)}$$
$$=\frac{q\cdot P\left(s_G|\mathfrak{H}_{\bar{T}},\hat{P}\right)}{q\cdot P\left(s_G|\mathfrak{H}_{\bar{T}},\hat{P}\right)+(1-q)\left[1-P\left(s_G|\mathfrak{H}_{\bar{T}},\hat{P}\right)\right]}. \quad (8.4)$$

Der Ausdruck (8.4) enthält im Zähler die Wahrscheinlichkeit für ein gemeinsames Auftreten von positivem Signal und zukünftig gutem Ertrag und im Nenner die Wahrscheinlichkeit dafür, dass ein positives Signal auftritt.

- Bei Auftreten eines negativen Signals gilt entsprechend:

$$P\left(s_G|\mathfrak{H}_{\bar{T}},\chi_B,\hat{P}\right)$$
$$=\frac{P(\chi_B|s_G)\cdot P\left(s_G|\mathfrak{H}_{\bar{T}},\hat{P}\right)}{P(\chi_B|s_G)\cdot P\left(s_G|\mathfrak{H}_{\bar{T}},\hat{P}\right)+P(\chi_B|s_B)\cdot P\left(s_B|\mathfrak{H}_{\bar{T}},\hat{P}\right)}$$
$$=\frac{(1-q)\cdot P\left(s_G|\mathfrak{H}_{\bar{T}},\hat{P}\right)}{(1-q)\cdot P\left(s_G|\mathfrak{H}_{\bar{T}},\hat{P}\right)+q\cdot\left[1-P\left(s_G|\mathfrak{H}_{\bar{T}},\hat{P}\right)\right]}. \quad (8.5)$$

Der Ausdruck (8.5) enthält im Zähler die Wahrscheinlichkeit für ein gemeinsames Auftreten von negativem Signal und zukünftig gutem Ertrag und im Nenner die Wahrscheinlichkeit dafür, dass ein negatives Signal auftritt.

Betrachten wir zwei wichtige Eigenschaften dieses Prozesses der Signalverarbeitung. Als erstes werden hierzu zwei Spezialfälle diskutiert, die auch klar machen, dass die Annahme $q \in \left(\frac{1}{2}, 1\right)$ in (8.3) getroffen wurde, um triviale Lösungen auszuschließen. Zur Erinnerung: Diese Annahme forderte, dass das Signal zwar informativ sei, jedoch lediglich verzerrte Informationen über den künftigen Umweltzustand liefere. Angenommen, dass Signal wäre zwar informativ, aber völlig unverzerrt. In diesem Fall wäre $q = 1$. Dies bedeutet, dass der Anleger mit Sicherheit das positive Signal empfangen würde, wenn der tatsächliche Umweltzustand gut wäre, und er entsprechend mit Sicherheit das negative Signal empfangen würde, wenn der tatsächliche Umweltzustand schlecht ausfiele. Im Umkehrschluss bedeutet dies für den Anleger jedoch, dass er bei Beobachtung des positiven Signals mit Sicherheit darauf schließen kann, dass sich der Umweltzustand als günstig und damit das ursprünglich risikobehaftete Wertpapier als mit Sicherheit gewinnbringend herausstellt. Aus der *Bayes*'schen-Regel folgte nämlich unabhängig vom bereits bestehenden Informationsstand $\mathfrak{I}_{m,\bar{T}} = (\mathfrak{H}_{\bar{T}}, \hat{P})$, dass $P(s_G | \mathfrak{H}_{\bar{T}}, \chi_G, \hat{P}) = 1$ und $P(s_G | \mathfrak{H}_{\bar{T}}, \chi_B, \hat{P}) = 0$.

Das Signal wäre nicht informativ, wenn $q = 0.5$. In diesem Fall ist der Empfang eines positiven Signals genauso wahrscheinlich, wie der Empfang eines negativen Signals – egal, welcher Umweltzustand sich realisieren würde. Dann ist das Signal aber für die Aktualisierung der Wahrscheinlichkeitseinschätzung irrelevant, denn es würde aus der *Bayes*'-Regel folgen: $P(s_G | \mathfrak{H}_{\bar{T}}, \chi_G, \hat{P}) = P(s_G | \mathfrak{H}_{\bar{T}}, \chi_B, \hat{P}) = P(s_G | \mathfrak{H}_{\bar{T}}, \hat{P})$, d. h. die Posteriori-Wahrscheinlichkeit unterschiede sich nicht von der Priori-Wahrscheinlichkeit, unabhängig von der Ausprägung des Signals. Die Annahme (8.3) impliziert also, dass sich die Wahrscheinlichkeitseinschätzung für den Umweltzustand durch Beobachtung des Signals zwar verändert, jedoch wird eine absolut treffsichere Vorhersage nicht möglich.

Als zweites sei darauf hingewiesen, dass sich bei diesem Prozess der Signalverarbeitung der Informationsgehalt zweier unterschiedlicher Signale, unabhängig von der Reihenfolge ihres Auftretens, wechselseitig aufhebt. Um dies zu zeigen sei angenommen, ein Anleger könnte – entgegen den ursprünglichen Modellannahmen – zweimal Signale empfangen, und zwar in zwei aufeinander folgenden Perioden $\bar{T}$ und $\bar{T}+1$. Unterstellen wir weiter, dass diese Signale einmal positiv und einmal negativ ausfallen würden. Dann folgte gemäß (8.4) für die Posteriori-Wahrscheinlichkeit bei einem positiven Signal in $\bar{T}$:

$$P\left(s_G | \mathfrak{I}_{m,\bar{T}}\right) = P\left(s_G | \mathfrak{H}_{\bar{T}}, \chi_G, \hat{P}\right)$$

$$= \frac{q \cdot P\left(s_G | \mathfrak{H}_{\bar{T}}, \hat{P}\right)}{q \cdot P\left(s_G | \mathfrak{H}_{\bar{T}}, \hat{P}\right) + (1-q) \cdot \left[1 - P\left(s_G | \mathfrak{H}_{\bar{T}}, \hat{P}\right)\right]}. \quad (8.6)$$

8.2 Herdenverhalten auf Finanzmärkten

Diese Wahrscheinlichkeitsvorstellung $P(s_G|\mathfrak{I}_{m,\bar{T}})$ ginge dann in der folgenden Periode als Priori-Wahrscheinlichkeit ein, in der dieser Anleger zusätzlich ein negatives Signal erhielte. Die resultierende Posteriori-Wahrscheinlichkeit in $\bar{T}+1$ würde sich dann gemäß (8.5) bestimmen als

$$P\left(s_G|\mathfrak{I}_{m,\bar{T}+1}\right) = \frac{(1-q) \cdot P\left(s_G|\mathfrak{I}_{m,\bar{T}}\right)}{(1-q) \cdot P\left(s_G|\mathfrak{I}_{m,\bar{T}}\right) + q \cdot \left[1 - P\left(s_G|\mathfrak{I}_{m,\bar{T}}\right)\right]},$$

wobei durch Einsetzen von $P(s_G|\mathfrak{I}_{m,\bar{T}})$ aus (8.6) folgen würde:

$$P\left(s_G|\mathfrak{I}_{m,\bar{T}+1}\right) = P\left(s_G|\mathfrak{H}_{\bar{T}},\hat{P}\right).$$

Wenn hingegen erst das negative Signal und nachfolgend das positive Signal beobachtet würde, dann folgte für die Signalverarbeitung in $\bar{T}$:

$$\begin{aligned}P\left(s_G|\mathfrak{I}_{m,\bar{T}}\right) &= P\left(s_G|\mathfrak{H}_{\bar{T}},\chi_B,\hat{P}\right) \\ &= \frac{(1-q) \cdot P\left(s_G|\mathfrak{H}_{\bar{T}},\hat{P}\right)}{(1-q) \cdot P\left(s_G|\mathfrak{H}_{\bar{T}},\hat{P}\right) + q \cdot \left[1 - P\left(s_G|\mathfrak{H}_{\bar{T}},\hat{P}\right)\right]}\end{aligned} \quad (8.7)$$

und somit für $\bar{T}+1$ nach Beobachtung des positiven Signals

$$P\left(s_G|\mathfrak{I}_{m,\bar{T}+1}\right) = \frac{q \cdot P\left(s_G|\mathfrak{I}_{m,\bar{T}}\right)}{q \cdot P\left(s_G|\mathfrak{I}_{m,\bar{T}}\right) + (1-q) \cdot \left[1 - P\left(s_G|\mathfrak{I}_{m,\bar{T}}\right)\right]}.$$

Damit ergäbe sich durch Einsetzen von $P(s_G|\mathfrak{I}_{m,\bar{T}})$ gemäß (8.7):

$$P\left(s_G|\mathfrak{I}_{m,\bar{T}+1}\right) = P\left(s_G|\mathfrak{H}_{\bar{T}},\hat{P}\right),$$

sodass sich die beiden Signale in ihrem Informationsgehalt tatsächlich wechselseitig aufheben.

Für die weitere Darstellung sollen die Notationen wie folgt vereinfacht werden:

$$P^G := \frac{q \cdot \hat{P}}{q \cdot \hat{P} + (1-q) \cdot \left(1-\hat{P}\right)};$$

$$P^{GG} := \frac{q \cdot P^G}{q \cdot P^G + (1-q) \cdot (1-P^G)};$$

$$P^B := \frac{(1-q) \cdot \hat{P}}{(1-q) \cdot \hat{P} + q \cdot \left(1-\hat{P}\right)};$$

$$P^{BB} := \frac{(1-q) \cdot P^B}{(1-q) \cdot P^B + q \cdot (1-P^B)}.$$

P^G ist also die Posteriori-Wahrscheinlichkeit, die ein Anleger dem guten Umweltzustand zuordnet, wenn er ausgehend von der Priori-Wahrscheinlichkeit $\hat{P}$ ein gutes erhält. Entsprechend ist P^{GG} die Posteriori-Wahrscheinlichkeit, die er dem guten Umweltzustand zuordnet, wenn er ausgehend von der Priori-Wahrscheinlichkeit P^G ein positives Signal empfangen hat. P^B ist die Posteriori-Wahrscheinlichkeit, die dem guten Umweltzustand nach Beobachtung eines negativen Signals ausgehend von der Priori-Wahrscheinlichkeit $\hat{P}$ zugeordnet wird, während bei P^{BB} ein negatives Signal ausgehend von der Priori-Wahrscheinlichkeit P^B berücksichtigt wird.

Investitionsentscheidungen eines neu informierten Anlegers

Das Verhalten eines rationalen Anlegers, der zum Zeitpunkt $\bar{T}$ ein Signal beobachtet, ist abhängig von seiner Priori-Wahrscheinlichkeit und von der Ausprägung des empfangenen Signals. Dies führt zu folgender Fallunterscheidung:

1. Fall: Das beobachtete Signal ist negativ.
   a) Wenn die Priori-Wahrscheinlichkeit, die er dem guten Umweltzustand vor Beobachtung des Signals zugeordnet hatte, schlechter als P^G ist, dann kommt er auf der Grundlage des oben beschriebenen Prozesses der Signalverarbeitung zu einer Posteriori-Wahrscheinlichkeit, die bestenfalls P^B beträgt. Aufgrund der Annahme (8.1) ist der erwartete Wert des Wertpapiers kleiner eins und er unterlässt gemäß (8.2) die Investition.
   b) Entspricht seine Priori-Wahrscheinlichkeit jedoch P^G, dann beträgt die Posteriori-Wahrscheinlichkeit nach Beobachtung des schlechten Signals $\hat{P}$. Der erwartete Wert des Wertpapiers beträgt eins, und der Anleger präferiert die sichere Anlage schwach gegenüber der risikobehafteten und er wechselt nicht.
   c) Ist seine Priori-Wahrscheinlichkeit schließlich höher als P^G, dann ist die Posteriori-Wahrscheinlichkeit nach Beobachtung des schlechten Signals höher als $\hat{P}$. Der erwartete Wert des Wertpapiers ist wegen Annahme (8.1) strikt größer eins, und der Wechsel in die risikobehaftete Anlage ist vorteilhaft.
2. Fall: Das beobachtete Signal ist positiv.
   a) Ist seine Priori-Wahrscheinlichkeit P^{BB} oder schlechter, dann folgt für die von ihm zugeordnete Posteriori-Wahrscheinlichkeit, dass diese bestenfalls P^B beträgt. Der neuinformierte Anleger unterlässt daher die Investition.
   b) Wenn die Priori-Wahrscheinlichkeit jedoch P^B beträgt, dann aktualisiert er seine Wahrscheinlichkeitsvorstellung auf $\hat{P}$. Er unterlässt die Investition in die risikobehaftete Anlage, da er die sichere Anlage schwach präferiert.
   c) Sobald die Priori-Wahrscheinlichkeit $\hat{P}$ oder höher ist, dann ist die Posteriori-Wahrscheinlichkeit größer als $\hat{P}$, und der Anleger wechselt in die risikobehaftete Anlage.

8.2 Herdenverhalten auf Finanzmärkten

Diese Überlegungen zum Anlageverhalten eines neuinformierten Anlegers lassen sich nun wie folgt zusammenfassen:

$$a_{\bar{T}} = \begin{cases} 0 \text{ falls } P\left(s_G|\mathfrak{H}_{\bar{T}},\hat{P}\right) \leq P^G, \text{ und } \chi_{\bar{T}} = \chi_B, \\ 0 \text{ falls } P\left(s_G|\mathfrak{H}_{\bar{T}},\hat{P}\right) \leq P^B \text{ und } \chi_{\bar{T}} = \chi_G, \\ 1 \text{ falls } P\left(s_G|\mathfrak{H}_{\bar{T}},\hat{P}\right) > P^G \text{ und } \chi_{\bar{T}} = \chi_B, \\ 1 \text{ falls } P\left(s_G|\mathfrak{H}_{\bar{T}},\hat{P}\right) > P^B. \text{ und } \chi_{\bar{T}} = \chi_G. \end{cases} \quad (8.8)$$

Wenn also $P(s_G|\mathfrak{H}_{\bar{T}},\hat{P}) \leq P^B$ oder $P(s_G|\mathfrak{H}_{\bar{T}},\hat{P}) > P^G$, dann ist die Anlagestrategie des neuinformierten Anlegers unabhängig von der Ausprägung des eigenen Signals.

Im Folgenden wird das optimale Anlageverhalten der uninformierten Anleger abgeleitet, deren Anlageentscheidung noch aussteht. Hierzu ist zunächst zu klären, wie diese Anleger aus dem Anlageverhalten eines neu informierten Anlegers lernen.

Lernprozesse bei uninformierten Anlegern

Uninformierte Anleger haben in Abhängigkeit ihrer Priori-Wahrscheinlichkeiten die Möglichkeit, aus dem Anlageverhalten eines neu informierten Anlegers zu lernen. Um diesen Lernprozess im Zeitpunkt $\bar{T}$ genauer zu betrachten, unterscheiden wir im Folgenden nach den jeweiligen Priori-Wahrscheinlichkeiten, welche die uninformierten Anleger zu diesem Zeitpunkt dem guten Umweltzustand beimessen.

1. Fall: $P(s_G|\mathfrak{H}_{\bar{T}},\hat{P}) \leq P^B$.
   Wenn die Priori-Wahrscheinlichkeit für den guten Umweltzustand P^B oder sogar geringer ist, dann wissen die uninformierten Anleger aus (8.8), dass der neu informierte Anleger, der in $\bar{T}$ ein Signal erhält, seine Investitionsentscheidung unabhängig von der Ausprägung des empfangenen Signals trifft und in jedem Fall nicht in die risikobehaftete Anlage wechselt. Insofern ist es den uninformierten Anlegern auch nicht möglich, aus dem beobachteten Verhalten des neu informierten Anlegers auf die Ausprägung des von ihm empfangenen Signals zu schließen. Es ist daher für die uninformierten Anleger rational, ihre Wahrscheinlichkeitsvorstellung unverändert zu lassen, d. h. $P(s_G|\mathfrak{H}_{\bar{T}+1},\hat{P}) = P(s_G|\mathfrak{H}_{\bar{T}},\hat{P}) \leq P^B$.

2. Fall: $P(s_G|\mathfrak{H}_{\bar{T}},\hat{P}) = \hat{P}$ oder $P(s_G|\mathfrak{H}_{\bar{T}},\hat{P}) = P^G$.
   Bei einer Priori-Wahrscheinlichkeit von $\hat{P}$ oder P^G können die uninformierten Anleger aus dem Verhalten des neu informierten Anlegers gemäß (8.8) auf die Ausprägung des in $\bar{T}$ empfangenen Signals schließen. Der neu informierte Anleger wird nämlich nur dann in die risikobehaftete Anlage gewechselt sein, wenn er ein positives Signal erhalten hat. Umgekehrt unterlässt er

den Wechsel nur bei Erhalt eines negativen Signals. Daher werden die uninformierten Anleger ihre eigene Wahrscheinlichkeitsvorstellung der Entscheidung eines informierten Anlegers entsprechend anpassen: Investiert dieser nicht, dann stufen die uninformierten Anleger ihre Wahrscheinlichkeitsvorstellungen wie bei einem Empfang eines negativen Signals herunter, also auf $P(s_G|\mathfrak{H}_{\bar{T}+1},\hat{P}) = P^B$, falls $P(s_G|\mathfrak{H}_{\bar{T}},\hat{P}) = \hat{P}$, bzw. auf $P(s_G|\mathfrak{H}_{\bar{T}+1},\hat{P}) = \hat{P}$, falls $P(s_G|\mathfrak{H}_{\bar{T}},\hat{P}) = P^G$. Andererseits werden die uninformierten Anleger ihre Wahrscheinlichkeitsvorstellung für den Fall, dass der neu informierte Anleger investiert, ihre Wahrscheinlichkeitsvorstellungen heraufsetzen – so als ob sie selbst ein positives Signal erhalten hätten, d. h. auf $P(s_G|\mathfrak{H}_{\bar{T}+1},\hat{P}) = P^G$, falls $P(s_G|\mathfrak{H}_{\bar{T}},\hat{P}) = \hat{P}$, bzw. auf $P(s_G|\mathfrak{H}_{\bar{T}+1},\hat{P}) = P^{GG}$, falls $P(s_G|\mathfrak{H}_{\bar{T}},\hat{P}) = P^G$.

3. Fall: $P(s_G|\mathfrak{H}_{\bar{T}},\hat{P}) > P^G$.
In diesem Fall können die uninformierten Anleger wie im ersten Fall nicht aus dem Verhalten des neu informierten Anlegers lernen, da dessen Entscheidung von der Ausprägung des von ihm empfangenen Signals unabhängig ist. Damit ist es für die uninformierten Anleger wiederum rational, ihre Wahrscheinlichkeitsvorstellung unverändert zu lassen, d. h. $P(s_G|\mathfrak{H}_{\bar{T}+1},\hat{P}) = P(s_G|\mathfrak{H}_{\bar{T}},\hat{P}) > P^G$.

Das Lernen aus dem Verhalten eines neu informierten Anlegers ist für die uninformierten Anleger daher nur beschränkt möglich. Nur für die Fälle, dass $P(s_G|\mathfrak{H}_{\bar{T}},\hat{P}) = \hat{P}$ oder $P(s_G|\mathfrak{H}_{\bar{T}},\hat{P}) = P^G$ gilt, lassen sich Rückschlüsse auf die empfangene Signalqualität ziehen. In allen anderen Fällen werden die empfangenen Signale von den neu informierten Anlegern nicht an die uninformierten Anleger kommuniziert, d. h. diese Informationen gehen verloren. Der Lernprozess der uninformierten Anleger lässt sich somit wie folgt zusammenfassen:

$$P(s_G|\mathfrak{H}_{\bar{T}+1},\hat{P}) = \begin{cases} P(s_G|\mathfrak{H}_{\bar{T}},\hat{P}) & \text{falls } P(s_G|\mathfrak{H}_{\bar{T}},\hat{P}) \leq P^B, \\ P^B & \text{falls } P(s_G|\mathfrak{H}_{\bar{T}},\hat{P}) = \hat{P} \text{ und } a_{\bar{T}} = 0, \\ P^G & \text{falls } P(s_G|\mathfrak{H}_{\bar{T}},\hat{P}) = \hat{P} \text{ und } a_{\bar{T}} = 1, \\ \hat{P} & \text{falls } P(s_G|\mathfrak{H}_{\bar{T}},\hat{P}) = P^G \text{ und } a_{\bar{T}} = 0, \\ P^{GG} & \text{falls } P(s_G|\mathfrak{H}_{\bar{T}},\hat{P}) = P^G \text{ und } a_{\bar{T}} = 1, \\ P(s_G|\mathfrak{H}_{\bar{T}},\hat{P}) & \text{falls } P(s_G|\mathfrak{H}_{\bar{T}},\hat{P}) > P^G. \end{cases} \quad (8.9)$$

Mit Kenntnis des optimalen Anlageverhaltens eines neu informierten Anlegers (8.8) und den Möglichkeiten der uninformierten Anleger, hieraus zu lernen und die eigenen Wahrscheinlichkeitsvorstellungen im Zeitablauf anzupassen (8.9), können wir uns nun alternative Anlageszenarien ansehen.

8.2.3 Anlageszenarien

Aus dem Zusammenspiel von Signalverarbeitung durch einen neu informierten Anleger und dem Lernen der uninformierten Anleger ergeben sich folgende denkbaren Anpassungsstrategien, die sich wie in Abbildung 8.1 darstellen lassen.

8.2 Herdenverhalten auf Finanzmärkten

1. In Zeitpunkt $T = 0$ haben alle Anleger dieselbe Priori-Wahrscheinlichkeit für den guten Umweltzustand $P(s_G|\mathfrak{I}_{m,0}) = \hat{P} = 1/r$, und der erste Anleger erhält ein Signal. Ist dieses Signal positiv, dann erhöht er seine Wahrscheinlichkeitsvorstellung gemäß (8.4) auf P^G und investiert entsprechend seiner optimalen Investitionsstrategie (8.8), d. h. $a_{T=0} = 1$. Fällt das Signal jedoch negativ aus, dann senkt er seine Wahrscheinlichkeitsvorstellung gemäß (8.5) und investiert nicht ($a_{T=0} = 0$). Seine Investitionsentscheidung ist hierbei nur zum Zeitpunkt des Signalempfangs möglich, sodass er für alle nachfolgenden Zeitpunkte passiv ist, unabhängig davon, ob er nun investiert hat oder nicht.
Die uninformierten (übrigen) Anleger passen ihre eigenen Wahrscheinlichkeitsvorstellung nach der Beobachtung der Handlung des informierten Anlegers gemäß (8.9) an, d. h. sie erhöhen diese auf P^G, wenn sie eine Investition beobachten, und senken sie andernfalls auf P^B.
2. Im Zeitpunkt $T = 1$ haben alle noch aktiven Anleger abermals dieselbe Priori-Wahrscheinlichkeit, deren Höhe davon abhängig ist, ob in $T = 0$ investiert wurde.
    a) Wenn $a_{T=0} = 0$, dann ist die Priori-Wahrscheinlichkeit $P(s_G|\mathfrak{H}_{\bar{T}}, \hat{P}) = P^B$. Gemäß (8.8) wird der Anleger, welcher in $T = 1$ ein Signal erhält, in keinem Fall in die risikobehaftete Anlage wechseln, unabhängig davon, ob das eigene Signal positiv oder negativ ausgefallen ist. Dies ist der Beginn einer Kaskade: Da die uninformierten Anleger aus seiner Entscheidung, nicht zu wechseln, keine Rückschlüsse auf die Ausprägung seines Signals ziehen können, lassen sie entsprechend (8.9) ihre Wahrscheinlichkeitseinschätzung unverändert. Daraus folgt, dass der nächste Anleger, der ein Signal empfängt, vor der gleichen Entscheidung steht, wie sein Vorgänger, und er wird das gleiche wie sein Vorgänger tun und nicht investieren. Konsequenz ist eine Kaskade ohne Investition, da alle nachfolgenden Anleger unabhängig von ihrem Informationsstand nicht in die risikobehaftete Anlage wechseln.
    b) Ist hingegen $a_{T=0} = 1$, dann beträgt die für alle noch aktiven Anleger identische Priori-Wahrscheinlichkeit $P(s_G|\mathfrak{H}_{\bar{T}}, \hat{P}) = P^G$. Der in $T = 1$ neu informierte Anleger wird gemäß seiner Entscheidungsregel (8.8) dann und nur dann das risikobehaftete Wertpapier erwerben, wenn er ein zusätzliches positives Signal erhält. Andernfalls unterlässt er den Wechsel und verbleibt in der sicheren Anlage. Für die uninformierten Anleger ist die Handlung des neu informierten Anlegers informativ, da sie Rückschlüsse auf die Ausprägung des empfangenen Signals zulässt. Sie aktualisieren daher ihre Wahrscheinlichkeitsvorstellung gemäß (8.9), d. h. sie erhöhen diese auf P^{GG}, sofern sie eine Investition beobachten, und senken sie andernfalls auf $\hat{P}$.
3. Für den Zeitpunkt $T = 2$ gilt dann:

a) Sofern $a_{T=1} = 1$, dann ist die Priori-Wahrscheinlichkeit durch $P(s_G|\mathfrak{H}_{\bar{T}}, \hat{P}) = P^{GG}$ gegeben. Die optimale Investitionsstrategie des in $T = 2$ neu informierten Anlegers besagt dann, dass dieser unabhängig von der Ausprägung des von ihm empfangenen Signals investiert. Damit ist sein Verhalten wiederum vollkommen uninformativ für die verbliebenen aktiven Anleger. Es wird somit eine Kaskade mit Investition ausgelöst, da alle nachfolgenden Anleger stets auf der Grundlage desselben Informationsstandes handeln und damit auch ihre Entscheidung stets gleich ausfällt.

b) Wenn jedoch $a_{T=1} = 0$ gilt, dann beträgt in $T = 2$ die Priori-Wahrscheinlichkeit $P(s_G|\mathfrak{H}_{\bar{T}}, \hat{P}) = \hat{P}$. In diesem Fall bleibt die Investitionsentscheidung des Anlegers, der in $T = 2$ sein Signal erhält, informativ für die anderen Anleger, da er nur dann investieren wird, wenn er ein gutes Signal erhält.

Diese Sequenz ließe sich unendlich lange fortsetzen. Ergebnis ist entweder eine *Kaskade mit Investition*, sobald ausgehend von der Priori-Wahrscheinlichkeit P^G ein positives Signal auftritt und die Wahrscheinlichkeitsvorstellung auf P^{GG} angestiegen ist, oder eine *Kaskade ohne Investition*, sobald ausgehend von $\hat{P}$ ein negatives Signal erscheint und die Posteriori-Wahrscheinlichkeit auf P^B absinkt. Im letzten Fall verbleiben damit alle Anleger in der sicheren Anlage, selbst wenn anschließend nur noch positive Signale auftreten; diese Signale verhallen ungehört, weil der Signalempfänger wegen (8.8) nicht in die Auslandsanlage wechselt und deshalb die übrigen Anleger nicht erfahren, dass ein positives Signal aufgetreten ist. Damit tritt genau das ein, was wir anfänglich als Herdenverhalten bezeichnet haben.

8.2.4 Modellvariationen

Dieses Grundmodell des rationalen Herdenverhaltens lässt sich durch Manipulation der zugrunde liegenden Annahmen vielfach modifizieren. Eine Möglichkeit der Modifikation besteht darin, dass die auftretenden Signale nicht als binäre Variable modelliert werden (positiv versus negativ), sondern als eine Variable, die über ein ganzes Kontinuum möglicher Ausprägungen verfügt. In diesem Fall werden Kaskaden (und damit auch Herden) unwahrscheinlicher, da eine völlige Außerachtlassung des eigenen Signals für den neu informierten Anleger zumindest dann nicht mehr vorteilhaft ist, wenn es in einer extremen Ausprägung beobachtet wird. Informationen über die empfangenen Signale gehen dann nicht mehr vollkommen verloren (*Gale* 1996).

Eine weitere Modellerweiterung ergibt sich, wenn die Entscheidungsvariable eines Anlegers nicht mehr als binäre Größe unterstellt wird. Kann ein Anleger nämlich nicht nur darüber entscheiden, ob er investiert, sondern auch, in welchem Umfang er die unsichere Anlage erwirbt, dann stellt er mit der Höhe seiner Investition zusätzliche Informationen an die uninformierten Anleger bereit. Diese

8.2 Herdenverhalten auf Finanzmärkten

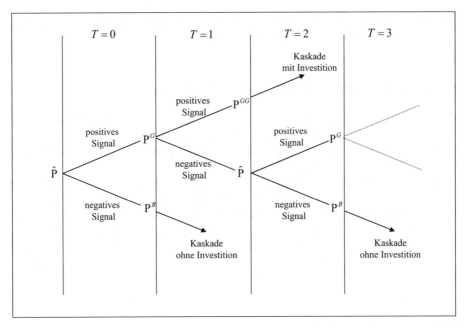

Abb. 8.1. Anlageszenarien

Modellierungsvariante führt unter Umständen schließlich dazu, dass keine Kaskaden mehr auftreten (*Lee* 1993). Weiterhin können Kaskaden nicht auftreten, wenn das risikobehaftete Wertpapier auf einem Markt zu markträumenden Preisen gehandelt wird. In diesem Fall reflektieren die Marktpreise alle relevanten Informationen (*Avery, Zemsky* 1998). In beiden Fällen kommt es nicht zu Kaskaden, weil kontinuierliche Größen (entweder das Investitionsvolumen oder die Preise) den Anlegern die erforderlichen Informationen zur Verfügung stellen.

Allerdings bleibt die Gefahr des Herdenverhaltens trotzdem bestehen, wenn die zusätzlich zur Entscheidung über das Ob und über die Höhe der Investition auch der Zeitpunkt des Wechsels in die risikobehaftete Anlage endogenisiert wird. In dem hier vorgestellten Grundmodell war angenommen, dass ein Anleger nur in dem Zeitpunkt des Signalempfangs in die risikobehaftete Anlage wechseln kann. Realistischerweise ist es jedoch zweckmäßig, zu untersuchen, ob sich rationales Herdenverhalten ableiten lässt, wenn der Entscheidungsträger zu jedem beliebigen Zeitpunkt seinen (irreversiblen) Wechsel der Anlageform durchführen kann. Bei dieser Entscheidung muss der Anleger dann auch den *Optionswert des Wartens* einkalkulieren, der sich daraus ergibt, dass er den Wechsel zu jedem Zeitpunkt noch hinauszögern kann, um weitere Signale und Anlageentscheidungen anderer Anleger abwarten zu können und so seinen Informationsstand zu verbessern. *Chari* und *Kehoe* (2003) weisen vor diesem Hintergrund die Robustheit von rationalem Herdenverhalten selbst bei variablen Investitionsgrößen und der Existenz von Markträumungspreisen nach.

8.3 Kommentierte Literaturhinweise

Darstellungen der Ursachen eines *bank run* findet man bei *Bryant* (1980) und *Diamond, Dybvig* (1983); Überblicke hierzu bieten *Freixas, Rochet* (1997), S. 191 ff., und – sehr knapp – bei *Vollmer* (1999b). Einen wirtschaftshistorischen Überblick über Bankenkrisen gibt *Gorton* (1988).

Erste Modelle für Herdenverhalten auf Märkten bieten *Banerjee* (1992) und *Bikhchandani, Hirshleifer, Welch* (1992). Einen Überblick über Herdenverhalten auf Finanzmärkten geben *Bikhchandani, Sharma (2000)*. *Hirth, Walter* (2001) liefern einen didaktischen Einstieg in die Thematik in deutscher Sprache. Kritisch setzen sich mit den Modellen rationalen Herdenverhaltens beispielsweise *Gale* (1996), *Lee* (1993) und *Avery, Zemsky* (1998) auseinander, und *Chari, Kehoe* (2003) entgegnen auf deren Kritiken.

8.4 Übungsaufgaben

Übung 8.1 *Im Modell des bank run von Diamond und Dybvig (1983) gelte:*

$$r_2 = 1.2,$$
$$d_1 = 1.06.$$

Unterstellen Sie, dass die Einleger identische einwertige Erwartungen bzgl. des Abhebeverhaltens der jeweils anderen Einleger bilden. Berechnen Sie den kritischen Wert τ^*, ab dem es zu einem run auf die Bank kommt. Erläutern Sie, warum es sich dann auch für einen geduldigen Einlager lohnt, sein Konto in $T = 1$ aufzulösen.

Übung 8.2 (*) *Betrachten Sie das einführende Beispiel zum Herdenverhalten aus Abschnitt 8.2.1, S. 227 ff. Liegt in diesem Beispiel Herdenverhalten vor, wenn*

1. *alle Anleger nacheinander positive Signale erhalten?*
2. *der erste Anleger ein negatives Signal erhält, der zweite, dritte und vierte Anleger jeweils ein positives Signal erhalten, und nachfolgend nur negative Signale empfangen werden?*

Begründen Sie jeweils ihre Antwort.

Übung 8.3 *Im Modell des Herdenverhaltens sei unterstellt, dass die Anleger die Möglichkeit haben, bis zum Zeitpunkt $T_1 = 2$ in eine risikobehaftete Anlage zu wechseln, die eine Restlaufzeit von $\widehat{T} = 5$ Perioden aufweist. Der Ertrag dieser*

Anlage beträgt bei guter Konjunktur $r = 1.25$ und bei schlechter Konjunktur ist der Gesamtertrag null. Die in $T = 0$ von allen Anlegern der guten Konjunktur zugeordneten Wahrscheinlichkeit beträgt $\hat{P} = 0.5$; in den folgenden beiden Perioden erhält jeweils ein Anleger ein Signal über die konjunkturelle Lage, das mit einer Wahrscheinlichkeit $q = 0.95$ korrekt ist.

1. *Berechnen Sie die Posteriori-Wahrscheinlichkeit für einen guten Umweltzustand, wenn ein Signal empfangen wird und wenn zwei Signale empfangen werden.*
2. *Ermitteln Sie die entsprechenden Posteriori-Wahrscheinlichkeiten für eine schlechte Konjunktur, wenn ein oder zwei Signale empfangen werden.*

Übung 8.4 (*Banerjee 1992*) *Betrachtet sei eine Kleinstadt mit 100 Einwohnern, die zwischen zwei Restaurants A und B wählen können. Die Priori-Wahrscheinlichkeit $P(A = G)$, dass Restaurant A besser ist, beträgt 0.51. Die Einwohner besuchen die Restaurants sequenziell, beobachten die Wahl der Gäste vor ihnen und entscheiden sich für ein Restaurant. Neben der Priori-Wahrscheinlichkeit erhält jeder Einwohner ein imperfektes Signal (von jeweils derselben Güte $q = 0.7$) über die Qualität des Restaurants.*

1. *Angenommen, von den 100 Einwohnern erhält nur einer das Signal, dass Restaurant A das bessere sei. Was passiert, wenn diese Person zuerst auswählt. Berechnen Sie die Posteriori-Wahrscheinlichkeit dafür, dass A das bessere Restaurant ist. Wie verhalten sich die übrigen Einwohner?*
2. *Was läuft schief?*

8.5 Lösungshinweise zu den Übungsaufgaben

Lösung 8.1 *Es gilt:*

$$\tau^* = \frac{r_2 - d_1}{d_1 \cdot (r_2 - 1)} = \frac{1.2 - 1.06}{1.06 \cdot (1.2 - 1)} = \frac{0.14}{0.212} \approx \frac{2}{3}.$$

Erwartet ein geduldiger Einleger, dass in $T = 1$ mehr als $\frac{2}{3}$ aller Einleger ihre Einlagen auflösen, sinkt sein für $T = 2$ erwarteter Ertrag in $T = 1$ unter $d_1 = 1.06$, und er löst sein Konto bereits in $T = 1$ auf.

Lösung 8.2 (*) *Ein Herdenverhalten liegt vor, wenn sich erstens alle Anleger gleichgerichtet verhalten, wobei der einzelne Anleger unabhängig von seiner privaten Information handelt und einfach das Verhalten der anderen Anleger imitiert, und wenn sich zweitens die von einem Anleger gewählte Handlung von derjenigen unterscheidet, die er wählen würde, wenn er zum Zeitpunkt seiner Entscheidung Zugang zu allen bis dahin verfügbaren Informationen hätte.*

Die Lösungen lauten daher:

1. *Es liegt kein Herdenverhalten vor. Der dritte Anleger trifft zwar bereits seine Anlageentscheidung ohne Rücksicht auf das eigene Signal (und kommuniziert somit den Inhalt seines Signals nicht mehr an die verbliebenen Anleger) und alle ihm nachfolgenden Anleger imitieren nur noch das Verhalten des dritten Anlegers. Aber diese Kaskade ist nicht ineffizient, da nur positive Signale ausgesendet werden, und sie führt daher auch nicht zum Herdenverhalten.*
2. *Betrachten wir die Situation schrittweise:*
    a) *Der erste Anleger investiert nach Empfangen des negativen Signals nicht.*
    b) *Der zweite Anleger erhält ein positives Signal. Sein erwarteter Gewinn ist null und er überlässt die Investitionsentscheidung dem Wurf einer Münze.*
    c) *Wenn der zweite Anleger investiert, dann weiß der dritte Anleger, dass das erste Signal zwar negativ, das zweite Signal aber positiv ausfiel und er wird investieren, da sein eigenes Signal positiv war.*
    Hat der zweite Anleger nicht investiert, dann ist die Wahrscheinlichkeit, dass das zweite Signal negativ war, größer als 0.5; das erste (negative) und das dritte (positive) Signal heben sich dann wechselseitig auf, und der dritte Anleger investiert nicht – unabhängig vom eigenen Signal – da er vermutet, dass auch der zweite Anleger ein negatives Signal erhalten hat.
    d) *Der vierte Anleger kann folglich zwei Beobachtungen gegenüberstehen: Wenn der zweite und der dritte Anleger investiert haben, investiert auch er – unabhängig vom eigenen Signal – und eine Kaskade mit Investition folgt. Diese Kaskade ist ab dem sechsten Anleger ineffizient, da die Gesamtheit aller Signale (konsolidiert) gegen eine Investition spricht. Es liegt Herdenverhalten vor.*
    Wenn aber der zweite und der dritte Anleger nicht investiert haben, dann kann der vierte hieraus auch nicht auf das dritte Signal schließen und er steht vor derselben Entscheidung wie der dritte Anleger. Der vierte Anleger wird ebenfalls nicht investieren und es wird eine Kaskade ohne Investition ausgelöst. Diese Kaskade ohne Investition ist ab dem sechsten Anleger effizient, da die Gesamtheit aller Signale (konsolidiert) auch gegen eine Investition spricht.
    Ob sich also Herdenverhalten einstellt, hängt letztlich davon ab, wie der Münzwurf des zweiten Anlegers ausfällt. In jedem Fall kommt es zu einer Kaskade.

Lösung 8.3 *Die Lösungen lauten:*

1. *Es gilt:*

$$P^G = \frac{q \cdot \hat{P}}{q \cdot \hat{P} + (1-q) \cdot (1-\hat{P})}$$
$$= \frac{0.95 \cdot 0.5}{0.95 \cdot 0.5 + 0.05 \cdot 0.5} = \frac{0.475}{0.5} = 0.95$$

8.5 Lösungshinweise zu den Übungsaufgaben

sowie:

$$P^{GG} = \frac{q \cdot P^G}{q \cdot P^G + (1-q) \cdot (1-P^G)}$$
$$= \frac{0.95 \cdot 0.95}{0.95 \cdot 0.95 + 0.05 \cdot 0.05} = \frac{0.9025}{0.9050} \approx 0.9972.$$

2. Jetzt gilt:

$$P^B = \frac{(1-q) \cdot \hat{P}}{q \cdot \hat{P} + (1-q) \cdot (1-\hat{P})}$$
$$= \frac{0.05 \cdot 0.5}{0.95 \cdot 0.5 + 0.05 \cdot 0.5} = \frac{0.0025}{0.5} = 0.005$$

sowie:

$$P^{BB} = \frac{(1-q) \cdot P^B}{(1-q) \cdot P^B + q \cdot (1-P^B)}$$
$$= \frac{0.05 \cdot 0.005}{0.05 \cdot 0.005 + 0.95 \cdot 0.995} = \frac{0.00025}{0.9455} \approx 0.0026.$$

Lösung 8.4 *Die Lösungen lauten:*

1. *Die erste Person wählt A. Die zweite Person besitzt zwei widersprüchliche Informationen, die Wahl von B durch Person 1 und ihr eigenes Signal. Da beide Informationen dieselbe Qualität besitzen, gleichen sie sich aus, und Person 2 entscheidet sich gemäß den Prori-Wahrscheinlichkeiten für A, d. h. sie ignoriert ihr eigenes Signal. Genauso verhalten sich alle übrigen Personen. Der erste Einwohner aktualisiert seine Wahrscheinlichkeitsvorstellung darüber, dass das Restaurant B besser ist, gemäß*

$$P(B = G) = \frac{0.7 \cdot 0.51}{0.7 \cdot 0.51 + 0.3 \cdot 0.49} \approx 0.71,$$

und der zweite Einwohner aktualisiert seine Wahrscheinlichkeitsvorstellung zu

$$P(A = G) = \frac{0.3 \cdot 0.71}{0.3 \cdot 0.71 + 0.7 \cdot 0.29} \approx 0.51.$$

2. *Da jede Person nicht nur auf ihr eigenes Signal reagiert, sondern auch auf die Aktionen der übrigen Personen, ist die eigene Entscheidung weniger reagibel auf das eigene Signal und mithin weniger informativ für die übrigen Personen. Diese Reduktion im Informationsgehalt kann so schwerwiegend sein, dass die Gemeinschaft sich insgesamt besser stellen würde, wenn einige Entscheidungsträger gezwungen sind, nur ihre eigenen Signale zu verwenden. Im vorliegenden Fall wäre es besser, wenn Person 2 nur ihrem eigenen Signal folgte, weil dadurch für Person 3 deutlich würde, welches Signal die vor ihr handelnde Person 2 erhalten hat.*

Kapitel 9
Einlagenversicherungen und Eigenkapitalanforderungen

In den letzten Jahrzehnten wurden verschiedene regulierende Institutionen entwickelt, die darauf abzielen, die Sicherheit und die Zuverlässigkeit eines Bankensektors zu gewährleisten oder wiederzuerlangen. Die Einführung von Systemen zur Bankenregulierung ist hierbei häufig zurückzuführen auf den Wunsch der politischen Entscheidungsträger, Kunden von Banken (insbesondere kleine Einleger und Kreditnehmer) vor dem Risiko eines Bankenzusammenbruchs zu schützen. In Deutschland war ein wichtiger Anlass hierfür der Zusammenbruch des Kölner Bankhauses *Herstatt* im Jahre 1974.

Das Risiko von Bankenzusammenbrüchen und der daraus abgeleitete Regulierungsbedarf ergeben sich aufgrund der auf Finanzmärkten besonders ausgeprägten Informationsprobleme, die das Verhalten von Finanzmarktakteuren, insbesondere von Banken, kennzeichnen und die zu *moral hazard, adverse selection* oder *hold up* führen. Um diesen adversen Anreizen für Banken zu begegnen, sind grundsätzlich zwei Mechanismen denkbar. Entweder müssen die Bankgläubiger eine Vielzahl von Überwachungsaufgaben wahrnehmen; diese sind aber zum Teil sehr komplex und kostenintensiv und aufgrund bestehender Informationsprobleme zwischen den Bankeinlegern kaum zu koordinieren. Oder es findet eine Delegation der Überwachungsaufgaben an eine zentrale (staatliche) Institution statt, durch die Kostenersparnisse und Koordinationsvorteile ausgenutzt werden sollen (*representative hypothesis*; *Dewatripont* und *Tirole* 1994, S. 31 f.).

Neben der Vorgabe von Zinsbeschränkungen (die mittlerweile aber in vielen Ländern wieder abgeschafft wurden) sind die Errichtung eines *lender of last resort* und einer *Einlagenversicherung* sowie die Vorgabe und Überwachung von *Mindesteigenkapitalnormen* die wichtigsten Instrumente nationaler Bankenregulierungssysteme. Die Kompetenzzuweisung zur Wahrnehmung dieser Aufgaben sowie die konkrete Ausgestaltung der Regeln erfolgen hierbei in den einzelnen Staaten mitunter sehr verschieden. Weitere Regulierungsmaßnahmen betreffen den *Staatsanteil im Bankensektor* und die Vorgabe einer (fraktionellen) *Mindestreservepflicht*:

- Der *lender of last resort* stellt illiquiden aber solventen Banken gegen die Herausgabe einwandfreier Sicherheiten Liquidität zur Überbrückung kurzfristiger Liquiditätsengpässe zur Verfügung. Diese Aufgabe wird in den meisten Ländern von der jeweiligen Zentralnotenbank wahrgenommen mit Ausnahme von Deutschland, wo die im gemeinschaftlichen Eigentum von Bundesbank und Bankenverbänden befindliche (privat-rechtlich organisierte) Liquiditäts- und Konsortialbank (LIKO) die Funktion des *lender of last resort* erfüllt.
- Die *Einlagenversicherung* dient explizit dem Schutz der Einlagen von Banken, sodass im Falle eines Bankenzusammenbruches die Bankeinleger nicht mit einem (vollständigen) Verlust ihrer Einlagen rechnen müssen. Grundsätzlich wird diese Aufgabe von einer extra eingerichteten öffentlichen Behörde übernommen. Ausnahmen sind hier beispielsweise die Niederlande und Spanien, wo die Einlagenversicherung bei der nationalen Zentralbank angesiedelt ist, und Deutschland, wo die einzelnen Bankenverbände die Einlagenversicherung privatrechtlich organisieren. Darüber hinaus existieren in vielen Ländern überhaupt keine explizit ausgestalteten Einlagensicherungssysteme.
Neben den zum Teil erheblichen Unterschieden in der Höhe der zu leistenden Versicherungsprämie (Deutschland und Japan: etwa 0,03 Prozent des versicherten Einlagevolumens; USA: maximal 0,27 Prozent; Griechenland: zwischen 0,025 und 1,25 Prozent; Venezuela: 2,0 Prozent) bestehen vor allem enorme Divergenzen bei der vorgesehenen Deckungsquote: So sind in den lateinamerikanischen Ländern Chile und Mexiko sowie in den ostasiatischen Ländern Korea, Malaysia und Thailand die Einlagen ebenso wie in der Türkei vollständig abgesichert, während in Ländern wie der Schweiz und dem Vereinigten Königreich die Deckung auf einen Betrag in Höhe von weniger als dem Pro-Kopf-Einkommen des Landes beschränkt ist.
- Die Empfehlungen zu den Regelungen von *Eigenkapitalnormen* werden vom Basler Ausschuss für Bankenaufsicht gegeben und beinhalten eine Mindesteigenkapitalquote von 8 Prozent der standardisiert risikogewichteten Aktiva. Diese Empfehlungen werden über die nationalen Gesetzgebungsverfahren in jeweiliges Landesrecht übernommen werden. Abweichungen hiervon finden sich beispielsweise in Kanada, wo eine Mindesteigenkapitalquote von 10 Prozent erhoben wird und auf den Cayman Islands mit einer Mindesteigenkapitalquote in Höhe von 12 Prozent. Diese Eigenkapitalnormen haben die Funktion, Banken von einer exzessiven Risikoübernahme abzuhalten.
Die Einhaltung dieser und anderer bankenaufsichtlicher Vorgaben wird in den einzelnen Ländern durchgesetzt und kontrolliert von staatlichen Bankenaufsichtsbehörden, die größtenteils selbständig organisiert sind. Ausnahmen hiervon sind beispielsweise die USA, Kanada und Italien, wo die Bankenaufsicht von der Einlagensicherungsgesellschaft betrieben wird.
- Ein weiterer Regulierungstatbestand ist der *Anteil von Banken im Staatsbesitz*. Dieser Anteil, gemessen in Prozent der aggregierten Bankaktiva in Staatseigentum an den gesamten Bankaktiva eines Landes, beträgt beispielsweise in Japan unter 5 Prozent, in Deutschland über 40 Prozent und in Russ-

land etwa 70 Prozent (Stand 2001). Für Deutschland gilt hierbei, dass sich der Staat, der das Eigentum an den Sparkassen und Landesbanken hält, aus Wettbewerbsgründen zukünftig aus dem Bankenmarkt sukzessive zurückzuziehen hat.

- Schließlich geben Zentralnotenbanken typischerweise eine *Mindestreservepflicht* vor, nach der Banken einen bestimmten Prozentsatz ihrer als mindestreservepflichtig festgelegten Verbindlichkeiten in Form von Einlagen bei der Zentralbank (teilweise auch in Form von Kassenbeständen) halten müssen. Im Euro-Währungsgebiet sind alle hier niedergelassenen Kreditinstitute verpflichtet, zwei Prozent ihrer ausgewählten Verbindlichkeiten als Mindestreserve in Form verzinslicher Einlagen bei ihren jeweiligen nationalen Zentralbanken zu halten. Mindestreservepflichtig sind Verbindlichkeiten der Kreditinstitute aus Einlagen, ausgegebenen Schuldverschreibungen und Geldmarktpapieren; ausgenommen hiervon sind Geldmarktverbindlichkeiten gegenüber Instituten, die selbst mindestreservepflichtig sind und Verbindlichkeiten gegenüber dem Europäischen System der Zentralbanken (EZB und nationale Notenbanken der Länder der Europäischen Union). Repogeschäfte sowie Einlagen und Schuldverschreibungen mit einer vereinbarten Laufzeit von mehr als zwei Jahren sind zwar grundsätzlich auch Bestand der mindestreservepflichtigen Verbindlichkeiten, allerdings ist der hierfür geltende Mindestreservesatz auf null Prozent festgelegt.

Nachfolgend werden die Auswirkungen von Einlagensicherungen und Eigenkapitalnormen für das Bankenverhalten analysiert. Nicht betrachtet werden der *lender of last resort* und die Mindestreservepflicht, weil dies vor allem Fragen der geldpolitischen Steuerung betrifft. Auch das Problem des Staatsbesitzes von Banken bleibt hier außer Betracht.

9.1 Anreizwirkungen von Einlagensicherungssystemen

9.1.1 Einlagensicherung und Bank Run

In Abschnitt 6.3, S. 175 ff., wurde die Existenz von Banken im Rahmen des Modells von *Diamond* und *Dybvig* (1983) mit der Funktion als Versicherer gegen Liquiditätsrisiken begründet. Jedoch unterliegt, wie oben gezeigt wurde, eine Bank der Gefahr eines run, bei dem alle Einleger ihre Konten auflösen und die Bank illiquide wird. Dieser Gefahr kann jedoch durch ein kollektives Einlagensicherungssystem begegnet werden. Es garantiert jedem Einleger, dass er in $T = 1$ nicht weniger als seine in $T = 0$ geleistete Einzahlung ausbezahlt erhält, sodass er unabhängig von seiner Position in der Warteschlange vor dem Bankschalter dieselbe Auszahlung erwarten kann. Allerdings muss die Einlagenversicherung staatlich organisiert sein, weil sie ein Subventionselement enthalten muss, um funktionsfähig zu sein, wie im Abschnitt 9.1.3 gezeigt wird.

Um diese angestrebte Absicherung zu erreichen, erhebt die Einlagenversicherung eine Versicherungsprämie $\xi(\tau)$ auf die Auszahlung in $T = 1$ in Höhe von:

$$\xi(\tau) = \begin{cases} 0 & \text{falls } \tau \leq t, \\ 1 - \frac{1}{d_1} & \text{falls } \tau > t, \end{cases} \qquad (9.1)$$

sodass alle Einleger nach Abzug dieses Einbehalts folgende Nettoauszahlung in $T = 1$ erhalten (*Diamond, Dybvig* 1983, S. 415):

$$\hat{g}_1^m = d_1 - \xi(\tau) \cdot d_1 = \begin{cases} d_1 = x_1^* & \text{falls } \tau \leq t, \\ 1 & \text{falls } \tau > t. \end{cases} \qquad (9.2)$$

Sofern in $T = 1$ höchstens die Einleger mit vorzeitigem Liquiditätsbedarf ihre Einlagen auflösen ($\tau \leq t$), ist die Versicherungsprämie null und diese Einleger erhalten d_1 ausbezahlt. Sofern auch geduldige Einleger ihre Einlage auflösen ($\tau > t$), erhebt die Versicherung eine steuerähnliche Prämie $\xi(\tau)$ und alle Einleger erhalten 1 EUR ausbezahlt, d. h. ihre unverzinste Einlage zurück.

Die Auszahlung an die Einleger in $T = 2$ beträgt dann (siehe auch Gleichung 6.24):

$$\hat{g}_2 = \frac{1 - \tau [d_1 - \xi(\tau) \cdot d_1]}{1 - \tau} r_2$$

oder

$$\hat{g}_2 = \begin{cases} \frac{1 - d_1 \cdot \tau}{1 - \tau} r_2 & \text{falls } \tau \leq t, \\ r_2 & \text{falls } \tau > t. \end{cases} \qquad (9.3)$$

Hierbei gibt $d_1 - \xi(\tau)d_1$ den Anteil der Projekte an, der in $T = 1$ aufgelöst werden muss, um die Auszahlungen gemäß (9.2) zu garantieren; die Geschäftsbank erhält die von der Versicherung erhobene Prämie zugeführt und kann die Liquidation eines Teils ihrer Projekte verhindern.

Jetzt ist es für einen einzelnen geduldigen Anleger rational, seine Einlage – unabhängig vom Verhalten der übrigen geduldigen Einleger – niemals bereits in $T = 1$ aufzulösen, weil Warten eine dominante Strategie darstellt und er bei Auflösung in $T = 2$ stets eine von ihm präferierte Auszahlung erhält; denn:

- sofern alle anderen geduldigen Einleger ihre Einlage bereits in $T = 1$ auflösen, erhält der betrachtete Einleger eine Auszahlung in Höhe von 1 EUR gemäß (9.2), wenn er auch auflöst, und in Höhe von $r_2 > 1$ EUR gemäß (9.3), wenn er wartet;
- lösen demgegenüber alle übrigen geduldigen Einleger ihre Einlagen erst in $T = 2$ auf, erhält der betrachtete Einleger einen Auszahlungsbetrag wiederum in Höhe von $d_1 = x_1^* > 1$ EUR, wenn er bereits in $T = 1$ auflöst (siehe 9.2), und in Höhe von $\frac{1-d_1\cdot\tau}{1-\tau} r_2 = x_2^* > x_1^*$ EUR (siehe 9.3), wenn er wartet.

9.1 Anreizwirkungen von Einlagensicherungssystemen

Warten erbringt ihm immer eine höhere Auszahlung, unabhängig davon, was die anderen Anleger machen. Die nachfolgende Auszahlungsmatrix bei Existenz einer Einlagenversicherung verdeutlicht dies noch einmal:

Einzelner geduldiger Einleger erhält	sofern die übrigen geduldigen Anleger ihre Einlage	
	in $T=1$ auflösen	in $T=2$ auflösen
bei Auflösung in $T=1$	1	$d_1 = x_1^*$
bei Auflösung in $T=2$	$r_2 > 1$	$\frac{1-d_1 \cdot \tau}{1-\tau} r_2 = x_2^* > x_1^*$

Da dieses Verhalten für jeden geduldigen Einleger rational ist, löst keiner seine Einlage vorzeitig auf und der *bank run* (ebenso wie der Versicherungsfall) tritt ex post niemals ein.

9.1.2 Anreizkompatible Prämiensysteme

Solange die gezahlte Versicherungsprämie, wie in (9.1) unterstellt, nicht von der tatsächlicher Risikoposition der Bank abhängt, schafft die Einlagenversicherung adverse Anreize und führt dazu, dass die Risikobereitschaft der Bank ansteigt. Diese investiert verstärkt in risikoreiche Projekte, und das Insolvenzrisiko nimmt zu (siehe Übung 9.1*). Im Erfolgsfall partizipieren die Bankeigentümer an den Gewinnen, während im Misserfolgsfall ihre Verluste von der Versichertengemeinschaft getragen werden. Tatsächlich sah beispielsweise das amerikanische Einlagensicherungssystem lange Zeit allein vom Depositenvolumen der Bank abhängige Versicherungsprämien vor und berücksichtigt erst seit kurzem, allerdings nur sehr grobe, Risikomerkmale bei der Prämienfestsetzung (*Greenbaum, Thakor* 1995, S. 465 ff.). Ähnliches gilt auch für die deutschen Einlagensicherungssysteme (*Vollmer* 2000, S. 263 ff.).

Merton (1977) leitet in einem Modell mit vollständigen Finanzverträgen eine anreizkompatible, risikoangepasste Prämie für den Fall einer Bank ab, die eine Periode der Länge T existiert und zum Periodenende Einlagen in Höhe von D EUR (einschließlich der Zinszahlungen) zurückzuzahlen hat. Der Wert ihrer Aktiva zum Periodenende beträgt L EUR. Gilt zum Periodenende

- $L \geq D$, bleibt die Bank zahlungsfähig und der Bankeigentümer erhält den Differenzbetrag $(L - D)$ als Rente;
- $L < D$, ist die Bank insolvent, die Einleger erhalten D und die Einlagenversicherung deckt den Fehlbetrag $(L - D)$ ab; der Bankeigentümer erhält natürlich nichts.

Damit wirkt die Einlagenversicherung wie eine Verkaufsoption, die der Bankeigentümer im Falle $L < D$ wahrnimmt und ansonsten verfallen lässt. Der Wert G dieser Verkaufsoption zum Periodenende (in EUR) beträgt:

$$G = \begin{cases} 0 & \text{falls } L \geq D, \\ D - L & \text{falls } L < D. \end{cases} \quad (9.4)$$

Entscheidungsrelevant für den Bankeigentümer ist jedoch der Wert dieser Option zu Periodenbeginn. Dieser lässt sich mittels der *Theorie der Optionspreisbildung* ermitteln (*Black, Scholes* 1973). Bei Gültigkeit der dort unterstellten, hier nicht weiter erläuterten Prämissen gilt für den Optionswert G_0 der Einlagenversicherung zum Periodenbeginn (*Merton* 1977, S. 8):

$$G_0 = D \cdot e^{-r \cdot T} \cdot N(x_2) - L_0 \cdot N(x_1), \quad (9.5)$$

mit

$$x_1 := \frac{\ln D - \ln L_0 - \left[r + \frac{\sigma^2}{2}\right] T}{\sigma \sqrt{T}}$$

und

$$x_2 := x_1 + \sigma \sqrt{T}.$$

Gleichung (9.5) ist die *Black/Scholes*-Formel zur Preisermittlung einer Verkaufsoption, hier angewendet auf den Fall der Einlagenversicherung. Dabei bezeichnet L_0 den Wert der Bankaktiva zu Periodenbeginn und r einen risikolosen Alternativertragssatz als Opportunitätskosten des Bankbetriebs; N ist die Verteilungsfunktion der Standardnormalverteilung, und σ^2 misst das Risiko der Bankaktiva pro Zeiteinheit. Der Term $D_0 := D \cdot e^{-r \cdot T}$ ist der Wert der Bankaktiva zu Periodenbeginn. Nach Division von (9.5) durch D_0 erhält man (*Greenbaum, Thakor* 1995, S. 479):

$$g := \frac{G_0}{D_0} = N(h_2) - \frac{1}{d} N(h_1), \quad (9.6)$$

mit

$$h_1 := \frac{\ln d - \frac{\sigma^2 T}{2}}{\sigma \sqrt{T}}$$

und

$$h_2 := h_1 + \sigma \sqrt{T}$$

sowie

$$d := \frac{D_0}{L_0}.$$

Hierbei bezeichnet g den Wert der Einlagenversicherung pro Einheit an Depositen zu Periodenbeginn oder die aus Sicht des Versicherungsträgers optimale Versicherungsprämie pro versicherter Deposite. Es gilt (Übung 9.3*):

und
$$\frac{\partial g}{\partial d} = \frac{N(h_1)}{d^2} > 0 \qquad (9.7)$$

$$\frac{\partial g}{\partial (\sigma^2 T)} = \frac{\partial N(h_1)/\partial h_1}{2d\sqrt{\sigma^2 T}} > 0. \qquad (9.8)$$

Die optimale Versicherungsprämie ist demnach umso höher, je größer der Illiquiditätsgrad d der Bank und je größer das Gesamtrisiko ($\sigma^2 T$) der Bankaktiva ist.

9.1.3 Is Fairly Priced Deposit Insurance Possible?

Dies ist der Titel eines Aufsatzes, den *Chan, Greenbaum* und *Thakor* im Jahre 1992 veröffentlichten. Dort fragen die Autoren, ob es auch bei Existenz von Informationsasymmetrien möglich sei, eine anreizkompatible, risikoangepasste Einlagenversicherung einzuführen, die fair ist? Fairness bedeutet hier, dass die geforderte Versicherungsprämie pro EUR abgesicherter Einlage mit der Konkurswahrscheinlichkeit der Bank übereinstimmt. Ihre Antwort lautet: Nein! Sie vermuten, dass es auf einem unreglementierten Bankenmarkt zu *adverse selection* und *moral hazard* komme, und eine private Einlagenversicherung diese Probleme nicht lösen könne.

Schauen wir uns ihr Argument für den Fall der adversen Selektion genauer an: Betrachtet sei eine einperiodige Prinzipal-Agent-Beziehung zwischen einer Einlagenversicherung als Prinzipal und mehreren Banken als Agenten. Jede Bank vergibt im Zeitpunkt $T = 0$ einen Kredit an einen Kreditnehmer mit einem Investitionsbedarf I in selber Höhe und finanziert dies durch eine Mischung aus Eigenkapital B und Sichteinlagen D. Zur Vereinfachung seien der risikolose Zinssatz und der Depositenzins identisch und auf null normiert.

Der Kreditnehmer führt ein Investitionsprojekt durch, das einen stochastischen Ertrag mit nur zwei Ausprägungen erbringt: $r = r_{\max} > 0$ mit Wahrscheinlichkeit $P(r_{\max})$ im Erfolgsfall und $r = 0$ mit Wahrscheinlichkeit $1 - P(r_{\max})$ im Misserfolgsfall. Alle Akteure sind als risikoneutral unterstellt, sodass es sich insgesamt lohnen würde, das Projekt durchzuführen, sofern $P(r_{\max}) r_{\max} - I > 0$ gilt und das Projekt somit einen erwarteten Überschuss erbrächte. Dieser Projektüberschuss wird geteilt zwischen dem Kreditnehmer und den Eigenkapitalgebern der Bank, wobei $\psi \in [0,1]$ der Anteil ist, den die Bankeigentümer erhalten.

In $T = 1$ wird die Bank liquidiert und bezahlt die Einleger aus, sofern das finanzierte Investitionsprojekt erfolgreich war. War es ein Misserfolg und ist der Projektertrag null, garantiert die Einlagenversicherung die Rückzahlung der Einlagen. Dafür verlangt sie eine periodische Versicherungsprämie $\xi \in (0,1)$ pro EUR versicherter Sichteinlagen, die von der Bank im Voraus zu zahlen ist. Damit beträgt der erwartete Gewinn für die Eigenkapitalgeber:

$$\psi\left[\mathrm{P}\left(r_{\max}\right)\left(r_{\max}-I\right)+\left[1-\mathrm{P}\left(r_{\max}\right)\right](0-I)\right]+\left[1-\mathrm{P}\left(r_{\max}\right)\right]D-\xi D$$
$$=$$
$$\psi\left[\mathrm{P}\left(r_{\max}\right)r_{\max}-I\right]+\left[1-\mathrm{P}\left(r_{\max}\right)-\xi\right]D. \tag{9.9}$$

Hierbei bezeichnet $\psi\left[\mathrm{P}\left(r_{\max}\right)\left(r_{\max}-I\right)+\left[1-\mathrm{P}\left(r_{\max}\right)\right](0-I)\right]$ den anteiligen erwarteten Gewinn der Eigenkapitalgeber, wenn keine Einlagensicherung existierte; der Ausdruck $\left[1-\mathrm{P}\left(r_{\max}\right)\right]D$ benennt die erwartete Zahlung der Einlagenversicherung an die Eigentümer im Falle eines Konkurses, und schließlich ist ξD die unabhängig vom Erfolg zu leistende Versicherungsprämie.

Das Problem der *adverse selection* entsteht, wenn der Einlagenversicherung zwei Typen von Banken gegenüber stehen:

- Typ H vergibt den Kredit an einen Unternehmer, dessen Projekt mit einer Wahrscheinlichkeit $\mathrm{P}\left(r_{\max}^H|H\right)$ erfolgreich ist und im Erfolgsfall einen Ertrag $r_{\max}^H$ erbringt.
- Typ L vergibt den Kredit für ein Projekt, das eine höhere Erfolgswahrscheinlichkeit $\mathrm{P}\left(r_{\max}^L|L\right) > \mathrm{P}\left(r_{\max}^H|H\right)$ und einen niedrigeren Projektertrag im Erfolgsfall $r_{\max}^L < r_{\max}^H$ aufweist.

Beide Projekte sind natürlich mit den Gegenwahrscheinlichkeiten $\left[1-\mathrm{P}\left(r_{\max}^H|H\right)\right] > \left[1-\mathrm{P}\left(r_{\max}^L|L\right)\right]$ ertragslos. Damit dominiert Projekt L das Projekt H nach dem Konzept der stochastischen Dominanz zweiter Ordnung und ist – sofern die Erwartungswerte beider Projekte übereinstimmen – risikoärmer als Projekt H gemäß dem *mean preserving spread*-Kriterium (siehe Abschnitt 2.3, S. 18).

Eine Bank wählt ihren Kreditnehmer nicht aus, kennt aber die Erfolgswahrscheinlichkeit des finanzierten Projektes. Diese ist jedoch den anderen Banken und dem Träger der Einlagenversicherung nicht bekannt. Somit entsteht das Problem, wie die Versicherung der Einlagen ausgestaltet werden sollte, um trotz der bestehenden Informationsasymmetrien Fairness zu gewährleisten. Denn Fairness impliziert hier, dass eine das Projekt L finanzierende Bank aufgrund des geringeren Konkursrisikos eine niedrigere Prämie zu zahlen hat, als eine Bank, die das Projekt H finanziert.

Um dieses Problem zu lösen, müssen jeder Bank aufgrund der Informationsasymmetrie zwei Versicherungsverträge vorgelegt werden, die derart ausgestaltet sind, dass jeder Bankentyp den ihm zugedachten Vertragstyp wählt. Solch eine Selbstselektion ist realisierbar, wenn die angebotenen Verträge neben der Versicherungsprämie ein zweites beobachtbares Vertragselement enthalten. Im vorliegenden Modell kann dieses zweite Element nur die Eigenkapitalausstattung der Bank sein; aufgrund der Bilanzidentität $D = I - B$ kennt die Versicherung damit auch den Depositenbestand. Die Versicherung bietet jeder Bank zwei Kombinationen aus Prämienzahlung und Eigenkapitalausstattung, $\{\xi_H, B_H\}$ und $\{\xi_L, B_L\}$, an, um auf diese Weise die Offenlegung des Banktyps zu erreichen.

9.1 Anreizwirkungen von Einlagensicherungssystemen

Dies ist dann der Fall, sofern folgende Anreizbedingungen erfüllt sind:

$$\psi \left(\mathrm{P}\left(r_{\max}^H | H \right) r_{\max}^H - I \right) + \left[1 - \mathrm{P}\left(r_{\max}^H | H \right) - \xi_H \right] D_H$$
$$\geq$$
$$\psi \left(\mathrm{P}\left(r_{\max}^H | H \right) r_{\max}^H - I \right) + \left[1 - \mathrm{P}\left(r_{\max}^H | H \right) - \xi_L \right] D_L$$

und

$$\psi \left(\mathrm{P}\left(r_{\max}^L | L \right) r_{\max}^L - I \right) + \left(1 - \mathrm{P}\left(r_{\max}^L | L \right) - \xi_L \right) D_L$$
$$\geq$$
$$\psi \left(\mathrm{P}\left(r_{\max}^L | L \right) r_{\max}^L - I \right) + \left[1 - \mathrm{P}\left(r_{\max}^L | L \right) - \xi_H \right] D_H.$$

Diese können jeweils vereinfacht werden zu

$$\left[1 - \mathrm{P}\left(r_{\max}^H | H \right) - \xi_H \right] D_H \geq \left[1 - \mathrm{P}\left(r_{\max}^H | H \right) - \xi_L \right] D_L \qquad (9.10)$$

und

$$\left[1 - \mathrm{P}\left(r_{\max}^L | L \right) - \xi_L \right] D_L \geq \left[1 - \mathrm{P}\left(r_{\max}^L | L \right) - \xi_H \right] D_H. \qquad (9.11)$$

Die Bedingung (9.10) ist die Anreizbedingung für die Bank vom Typ H, sich zu offenbaren und den Vertrag $\{\xi_H, B_H\}$ zu wählen, weil der erwartete Ertrag bei Wahl dieses Vertrages nicht kleiner als der erwartete Ertrag bei Wahl des anderen Vertrages ist; sofern (9.10) erfüllt ist, hat die Bank vom Typ H keinen Anreiz zu lügen. (9.11) ist entsprechend die Bedingung dafür, dass die Bank vom Typ L sich offenbart und den ihr zugedachten Vertrag $\{\xi_L, B_L\}$ annimmt.

Leider funktioniert diese Selbstselektion nicht, wenn die Einlagenversicherung faire Versicherungsprämien verlangt, d. h. wenn die geforderte Versicherungsprämie mit der Misserfolgswahrscheinlichkeit des Projekts übereinstimmt und $\left[1 - \mathrm{P}\left(r_{\max}^H | H \right) \right] = \xi_H$ sowie $\left[1 - \mathrm{P}\left(r_{\max}^L | L \right) \right] = \xi_L$ gilt. Dann folgt nämlich für die Bedingungen (9.10) und (9.11):

$$0 \geq \left[\mathrm{P}\left(r_{\max}^L | L \right) - \mathrm{P}\left(r_{\max}^H | H \right) \right] D_L, \qquad (9.12)$$

was wegen $\mathrm{P}\left(r_{\max}^L | L \right) > \mathrm{P}\left(r_{\max}^H | H \right)$ nur für $D_L = 0$ erfüllt sein kann. Andererseits folgt

$$0 \geq \left[\mathrm{P}\left(r_{\max}^H | H \right) - \mathrm{P}\left(r_{\max}^L | L \right) \right] D_H, \qquad (9.13)$$

was für alle $D_H \geq 0$ erfüllt ist.

Während damit die risikoarme Bank vom Typ L wegen (9.13) immer die Wahrheit sagt, hat die risikoreiche Bank vom Typ H dazu wegen (9.12) nur dann einen Anreiz, sofern $D_L = 0$ gilt (vorausgesetzt, sie entscheidet sich bei strikter Gleichheit in (9.12) für die Wahrheit), und sie damit als „verkleidete" Bank keine Sichteinlagen hielte – aber dann wäre sie auch keine Bank mehr. In allen anderen Fällen, d. h. für $D_L > 0$, wählt die Bank vom Typ H den von der Einlagenversicherung der anderen Bank vom Typ L zugedachten Vertrag, und eine Selbstselektion findet nicht statt, sofern die Versicherungsprämien fair sind und mit den Misserfolgswahrscheinlichkeiten übereinstimmen.

Um dennoch die gewünschte Selbstselektion zu erreichen, muss die Einlagenversicherung der Bank eine Subvention ζ pro EUR versicherter Einlage zahlen, wobei ζ für beide Bankentypen identisch ist. Jetzt gilt: $\xi_H = 1 - \mathrm{P}\left(r_{\max}^H | H\right) - \zeta$ und $\xi_L = 1 - \mathrm{P}\left(r_{\max}^L | L\right) - \zeta$, wobei der Subventionssatz ζ ein strikt positiver, risikounabhängiger Skalar ist. Dann folgt für die Anreizbedingungen (9.10) und (9.11):

$$\zeta \cdot (D_H - D_L) \geq \left[\mathrm{P}\left(r_{\max}^L | L\right) - \mathrm{P}\left(r_{\max}^H | H\right)\right] D_L$$

und

$$\zeta \cdot (D_H - D_L) \leq \left[\mathrm{P}\left(r_{\max}^L | L\right) - \mathrm{P}\left(r_{\max}^H | H\right)\right] D_H.$$

Wegen $\zeta > 0$ und $\mathrm{P}\left(r_{\max}^L | L\right) > \mathrm{P}\left(r_{\max}^H | H\right)$ sind diese Anreizbedingungen erfüllt, sofern $D_H \geq D_L$, d. h. wenn $B_L \geq B_H$.

Die unfaire Einlagenversicherung erreicht also, dass sich beide Bankentypen offenbaren, weil für beide Typen die Anreizbedingungen (9.10) und (9.11) jetzt erfüllt sind. Sie bietet zwei Verträge an: Der eine sieht eine niedrigere Versicherungsprämie $\xi_L < \xi_H$ und eine höhere Eigenkapitalerfordernis $B_L > B_H$ vor und wird von der Bank vom Typ L gewählt, und der andere Vertrag beinhaltet eine hohe Prämie in Verbindung mit einer niedrigen Eigenkapitalerfordernis und wird von der Bank vom Typ H gewählt.

Allerdings kann diese Vertragskombination niemals von einer privaten Einlagenversicherung angeboten werden, weil der Versicherungsträger pro versicherter Deposite einen erwarteten Verlust in Höhe von ζ EUR erleidet und als privates Unternehmen niemals am Markt bestehen könnte. Dies ist ein Grund, warum im Abschnitt 9.1.1 die Existenz einer staatlichen Einlagenversicherung unterstellt wurde.

Ursächlich für eine mangelnde Umsetzbarkeit fairer Einlagenversicherungen ist also gemäß diesen Überlegungen die bestehende Informationsasymmetrie zwischen Versicherung und Versicherungsnehmer. Würde statt dessen die Versicherung die tatsächlichen Risiken kennen, die mit dem Kreditgeschäft der einzelnen Bank verbunden sind, dann bestünde keine Notwendigkeit zum Angebot anreizkompatibler, trennender Verträge. Statt dessen könnte die Prämienfestsetzung unmittelbar auf das jeweilige Konkursrisiko der einzelnen Bank konditionieren.

9.2 Eigenkapitalanforderungen und Unternehmensfinanzierung

Aus den im vorhergehenden Abschnitt genannten Gründen stellt die Vorgabe von Mindesteigenkapitalnormen einen wichtigen Regulierungstatbestand für Banken dar, der für eine funktionierende Einlagenversicherung notwendig sein kann. Tatsächlich sind sie Gegenstand vor allem der Basler Eigenkapitalvereinbarungen

(Basel Akkorde), die ursprünglich eine freiwillige Übereinkunft zwischen den Bankenaufsichtsbehörden und international tätigen Banken darstellten. Durch Übernahme des ersten Basel Akkords in EU-Recht fanden diese Eigenkapitalvereinbarungen Eingang in nationales Recht der EU-Staaten und wurden 1992 auch für national tätige Banken verpflichtend. Inzwischen findet die erste Basler Eigenkapitalvereinbarung weltweit in mehr als 100 Ländern Anwendung. Da die bestehende Regelung jedoch einige Umgehungsmöglichkeiten eröffnet und nur grobe Risikokategorien kennt, werden seit 1999 neue Eigenkapitalempfehlungen diskutiert (Basel II), welche die bestehende Regelung ablösen sollen.

Kern beider Eigenkapitalvereinbarungen ist die Verpflichtung für Banken, eine Eigenkapitalquote von (täglich) mindestens 8 v. H. ihrer standardisiert risikogewichteten Aktiva einzuhalten. Zur Ermittlung dieser Quote werden die Bankaktiva gewichtet, wobei die Höhe der Aktivagewichte von der Kontrahentengruppe abhängt und die Risikoklasse des Kreditnehmers widerspiegeln soll. Ohne auf die Details beider Eigenkapitalvereinbarungen eingehen zu können, sollen hier mögliche Auswirkungen von Eigenkapitalquoten analysiert werden. Dies geschieht wiederum unter Rückgriff auf die in Teil II vorgestellten Familien vertragstheoretischer Intermediationsmodelle.

9.2.1 Symmetrische Informationsverteilung

Koehn und *Santomero* (1980) sowie *Kim* und *Santomero* (1988) untersuchen im Rahmen eines einperiodigen Portfoliomodells die Auswirkungen von Eigenkapitalnormen auf das tatsächliche Überschuldungsrisiko einer Bank. Diese hat eine gegebene Ausstattung B an Eigenkapital und ihre Verbindlichkeiten bestehen ausschließlich aus täglich fälligen Einlagen D, die sie zum risikolosen Zinssatz r in beliebiger Höhe aufnehmen kann. Die Bank investiert ihr gesamtes, aus Eigenkapital und Depositen bestehendes Vermögen in verschiedene Aktiva $k = 1, 2, \ldots, K$, die sich hinsichtlich ihrer erwarteten Ertragssätze μ_k und in ihren Varianzen σ_k^2 unterscheiden. Sie verhält sich annahmegemäß wie ein risikoaverser Entscheider und wählt entsprechend dem (μ, σ)-Kriterium die für sie nutzenmaximale Portfoliozusammensetzung als Tangentialpunkt von Nutzenindifferenzkurve und Möglichkeitenkurve.

Die Autoren zeigen, dass die Position der Möglichkeitenkurve im (μ, σ)-Raum von der durch die Bank gewählten Eigenkapitalquote abhängt, die das Verhältnis zwischen Eigenkapital und Gesamtkapital beschreibt. Steigt die Eigenkapitalquote an, verschiebt sich in Abbildung 9.1 die Möglichkeitenkurve nach links/unten, beispielsweise von der Position A_1A_2 in die Position B_1B_2. Solange es keine regulativ vorgegebene Eigenkapitalnorm gibt, lässt sich die globale Möglichkeitengrenze der Bank als Umhüllende U_1U_2 der einzelnen Möglichkeitenkurven darstellen. Die Bank wählt damit jene Portfoliostruktur, bei der diese Umhüllende und damit eine zugehörige Möglichkeitenkurve die Indifferenzkurve der Bank gerade tangiert (Punkt C in Abbildung 9.1 mit der zugehörigen Möglichkeitenkurve A_1A_2 und der Indifferenzkurve I_0).

9 Einlagenversicherungen und Eigenkapitalanforderungen

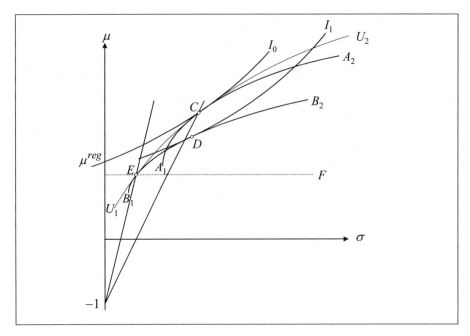

Abb. 9.1. Portfoliowahl der Bank und Eigenkapitalnorm

Da die Eigenkapitalausstattung der Bank gegeben ist, kann sie sich kein zusätzliches Eigenkapital zur Solvenzsicherung beschaffen. Die Bank ist deshalb überschuldet, sofern die Verluste aus dem Aktivgeschäft das Eigenkapital übersteigen und für die realisierte Eigenkapitalrendite $r_B < -1$ gilt. Für die Wahrscheinlichkeit, dass dieser Fall eintritt, lässt sich gemäß der Ungleichung von *Tschebyscheff* eine obere Schranke P_{max} bestimmen (siehe Abschnitt 2.1, S. 22). Für diese gilt:

$$P\left(|r_B - \mu| \geq \kappa \cdot \sigma\right) \leq \frac{1}{\kappa^2} \qquad (9.14)$$

oder für $\kappa := (\mu + 1)/\sigma$:

$$P\left(r_B \leq -1\right) \leq \frac{\sigma^2}{(1+\mu)^2} =: P_{max}, \qquad (9.15)$$

wobei μ und σ^2 den Erwartungswert und die Varianz der Erträge der Bankaktiva benennen. Gemäß (9.15) ist die Wahrscheinlichkeit, dass $r_B < -1$ gilt, also nicht höher als P_{max}.

Grafisch (wie in Abbildung 9.1) betrachtet, ist die rechte Seite von Ungleichung (9.15) eine Schar von Strahlen, die umso steiler verlaufen, je geringer P_{max} ist; alle Strahlen schneiden zwar nicht die Ordinate, streben aber zum Ordinatenwert -1 wenn σ gegen 0 geht. Jedem Punkt auf der Umhüllenden U_1U_2 ist damit eine andere maximale Überschuldungswahrscheinlichkeit zugeordnet.

Wird der Bank durch die Bankenaufsichtsbehörde eine bindende Eigenkapitalquote vorgegeben, die höher ist als von ihr gewünscht, ist sie gezwungen, in Abbildung 9.1 einen Punkt auf einer links unterhalb von A_1A_2 liegenden Möglichkeitenkurve zu wählen, beispielsweise auf B_1B_2. Die Behörde erhofft sich, dass die Bank dort einen Punkt wählt, der mit einer geringeren maximalen Überschuldungswahrscheinlichkeit verbunden ist und damit auf einem steiler verlaufenden Überschuldungsstrahl liegt. Dies wären alle Punkte links vom Schnittpunkt der ursprünglichen Überschuldungsgeraden mit der Möglichkeitenkurve B_1B_2 (beispielsweise Punkt E).

Ob die Bank so reagiert, hängt jedoch vom Grad ihrer Risikoaversion ab:

- Ist sie stark risikoavers, verlaufen die Indifferenzkurven in Abbildung 9.1 relativ steil, und die Bank wählt ein Portfolio beispielsweise in Punkt E (um die Abbildung übersichtlich zu halten, sind diese Indifferenzkurven nicht eingezeichnet); in diesem Fall sinkt das maximale Überschuldungsrisiko der Bank.

- Ist die Bank demgegenüber nur schwach risikoavers, verlaufen die Indifferenzkurven relativ flach und die Bank wählt ein Portfolio beispielsweise in D; in diesem Fall hält die Bank die Mindesteigenkapitalnorm zwar ein (wie überall auf der Möglichkeitenkurve B_1B_2), wählt aber ein Portfolio mit einem höheren maximalen Überschuldungsrisiko als in der Ausgangsposition.

Damit kann die Vorgabe einer Mindesteigenkapitalnorm Fehlanreize für das Bankverhalten auslösen und die obere Schranke für das Überschuldungsrisiko erhöhen. Dies ist deshalb der Fall, weil die Bank durch Vorgabe der Eigenkapitalnorm bei gegebenem Eigenkapitalbestand B ihr Aktivavolumen einschränken muss, um die Norm erfüllen zu können. Gleichzeitig passt eine schwach risikoaverse Bank ihre Portfoliostruktur zugunsten ertrag- und risikoreicherer Anlageformen an. Bedingt durch beide Effekte sinken zwar der erwartete Portfolioertrag und die Varianz des Portfolioertrags, aber bei Vorliegen schwacher Risikoaversion ist es möglich, dass die obere Schranke für die maximale Überschuldungswahrscheinlichkeit gemäß (9.15) ansteigt.

Um dies zu vermeiden, dürften die Bankaktiva zur Ermittlung der tatsächlichen Eigenkapitalquote nicht ungewichtet aufaddiert, sondern müssten mit Risikogewichten multipliziert werden, die sicherstellen, dass der Eigenkapitalbedarf einer Bank ansteigt, wenn sie risikoarme durch risikoreiche Aktiva substituiert. Die ideale Höhe solcher Risikogewichte lässt sich wieder mit Hilfe von Abbildung 9.1 ermitteln: Hierzu sei angenommen, dass die Regulierungsbehörde einem dem Punkt E entsprechende maximale Überschuldungswahrscheinlichkeit anstrebt. Die Behörde will also durch Vorgabe von Risikogewichten verhindern, dass die Bank in der Fläche zwischen den Kurvenzügen EB_2 und EF (und deren Verlängerung nach rechts) liegende Portfoliokombinationen wählt. Anders ausgedrückt: Die Behörde will erreichen, dass der durch die Bank realisierbare erwartete Portfolioertrag maximal μ^{reg} beträgt, und die Bank als risikoaverser Entscheider aus den ihr noch möglichen Portfolios Punkt E wählt (alle anderen Punkte entlang EF weisen denselben Erwartungswert bei höherem Risiko auf).

Dies kann die Behörde erreichen, wenn sie den Beitrag jedes einzelnen Aktivums (nach Abzug des sicheren Depositenzinssatzes i_D) zum Erwartungswert des Portfolioertrags auf μ^{reg} beschränkt: Wenn nämlich jedes Aktivum eine erwartete Rendite von μ^{reg} aufweist, dann ist auch die Portfoliorendite auf diesen Wert beschränkt (siehe auch 4.8, S. 92). Bezeichnet man mit $a_{\hat{k}} = \frac{B}{q_{\hat{k}}}$ das Risikogewicht des $\hat{k} - ten$ Aktivums und mit $q_{\hat{k}}$ das von der Bank gehaltene Volumen des $\hat{k} - ten$ Aktivums, muss gelten (*Kim* und *Santomero* 1988, S. 1228):

$$\mu_{\hat{k}} \leq (1 - a_{\hat{k}}) \cdot r + a_{\hat{k}} \cdot \mu^{reg} = r + a_{\hat{k}}(\mu^{reg} - i_D). \tag{9.16}$$

Das Risikogewicht der $\hat{k}$-ten Anlage muss so gesetzt werden, dass der erwartet Ertrag des $\hat{k}$-ten Aktivums ausreicht, um die Fremdkapitalzinsen $(1 - a_{\hat{k}}) \cdot r$ und die vom Regulator angestrebte Portfoliorendite $a_{\hat{k}} \cdot \mu^{reg}$ (jeweils pro Einheit Eigenkapital) zu tragen. Dies bedeutet für die Risikogewichte:

$$a_{\hat{k}} \begin{cases} \geq \frac{\mu_{\hat{k}} - r}{\mu^{reg} - r} & \text{für } r_{\hat{k}} > r, \\ = 0 & \text{für } r_{\hat{k}} \leq r, \end{cases} \tag{9.17}$$

da das Risikogewicht nicht negativ werden kann. Ein Vergleich mit Ausdruck (4.27) macht deutlich, dass die Risikogewichte proportional zu den aus dem CAPM bekannten β-Faktoren sein müssen. Sie müssen also den relativen Risikobeitrag der Anlage $\hat{k}$ zum Risiko des Gesamtportfolios der Bank entsprechen.

Tatsächlich sehen die Basler Eigenkapitalnormen solch eine Risikogewichtung der Bankaktiva vor. Allerdings sind die derzeit geltenden Risikokategorien viel zu grob, um auch nur annähernd den Risikobeitrag einer einzelnen Anlage zum Portfoliorisiko zu erfassen. Hinzu kommt, dass selbst bei Vorgabe von Risikogewichten gemäß (9.17) die Gefahr fortbesteht, dass die Bank ein Portfolio mit hohem maximalen Insolvenzrisiko wählt, sofern Haftungsbeschränkung für die Bank vorliegt (*Rochet* 1992). Um dies zu verhindern, muss die Vorgabe einer Mindesteigenkapital*quote* ergänzt werden um die Vorgabe einer weiteren Norm in Form einer (absoluten) Mindesteigenkapital*ausstattung*.

9.2.2 Moralisches Risiko

Weitere Erkenntnisse über die Wirkung von Mindesteigenkapitalquoten lassen sich gewinnen, wenn man vollständige Finanzverträge bei Vorliegen asymmetrischer Informationsverteilung unterstellt. Das Modell von *Holmstöm* und *Tirole* (1997) erlaubt es, die Auswirkungen von Eigenkapitalnormen für Banken auf die Finanzierung wenig eigenkapitalstarker Unternehmer zu analysieren, weil hier die Eigenkapitalausstattung des Kreditnehmers eine wichtige Determinante der Unternehmensfinanzierung bei Vorliegen von moralischem Risiko darstellt.

9.2 Eigenkapitalanforderungen und Unternehmensfinanzierung

In Abschnitt 6.2, S. 170 ff., hatten wir zwei kritische Eigenkapitalwerte $\overline{W}$ (siehe 6.14) und $\underline{W}$ (siehe 6.18) abgeleitet und gezeigt, dass nur Unternehmer mit einer Ausstattung an eigenen finanziellen Mitteln in Höhe von $W \geq \overline{W}$ (*kapitalstarke Unternehmer*) eine direkte Finanzierung und Unternehmer mit einer Eigenkapitalausstattung von $\underline{W} \leq W < \overline{W}$ (*mäßig kapitalisierte Unternehmer*) Zugang zur intermediären Finanzierung haben. Unternehmer mit einem Eigenkapitalbestand $W < \underline{W}$ (*kapitalschwache Unternehmer*) erhalten überhaupt keine (direkte oder indirekte) externe Finanzierung.

Dies ist darin begründet, dass kapitalstarke Unternehmer imstande sind, sowohl die Teilnahmebedingung für die Anleger zu erfüllen (und ihre Alternativkosten der Kapitalüberlassung zu decken) als sich auch gleichzeitig zu fleißigem Verhalten zu verpflichten (d. h. die eigene Anreizbedingung zu erfüllen). Mäßig kapitalisierte Unternehmer erhalten Zugang zur indirekten Finanzierung, weil sie in der Lage sind, sowohl die Teilnahmebedingung für die Anleger als auch die Anreizbedingung für eine Kontrolle durch den Intermediär sowie die Anreizbedingung für eigenes fleißiges Verhalten zu erfüllen. Demgegenüber ist für kapitalschwache Unternehmer der Zugang zu jeder Form externer Finanzierung versperrt, weil sie bei gegebenen Marktzinsen mindestens eine der eben genanten Bedingungen nicht erfüllen können.

Zusätzlich zu den Ausführungen in Abschnitt 6.2 (aber weiterhin *Holmström* und *Tirole* folgend) soll unterstellt werden, dass in der Volkswirtschaft ein Kontinuum an Unternehmer existiert, die sich nur durch ihre Eigenkapitalausstattung unterscheiden, und dass die Verteilung des Eigenkapitals über die Unternehmer durch eine stetige Verteilungsfunktion F beschrieben wird; die zugehörige Dichtefunktion ist f. Abbildung 9.2 zeigt einen möglichen Verlauf für diese Verteilungsfunktion und präsentiert darüber hinaus die kritischen Eigenkapitalwerte. Beide hängen von der Höhe der Marktzinssätze i und i_{FI} ab. Aus (6.14)

$$\overline{W} := I - \frac{\mathrm{P}\,(r_{\max}|a_1)}{(1+i)}\left(r_{\max} - \frac{\Pi}{\Delta \mathrm{P}}\right)$$

folgt nämlich

$$\frac{\partial \overline{W}}{\partial i} > 0; \qquad (9.18)$$

und aus (6.18)

$$\underline{W} := I - \overline{B} - \frac{\mathrm{P}\,(r_{\max}|a_1)}{1+i}\left(r_{\max} - \frac{\pi + c}{\Delta \mathrm{P}}\right)$$

zusammen mit (6.17)

$$\overline{B} = \frac{\mathrm{P}\,(r_{\max}|a_1)}{1+i_{FI}}\frac{c}{\Delta \mathrm{P}}$$

folgt:

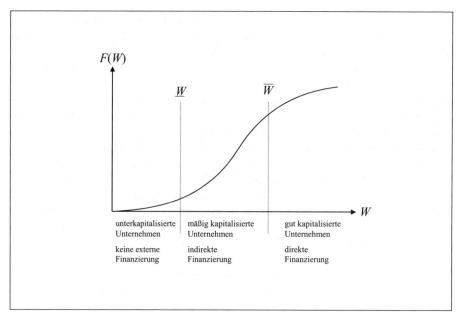

Abb. 9.2. Verteilung der Eigenkapitalausstattungen

$$\frac{\partial \underline{W}}{\partial i} > 0; \frac{\partial \underline{W}}{\partial i_{FI}} > 0. \tag{9.19}$$

Diese Zinssätze variieren nach Einführung einer bindenden Eigenkapitalnorm, und damit verändern sich auch die kritischen Eigenkapitalwerte in Abbildung 9.2. Um dies zu zeigen, müssen die Gleichgewichte auf dem aggregierten Teilmärkten für *informiertes Kapital* und für *uninformiertes Kapital* sowie auf dem aggregierten Gesamtmarkt für Kapital ermittelt werden: Dies geschieht zunächst für den Fall, dass keine Eigenkapitalnorm existiert.

Dann lautet die Gleichgewichtsbedingung auf dem aggregierten Markt für informiertes Kapital (das von den Intermediären den Unternehmern zur Verfügung gestellt wird):

$$D_m(i, i_{FI}) := \int_{\underline{W}(i,i_{FI})}^{\overline{W}(i)} \overline{B} f(W) dW = \mathfrak{B}, \tag{9.20}$$

wobei $\mathfrak{B}$ den gesamten (exogen gegebenen) Bestand an informierten Kapital in einer Volkswirtschaft bezeichnet und $\overline{B}$ den aus (6.17) bekannten Betrag benennt, mit dem sich der Intermediär an einem Projekt beteiligt. Da nur Unternehmer mit $W \in (\underline{W}, \overline{W}]$ eine indirekte Finanzierung erhalten und informiertes Kapital nachfragen, gibt die linke Seite die aggregierte Nachfrage D_m nach informierten Kapital wieder; sie hängt sowohl von i als auch (über die Intervallgrenzen) von i_{FI} ab. Dabei gilt aus zwei Gründen $\frac{\partial D_m}{\partial i_{FI}} < 0$:

9.2 Eigenkapitalanforderungen und Unternehmensfinanzierung

- Erstens fragt jeder einzelne Unternehmer mit indirekter Finanzierung bei steigendem Zinssatz i_{FI} weniger informiertes Kapital nach.
- Zweitens steigt mit wachsendem i_{FI} die Intervallgrenze $\underline{W}$ gemäß (6.18) bzw. (9.19) an, sodass der Anteil der Unternehmer sinkt, denen eine indirekte Finanzierung möglich ist und die diese wünschen.

Der Einfluss von i auf D_m hängt demgegenüber vom genauen Verlauf der Verteilungsfunktion $F(W)$ ab und ist nicht bestimmbar. Gleichung (9.20) erlaubt es damit für einen gegebenen Wert von i den Gleichgewichtswert für i_{FI} zu ermitteln.

Die Gleichgewichtsbedingung auf dem aggregierten Markt für uninformiertes Kapital (das von den Anlegern den Unternehmern bereit gestellt wird) lautet:

$$\int_{\underline{W}(i,i_{FI})}^{\overline{W}(i)} \left[I - W - \overline{B}\right] f(W)dW + \int_{\overline{W}(i)}^{I} (I - W)f(W)dW$$
$$= S(i) + \int_{I}^{\infty} (W - I)f(W)dW$$

bzw.

$$D_u(i, i_{FI}) := \int_{\underline{W}(i,i_{FI})}^{\overline{W}(i)} \left[I - W - \overline{B}\right] f(W)dW + \int_{\overline{W}(i)}^{\infty} (I - W)f(W)dW = S(i)$$
(9.21)

Der erste Summand in der Mitte von (9.21) beschreibt die Netto-Nachfrage nach uninformierten Kapital durch die Unternehmer mit $W \in (\underline{W}, \overline{W}]$, die eine indirekte Finanzierung erhalten; sie benötigen uninformiertes Kapital pro Unternehmer in Höhe von $(I - W - \overline{B})$. Der zweite Summand beinhaltet die Nachfrage nach uninformierten Kapital durch die Unternehmer mit $W \in (\overline{W}, \infty)$, die Zugang zur direkten Finanzierung haben; sie haben jeweils einen externen Finanzbedarf in Höhe von $(I - W)$ (ist dieser Term kleiner null, bieten sie netto zusätzlich uninformiertes Kapital anderen Unternehmern an). In $D_u(i, i_{FI})$ wird die Summe beider Nachfragekomponenten nach uninformiertem Kapital zusammengefasst, wobei der Index u für uninformiertes Kapital steht.

Es gilt: $\partial D_u(i, i_{FI})/\partial i < 0$ aus folgenden zwei Gründen:

- Der kritische Wert $\underline{W}$ steigt gemäß (6.18) oder (9.19) mit wachsendem Alternativvertragssatz i für uninformiertes Kapital an, sodass einige mäßig kapitalisierte Unternehmer keine indirekte Finanzierung mehr erhalten;
- der kritische Wert $\overline{W}$ steigt gemäß (6.14) oder (9.18) ebenfalls an, sodass einige mäßig-kapitalisierte Unternehmer von der direkten in die indirekte Finanzierung gedrängt werden und damit pro Projekt weniger uninformiertes Kapital benötigen.

Der Einfluss von i_{FI} auf $D_u(i, i_{FI})$ ist nicht eindeutig bestimmbar und hängt wiederum vom konkreten Verlauf der Verteilungsfunktion F ab. $S(i)$ ist das aggregierte Angebot an uninformiertem Kapital, wobei gelten soll: $dS(i)/di > 0$. Für ein gegebenes i_{FI} existiert ein i, das (9.21) löst.

Schließlich ergibt sich das Gleichgewicht auf dem aggregierten Markt für das gesamte (uninformierte und informierte) Kapital durch Addition von (9.20) und (9.21):

$$\int_{\underline{W}(i,i_{FI})}^{\overline{W}(i)} \overline{B} f(W) dW$$
$$+ \int_{\underline{W}(i,i_{FI})}^{\overline{W}(i)} \left[I - W - \overline{B}\right] f(W) dW$$
$$+ \int_{\underline{W}(i,i_{FI})}^{\infty} (I - W) f(W) dW$$
$$= \mathfrak{B} + S(i)$$

bzw.
$$\int_{\underline{W}(i,i_{FI})}^{\infty} (I - W) f(W) dW = \mathfrak{B} + S(i). \tag{9.22}$$

Sobald eine für die Banken bindende Eigenkapitalnorm eingeführt wird, beeinflusst dies die Gleichgewichte auf dem aggregierten Markt für uninformiertes und informiertes Kapital; dies verändert die Ertragssätze i und i_{FI} und führt zu einer Anpassung der kritischen Eigenkapitalwerte $\underline{W}$ und $\overline{W}$. Um dies zu zeigen, muss zunächst der aggregierte Wert aller Aktiva der Finanzintermediäre ermittelt werden. Er ergibt sich als:

$$\int_{\underline{W}(i,i_{FI})}^{\overline{W}(i)} \overline{B} f(W) dW + \int_{\underline{W}(i,i_{FI})}^{\overline{W}(i)} \left(I - W - \overline{B}\right) f(W) dW$$
$$= \int_{\underline{W}(i,i_{FI})}^{\overline{W}(i)} (I - W) f(W) dW.$$

Der erste Summand bezeichnet hierbei den aggregierten Wert an informiertem Kapital, der zweite Summand den aggregierten Wert an uninformiertem Kapital, das die Banken an die Unternehmer mit $W \in (\underline{W}, \overline{W}]$ weiterleiten.

Mindesteigenkapitalnormen zwingen die Banken insgesamt, informiertes Kapital in Höhe von nicht weniger als 8 v. H. ihrer aggregierten Aktiva zu halten, d. h.

$$\mathfrak{B} \geq 0,08 \int_{\underline{W}(i,i_{FI})}^{\overline{W}(i)} (I - W) f(W) dW. \tag{9.23}$$

Sofern das aggregierte Bankkapital $\mathfrak{B}$ gegeben ist, können die Banken Ungleichung (9.23) nur erfüllen, indem sie den aggregierten Wert ihrer Aktiva vermindern. Da sowohl die Projektgröße als auch die Eigenkapitalausstattungen W

9.2 Eigenkapitalanforderungen und Unternehmensfinanzierung

der Unternehmer gegeben sind, lässt sich dies nur erreichen, indem die Integralgrenzen $\underline{W}$ und $\overline{W}$ variieren.

Solange keine zusätzlichen Annahmen über die Verteilungsfunktion F getroffen werden, sind drei Anpassungsmöglichkeiten denkbar:

- Sowohl $\underline{W}$ als auch $\overline{W}$ steigen an, was eine Zunahme von i und i_{FI} erfordert.
- Sowohl $\underline{W}$ als auch $\overline{W}$ sinken, was eine Abnahme von i und i_{FI} erfordert.
- $\underline{W}$ steigt an und $\overline{W}$ sinkt, was eine Zunahme von i_{FI} und eine Abnahme von i erfordert.

Die ersten beiden Alternativen können ausgeschlossen werden, weil sie das Gleichgewicht auf dem Markt für aggregiertes Kapital stören und (9.22) nicht erfüllt wäre:

- Sofern der Alternativvertrag i für das uninformierte Kapital ceteris paribus ansteigt, entsteht auf dem Gesamtmarkt für Kapital ein Angebotsüberschuss, weil die Ersparnis zunimmt und wegen (9.19) die Grenze $\underline{W}$ ansteigt und damit weniger Unternehmer eine externe Finanzierung erhalten. Um diesen Angebotsüberschuss abzubauen, müßte der Alternativvertrag i_{FI} für das informierte Kapital gemäß (9.18) sinken und nicht steigen.
- Sinkt demgegenüber i, resultiert aus demselben Grund auf dem Gesamtmarkt für Kapital ein Nachfrageüberschuss und gemäß (9.18) muss i_{FI} steigen und nicht sinken.

Damit verbleibt einzig die dritte Alternative, um die Eigenkapitalnorm zu erfüllen, ohne das Gleichgewicht (9.22) zu stören, d. h. i sinkt und/oder i_{FI} steigt an. In Abbildung 9.2 wandern damit die Senkrechte $\underline{W}$ nach rechts und die Senkrechte $\overline{W}$ nach links. Daraus resultiert aus zwei Gründen ein Disintermediationseffekt:

- Einige mäßig kapitalisierte Unternehmer, die bislang noch Zugang zur indirekten Finanzierung hatten, erhalten keine Finanzierung mehr;
- einige gut kapitalisierte Unternehmer, die bislang eine indirekten Finanzierung in Anspruch genommen hatten, wechseln über zur direkten Finanzierung.

Im Modell von *Holmström* und *Tirole* haben Eigenkapitalnormen damit einen Struktur- und einen Niveaueffekt, weil sie die Zusammensetzung der externen Finanzierung verändern und den Anteil der Unternehmer vermindern, die eine externe Finanzierung erhalten.

Allerdings hängen diese Ergebnisse, wie auch schon im vorhergehenden Abschnitt, wesentlich von der Annahme einer für die Bank gegebenen Eigenkapitalausstattung ab: In Abschnitt 9.2.1 konnte die Bank einer drohenden Überschuldung nicht durch Aufnahme neuen Eigenkapitals begegnen; in diesem Abschnitt ist die Bank nicht imstande, ein Verletzen der Eigenkapitalnorm durch

Zuführung neuen Eigenkapitals zu verhindern. Damit bleibt im Modell vollständiger Verträge mit symmetrischer oder asymmetrischer Informationsverteilung die Höhe der Eigenkapitalnorm ohne Konsequenz, sofern die Bank unbeschränkten Zugang zu zusätzlichem Eigenkapital hat.

9.2.3 Unvollständige Finanzverträge

Dies ändert sich, wenn man die Existenz unvollständiger Finanzverträge unterstellt und Eigenkapitalnormen in das Modell von *Diamond* und *Rajan* (Abschnitt 7.2) einführt. Dessen Ausgangspunkt war die Annahme, dass ein Unternehmer oftmals über investitionsspezifisches Humankapital in Form besonderer Fähigkeiten und Kenntnisse verfügt, und er in Verbindung mit einem Sachkapitaleinsatz einen Ertragstrom erzielen kann. Allerdings ist der Einsatz seiner spezifischen Fähigkeiten von Dritten nicht überprüfbar und vor Gericht nicht einklagbar, und der Unternehmer könnte jederzeit damit drohen, sein spezifisches Wissen aus dem Projekt zu entziehen und so einen Teil der Erträge zu vernichten.

Diese mangelnde Selbstbindungsfähigkeit gereicht dem Unternehmer zum Nachteil, denn sie bedingt, dass sein Sachkapital illiquide ist und nicht zum vollen Barwert seines zukünftigen Ertragsstromes beliehen werden kann – sofern der Unternehmer eine direkte Finanzierung ohne Finanzintermediation durch eine Bank wählt. Dies ändert sich jedoch, wenn eine Geschäftsbank als Projektfinanzier auftritt, die dem Unternehmer einen Kredit gewährt und sich durch Ausgabe von Sichteinlagen finanziert. Hierfür ist das Zusammenspiel von drei Gründen verantwortlich: Weil die Bank das Investitionsprojekt vom Anfang an begleitet hat, verfügt sie als Erstfinanzier oder *relationship lender* (RL) erstens über bessere Verwertungsmöglichkeiten des Projekts als alle anderen (später auftretenden) Finanziers und kann deshalb vom Unternehmer höhere Zahlungen als die übrigen Finanziers extrahieren.

Gleichzeitig kann die Bank zweitens jeden vorzeitigen Liquiditätsbedarf eines Finanziers vom Unternehmer fernhalten, indem sie abgezogene Einlagen durch neue Einlagen ersetzt. Schließlich ist die Bank imstande, sich gegenüber ihren Einlegern glaubhaft auf den Einsatz ihrer spezifischen Verwertungsmöglichkeiten zu verpflichten, weil sie mit ihnen einen Depositenvertrag abschließt. Der Depositenvertrag ist nämlich aus Sicht der Bank ein Selbstbindungsinstrument; jede Drohung, ihr spezifisches Humankapital nicht einzusetzen und die vom Unternehmer erzielten Einnahmen nicht vollständig an die Einleger weiterzuleiten, löst einen *bank run* aus, der die Existenz der Bank beendet. Anders als im Modell von *Diamond* und *Dybvig* (1983) ist der *bank run* im Modell unvollständiger Verträge von *Diamond* und *Rajan* also ein Disziplinierungsmechanismus, der die Bank daran hindert, Renten zu Lasten der Einleger abzuschöpfen.

Solange die Bank im Aktivgeschäft keinen Risiken ausgesetzt ist, finanziert sie sich ausschließlich durch Sichtdepositen, weil sie damit ihren Finanziers den völligen Verzicht auf Nachverhandlungen signalisieren und den maximalen Mittelzufluss erreichen kann. Genau dies ist der Punkt, an dem die Mindesteigenka-

9.2 Eigenkapitalanforderungen und Unternehmensfinanzierung

pitalquoten ihre Wirkung entfalten: *Diamond* und *Rajan* (2001a) zeigen, dass bei Sicherheit jede positive Eigenkapitalquote die Selbstbindungsfähigkeit der Bank einschränkt und ihr ein Nachverhandlungspotenzial gegenüber den Eigenkapitalgebern eröffnet. Da diese dies wissen, stellen sie der Bank weniger Eigenkapital zur Verfügung als diese unter gleichen Bedingungen an Fremdkapital erhalten könnte. Das Problem bleibt auch bestehen, wenn vom Sicherheitsfall abgegangen und ein Kreditausfallrisiko berücksichtigt wird; dann ergibt sich die optimale Eigenkapitalquote der Bank aus einem Trade-off zwischen Solvenz und Glaubwürdigkeit, und die Bank schränkt ihr Investitionsvolumen ein, wenn sie mehr Eigenkapital halten muss, als für sie zur Solvenzsicherung optimal ist.

Schauen wir uns jetzt abschließend dieses Argument vor dem Hintergrund der Ausführungen von Abschnitt 7.2 etwas ausführlicher an; dazu sei eine vereinfachte Form von *Diamond* und *Rajan* (2001a) verwendet. Betrachtet sei ein risikoneutraler Unternehmer, der ein Investitionsprojekt durchführen möchte, bei dem unter Einsatz von Sachkapital und unternehmensspezifischem Humankapital ein Konsumgut hergestellt wird. Der Faktor der Zeitpräferenz sei eins und eine Abdiskontierung ist damit nicht notwendig. Das Projekt hat eine Laufzeit von nur einer Periode, erfordert in $T = 0$ eine Investitionsvolumen in Höhe von einem EUR und erbringt in $T = 1$ einen sicheren Ertrag in Höhe von r EUR, sofern der Unternehmer seine spezifischen Fähigkeiten einbringt. Dieser verfügt über keine Eigenmittel und ist vollständig auf eine externe Finanzierung angewiesen. Jeder Finanzier besitzt eine positive Ausstattung an finanziellen Mitteln, die jedoch geringer ist als der externe Finanzierungsbedarf des Unternehmers, sodass mindestens zwei externe Finanziers zur Projektfinanzierung notwendig sind. Schließlich herrsche gesamtwirtschaftlich ein Nachfrageüberschuss nach Sachkapital, sodass ein mittelsuchender Unternehmer für einen späteren Zeitpunkt die höchstmögliche Rückzahlung an die Finanziers versprechen muss.

Erfüllt der Unternehmer seine Rückzahlungsverpflichtung nicht, können seine Finanziers ihm die Eigentumsrechte am Sachkapital entziehen und das Projekt selbst durchführen. Sofern eine Bank als *relationship lender* (RL) fungiert, erzielt sie aus dem Projekt in $T = 1$ einen Ertrag z^{RL}, wobei gelte:

$$r > z^{RL} > 1,$$

sodass es sich lohnt, das Projekt sowohl vom Unternehmer als auch von der Bank durchführen zu lassen. Alle anderen Finanziers erzielen als *unskilled lender* keinen Ertrag aus dem Projekt, d. h. es gilt $z^{UL} = 0$.

Die Bank schließt in $T = 0$ mit dem Unternehmer einen Standardkreditvertrag ab und deckt dessen Finanzierungsbedarf. Der Unternehmer verspricht im Gegenzug, in $T = 1$ ein Rückzahlungsversprechen zu erfüllen. Allerdings ist der Vertrag unvollständig, weil der Unternehmer den Einsatz seines Humankapitals nicht zusichern kann, sodass sich in $T = 1$ ein Nachverhandlungsspiel zwischen Bank und Unternehmer ergibt: Der Unternehmer kann sein in $T = 0$ gegebenes Rückzahlungsversprechen brechen und der Bank weniger anbieten. Die Bank kann diese niedrigere Zahlung akzeptieren oder das Projekt selbst durchführen. Verfügt der Unternehmer in diesem Verhandlungsspiel über die gesamte Verhandlungsmacht, bietet er der Bank im Verhandlungsprozess maximal z^{RL} an, weil das der Betrag ist, den die Bank außerhalb der Vertragsbeziehung erhalten kann.

Bevor die Bank jedoch die Verhandlung mit dem Unternehmer beginnt, wird sie unter Umständen erst einen Verhandlungsprozess mit ihren Finanziers auslösen (andernfalls wäre jede Drohung der Bank, ihre besonderen *collection skills* als *relationship lender* nicht einzusetzen, ohne Biss). Ob sie dies macht, hängt von der Art ihrer Finanzierung ab und davon, ob die Bank externes Kapital in Form von Sichtdepositen oder in Form von Eigenkapital beschaffen kann:

- Finanziert sie sich ausschließlich durch Sichtdepositen, wird die Bank niemals einen Nachverhandlungsprozess mit ihren Finanziers auslösen, weil dadurch ein *bank run* entsteht, der ihre Existenz vernichtet.
- Finanziert sie sich demgegenüber ausschließlich durch externes Eigenkapital, wird sie solch einen Nachverhandlungsprozess mit ihren Eigenkapitalgebern beginnen, weil sie dadurch eine Rente abschöpfen kann, ohne der Gefahr eines *bank run* ausgesetzt zu sein. Sofern beide Parteien über dieselbe Verhandlungsmacht verfügen, teilen sie das Ergebnis paritätisch auf.

In Kenntnis ihrer Verhandlungspositionen gegenüber der Bank, stellen beide Gruppen von externen Finanziers der Bank in $T = 0$ nur so viel Kapital zur Verfügung, wie sie im Nachverhandlungsprozess in $T = 1$ als Rückzahlung erzielen können (eine Abdiskontierung findet annahmegemäß nicht statt). Dies ist bei einer ganz oder teilweise durch Eigenkapital finanzierten Bank weniger als bei einer ausschließlich durch Sichteinlagen finanzierten Bank.

Um den Einfluss einer der Bank vorgegebenen Mindesteigenkapitalquote (capital to asset ratio) CAR auf die Unternehmensfinanzierung zu ermitteln, ist deshalb zu fragen, welchen Betrag die Bank in $T = 0$ ihren Kapitalgebern zur Rückzahlung in $T = 1$ maximal zusichern kann, wenn sie sich durch eine Mischung aus Sichtdepositen und Eigenkapital finanziert. Bezeichnet man mit D die von der Bank in $T = 0$ den Depositoren für $T = 1$ in Aussicht gestellte Auszahlung, gilt für die Eigenkapitalquote in $T = 1$:

$$CAR = \frac{\frac{1}{2}\left(z^{RL} - D\right)}{\frac{1}{2}\left(z^{RL} - D\right) + D} = \frac{z^{RL} - D}{z^{RL} + D}.$$

Hierbei benennt der Zähler den Betrag, den die Eigenkapitalgeber im Nachverhandlungsprozess von der Bank erhalten, und der Nenner den Auszahlungsbetrag der Bank an ihre Eigenkapitalgeber und Einleger. Dann erhalten in $T = 1$:

- die Einleger

$$D = \frac{1 - CAR}{1 + CAR} z^{RL},$$

9.2 Eigenkapitalanforderungen und Unternehmensfinanzierung

- die Eigenkapitalgeber

$$\frac{1}{2}\left(z^{RL} - D\right) = \frac{CAR}{1+CAR} z^{RL},$$

- die Bank

$$\frac{1}{2}\left(z^{RL} - D\right) = \frac{CAR}{1+CAR} z^{RL}.$$

Als Konsequenz kann die Bank in Abhängigkeit von der ihr vorgegebenen Eigenkapitalquote CAR in $T = 0$ ihren Finanziers einen Betrag von maximal

$$\frac{1}{1+CAR} z^{RL}$$

zur Rückzahlung in $T = 1$ zusichern und diesen somit in $T = 0$ aufnehmen. Wegen $\frac{d}{dCAR}\left(\frac{1}{1+CAR} z^{RL}\right) < 0$ sinkt die Fähigkeit der Bank, eine Projektfinanzierung durchzuführen, mit steigendem CAR. Für eine kritische Eigenkapitalquote $CAR > CAR^{crit} := z^{RL} - 1$ erhält die Bank in $T = 0$ nur einen unter dem Finanzbedarf des Projekts liegenden Mittelzufluss und kann das Projekt nicht finanzieren. Dieses Ergebnis folgt, da mit zunehmender Eigenkapitalquote die Fähigkeit der Bank zunimmt, eine Rente aus den Nachverhandlungen mit ihren Finanziers zu erzielen. Diese Rente extrahiert sie zu Lasten des von ihr zusicherbaren Auszahlungsbetrages für $T = 1$, und somit sinkt die Bereitschaft der Finanziers, der Bank Mittel zur Verfügung zu stellen.

Damit prognostiziert das Modell von *Diamond* und *Rajan* einen Disintermediationseffekt, der auch dann eintritt, wenn die Bank unbegrenzten Zugriff auf zusätzliches Eigenkapital hätte. Dies ist darin begründet, dass die Bank wegen der regulatorisch vorgegebenen Eigenkapitalquote nachverhandlungssicheres Fremdkapital durch Eigenkapital substituieren muss, das nicht nachverhandlungssicher ist. In Kenntnis dessen überlassen die Finanziers der Bank weniger externes Kapital, als das bei einer Eigenkapitalquote von null der Fall wäre.

Allerdings abstrahieren die vorstehenden Ausführungen von der Existenz von Risiken der Bankerträge. Wie eingangs erwähnt, zeigen *Diamond* und *Rajan* (2000), dass eine partielle Eigenkapitalfinanzierung zweckmäßig ist, wenn die in jedem Zeitpunkt anfallenden Projekterträge risikobehaftet sind. Dann benötigt die Bank Eigenkapital als Puffer zum Schutz gegen exogen verursachte Ertragseinbußen, das allerdings zugleich auch Anreize schafft, im Nachverhandlungsprozess mit den Eigenkapitalgebern Renten abzuschöpfen, wodurch sich die Möglichkeiten der Bank verschlechtern, externes Kapital aufzunehmen. Die optimale Eigenkapitalquote ergibt sich dann als Ergebnis eines Kalküls, der die Vorteile einer Eigenkapitalfinanzierung in Form eines verbesserten Schutzes gegen Aktivarisiken gegen die Nachteile eines sinkenden Finanzierungsvolumens abwägt.

9.3 Kommentierte Literaturhinweise

Ausführliche Darstellungen der verschiedenen Ansatzpunkte der Bankenregulierung findet man bei *Burghof, Rudolph* (1996), *Dewatripont, Tirole* (1994) sowie bei *Freixas, Rochet* (1997, Kapitel 9). Die Wirkung der Einlagenversicherung im Modell von *Diamond, Dybvig* analysieren *Greenbaum, Thakor* (1995), S. 465 ff. und *Vollmer* (1999b).

Eichberger, Harper (1997) führen ein in die Theorie der Optionspreisbildung. *Chan, Greenbaum, Thakor* (1992) fragen, ob die Konstruktion einer anreizkompatiblen Einlagenversicherung möglich ist. *Demirgüç-Kunt, Detragiache* (2002) untersuchen empirisch den Einfluss von Einlagensicherungssystemen auf die Stabilität von Bankensektoren.

Überblicke über Details der bestehenden und der neuen Basler Eigenkapitalvereinbarungen geben *Basler Ausschuss für Bankenaufsicht* (2001) und *Vollmer* (2002). Die hier präsentierte Analyse der Wirkung von Eigenkapitalnormen im Modell von *Holmström, Tirole* (1997) folgt der Darstellung bei *Vollmer* (2001). *Diamond, Rajan* (2001b) fragen, wie Eigenkapitalnormen im Modell unvollständiger Verträge wirken.

9.4 Übungsaufgaben

Übung 9.1 (*) *(Blum 2002) Betrachtet sei eine risikoneutrale Bank, die in $T = 0$ Sichteinlagen im Volumen von 1 EUR entgegennimmt und diese in ein Projekt investiert. Ihr stehen zwei alternative Projekte zur Verfügung, die folgende Zahlungsströme aufweisen:*

	$T=0$	$T=1$	$T=2$
Sicheres Projekt g	-1	0.7	1.5
Unsicheres Projekt b	-1	0.7	2 mit Wahrscheinlichkeit $P(2) = 0.25$ 0 mit Wahrscheinlichkeit $1 - P(2)$

Dabei bezeichnen die Zahlen für $T = 1$ den Liquidationserlös des Projekts und die Zahlen für $T = 2$ den Projektertrag, wenn das Projekt bis zum Ende durchgeführt wird (in EUR). In $T = 1$ erhält jeder Einleger ein Signal, das mit Wahrscheinlichkeit 0.8 die wahre Projektwahl der Bank offenbart und mit Wahrscheinlichkeit 0.2 signalisiert, dass das unsichere Projekt gewählt worden ist.

1. *Beschreiben Sie die zentralen Eigenschaften einer Sichteinlage und begründen Sie, unter welchen Umständen es in $T = 1$ zu einem bank run kommt.*
2. *Berechnen Sie im Fall ohne Einlageversicherung den erwarteten Gewinn der Bank $E[\pi]$ aus beiden Projekten und zeigen Sie, dass die Bank stets das sichere Projekt wählt.*

3. Berechnen Sie die Versicherungsprämie ξ^*, ab der die Bank bei Existenz einer Einlageversicherung das unsichere Projekt wählen würde. Welches Projekt wählt die Bank, wenn $\xi = 0$ beträgt?
4. Ist das Szenario mit Einlagenversicherung in diesem Modell aus Sicht aller Akteure dem Szenario ohne Einlagenversicherung vorzuziehen? Begründen Sie Ihre Antwort.

Übung 9.2 (*Greenbaum, Thakor* 1995, S. 482 ff.) *Gegeben sei eine versicherte Bank, deren Aktivawert von Monat zu Monat variiert. Sie kennen die Entwicklung der Bankaktiva während der letzten 7 Monate, die in nachfolgender Tabelle wieder gegeben ist. Die Wahrscheinlichkeitsverteilung über die Aktivawerte ist im Zeitablauf konstant. Der Anteil der Depositen an den Bankaktiva beträgt $d = 0.95$.*

Monat	Aktivawert (in Mio. EUR)
1	100
2	101
3	99
4	102
5	100
6	98
7	97.605074

1. Ermitteln Sie aus den Angaben aus obiger Tabelle das Risiko der Bankaktiva pro Jahr.
2. Ermitteln Sie den Wert g einer Depositenversicherung pro versicherter Deposite für die Bank.

Übung 9.3 (*) *Bestätigen Sie den in der Gleichung (9.7) bzw. (9.8) beschriebenen Zusammenhang zwischen der optimalen Versicherungsprämie und dem Illiquiditätsgrad der Bank bzw. dem Gesamtrisiko der Bankaktiva.*

Übung 9.4 *In Deutschland gibt es drei Einlagensicherungssysteme: Bemessungsgrundlage für die Beitragszahlungen der Mitgliedsbanken ist bei den Sicherungseinrichtungen der Sparkassen und Volks- und Raiffeisenbanken die Aktivposition „Forderungen gegenüber Kunden", während im Einlagesicherungsfonds des Bundesverbandes deutscher Banken die Beitragshöhe an der Passivposition „Verbindlichkeiten gegenüber Kunden" gebunden ist. Dabei beträgt der jährliche Beitragssatz 0.03 % (0.05 % im Falle der Genossenschaftsbanken) dieser Bemessungsgrundlage.*

1. Ermitteln Sie aus diesen Angaben den Wert g der Einlageversicherung pro Einheit an Depositen für die Mitgliedsbanken der drei Sicherungssysteme.
2. Welchen Einfluss hat der Illiquiditätsgrad auf die gezahlten Prämien?

Übung 9.5 (*Calem, Rob* 1999) *Betrachtet sei eine risikoneutrale Bank, die sich durch Aufnahme von Sichteinlagen $(1-B)$ und durch Eigenkapital B finanziert. Der Einlagenzinssatz betrage null. Die Bank hat in $T = 0$ zwei Projekte „g" und „b" zur Auswahl, in die sie investieren kann, wobei die konkrete Projektwahl private Information der Bank ist (die sich in $T = 1$ ergebenden Projekterträge sind jedoch frei beobachtbar). Jedes Projekt erfordert in $T = 0$ einen Investitionsvolumen von 1 EUR, ist jedoch beliebig teilbar mit konstanten Skalenerträgen. Die Erträge r^g und r^b der jeweiligen Projekte hängen vom Umweltzustand $s = 1,2$ ab und können somit jeweils zwei Realisationen r_1^g und r_2^g bzw. r_1^b und r_2^b annehmen. Sie lauten:*

- *für Projekt „g":*
$$r_1^g = r_2^g = g > 1;$$

- *für Projekt „b":*
$$r_s^b = \begin{cases} r_1^b = b > g \text{ mit Wahrscheinlichkeit } P(b) \\ r_2^b = 0 \text{ mit Wahrscheinlichkeit } 1 - P(b) \end{cases},$$

mit $E\left[r_s^b\right] = P(b) \cdot b > E\left[r_s^g\right] = g$.

Es sei $z \geq 0$ der Anteil, den die Bank in das Projekt „b" investiert. Ihre Präferenzen seien durch folgende additiv-separable Zielfunktion beschrieben:

$$U = E\left[\max\left\{r - (1-B); 0\right\}\right] + P(r \geq 1 - B) \cdot \pi,$$

wobei π einen exogenen Ertrag späterer Perioden bezeichnet, den die Bank nur erhält, wenn sie in $T = 1$ nicht insolvent wird, d.h. $r \geq 1 - B$ gilt; $P(r \geq 1 - B)$ ist die zugehörige Eintrittswahrscheinlichkeit.

1. *Ermitteln Sie den Wert $\bar{z}$, ab dem die Bank im schlechten Umweltzustand $s = 2$ insolvent wird. Wie ist die Insolvenzgefahr für $s = 1$?*
2. *Wie hoch ist der erwartete Zielwert $E[U]$, sofern die Bank niemals insolvent werden will und $z \leq \bar{z}$ wählt, und wenn sie Insolvenz inkauf nimmt, also $z > \bar{z}$ wählt?*
3. *Welches z wählt die Bank für eine gegebene Eigenkapitalausstattung B?*
4. *Wie wirkt die Vorgabe eine Mindesteigenkapitalquote B^* auf die Projektwahl und das Portfoliorisiko der Bank?*

9.5 Lösungshinweise zu den Übungsaufgaben

Lösung 9.1 *Die Lösungen lauten:*

1. *Eine Sichteinlage begründet den Anspruch auf eine zuvor festgelegte Zahlung; sie ist einlösbar auf Sicht, und die Einlösung erfolgt sequenziell. Der*

9.5 Lösungshinweise zu den Übungsaufgaben

bank run erfolgt, sobald das Signal negativ ist und auf die Wahl des unsicheren Projekts hindeutet. In diesem Fall präferiert der Einleger die Auflösung seiner Einlage in $T = 1$, was eine sichere Zahlung in Höhe seiner Einlage impliziert, solange die Summe aller Rückforderungen noch nicht den Liquidationserlös des Projektes überschreitet, über die Auflösung seiner Einlage in $T = 2$, was eine Auszahlung seiner Bank nur mit Wahrscheinlichkeit $P(2) < 1$ impliziert.

2. *Gibt es keine Einlagenversicherung, beträgt der erwartete Gewinn der Bank null, sofern sie in $T = 0$ das unsichere Projekt wählt, da die Einleger in jedem Fall ein negatives Signal erhalten und einen bank run auslösen. Demgegenüber beträgt der erwartete Gewinn der Bank bei Wahl des sicheren Projekts $0.8 \cdot (1.5 - 1) = 0.4$ EUR, denn mit der Wahrscheinlichkeit 0.8 erhalten die Einleger ein positives Signal, es kommt zu keinem bank run und das Projekt kann bis zum Ende durchgeführt werden; dann erbringt es in $T = 2$ einen Ertrag in Höhe von 1.5 EUR, und die Depositeure erhalten ihre Einlage zurück. Demgegenüber erhalten die Einleger mit Wahrscheinlichkeit 0.2 ein negatives Signal, es kommt zu einem bank run, das Projekt wird liquidiert und die Bank erhält nichts. Damit wählt die Bank ohne Existenz der Einlagenversicherung immer das sichere Projekt. Der erwartete Gewinn aller Depositeure beträgt -0.06 EUR, weil sie bei einem negativen Signal einen bank run auslösen und dann insgesamt nur $0.7 < 1$ EUR ausbezahlt bekommen.*

3. *Bei Existenz einer Einlagenversicherung haben die Depositeure keinen Grund mehr, in $T = 1$ einen bank run auszulösen, weil sie in $T = 2$ in jedem Fall ihre Einlagen zurück erhalten, sei es von der Bank oder vom Einlagenversicherer. Allerdings kann die Bank in $T = 0$ nur noch einen Betrag $1 - \xi$ in das Projekt investieren. Wählt die Bank in $T = 0$ das unsichere Projekt, beträgt ihr erwarteter Gewinn (sofern ξ nicht zu hoch ist):*

$$0.25 \cdot (2 \cdot (1 - \xi) - 1) = 0.25 - 0.5\xi.$$

Wählt sie hingegen das sichere Projekt, beträgt ihr erwarteter Gewinn (sofern ξ nicht zu hoch ist):

$$1.5 \cdot (1 - \xi) - 1 = 0.5 - 1.5\xi.$$

Sie entscheidet sich für das unsichere Projekt, sofern gilt:

$$0.5 - 1.5\xi \geq 0.25 - 0.5\xi$$

oder

$$\xi \leq 0.25,$$

für $\xi = 0$ wählt sie also das sichere Projekt.

4. *Bei einer Versicherungsprämie von $\xi = 0$ entscheidet sich die Bank für das sichere Projekt, und ein bank run wird auf jeden Fall vermieden, sodass der Versicherungsfall nicht eintritt. Damit beträgt der erwartete Gewinn aller*

Akteure 1.5 − 1 = 0.5 EUR. Auch ohne Einlagenversicherung wählt die Bank das sichere Projekt, dann kommt es aber mit der Wahrscheinlichkeit 0.2 zu einem bank run, sodass der erwartete Gewinn aller Akteure lediglich 0.8 · 1.5 + 0.2 · 0.7 − 1 = 0.34 EUR. Das Szenario mit Einlagenversicherung ist also vorzuziehen.

Lösung 9.2 *Die Lösungen lauten:*

1. *Um das Risiko der Bankaktiva pro Jahr zu ermitteln, nutzen wir Tabelle I.1 aus Greenbaum, Thakor (1995, S. 483):*

A	B	C	D	E	F
Monat	Aktivawert V_t	$\frac{V_t}{V_{t-1}}$	$\ln(\frac{V_t}{V_{t-1}})$	D abzgl. Durchschnitt von D	$(E)^2$
1	100	-	-	-	-
2	101	1.01	0,00995	0.013988	0.0001957
3	99	0.9802	-0.02000	-0.015962	0.0002548
4	102	1.0303	0,02985	0.033888	0.0011484
5	100	0.9804	-0.01979	-0.015752	0.0002481
6	98	0.9800	-0.0202	-0.016162	0.0002612
7	97.605074	0.9959701	-0.004038	0	0

Die Werte in Spalte (E) wurden errechnet, indem man die Summe aller Einträge gebildet und durch 6 dividiert hat; das Ergebnis ist −0.004038. Die Einträge in Spalte (F) ergeben sich durch Quadrierung der Einträge in Spalte (E). Es gilt:

$$\sigma^2 = \frac{\text{Summe der Einträge in Spalte F}}{5}$$

$$= \frac{0.0021082}{5} = 0.0004216.$$

Bezogen auf das Jahr gilt für das Risiko der Bankaktiva: $0.0004216 \cdot 12 \approx 0.005$.

2. *Jetzt können wir ermitteln:*

$$h_1 = \frac{\ln(0.95) - (0.005/2)}{\sqrt{0.005}} = -0.76076$$

und

$$h_2 = -0.76076 + \sqrt{0.005} = -0.69005,$$

woraus folgt:

$$g = N(-0.69005) - \frac{1}{0.95} N(-0.76076) = 0.0099.$$

Der Wert der Versicherung beträgt beinahe 0.99 EUR pro 100 EUR versicherten Depositen.

9.5 Lösungshinweise zu den Übungsaufgaben

Lösung 9.3 (*) *Es ist zunächst zu beachten, dass*

$$h_1 = \frac{\ln d - \frac{\sigma^2 T}{2}}{\sigma \sqrt{T}} \quad und \quad h_2 = \frac{\ln d + \frac{\sigma^2 T}{2}}{\sigma \sqrt{T}}$$

gilt. Nun wird (9.6) abgeleitet nach d:

$$\frac{\partial g}{\partial d} = \frac{\partial N(h_2)}{\partial h_2} \frac{\partial h_2}{\partial d} + \frac{1}{d^2} \cdot N(h_1) - \frac{1}{d} \frac{\partial N(h_1)}{\partial h_1} \frac{\partial h_1}{\partial d},$$

was wegen $\frac{\partial h_2}{\partial d} = \frac{\partial h_1}{\partial d}$ umgeformt werden kann zu:

$$\frac{\partial g}{\partial d} = \frac{1}{d^2} \cdot N(h_1) + \frac{\partial h_1}{\partial d} \left[\frac{\partial N(h_2)}{\partial h_2} - \frac{1}{d} \frac{\partial N(h_1)}{\partial h_1} \right].$$

Nun ist zu zeigen, dass der zweite Summand wegfällt. Dieser zweite Summand kann mit Hilfe der Definitionsgleichung der Dichtefunktion der Standardnormalverteilung und der Definitionen von h_1 und h_2 umgeschrieben werden zu:

$$\frac{\partial h_1}{\partial d} \left[\frac{1}{\sqrt{2\pi}} \cdot e^{-\frac{1}{2}(h_2)^2} - \frac{1}{d} \frac{1}{\sqrt{2\pi}} \cdot e^{-\frac{1}{2}(h_1)^2} \right] \stackrel{!}{=} 0.$$

Dies ist erfüllt, sofern gilt:

$$e^{-\frac{1}{2}\left(\frac{\ln d + \frac{\sigma^2 T}{2}}{\sigma\sqrt{T}}\right)^2} - \frac{1}{d} \cdot e^{-\frac{1}{2}\left(\frac{\ln d - \frac{\sigma^2 T}{2}}{\sigma\sqrt{T}}\right)^2} \stackrel{!}{=} 0,$$

$$e^{-\frac{1}{2\sigma^2 T}(\ln d)^2 - \frac{1}{2\sigma^2 T}\left(\frac{\sigma^2 T}{2}\right)^2} \left[e^{-\frac{1}{2\sigma^2 T} \cdot 2 \cdot \frac{\sigma^2 T}{2} \cdot \ln d} - \frac{1}{d} \cdot e^{\frac{1}{2\sigma^2 T} \cdot 2 \cdot \frac{\sigma^2 T}{2} \cdot \ln d} \right] \stackrel{!}{=} 0,$$

$$e^{-\frac{1}{2} \cdot \ln d} - \frac{1}{d} \cdot e^{\frac{1}{2} \cdot \ln d} \stackrel{!}{=} 0,$$

$$d^{-\frac{1}{2}} - \frac{1}{d} \cdot d^{\frac{1}{2}} = d^{-\frac{1}{2}} - d^{-\frac{1}{2}} = 0,$$

was zu zeigen war. Die Ableitung von g nach $\sigma^2 T$ ergibt sich in analoger Weise.

Lösung 9.4 *Die Lösungen lauten:*

1. *Es gilt:*
   - *für die Mitgliedsbanken im Bundesverband deutscher Banken (BdB):*

     $$g = 0.0003;$$

   - *für die Mitglieder des Sparkassen- und Giroverbandes (SGV):*

     $$g = 0.0003 \cdot \frac{1}{d};$$

- für die Mitglieder des Bundesverbandes deutscher Volks- und Raiffeisenkassen (BVR):
$$g = 0.0005 \cdot \frac{1}{d}.$$

2. Der Illiquiditätsgrad hat keinen Einfluss auf die Prämien der Mitgliedsbanken im BVR; dagegen gilt für die übrigen betrachteten beiden Gruppen von Kreditinstituten:
$$\frac{\partial g}{\partial d} < 0.$$

Lösung 9.5 *Die Lösungen lauten:*

1. *Im guten Zustand $s = 1$ wird die Bank niemals insolvent, da $g > b > 1$ gilt. Insolvenz ist nur im schlechten Umweltzustand $s = 2$ möglich, sofern gilt:*
$$(1-z) \cdot g < 1 - B$$
oder
$$z > 1 - \frac{1-B}{g} =: \bar{z}.$$

2. *Will die Bank eine Insolvenz vermeiden, muss sie $z \leq \bar{z}$ wählen; dann gilt $\mathrm{P}(r \geq 1 - B) = 1$ und für den erwarteten Zielwert:*
$$\begin{aligned}E\left[U^{z \leq \bar{z}}\right] &= \mathrm{P}(b)\left[(1-z) \cdot g + z \cdot b - (1-B)\right] \\ &\quad + [1 - \mathrm{P}(b)]\left[(1-z) \cdot g - (1-B)\right] + \pi \\ &= (1-z) \cdot g + \mathrm{P}(b)\,zb - (1-B) + \pi.\end{aligned}$$

Nimmt die Bank Insolvenz inkauf, wählt sie $z \geq \bar{z}$, und es gilt $\mathrm{P}(r \geq 1 - B) = \mathrm{P}(b)$. Für den erwarteten Zielwert folgt dann:
$$\begin{aligned}E\left[U^{z > \bar{z}}\right] &= \mathrm{P}(b)\left[(1-z) \cdot g + z \cdot b - (1-B)\right] + \mathrm{P}(b) \cdot \pi \\ &= \mathrm{P}(b)(1-z) \cdot g + \mathrm{P}(b)\,zb - \mathrm{P}(b)(1-B) + \mathrm{P}(b) \cdot \pi.\end{aligned}$$

3. *Da die Funktion $E[U]$ zwei lokale Maxima aufweist, ist eine Fallunterscheidung zweckmäßig:*

- *Fall 1:*
   Die Bank vermeidet eine Insolvenz und wählt $z \leq \bar{z}$: Wegen $\frac{dE[U^{z \leq \bar{z}}]}{dz} = \mathrm{P}(b)\,b - g > 0$, wählt die Bank $z = \bar{z} = 1 - \frac{1-B}{g}$. In diesem Fall gilt:
$$E\left[U^{z \leq \bar{z}}\right] = \left(1 - \frac{1-B}{g}\right)\mathrm{P}(b)\,b + \pi.$$

- *Fall 2:*
   Die Bank nimmt eine Insolvenz inkauf und wählt $z > \bar{z}$: Wegen $\frac{dE[U^{z > \bar{z}}]}{dz} = \mathrm{P}(b)(b - g) > 0$, wählt die Bank $z = 1$. Dann gilt:

9.5 Lösungshinweise zu den Übungsaufgaben

$$E\left[U^{z>\bar{z}}\right] = \mathrm{P}\left(b\right)b - \mathrm{P}\left(b\right)\left(1-B\right) + \mathrm{P}\left(b\right)\pi.$$

Die Bank wählt $z = 1$, sofern

$$\mathrm{P}\left(b\right)b - \mathrm{P}\left(b\right)\left(1-B\right) + \mathrm{P}\left(b\right)\pi > (1 - \frac{1-B}{g})\mathrm{P}\left(b\right)b + \pi$$

oder

$$B < 1 - \frac{1 - \mathrm{P}\left(b\right)g\pi}{(b-g)\mathrm{P}\left(b\right)} =: \overline{B}.$$

Im umgekehrten Fall wählt sie $z = \bar{z}$.

4. Sofern $B^* \leq \overline{B}$, ändert sich das Verhalten der Bank nicht; gilt jedoch $B^* > \overline{B}$, dann
   - sinkt das Portfoliorisiko für Banken, die sonst $\overline{B}$ unterschritten hätten,
   - steigt das Portfoliorisiko für Banken, für die sonst $B \in (\overline{B}; B^*)$ gegolten hätte.

Literaturverzeichnis

Akerlof, G. (1970): The Market for Lemons, in: The Quarterly Journal of Economics, 84, S. 488-500.

Allen, F. (1990): The Market for Information and the Origin of Financial Intermediation, in: Journal of Financial Intermediation, 1, S. 3-30.

Avery, C.; Zemsky, P. (1998), Multidimensional Uncertainty and Herd Behavior in Financial Markets, in: American Econonomic Review, 88, 724-748.

Basler Ausschuss für Bankenaufsicht (2004), Internationale Konvergenz der Kapitalmessung und Eigenkapitalanforderungen. Überarbeitete Rahmenvereinbarung, Basel.

Baltensperger, E. (1996), Banken und Finanzintermediäre, in: *von Hagen, J.; Börsch-Supan, A.; Welfens, P. J. J.*, Hg., Springers Handbuch der Volkswirtschaftslehre, Bd. I, Berlin, Heidelberg, New York u. a., S. 268-304.

Banerjee, A. V. (1992), A Simple Modell of Herd Behavior, in: Quarterly Journal of Economcs, 107, S. 797-817.

Bester, H. (1985), Screening vs. Rationing in Credit Markets with Imperfect Information, in: American Economic Review, 75, S. 850-855.

Bester, H. (1987), The Role of Collateral in Credit Markets with Imperfect Information, in: European Economic Review, 31, S. 887-899.

Bikhchandani, S.; Hirshleifer, D.; Welch, I. (1992), A Theory of Fads, Fashion, Custom and Cultural Change as Informational Cascades, in: Journal of Political Economy, 100, S. 992-1026.

Bikhchandani, S.; Sharma, S. (2000) Herd Behavior in Financial Markets: A Review, IMF Working Paper WP 00/48, Washington.

Black, F.; Scholes, M. (1973) The Pricing of Options and Corporate Liabilities, in: Journal of Political Economy, 81, S. 637-659.

Blum, J. M. (2002), Subordinated Debt, Market Discipline, and Bank Risk Taking, in: Journal of Banking and Finance, 26, S. 1427-1441.

Blum, U.; Dudley, L.; Leibbrand, F.; Weiske, A. (2005), Angewandte Institutionenökonomik. Theorien–Modelle–Evidenz, Wiesbaden.

Bolton, P.; Dewatripont, M. (2005), Contract Theory, Cambridge, London.

Breuer, W. (1993) Finanzintermediation und Kapitalmarktgleichgewicht, Wiesbaden.

Bryant, R. (1980), A Model of Reserves, Bank Runs and Deposit Insurance, in: Journal of Banking and Finance, 43, S. 749-761.

Burghof, H.-P.; Rudolph, B. (1996), Bankenaufsicht. Theorie und Praxis der Regulierung, Wiesbaden.

Calem, P.; Rob, R. (1999), The Impact of Capital-Based Regulation on Bank Risk-Taking, in: Journal of Financial Intermediation, 8, S. 317-353.

Chan, Y. S.; Greenbaum, S.; Thakor, A. V. (1992), Is Fairly Priced Deposit Insurance Possible?, in: The Journal of Finance, 47, S. 227-245.

Chari, V. V.; Jagannathan, R. (1988), Banking Panics, Information, and Rational Expectations Equilibrium, in: The Journal of Finance, 43, S. 749-764.

Chari, V. V.; Kehoe, P. J. (2003), Financial Crises as Herds: Overturning the Critiques, Federal Reserve Bank of Minneapolis Research Department Staff Report 316, http://minneapolisfed.org/research/sr/sr316.pdf.

Chiang, A. C. (1999), Elements of Dynamic Optimization, Long Grove, Illinois.

Demirguc-Kunt, A.; Detragiache, E. (2002), Does Deposit Insurance Increase Banking System Stability? An Empirical Investigation, in: Journal of Monetary Economics, 49, S. 1373-1406.

Dewratipont, M.; Tirole, J. (1994), The Prudential Regulation of Banks, Cambridge MA.

Diamond, D. W. (1984), Financial Intermediation and Delegated Monitoring, in: Review of Economic Studies, 51, S. 393-414.

Diamond, D. W. (1991), Monitoring and Reputation: The Choice between Bank Loans and Directly Placed Debt, in: Journal of Political Economy, 99, S. 689-721.

Diamond, D. W. (1996), Financial Intermediation as Delegated Monitoring: A Simple Example, in: Federal Reserve Bank of Richmond Economic Quarterly, 82 (3), S. 51-66.

Diamond, D. W.; Dybvig, P. (1983), Bank Runs, Deposit Insurance and Liquidity, in: Journal of Political Economy, 91, S. 401-419.

Diamond, D. W.; Rajan, R. (2000), A Theory of Bank Capital, in: Journal of Finance, 55, S. 2431-2465.

Diamond, D.W.; Rajan, R. (2001a), Liquidity Risk, Liquidity Creation and Financial Fragility: A Theory of Banking, in: Journal of Political Economy, 109, S. 287-327.

Diamond, D. W.; Rajan, R. (2001b), Banks, Short Term Debt and Financial Crises: Theory, Policy Implications and Application, in: Carnegie-Rochester Conference Series on Public Policy, 54, S. 17-71.

Diamond, D. W.; Rajan, R. (2001c), Banks and Liquidity, in: American Economic Review, Papers and Proceedings, 91, S. 421-425.

Dietrich, D. (2002), Finanzintermediation im monetären Transmissionsprozeß, Frankfurt/Main.

Duwendag, D.; Ketterer, K. H.; Kösters, W.; Pohl, R.; Simmert, D. B. (1999), Geldtheorie und Geldpolitik in Europa, 5. A., Berlin, Heidelberg, New York.

Eckey, H.-F.; Kosfeld, R.; Dreger, C. (2000), Statistik. Grundlagen–Methoden–Beispiele, 2. A., Wiesbaden.

Eichberger, J.; Harper, I. (1997), Financial Economics, Oxford.

Erlei, M.; Leschke, M.; Sauerland, D. (1999), Neue Institutionenökonomik, Stuttgart.

Freixas, X.; Rochet, J. C. (1997), Microeconomics of Banking, Cambridge, London.

Gale, D. (1996), What have We Learned from Social Learning?, in: European Economic Review, 40, S. 617-628.

Gorton, G. (1988), Banking Panics and Business Cycles, in: Oxford Economic Papers, 40, S. 751-781.

Greenbaum, S. I.; Thakor, A. V. (1995), Temporary Financial Intermediation, Fort Worth u. a .

Grossman, S. J.; Hart, O. D. (1983), An Analysis of the Principal-Agent Problem, in: Econometrica, 51, S. 7-45.

Grossman, S. J.; Hart, O. D. (1986), The Cost and Benefit of Ownership: A Theory of Vertical and Lateral Integration, in: Journal of Political Economy, 94, S. 691-719.

Harris, M.; Raviv, A. (1979), Optimal Incentive Contracts with Imperfect Information, in: Journal of Economic Theory, 20, S. 231.259.

Hart, D. O. (1995), Firms, Contracts, and Financial Structure, Oxford.

Hart, D. O.; Holmström, B. (1987), The Theory of Contracts, in: *Bewley, T. F.*, ed., Advances in Economic Theory. Fifth World Congress, Cambridge, S. 71-155.

Hart, D. O.; Moore, J. (1990), Property Rights and the Nature of the Firm, in: Journal of Political Economy, 98, S. 1119-1158.

Hart, D. O.; Moore, J. (1994), A Theory of Debt Based on the Inalienablity of Human Capital, in: The Quarterly Journal of Economics, 109, S. 841-879.

Hart, D. O.; Moore, J. (1998), Default and Renegotiation: A Dynamic Model of Debt, in: The Quartely Journal of Economics, 113, S. 1-41.

Hart, D. O.; Moore, J. (1999), Foundations of Incomplete Contracts, in; Review of Economic Studies, 66, S. 15-138.

Hellwig, M. (1991), Banking, Financial Intermediation, and Corporate Finance, in: *Giovanini, A.; Mayer, C.* (eds.), European Financial Integration, Cambridge, S. 35-63.

Hellwig, M. (2000), Financial Intermediation with Risk Aversion, in: Review of Economic Studies, 67, S. 719-742.

Hellwig, M. (2001), Corporate Governance and the Financing of Investment for Structural Change, in: *Deutsche Bundesbank* (ed.), Investing Today for the World of Tomorrow. Studies on the Investment Process in Europe, Berlin, Heidelberg, S. 201-220.

Hirth, H.; Walter, A. (2001), Rationales Herdenverhalten, in: Wirtschaftswissenschaftliches Studium (WiSt), 30, S. 17-22.

Holmström, B. (1979), Moarl Hazard and Observality, in: Bell Journal of Economics, 10, S. 74-91.

Holmström, B.; Tirole, J. (1997) Financial Intermediation, Loanable Funds, and the Real Sector, in: The Quarterly Journal of Economics, 112, S. 663-691.

Holmström, B.; Tirole, J. (1998) Private and Public Supply of Liquidity, in: Journal of Political Economy, 106, S. 1-40.

Innes, R. D. (1990), Limited Liability and Incentive Contracting wit Ex-ante Action Choices, in: Journal of Economic Theory, 52, S. 45-67.

Jacklin, C. J. (1987), Demand Deposits, Trading Restrictions, and Risk Sharing, in: *Prescott, E. C.; Wallace, N.* (eds.), Contractual Arrangements for International Trade, Minneapolis, pp. 26-47.

Jarchow, H.-J. (2003), Theorie und Politik des Geldes, 11. A., Göttingen.

Jean, W. H. (1992), Stochastic Dominance Optimums and the Capital Asset Pricing Model, in: Journal of Business, Finance and Accounting, 19, S. 103-112.

Jensen, M. C.; Meckling, W. H. (1976), Theory of the Firm: Managerial Behaviour, Agency Costs, and Ownership Structure, in: Journal of Financial Economics, Vol. 3, 1976, S. 305-360.

Jewitt, I. (1988), Justifying the First-Order Approach to Principal-Agent Problems, in: Econometrica, 56, S. 1177-1190.

Keynes, J. M. (1936), The General Theory of Employment, Interest and Money, London.

Kim, D.; Santomero, A. M. (1988), Risk in Banking and Capital Regulation, in: The Journal of Finance, 43, S. 1219-1233.

Koehn, M.; Santomero, A. M. (1980), Regulation of Bank Capital and Portfolio Risk, in: The Journal of Finance, 35, S. 1235-1244.

Laffont, J.-J. (1989), The Economics of Uncertainty and Information, 5. A., Cambridge.

Laffont, J.-J.; Tirole, J. (1998), A Theory of Incentives in Procurement and Regulation, 3. A., Cambridge/MA, London.

Lee, I. H. (1993), On the Convergence of Informational Cascades, in: Journal of Economic Theory, 61, S. 395-411.

Macho-Stadler, I.; Perez-Castrillo, D. (2001), An Introduction to the Economics of Information: Incentives and Contracts, 2. A., Oxford.

Merton, R. C. (1977), An Analytic Derivation of the Cost of Deposit Insurance and Loan Guarantees, in: Journal of Banking and Finance, 1, S. 3-11.

Milgrom, P. R. (1981), Good News and Bad News: Representation Theorems and Applications, in: Bell Journal of Economics, 12, S. 380-391.

Mirrlees, J. A. (1974), Notens on Welfare Economics, Information and Uncertainty, in: *Balch, M.; McFadden, D.; Wu, S.* (eds.), Essays in Economic Behavior and Unvertainty, Amsterdam, S. 243-258.

Nash, J. (1951), Non-Cooperative Games, in: Annals of Mathematics, 54, S. 286-295.

Neuberger, D. (1994), Kreditvergabe durch Banken, Tübingen.

Neuberger, D. (1998), Mikroökonomik der Bank, München.

Rees, R. (1987),The Theory of Principal and Agent, in: *Hey, J.; Lambert, P.* (eds.), Surveys in the Economics of Uncertainty, Oxford, S. 46-90.

Richter, R. (2000), Verträge aus wirtschaftstheoretischer Sicht, in: *Franz, W.; Hesse, H.; Ramser, H. J.; Stadler, M.*, Hg., Ökonomische Analyse von Verträgen, Tübingen, S. 1-24.

Richter, R.; Furubotn, E. G. (2003), Neue Institutionenökonomik. Eine Einführung und kritische Würdigung, 3. Aufl., Tübingen.

Rochet, J.-C. (1992), Capital Requirements and the Behaviour of Commercial Banks, in: European Economic Review, 36, S. 1137-1178.

Ross, S. (1973), The Economic Theory of Agency: The Principal' s Problem, in: American Economic Review, 63, S. 134-139.

Rothschild, M.; Stiglitz, J. E. (1970), Increasing Risk I: A Definition, in: Journal of Economic Theory, 2, S. 225-244.

Rothschild, M.; Stiglitz, J. E. (1976), Equlibrium in Competitive Insurance Markets: An Essay on the Economics of Imperfect Information, in: The Quarterly Journal of Economics, 90, S. 629-649.

Salanié, B. (2005), The Economics of Contracts. A Primer, 2nd edition, Cambridge, London.

Schmidt, U.; Theilen, B. (1995), Prinzipal- und Agententheorie, in: Wirtschaftswissenschaftliches Studium (WiSt), 24, S. 483-486.

Schmoller, G. (1900), Grundriss der Allgemeinen Volkswirtschaftslehre, München.

Schweizer, U. (1996), Vertragstheorie, in: *von Hagen, J.; Börsch-Supan, A.; Welfens, P. J. J.*, Hg., Springers Handbuch der Volkswirtschaftslehre 1. Grundlagen, Berlin u. a., S. 229-268.

Schweizer, U. (1999), Vertragstheorie, Tübingen.

Sharpe, W. F. (1964) Capital Asset Prices: A Theory of Market Equilibrium und Conditions of Risk, in: The Journal of Finance, 19, S. 425-442.

Shavell, S. (1979), Risk Sharing and Incentives in the Principal and Agent Relationship, in: Bell Journal of Economics, 10, S. 55-73.

Stiglitz, J. E.; Weiss, A. (1981), Credit Rationing in Markets with Imperfect Information, in: American Economic Review, 71, S. 393-410.

Sydsæter, K.; Strøm, A.; Berck, P. (1999), Economist's Mathematical Manual, 3. A., Berlin, Heidelberg, New York.

Tirole, J. (1999), Incomplete Contracts: Where Do We Stand?, in: Econometrica, 67, S. 741-781.

Vollmer, U. (1999a), Funktion und Organisation der Bankenwirtschaft, in: *H. J. Thieme; K.-H. Hartwig* (Hg.), Finanzmärkte, Stuttgart, S. 25-59.

Vollmer, U. (1999b), Bankrun und Einlagenversicherung, in: Das Wirtschaftsstudium (wisu), 28, S. 1531-1538.

Vollmer, U. (2000), Adverse Anreize in der deutschen Einlagenversicherung, in: Wirtschaftswissenschaftliche Fakultät der Universität Leipzig; KPMP Deutsche Treuhand-Gesellschaft; PwC Deutsche Revision, Hg., Rechnungslegungskonzeptionen im Widerstreit, Leipzig, S. 259-271.

Vollmer, U. (2001), Minimum Capital Adequacy Ratios for Banks: An Obstacle to Investment Finance of Poorly Capitalized Firms?, in: Jahrbücher für Nationalökonomie und Statistik, 221, S. 577-591.

Vollmer, U. (2002), Internationale Bankenregulierung durch den Basler Ausschuß für Bankenaufsicht: Konsequenzen für den Finanzsektor, in: *Schüller, A.; Thieme, H.J.* (Hg.), Ordnungsprobleme der Weltwirtschaft, Stuttgart, 323-343.

Vollmer, U.; Dietrich, D. (2000), Der Ordnungsbezug der Informationsökonomik, in: *Leipold, H.; Pies, I.*, Hg., Ordnungstheorie und Ordnungspolitik. Konzeptionen und Entwicklungsperspektiven, Stuttgart, S. 225-250.

Von Neumann, J.; Morgenstern, O. (1946), Theory of Games and Economic Behavior, 2. A., Princeton.

Wiese, H. (2002), Entscheidungs- und Spieltheorie, Berlin, Heidelberg, New York.

Williamson, O. E. (1985), The Economic Institutions of Capitalism, New York et al. 1985.

Williamson, O. E. (1996), Transaktionskostenökonomik, 2. A., Hamburg; englisch: *Williamson, O. E.* (1989), Transaction Cost Economics, in: *R. Schmalensee; R. D. Willig*, eds., Handbook of Industrial Organization, Vol. 1, Amsterdam et al. S. 135-182.

Finanzdienstleister, 1
Financial Market Maker, 1
Finanzauktionator, **1**, 104
Finanzgutachter, 1
Finanzproduzent, 1
Finanzierungslücke, 145
Finanzintermediation, **1**, 104, 163, 164, 167, 172, 178, 202, 211, 215, 224
Finanzmarktgleichgewicht, allgemeines, *siehe* Capital Asset Pricing Model
Finanzsektor, Aufbau, 1
First best, **43**, 48, 55, 58, 121, 134, 137, 176, 199, 200
First Order Approach, 54, 122

Geldnachfrage, *siehe* Kassenhaltung
Gesetz der großen Zahlen
 schwaches, **21, 22**, 168
 starkes, 169

Haftungsbeschränkung, 118, **121**, 123, 164, 169, 170
Hart-Modell, **196–200**, 202, 207
Herdenverhalten, 225–239
Herrschaftsrecht, 43, **63**, 196, 198, 202, 212, 215
Hidden action, *siehe* Prinzipal-Agent-Theorie, versteckte Handlung
Hidden characteristics, *siehe* Prinzipal-Agent-Theorie, versteckte Eigenschaften
Hidden knowledge, *siehe* ipal-Agent-Theorie, verstecktes Wisse
Hold up, **42**, 198, 202, 203, 212, 245
Holmström/Tirole-Modell, **170–174**, 258, 259, 263
Humankapital, *siehe* Unveräußerbarkeit von Humankapital

Incentive constraint, *siehe* Anreizbedingung
Individual rationality constraint, *siehe* Teilnahmebedingung
Informationsökonomik, 40
Informationsrente, 61
Informationsverteilung, 40
 asymmetrische, **40**, 53, 54, 58, 115, 117, 143, 163, 166, 170, 177, 195, 201

symmetrische, **40**, 43, 144, 167, 226
Innenfinanzierung, **128–132**, 134, 145, 174
Innes-Modell, 120–128
Insolvenzrisiko, 249, 257, 258
Institutionen, 3
Investition
 beziehungsspezifische, **42**, 62, 63
 generische, **62**

Jacklin-Kritik, **179, 180**, 201

Kaskade, **226**, 228, 237–239
Kassenhaltung, **85**, 229
Komparative Statik, 129
Kontrolle, **133–135**, 166, 167, 170, 172–174, 259
Korrelationskoeffizient, 93
Kovarianz, 92
Kredit- und Einlagengeschäft, *siehe* Bankgeschäft
Kreditrationierung, 135–151
Kreditsicherheit, **151**
Kreditvertrag, *siehe* Standardkreditvertrag

Leibniz-Regel, 131
Lender of last resort, 246
Lernprozess, *siehe Bayes*'sche Regel
Liquidation, 175, 177, 197–200, 202, 204–209, 212–215, 223, 248, 268, 271
Liquiditätsbeschränkung, **200**, 207, 208
Liquiditätsprämie, **210, 211**, 215, 216
Liquiditätsrisiko
 der Bank, 163
 des Anlegers, **175–178**, 201, 203, 204

Möglichkeitenkurve, 86, 89, **97**, 255, 257
Mean preserving spread, **18**, 147, 252
Mean-variance-Kriterium, **20**, 84, 90–104
Mindestbeteiligung
 der Bank, 174
 des Unternehmers, 146, 174, 200
Mindestreservepflicht, **245–247**
Monotone Likelihood Ratio Property, **56**, 57, 120, 123, 124

Stichwortverzeichnis

Adverse selection, *siehe* Prinzipal-Agent-Theorie, adverse Auslese
Agency-Beziehung, *siehe* Prinzipal-Agent-Theorie
Agency-Kosten, *siehe* Wohlfahrtsverlust
Anreizbedingung, **42**, 54, 55, 61, 122, 124, 128, 131, 138, 165, 172, 173
Ansteckungseffekte, 225
Arbitrage, 88
Arrow/Pratt-Maß, **19**, 52, 55, 176
Ausbeutungsversuch, *siehe* hold up

Backward bending supply curve, *siehe* Kreditrationierung
Bank, **1–3**, 53, 83, 104, 116, **163**, 202
Bank run, 179, 201, 203, 211–214, **223–225**, 247, 249, 264, 266
Bankenregulierung, 245–247
Bankenwettbewerb, **173**
Bankfeiertag, 224
Bankgeschäft, **1**, 2
    Einlagengeschäft, 163, 175
    Kreditgeschäft, 163, 164, 254
Basel Akkord, **246**, 255, 258
Bayes'sche Regel, **23**, 57, 133, 231, 232
β-Faktor, 103
Beteiligungsvertrag, 116, **179**
Black/Scholes-Formel, *siehe* Optionspreisbildung

Capital Asset Pricing Model, 84, **91–104**, 136, 258
Collection skills, **210**, 266

Delegationskosten, 163, **168**, 169
Diamond-Modell, 164–170
Diamond/Dybvig-Modell, **175–180**, 201, 204, 212, 223, 224, 247, 248, 264
Diamond/Rajan-Modell, **201–215**, 264, 265, 267
Dichtefunktion, 10
Differentialgleichungen, 176
Disintermediation, **214**, 263, 267
Diversifikation, **20–22**, 169, 170, 174
Drohpunkt, **200**, 202

Edgeworth-Box, 47, 51, 56, 59, 60
Eigenkapital
    der Bank, 170, 173, 251, 252, 254
    des Unternehmers, 119, 198
Eigenkapitalanforderungen, *siehe* Eigenkapitalnorm
Eigenkapitalnorm, **245–247**, 254, 255, 257, 258, 260, 262–264
Eigentumsübergang, bedingter, 196, 198
Eigentumsrecht, *siehe* Herrschaftsrecht
Einlagenversicherung, 245–254
Einlagevertrag, 3, **175**, 179, 203, 211, 215, 223
Entscheidung
    unter Risiko, **8**, 120, 226
    unter Sicherheit, **8**
    unter Ungewissheit, **8**
Erstfinanzier, *siehe* relationship lender
Erwartungswert, 11
Euler'sche Gleichung, 50

Stichwortverzeichnis 287

Monotoniebeschränkung, **121**, 123, 127
Moral hazard, *siehe* Prinzipal-Agent-Theorie, moralisches Risiko

Nachverhandlungen, 42, **62**, 83, 196, 197, 201–203, 207, 212, 266
Nachverhandlungssichere Rückzahlung, **198–200**, 207
Nash-Gleichgewicht, **24**, 25, 179, 212, 223
Neue Institutionenökonomik, 3

Optionspreisbildung, 250
Optionswert des Wartens, 239
Organisation, 3

Partielle Integration, 125
Portfoliomanagement der Bank, 255–258
Portfoliotheorie, **83–104**
Prinzipal-Agent-Theorie, 40, 41, 53–61, 115–135, 137–151, 163–180, 195
   adverse Auslese, 41, 53, **57**, 59, 115, 146, 147, 245, 251, 252
   moralisches Risiko, 40, 41, 53, **53**, 55, 115, 116, 137, 146, 164, 179, 196, 245, 251, 258
   versteckte Eigenschaften, 41, 53, 57, 115
   versteckte Handlung, 40, 53, 115, 117, 170
   verstecktes Wissen, 40, 116, 164

Quadratische Gleichungen in Normalform, 140

Rückzahlungsversprechen, *siehe* Standardkreditvertrag
Ratenkredit, 117
Regeln, 3
   formale, 3
   informelle, 3
Relationship lender, 202, **204**, 210, 211, 264–266
Representative hypothesis, 245
Reservationsbedingung, *siehe* Teilnahmebedingung
Reservationsnutzen, 42, **44**, 52, 55, 59, 121, 170

Risiko
   idiosynkratisch, 20
   systematisch, 20
Risikoaversion, **13**, 52, 97
Risikofreude, 13
Risikoneutralität, **13**, 52, 57
Risikoteilung, 52, **55**, **56**, 57, 116, 118, 119, 176–178

Second best, **54**, 56, 126, 138, 144, 196
Selbstbindung, **39**, 203, 210, 215, 264, 265
Selbstselektion, **59–61**, 151, 253
Sequential service constraint, **175**, 211, 223
Sicherheitsäquivalent, 13
Sichteinlagen, **175**, 203, 211, 212, 223, 251, 253, 264, 266
Signal, 23, 118, 124, **133**, 225, 227–239
   perfektes versus imperfektes, 133
Signalverarbeitung, *siehe Bayes*'sche Regel
Standardabweichung, 11
Standardkreditvertrag, 3, **116**, 120, 124, 134, 196, 202
Stochastische Dominanz
   erster Ordnung, **14**, **15**, 88, 120
   zweiter Ordnung, **16–18**, 147, 149, 252
Strafkosten, **165**, 166, 169
Strategic default, 166

Take-it-or-leave-it-offer, **62**, 198, 206
Teilnahmebedingung, **42**, 44, 49, 59, 61, 121, 124, 127, 128, 134, 139, 165, 171, 199, 209
Teilspielperfektheit, **25**, **26**, 198, 214
Theorem impliziter Funktionen, 45
Transaktionskosten, **62**, 195
Tschebyscheff'sche Ungleichung, 22

Unskilled lender, 203, **204**, 206, 208, 215, 265
Unveräußerbarkeit von Humankapital, 201–203

Varianz, 11
Verfügungsrecht, *siehe* Herrschaftsrecht
Verhandlungsstärke, 44, **62**, 203

Verifizierbarkeit, mangelnde, **196**, 197, 198, 200, 201
Verteilungsfunktion, 10
Vertrag, 3
  Alles-oder-Nichts-Vertrag, 47, 52
  anreizkompatibler Vertrag, 41, 53, 115
  Kaufvertrag, 47
  klassischer Vertrag, 40, 43
    bei unvollkommener Information, 48, 49, 83
    bei vollkommener Information, 43, 46
  Lohnvertrag, 47, 52
  multidimensionaler, 151
  separierender Vertrag, 60, 151
  unvollständiger Vertrag, 41–43, 61–63, 180, 195, 196, 200, 210, 264, 265
  vollständiger Vertrag, *siehe* Vertrag, klassischer Vertrag

Vertragstheorie, 3, 7, 39, 40, 42, 53
  allokationstechnische Merkmale, 39
  vertragsspezifisches Umfeld, 39
Vertretungsbeziehung, *siehe* Prinzipal-Agent-Theorie
von Neumann/Morgenstern-Nutzen, 13

Wahrscheinlichkeit, 8
  Posteriori, 23, 230–234, 238
  Priori, 23, 133, 229–235, 237, 238
Walrasianischer Auktionator, 104
Wandelschuldverschreibung, 117
Wertpapiermarktlinie, 103
Wohlfahrtsverlust, **56**, 61, 165, 166

Zessionar, 206, 210
Zweitfinanzier, *siehe* unskilled lender

Mehr wissen – weiter kommen

State-of-the-Art des Bankcontrolling

Schierenbecks Standardwerk zum Bank-Controlling gibt den State of the Art des Controllingwissens für Kreditinstitute wieder. Sein integriertes Konzept ertragsorientierter Banksteuerung deckt alle wesentlichen Bereiche des Controllings ab. In seiner 8. Auflage wurde das Werk wiederum umfassend überarbeitet und in Teilbereichen erweitert.

Henner Schierenbeck
Ertragsorientiertes Bankmanagement
Band 1: Grundlagen, Marktzinsmethode und Rentabilitätscontrolling
8., überarb. u. erw. Aufl. 2003.
XXXIV, 732 S. mit 378 Abb.
Geb. EUR 49,90
ISBN 3-409-85000-7

State-of-the-Art des Bankcontrolling

Das vorliegende Werk bildet zusammen mit dem Band 1 zu den Grundlagen des Ertragsorientierten Bankmanagements, zur Marktzinsmethode und zum Rentabilitäts-Controlling sowie dem Fallstudienbuch ein dreibändiges Gesamtwerk.
In seiner 8. Auflage wurde das Werk teilweise neu strukturiert und inhaltlich vollständig überarbeitet und erweitert.

Henner Schierenbeck
Ertragsorientiertes Bankmanagement
Band 2: Risiko-Controlling und integrierte Rendite-/Risikosteuerung
8., vollst. überarb. u. erw. Aufl. 2003. XXX, 696 S. mit 422 Abb.
Geb. EUR 49,90
ISBN 3-409-85001-5

Fallstudien zum Bankcontrolling

Diese Fallstudiensammlung, die als Band 3 des „Ertragsorientierten Bankmanagements" in der nunmehr 6., überarbeiteten und erweiterten Auflage erscheint, ist inhaltlich auf die Bände 1 und 2 abgestimmt. Ausführliche und gut erläuterte Lösungsvorschläge zu jeder Fallstudie sichern einen optimalen Lerneffekt. Die Bearbeitung der Aufgaben ist auch ohne Lektüre des Standardwerks möglich.

Henner Schierenbeck
Ertragsorientiertes Bankmanagement
Band 3: Fallstudien mit Lösungen
6., überarb. u. erw. Aufl. 2005.
XII, 738 S. mit 456 Abb.
Geb. EUR 49,90
ISBN 3-409-64207-2

Der unentbehrliche Leitfaden

Das „Handbuch Bankcontrolling" leistet eine umfassende und systematische Auseinandersetzung mit dem Konzept und den Instrumenten einer modernen ertrags- bzw. wertorientierten Banksteuerung.

Henner Schierenbeck, Bernd Rolfes, Stefan Schüller (Hrsg.)
Handbuch Bankcontrolling
2., überarb. u. erw. Aufl. 2001.
XII, 1223 S. Geb. EUR 158,00
ISBN 3-409-24199-X

Änderungen vorbehalten. Stand: Juli 2005

Gabler Verlag · Abraham-Lincoln-Str. 46 · 65189 Wiesbaden · www.gabler.de **GABLER**

Top-Informationen zu Bank, Börse und Finanzierung

Banking im 21. Jahrhundert

In mehr als 7.500 Stichwörtern erfährt der Nutzer alles, was er über Bank, Börse und Finanzierung wissen muss. Das Gabler Bank-Lexikon liefert umfassende und praxisgerechte Informationen zu allen Finanzprodukten und Finanzdienstleistungen, zum Bankmanagement und zu den neuesten bankrechtlichen Entwicklungen. Die aktuellen Diskussionen in der Finanzwelt werden von Top-Managern der Banken-Szene aufgegriffen und in Schwerpunktbeiträgen fortgeführt.

Für tagesaktuelle Informationen werden zu vielen Stichwörtern interessante Internet-Adressen angeboten. Zusätzlich werden alle Inhalte über einen Internet-Update-Service aktualisiert.

„Das Lexikon liefert eine ebenso theoretisch fundierte wie praxisgerechte Aufbereitung des Bankeneinmaleins und des bekanntermaßen recht zähen Finanzstoffs." *Die Welt*

„Auf Fragen zu aktuellen, aber auch klassischen Themen gibt der 'Gabler' prägnante Antworten" *Die Bank*

Jürgen Krumnow /
Ludwig Gramlich /
Thomas A. Lange /
Thomas M. Dewner (Hrsg.)
Gabler Bank-Lexikon
Bank – Börse – Finanzierung
13., vollst. überarb. u. erw.
Aufl. 2002. XVIII, 1485 S.
Geb. EUR 74,00
ISBN 3-409-46116-7

Änderungen vorbehalten. Stand: Januar 2005.

Gabler Verlag · Abraham-Lincoln-Str. 46 · 65189 Wiesbaden · www.gabler.de